Wilhelm Nölling

Wie viele Anker braucht der Mensch?

Dokumentation meiner Entwicklung

Erster Band

Grundlagen für den Aufstieg 1933 - 1966

Der Weg in die Zwergschule bis zum Master of Arts an der University of California Berkeley und zum Dr. rer. pol. an der Universität Hamburg

Kapitel: I - VIII

KLAUS SCHÜMANN VERLAG

DOKUMENTATION MEINER ENTWICKLUNG

Greift nur hinein ins volle Menschenleben!
Ein jeder lebt's, nicht vielen ist's bekannt,
Und wo ihr's packt, da ist's interessant.

Johann Wolfgang von Goethe, Faust;
Vorspiel auf dem Theater – Lustige Person

Nicht danach kann die Bewertung sich richten, wie der Dichter seine Aufgabe gelöst habe, vielmehr bestimmt der Ernst und die Größe der Aufgabe selbst die Bewertung.

Walter Benjamin, Zwei Gedichte von Friedrich Hölderlin

Nölling, Wilhelm
Wie viele Anker braucht der Mensch?
Dokumentation meiner Entwicklung

Erster Band
Grundlagen für den Aufstieg 1933 – 1966
Der Weg in die Zwergschule bis zum Master of
Arts an der University of California Berkeley
und zum Dr. rer. pol. an der Universität Hamburg
Kapitel: I – VIII

Klaus Schümann Verlag, Hamburg – 2007
ISBN: 978-3-9811530-0-2 (alle drei Bände)
ISBN: 978-3-9811530-1-9 (Erster Band)

Besuchen Sie uns im Internet:
www.klaus-schuemann-verlag.de

Layout: Jürgen Garbers (garbers@j-g-h.de)
Druck und buchbinderische Verarbeitung:
AALEXX Druck GmbH, Großburgwedel

Titelphoto: Wilhelm Nölling als Schulanfänger
mit Griffel und Schiefertafel, 1940
Bildquellen neben Privatarchiv: Herb Blechman:
170, 171; Uwe Schaffrath: 198; Schneider-Siemt:
199
Leider war es nicht in allen Fällen möglich, Rechts-
inhaber der Abbildungen ausfindig zu machen.

Inhaltsübersicht

Wie viele Anker braucht der Mensch?

Dokumentation meiner Entwicklung

Erster Band

Grundlagen für den Aufstieg 1933 – 1966

Der Weg in die Zwergschule bis zum Master of Arts an der University of California Berkeley und zum Dr. rer. pol. an der Universität Hamburg

Zweiter Band

Bewährung und Bewahrung in politischer Verantwortung 1966 – 1992

Der Ökonom als Lehrer und als Politiker im Deutschen Bundestag, im Senat der Freien und Hansestadt Hamburg und im Zentralbankrat der Deutschen Bundesbank

Dritter Band

Die Chancen der Unabhängigkeit ab 1992

Weitergabe von Wissen und Erfahrung
Im Mittelpunkt: Der Kampf gegen den Euro im Zeitalter des entfesselten Kapitalismus'

Vorwort

I. Ein Vorwort sollte Dankbarkeit bezeugen, Neugierde hervorrufen, grobe Orientierungen über Absichten und Inhalte des Buches geben und Anreize auslösen, sich damit zu beschäftigen.

Dies ist vor allem in den »Erklärungen« ab S. 29 geschehen. Ich füge hier hinzu, daß es sich nicht nur um ein persönliches, sondern über weite Strecken auch um ein fachspezifisch-politisches Geschichtsbuch über unsere Nachkriegszeit handelt.

Um das Eindringen in das dichte Buch zu erleichtern, habe ich ein tief gegliedertes »Fein-Inhalts-Verzeichnis« gefertigt und den jeweiligen Bänden vorangestellt. Der Bericht über meine Entwicklung beschreibt die Lebens- und Berufsjahre von 1933 bis 2006. Sie umfassen das Ende der Weimarer Zeit und den Beginn der Verirrungen Deutschlands in die Barbarei des Nazi-Staates, die Vorbereitungen und Durchführung des 2. Weltkrieges, diesmal auch auf deutschem Boden, Kapitulation dieses Nazi-Staates und Rückkehr zu menschenwürdigen Bedingungen im Westen Deutschlands nach 1945.

Bis zum Jahre 1966 wechselten und mischten sich meine schulische Ausbildung mit Berufsausbildung und -ausübungen der verschiedensten Art, über die ich im einzelnen in Band I, den ich mit »Grundlagen für den Aufstieg« überschrieb, berichte.

Erst mit annähernd 33 Jahren war ich für anspruchsvolle Aufgaben wirklich vorbereitet. So wurde ich Hochschullehrer für Volkswirtschaftslehre und Sozialpolitik und glaubte, in diesem Beruf auf Dauer glücklich sein zu können.

Denn ich war stolz auf das Erreichte. Geboren in eine ungewöhnlich kinderreiche und bildungsferne Arbeiterfamilie auf dem Lande, war ich in der Lage, die Entbehrungen und Gefährdungen der Kriegs- und Nachkriegszeit zu überstehen, alle für mich erreichbaren Bildungschancen in Volks-, Handels- und Berufsschulen sowie in der Volkshochschule und in Gewerkschaftsschulen auszunutzen, auch die Verwaltungs- und Wirtschaftsakademie in Köln zu besuchen, bis sich mein Traum erfüllte, richtig studieren zu können. Schließlich erreichte ich nach langwierigen Studien die akademischen Grade Dipl.-Volkswirt, Master of Arts und Dr. rer. pol.

II. Aber was ist daran »politisch«?
Ich beschreibe die Bedeutung von Rahmenbedingungen für das »Erreichte«, die nur durch politische Maßnahmen gesetzt werden können. Dabei geht es um den Zusammenklang von Verfügbarkeit adequater, d.h. lebensabschnittsgemäßer Bildungseinrichtungen, finanzieller Förderung und Beratung sowie den entsprechenden beruflichen Ausbildungs- und ausübungsmöglichkeiten. Wo dieser Zusammenklang gestört ist, versagen Staat und Wirtschaft bei der Lösung der Königsaufgabe der Gesellschaft, nämlich alle Begabungspotentiale auszuschöpfen und Existenzsicherung durch Arbeit zu ermöglichen. Ohne Bewältigung dieser Doppelaufgabe helfen im allgemeinen weder Ehrgeiz noch Durchhaltevermögen noch geistige Ausstattung, den »Weg nach oben« zu finden und erfolgreich zu gehen.

Ich hoffe, daß es mir gelungen ist, das komplexe Ineinandergreifen aller dieser Faktoren aus meiner Sicht darzustellen, aber: Es gibt keine Zufälle, d.h. »Gott würfelt nicht« (Albert Einstein). Der Leser wird spüren, daß meine »Erklärungen« mit meinem Begriff von »Gott« zusammen hängen, und er wird verstehen, wenn ich die Segnung, die meine Frau und meine Familie für meinen Lebenserfolg bedeutet haben, in den Mittelpunkt meiner Lebensbeschreibungen stelle.

III. Daß die Darstellung meiner Arbeit als ehrenamtlicher Kommunalpolitiker (1966 – 1969), Abgeordneter des Deutschen Bundestages (1969 – 1974), Senator in drei aufeinander folgenden Senatsämtern (1974 – 1982) und Präsident der Landeszentralbank in Hamburg sowie Mitglied des Zentralbankrats in Frankfurt (1982 – 1992) es rechtfertigt, von einem »politischen« Buch zu sprechen, wird einleuchten.

Denn die hier beschriebene Arbeit umfaßte verantwortungsvolle Führungsaufgaben in der Arbeitsmarkt-, Sozialversicherungs-, allgemeinen Wirtschafts- sowie Finanz- und Geldpolitik, für die ich durch praktische Berufsausübung und Hochschullehrertätigkeit gut vorbereitet war.
Ich führe den Leser anhand von konkreten, jahrelangen Erfahrungen in die »Werkstätten« der Politik,

zeige die Bemühungen (oder Kämpfe) um Zugang und Selbstbehauptung, verweise auf Fallstricke, Erfolge und tiefe Befriedigungen, auf Enttäuschungen und Niederlagen, Zweifel und Selbstsicherheit, vor allem auf die für mich grundlegende Bedeutung von persönlicher Unabhängigkeit in Verbindung mit meinem Wertesystem, also meinen Verankerungen.

Idealerweise sollte niemandem Verantwortung größeren Ausmaßes für unser Gemeinwesen übertragen werden, der nicht über längere Lebensbildungs- und Berufserfahrungen verfügt und glaubwürdigen Einblick in die ihn treibenden Motive gibt, ein anderer Begriff für das, was ich »Verankerungen« und Kompaß nenne.

IV. Ich habe Band II natürlich nicht ohne tiefen Grund auch mit »Bewahrung« überschrieben. In der »gefahrengeneigten« Politik ist das Risiko groß, abzustürzen, zu scheitern, auch wenn die Voraussetzungen in meinem Sinn vorzuliegen schienen oder vorgelegen haben.

Nicht selten sind die Anlässe schwerwiegend, manchmal sind sie es nicht, um die Zerstörung von Ansehen und Lebensplanung zu rechtfertigen. Ich bin mir mit der Zeit der Gefährdungen und deformierenden Versuchungen durch die Politik bewußt geworden; meine »Bewahrung«, d.h. auch die Bewußtwerdung meiner Grenzen, verdanke ich meinen Schutzengeln oder besser: meinen zahlreichen, im einzelnen beschriebenen »Verankerungen, die mir auch zeigten, wo ich mich mit besonderer Energie um politische Belange kümmern sollte.

V. In Band III beschreibe ich die lange Zeit »nach der Politik«, in der es möglich war, meine persönliche Freiheit und materielle Unabhängigkeit wiederum sehr weitgehend für die Beeinflussung öffentlicher Angelegenheiten nutzbar zu machen sowie die Beschreibung meines Lebenslaufes zu Ende zu bringen.

Ich verweise auf die Rückkehr in meinen Beruf als Hochschullehrer, meine »Einmischungen in die Politik mit anderen Mitteln«, insbesondere auf den etwa acht Jahre dauernden Kampf gegen die für verhängnisvoll angesehene Abschaffung der deutschen Währung! Ich halte – als Zeitzeuge – die umfangreiche Darstellung dieser Zusammenhänge für eine der wichtigsten Teile meiner Biographie.

Wen wird es wundern, wenn ich sage, daß ich mein Leben lang zielorientiert-eigenwillig gewesen bin und nur bestehen konnte, weil ich mich unabhängig fühlte. Also: Unabhängig sein, um eigenwillig sein zu können? Ich glaube »ja« und füge hinzu: Unabhängigkeit ist eine Haltung, die am glaubwürdigsten ist, wenn sie nicht materiell unterlegt ist.

Wer die Geduld aufbringt, wird diesen Grundzug meines (westfälischen) Wesens an mindestens zehn Kreuzungen entdecken und wird dabei feststellen, daß Selbstbehauptung an Unabhängigkeit geknüpft ist und Wirkungsmöglichkeiten in der Politik stärkt. Er wird ebenso viele Beispiele dafür finden, daß ich »loslassen« konnte, um mich weiterentwickeln und neuen Herausforderungen begegnen zu können.

VI. Wer sich der Politik verschreiben will, weiß oder lernt schnell, daß in jeder Gesellschaft Wille und Unbehagen/Unzufriedenheit einzelner so gut wie nie den Druck zur Besserung erzeugen. Das vermögen tüchtige Politiker unter gewissen Umständen, wenn sie sich ihren Wertvorstellungen entsprechend in Parteien um Ämter bemühen und darin abmühen und oft auch nur nur dann, wenn der harte Zwang der äußeren Verhältnisse ihr Handeln notwendig macht.

Außerdem müssen die Institutionen intakt sein, die Entscheidungsfindung und Durchsetzung begünstigen bzw. zulassen. Gelingt dies nicht, kann die Lage des Gemeinwesens leicht hoffnungslos werden wie auch dann, wenn der Zwang der Problemintensität und Handlungsnotwendigkeit falsche oder unzulängliche Antworten hervorbringt und wenn das Gegeneinander der Parteien zu unsinnigen Konfrontationen, dabei zu falschen Diagnosen und Therapien führt und so die »Politik« in die Irre marschieren läßt. Wenn also falsche oder unzulängliche Lagebeschreibungen sich mit ebenso unzulänglichen Maßnahmen mischen, dann ist der Weg in die Irre programmiert.

Ich zeige am Beispiel der Großen Koalition (vgl. S. 989 ff.), daß es gelingen könnte, solche und andere gemeinschaftsschädlichen Verstrickungen aufzulösen, während man bei der Behebung wirtschaftspolitisch falscher Grundlagen bestenfalls erst ganz am Anfang steht.

Ich spreche außerdem von systembedingten oder persönlichkeitsbedingten Verstrickungen und meine damit die autistische Verengung des Blickwinkels, die die Zugehörigkeit zu bestimmten Institutionen oder die Zugehörigkeiten zu bestimmten Gruppenkreisen, zu bestimmtem Herkommen mit sich bringen. So haben wir es in der Welt der Politik einerseits mit politisch-institutionell bedingtem Autismus und andererseits mit persönlich bedingtem Autismus der Träger von Politik und Wirtschaft zu tun. Dieser Doppelautismus ist nur zu überwinden, wenn wir Persönlichkeiten heranbilden, die in Konfliktsituationen nicht ausschließlich »einzel-interessen-geleitet« entscheiden, sondern sehr wohl auch auf das »Gemeinwohl« achten!

VII. In Zeiten, wie ich sie in »Zeitenwende« in Kap. XX beschrieben habe, ist die Gefahr groß, daß demokratische Strukturen sowie das politische Personal den Herausforderungen eines zutiefst menschenfeindlichen Kapitalismus nicht ohne weiteres gewachsen sind. Bei der Entscheidung von Sachfragen und Beobachtungen von Politikern in Grenzsituationen habe ich mich, meinem »Lebensgefühl« entsprechend, immer wieder auf zwei Zeilen aus Schiller's »Reiterlied« gestützt:

»Und setzet Ihr nicht das Leben ein,
nie wird Euch das Leben gewonnen sein«

Als wir vier Professoren den Kampf gegen die Währungs-Uniformierung Europas begannen, entschieden wir uns als ethische Grundlage unseres Tuns für das Luther-Wort: »Und tue, was Du schuldig bist zu tun in Deinem Berufe.«

Diese Unbedingtheit ist unvereinbar mit Opportunismus und Gleichgültigkeit den Problemen unserer Gesellschaft gegenüber. Diese Unbedingtheit in grundsätzlichen Fragen führt aber auch zur Definition der Herausforderung für jeden Politiker, nämlich »Mut« zu zeigen, um Freiheit und Glück der Bürger zu wahren (Perikles).

Deshalb habe ich auch so stark betont, daß die Bereitschaft zur Übernahme von Verantwortung sowohl im privaten als auch öffentlichen Bereich geweckt und gefördert wird. Ich bin darüber hinaus gegangen, indem ich fordere, solche Verantwortlichkeit müsse mit »Helfen wollen« und Mut zur Zukunft gekoppelt sein. Statt der Plastikermunterung »denke positiv« empfehle ich jedem, »gut von seiner Zukunft zu denken«.

VIII. Was mich im letzten Teil von Kap. XX bewegt hat, geht über diese elementaren Grundprobleme von Politik und Wirtschaft hinaus und fragt nach Antworten auf die letzten Dinge, nach der Sinngebung des Lebens und nach der Bedeutung religiöser/ethischer Verankerungen für jeden einzelnen von uns, aber auch für die Gemeinschaft der Staaten, auch im Weltmaßstab.

Ich hatte nach Abschluß der Arbeiten an meiner »Dokumentation« im Laufe des Jahres 2006 das Gefühl, ich sollte die metaphysischen Dimensionen nicht völlig ausblenden, sondern es wagen, einige Klarheit zu gewinnen. Ich weiß auch, daß ich mit diesem Kapitel noch lange nicht fertig bin oder zufrieden sein kann, an dem also endlos »weiter gewirkt« werden könnte.

IX. Eingangs sprach ich von der Pflicht, Dank für Mitarbeit zu sagen. In den beiden ersten Phasen bis 1991 habe ich technische Unterstützung durch mein Vorstands-Sekretariat in der Landeszentralbank erhalten. Stellvertretend danke ich Frau Marion Mamminga und Dieter Willwater für jahrelange zuverlässige Zusammenarbeit.

In der letzten Phase (ab 2003) sind die Schreibarbeiten zeitweilig durch meine Töchter, Prof. Kathy und Anna, durch Heidi Räther und zuletzt durch Hannelore Janssen erledigt worden. Auch ihnen danke ich von Herzen.

Nicht zuletzt, weil es schwieriger war, als ich je für möglich gehalten hätte, die schon 1991 vorliegenden Texte für Band I und II in ein modernes Textverarbeitungssystem zu übertragen, nahm ich gerne das Angebot meines ehemaligen Studenten Dr. Min Luo und schließlich meines Freundes Dr. Erik Wischnewski an, eine reproduzierbare Gesamtvorlage zu erstellen.

Ich danke beiden, Erik insbesondere, für die große und unverzichtbare Hilfe. Mein Dank gilt schließlich auch Jürgen Garbers für das Layout und Jörg Wohlgemuth von A.R.C.U.S. für die Hilfen beim Produktionsmangement dieser drei Bände.

Daß ich für das »Nachwort« meines langjährigen Freundes, Dr. Henning Voscherrau, besonders empfänglich und dankbar bin, will ich zum Schluß auch besonders betonen.

X. Als Maria und ich Anfang der fünfziger Jahre – getrennt voneinander und fast mittellos – mit aller Macht ins »gelobte Land« Hamburg strebten, waren wir voller Hoffnung, hier unser Glück machen zu können.

Ich beschreibe, wie dies gelang!

Kann, oder besser, sollte man einer Stadt dafür danken? Ich antworte mit »ja« und danke gerade durch dieses Buch, in dem mitgeteilt wird, wie großartig Menschen und Institutionen der Stadt, vor allem sozialdemokratisch geprägte, uns einzigartige Chancen, vor allem in den Bereichen Bildung und Politik boten.

Die Hansestadt Hamburg ist immer »offen für Fremde« gewesen. Ihre Besonderheiten – der hanseatische Geist – sind in der Präambel der Verfassung vom 6. Juli 1952 aufgezählt, wo Friedfertigkeit, Weltoffenheit, Verantwortungsbereitschaft, Nüchternheit, Bürgermitwirkung und gesunde Verständigungsbereitschaft als traditionelle Werte der Hansestadt genannt werden.

Ich hebe zwei Sätze der Verfassung hervor, die mich besonders berühren:

Erstens »die Pflicht des Einzelnen, für das Wohl des Ganzen zu wirken«;

Zweitens, daß gleichermaßen »Aufstiegsförderung für den Tüchtigen« zur Pflicht des Stadtstaates erklärt wird.

Zur Selbstbehauptungsfähigkeit unserer Stadt gehört ein wirtschaftlich-gesellschaftlich stabiles Fundament, das ohne wirtschaftliches Wachstum schwerlich erreichbar ist. Andererseits ist Wachstum kein Selbstzweck. Es muß auch in den Dienst der Bewahrung der geistigen Tradition eines Humanismus' eigener Hamburger Prägung gestellt werden. Ich möchte ihn als »illusionslosen Humanismus« bezeichnen.

Durch demographische Veränderungen auf Grund verstärkter Mobilität innerhalb und von außerhalb Europas weist inzwischen fast jeder zweite Hamburger Bürger unter 18 Jahren einen sogenannten »Migrationshintergrund« auf. Die Integration – nicht nur der Jungen – wird zugleich notwendiger und schwieriger werden, als das in »unserer« Nachkriegszeit der Fall war, nicht zuletzt, weil der Zustrom noch stärker werden wird.

Alle politisch-gesellschaftlichen Kräfte unserer »offenen« Stadt müssen sich stärker um diese Aufgabe kümmern und sie besser als bisher lösen. Ich kann mir sonst ein gedeihliches Zusammenleben und Zusammenwachsen in den vor uns liegenden Jahrzehnten nur schwer vorstellen.

Ich zitiere hierzu gerne die Mahnungen der Vorfahren aus dem Senatsgehege an die Politiker: »viribus unitis« (»mit vereinter Kraft«) und »Fac et Spera« (»Handle und hoffe«)!

Wilhelm Nölling
Grönwohld bei Hamburg, 1. Dezember 2006

ERSTER BAND

GRUNDLAGEN FÜR DEN AUFSTIEG 1933 – 1966

DER WEG IN DIE ZWERGSCHULE BIS ZUM MASTER OF ARTS
AN DER UNIVERSITY OF CALIFORNIA BERKELEY
UND ZUM DR. RER. POL. AN DER UNIVERSITÄT HAMBURG

Inhalt Erster Band

I. Wie die Entwicklung verlief, das »Aufschreiben« zu wagen

1. Erklärungen

1.1. Warum, weshalb? Erkannte »Notwendigkeiten« müssen auch wie »Notwendigkeiten« behandelt werden! Läßt sich eine Botschaft ableiten? Ja: »Übernehme Verantwortung, sei hilfreich, handle und hoffe und denke gut von Deiner Zukunft«

Wie ein Wunder erscheint mir bis heute, daß ich mit den Aufzeichnungen über mein Leben im Jahre 1986 begonnen habe und auch bis zum Herbst 2006 im großen und ganzen fertig geworden bin. Man könnte mit Recht sagen: »Wer sich so früh und so stark mit seiner Vergangenheit beschäftigt hat, dessen Zukunft war entweder sehr unklar oder gänzlich vorbei.«

Warum wandte ich mich so früh rückwärts und verwendete so viel Zeit für eine so persönliche und möglicherweise ziemlich unergiebige Arbeit? Hierzu bringe ich Überlegungen vom 15. September 1989:

»Als ich im August 1986 – ich war gerade 52 Jahre alt – verstärkt den Anfang suchte, war ich beunruhigt und beeindruckt von dem unablässigen inneren Drängen über die letzten 6 oder 7 Jahre hinweg, mein Leben zu beschreiben. In all diesen Jahren hatte mich der Gedanke verfolgt, oder besser gesagt, nie ganz losgelassen, aufzuschreiben, was mich an meinem eigenen Leben faszinierte. Schließlich faszinierte mich, wie der Gedanke allmählich Gestalt annahm, zu dem Entschluß führte zu beginnen und dann in mehr oder weniger beständiges Schreiben umgesetzt wurde.

Abgesehen von den vielerlei Hinweisen auf Motive und Absichten, die ich durch die Wiedergabe von Aufzeichnungen dokumentiere, fand ich im Sommer 1988 beim Lesen der ›Betrachtungen eines Unpolitischen‹ von Th. Mann den entscheidenden Hinweis zur Selbsterkenntnis: ganz offensichtlich nahm ich mich und mein Leben ›wichtig‹, und zwar schon zu einem Zeitpunkt, als es noch keineswegs abgeschlossen erscheinen konnte. Ob das andere auch so sehen, ist dagegen nicht so wichtig.«

Sich wichtig zu nehmen, ist für sich allein genommen sicher keine ausreichende Rechtfertigung. Sollen die Aufzeichnungen einen Wert haben, so muß der Zweck bedeutend sein und einleuchten und die Art der Durchführung muß den Leser ansprechen.

Ich werde darlegen, welche hohen inhaltlichen und stilistischen Ziele ich mir setzte, wie ich um Klarheit über mich selbst bemüht war und wie ich schließlich herausfand, daß der entscheidende Antrieb wahrscheinlich in dem Impuls zu lehren, zu erziehen, Erfahrungen weiterzugeben, bestand und daß diese Zwecke oft nur durch Dokumentation und schriftliche Reflexion zu erreichen sind.

Ein zur Nachdenklichkeit führender Spruch von M. de Cervantes aus einer seiner wunderbaren Novellen hat mich begleitet, aber nicht mutlos gemacht:

»Alle Dinge sind vergänglich, die Erinnerung verliert sich, das Leben fängt nicht von vorn wieder an, die bösen Zungen werden müde, neue Geschichten machen, daß man die alten vergißt.«

Wenn der Biograph also trotzdem schreibt, kommt es darauf an, wie er alles verständnisvoll ordnet, wie gut, d.h. anspruchsvoll und lebhaft er sich ausdrückt und welche Erkenntnisse er aus seinem Leben und seiner Arbeit ableitet; all das entscheidet schließlich über das Gelingen, d.h. ob das über mich und von mir Berichtete für andere von Interesse sein kann und Orientierung zu geben vermag.

»Und nacherzählen will ich's ohne Fehl... Erinnerung, jetzt zeige deinen Adel« (Dante)

Beim »Nacherzählen ohne Fehl« habe ich versucht, »wohlwollend objektiv« zu sein, d.h. eine verantwortbare Auswahl zu treffen. Dabei hat Tucholskys Ratschlag eine Rolle gespielt: »Merk Otto Brahms Spruch: Wat jestrichen is, kann nich durchfalln.«

August Bebels Feststellung, im Vorwort zu »Aus meinem Leben« abgedruckt, ist allgemein gültig:

»Es gibt keine fehlerlosen Menschen, und manchmal ist es das Bekenntnis eines Fehlers, das den Leser am lebhaftesten interessiert und zur richtigen Beurteilung am besten befähigt.«

Künstlerische, auch schriftstellerische Werke können an zwei Maßstäben gemessen werden: ob sie wahrhaftig sind und ob sie eine Botschaft enthalten. In Bezug auf Wahrhaftigkeit habe ich nicht umsonst von Anfang an dokumentieren wollen, d.h. Genauigkeit und Authentizität angestrebt.

Was die »Botschaft« angeht, so muß ich gestehen, daß ich bis zum Schluß der 1. Arbeitsphase nicht daran dachte, diese Frage überhaupt zu erörtern.

Jetzt erst, nachdem ich das Ganze zu überschauen und einzuordnen vermag, wird mir der »rote

Faden« oder Grundzug meines Lebens bewußt. Er läßt sich zunächst am besten mit dem einen Wort »Verantwortung« umschreiben, also lautet die zentrale Botschaft: »Trage oder übernehme Verantwortung – sie wird Dich ›verankern‹, d.h. standfest machen und Deinem Leben Sinn geben«.

Das heißt einmal, Verantwortung von und für sich selbst zu fordern und zum anderen, von anderen im Sinne von gesellschaftspolitischer Notwendigkeit zu verlangen.

Auf diese Weise kann man zu einer Art »Ringtheorie« gelangen: Im Mittelpunkt steht der Einzelne, der die Pflicht hat, sich in positiver Weise zu entwickeln. Seiner Verantwortung wird er darüber hinaus gerecht, wenn er seinen Partner, seinen Kindern, möglicherweise auch den Verwandten den Fähigkeiten entsprechend hilft, sich zu entwickeln und das Leben zu bestehen.

Um diese ganz engen Kreise schließen sich Kollegen, vor allem Mitarbeiter. Die Verantwortung gegenüber anvertrauten Mitarbeitern kann nicht hoch genug veranschlagt werden; auch dieses Feld wird nicht mehr so gut wie »früher« bestellt!

Über diese engeren Verantwortungsbereiche hinaus, die fast alle Menschen irgendwie angehen, muß es Menschen geben, die sich um das Gemeinwesen, um die Eckpfeiler der so genannten Zivilgesellschaft, um Vereine und um die politischen Körperschaften in ehren- oder hauptamtlicher Weise kümmern.

Zu einem erfüllten oder guten Leben gehört sicher zu allererst die verantwortungsbewußte Sicherung der persönlichen und familiären Sphäre.

Was nützt es und wem nützt es, wenn sich die Verantwortungsbereitschaft in die äußeren Ringe zu Lasten des inneren verlagert? Ich habe gesehen, daß dies gerade in der Politik häufig der Fall war. Jeder kann sich glücklich schätzen, dem es gelang, die Balance zu halten.

Statik und Dynamik eines Lebens werden von den vielen von mir aufgezeigten Elementen bestimmt, die zu Konstellationen oder Konfigurationen geraten und damit darüber entscheiden, ob das Leben in »normalen« Bahnen verläuft oder durch Besonderheiten und Ausnahmesituationen geprägt wird. Warum das eine oder andere sich einstellt, ist nach meinen Erfahrungen letztlich unergründlich, bleibt Mysterium oder aber »wunderbar«.

Wer sich dessen bewußt ist, weiß, daß komplexe Strukturen keinen Ruhestand kennen, sondern grundsätzlich beweglich sind. Solange es Leben gibt, gibt es Veränderungen. Darüber berichte ich.

Was an Konstellationen im einzelnen und insgesamt wertvoll ist und Halt gibt, gilt es zu erkennen, und, was das Gegenteil bewirkt, abzuwehren; was nicht zu ändern ist, gilt es hinzunehmen.

Im folgenden Zitat wird diese Grundhaltung dichterisch erhöht:

»Warwick. There is a history in all men's lives,
Figuring the nature of the times deceased,
The which observed, a man may prophesy,
With a near aim, of the main chance of things
As yet not come to life, who in their seeds
And weak beginning lie intreasurèd.
Such things become the hatch and brood of time,«
»King. Are these things then necessities?
Then let us meet them like necessities.«

»Sind diese Dinge denn Notwendigkeiten? Dann laßt sie uns auch wie Notwendigkeiten behandeln!«
William Shakespeare, Henry IV, Part Two (1597 – 98)

1.2. Die fünf Arbeitsphasen und ihre Besonderheiten

Die Arbeit verlief in fünf klar voneinander unterscheidbaren Phasen:

(1) In die Zeit von etwa 1980/81 bis 1986. Ich möchte sie die Vorbereitungsphase nennen, in der ich vom Gedanken bewegt (und auch gequält) wurde, eine ganz besondere Autobiographie zu wagen.

(2) In die Phase des beständigen Schreibens von Sommer 1986 bis Spätherbst 1989; in dieser Zeit beschrieb ich meine Entwicklung und Berufswelt – es entstanden also die ersten beiden Bände, die ich »zeitgleich« abschloß.

Bei der Dokumentation meiner Tätigkeit als Politiker habe ich ja im wesentlichen nur die Ereignisse beschrieben (und darüber reflektiert), mit denen ich als Politiker in Berührung kam, d.h. was zu meinen Aufgaben, zu meinen Pflichten gehörte. Ich kann behaupten, daß es durchweg für unser Gemeinwesen wichtige, nennenswerte Aufgaben waren. Wie der Leser feststellen wird, ist es keine Anmaßung, wenn ich meine, nur relativ wenige »Belanglosigkeiten« dokumentiert zu haben.

Bis zu meinem Ausscheiden aus der Bundesbank

im Jahre 1992 war ich meines Wissens der einzige Politiker der Nachkriegszeit, der die Chancen hatte, in der Kommunalpolitik, im Bundestag, im Bundesrat und im Zentralbankrat insgesamt mehr als 26 Jahre zu wirken.

Da ich mich außerdem kräftig und nachhaltig um meine Aufgaben gekümmert – auch immer wieder darüber geschrieben – habe, kann der Leser viel Wissens- und Berichtenswertes, insbesondere über die Welt der Politik, erfahren.

Dies hat so gut wie immer bedeutet, daß die von mir angepackten oder mit angepackten Probleme nie abschließend geregelt werden konnten. Und es ließe sich mit Recht fragen: Wie sieht es heute mit der Alterssicherung der Rentner, der Gesundheitspolitik und der Organisation der Krankenhäuser, der Entwicklung der öffentlichen Schulden oder dem Rauchverbot in den Schulen, der Akzeptanz und Notwendigkeit von Kernenergie aus? Wird noch Wirtschaftspolitik à la Keynes betrieben? Worin bestehen die drängenden Probleme der Hansestadt, ist es egal, wer regiert? Und so weiter, und so weiter …

Die Vielzahl der Fäden, die nach so vielen Jahren in der 5. Arbeitsphase hätten wieder aufgenommen und fortgesponnen werden müssen, ist für die Sachkundigen, aber auch für die, die zum ersten Mal in die Werkstatt geführt werden, so überwältigend groß, daß unendlich viel Arbeit notwendig gewesen wäre, um zu zeigen, welche Problem-Lösungs-Versuche in der Zwischenzeit unternommen wurden!

Was mir geholfen hat, waren zwei Einsichten: einmal, daß die Dokumentation von Lebensleistungen ganz eng an die Zeit der beruflichen Tätigkeit gekoppelt ist bzw. sein muß. Und zweitens, daß die Darstellung politischer Aufgaben aus meiner Sicht und zu meiner Zeit eine gute Basis oder Verständnis für nachfolgende Problembehandlungen gewähren, also auch Interesse wecken kann, für die, welche entweder den Karren weiter ziehen oder sich über »damals« informieren wollen / bzw. müssen.

Nur hin und wieder habe ich deshalb in der Abschlußphase (5) die eine oder andere Dokumentation auf den letzten Stand gebracht.

(3) In die Phase der Überarbeitung der ersten zwei Bände im Frühjahr 1991, in der ich inhaltlich im wesentlichen nur das Ergebnis meiner Überlegungen zu den Problemen der deutschen Vereinigung anfügte;

(4) In die Stockungsphase von 1992 bis 2002/03, in der ich die Arbeit liegen ließ, aber weiter beruflich tätig blieb.

Es lag also eine »Stockung« von über 10 Jahren vor. Dieser Begriff hatte es mir angetan. Er wird in der Sammlung von Aufsätzen Hugo von Hofmannsthal's »Blicke« im Zusammenhang mit dessen Abhandlung über Goethe's »Wilhelm Meister in der Urform« verwendet.

Ich hatte dieses Buch Hugo von Hofmannsthals im Dezember 1989 bei unserem ersten Besuch in Ostberlin gegen DDR-Mark erworben, hatte es aber nicht systematisch gelesen. Doch waren mir seine Ausführungen zu Wilhelm Meister noch in Erinnerung, auch daß ich im Mai 1990 ein paar Anmerkungen dazu niedergeschrieben hatte, die ich im Februar 2003 wiederfand.

Ich war und bin mir im Klaren, daß Hinweise auf Hofmannsthal's Beschäftigung mit Goethe's »Autobiographie« nur dazu dienen konnten, meine Ausführungen aufzulockern, zu erweitern und anzureichern und die Bedeutung meines Unternehmens zu relativieren.

Unterbrechungen und Stockungen haben zweifellos ihr Gutes. Man gewinnt Abstand, Perspektive und neuen Mut, um durchzuhalten, »solange das Lämpchen noch glüht«.

Darüber hinaus hat mir immer vor Augen gestanden, daß einige bedeutende Autobiographien, beispielsweise die von August Bebel oder Benjamin Franklin oder die von Bismarck und Arthur Koestler neben vielen anderen zwar große Bedeutung hatten, aber bei weitem nicht abgeschlossen wurden und damit häufig wichtige Aspekte ihres Lebens nicht oder nur unvollständig überliefert worden sind.

(5) In die Abschlußphase von Januar 2003 bis Spätherbst 2006, in der es recht häufige, auch relativ lange Unterbrechungen gab, um die Phase (3) um 1991 bis 1992 zu verlängern und die Arbeit insgesamt zu beenden.

1.3. Maßstäbe – Der Wagen wurde nicht selten hoch und über die Leitern hinaus beladen

Rückblickend wird es mir jetzt leichter zu erklären, wie ich mich und Sachverhalte, mit denen ich zu tun hatte, nicht nur darstellen wollte, sondern auch dargestellt habe. Das Ziel der »Wahrhaftigkeit«, das mich in erster Linie leitete, will ich erklären und ergänzen. Der Leser wird finden, daß ich versucht habe, folgende Maßstäbe zu beherzigen:

(1) Genau, wahrheitsgemäß, ausführlich, mit hohem Informationsgehalt, aber nicht ausschweifend zu schreiben;

(2) Auch vollständig/verständlich, einleuchtend auszuwählen, keine Scheu vor der Darstellung komplexer Zusammenhänge zu haben, d.h. unter anderem zu zeigen, wie wichtig, notwendig und ganz und gar spannend die Teilnahme an der Politik auf allen Ebenen sein kann.

(3) Bewertungen nur mit Begründungen zu geben

(4) Auf keinen Fall auf Humor und Anekdoten zu verzichten;

(5) Bedeutende, mitteilungswürdige persönliche Erfahrungen und passende Literatur aus meinem Buch »Hohe Leuchten« einzumischen, d. h. das Ganze aufzulockern (zur Erläuterung vgl. S. 205).

Wer Lust hat, mich verstehen und von mir lernen zu wollen, sollte beide Bücher in die Hand nehmen und sie als zusammengehörig betrachten.

(6) Ich habe mich bemüht, einige allgemein gültige Erfahrungen aus meinem Berufsleben abzuleiten und dabei Emotionen, Wertungen, Gefühle, vor allem Selbstkritik ihren Stellenwert zuzumessen. Schließlich hatte ich

(7) keine Angst vor Umfang und immer möglicher Kritik an der Darstellung von Details, wohl wissend, daß der Wagen nicht selten hoch und über die Leitern hinaus beladen wurde. Aber wem schadet das?

1.4. Wer soll das »Zeug« jemals lesen? Ich wäre schon zufrieden, wenn eine Reihe der vielen »smaller pieces« i. S. von Isaac Disraeli Aufmerksamkeit provozierten

Als ich zum Sommer 2006 die Arbeit am vorliegenden Buch zum xten Male vorläufig beendete, stellte ich mir vor, was unsere 10jährige Enkeltochter Teresa, die stolz auf ihre »Gymnasial-Reife« ist, in einem Gespräch über das Warum? fragen würde: »Opi, warum schreibst Du ein solch dickes Buch?«

Ich könnte es mir leicht machen und antworten: »Für Dich, Teresa, und alle unsere Enkelkinder.«

Aber ich hatte mir diese Frage in umfassenderem Sinne häufig genug selbst gestellt. Um eine solche Frage beantworten zu können, zähle ich erst einmal die ganze Bandbreite der möglichen Motive auf.

Also: 1. Geld verdienen, 2. Zeit vertreiben oder totschlagen, 3. Angeben, 4. Wirken wollen = informieren und beeinflussen, 5. beruflich Vorankommen, also Nachweis von Leistungsfähigkeit. Ich füge zwei Motive hinzu, eins, das 6., ist auf dem Titelblatt verzeichnet: Darstellung eines »vollen« und »interessanten« Menschenlebens, und das andere, das 7., »ich möcht' nicht gern vergessen sein«.

Die Gründe »Geld verdienen wollen«, »Zeit totschlagen« sowie »Angeben« fallen aus, ebenso die Notwendigkeit, einen Leistungsnachweis zu erbringen. In meinem Fall verschränken sich also die Motive 4, 6 und 7, wobei das 7. kaum der Erwähnung wert ist.

Ich habe in erster Linie für mich selbst und für meine Frau Maria eine Art »Rechenschaftsbericht« über unser mehr als 50 Jahre langes glückliches Zusammenleben geschrieben.

Ich weiß nicht, wer darüber hinaus wann die Geduld aufbringt und die Zeit haben wird, hineinzuschauen. Dies gilt auch für unseren Nachwuchs. In einem grundsätzlichen Sinn habe ich nicht nach dem Leser »geschielt«, wollte »bloß zeigen, wie es eigentlich gewesen« (Leopold von Ranke), darüber hinaus, wie ein langes Leben in politischer Verantwortung geführt und wie darauf vorbereitet wurde, auf welchen Fundamenten oder Voraussetzungen es beruhte und welche Schlußfolgerungen sich aufdrängten.

Ich konnte und wollte es nicht kürzer machen und ich tröste mich mit dem Hinweis, den Plinius an Tacitus gegeben hat:

»Von den guten Büchern sei das Beste dasjenige mit dem größten Umfang ..., denn die Kürze liegt nahe an der Dunkelheit.«

Lange, nachdem ich die mir zusagenden und ermunternden Worte an Tacitus gelesen und angeführt hatte, stieß ich auf der Suche nach einem ganz anderen Sachverhalt in Isaac Disraelis[1] Buch »Curiosities of Literature, Vol. I, aus dem Jahre 1839 auf sein Loblied schmaler Bücher. In einem seiner zahlreichen Essays schreibt D.:

»The smallness of the size of a book was always its own commendation! As, on the contrary, the largeness of

1 Isaac Disraeli (1766-1848) war Vater des englischen Premierministers Benjamin Disraeli (1804-1881)

a book is its own disadvantage, as well as the terror of learning. In short, a big book is a scare-crow to the head and pocket of the author, student, buyer, and seller, as well as a harbour of ignorance…«.

»Notwithstanding so much may be alleged in favour of books of a small size, yet the scholars of a former age regarded them with contempt.«

Womit wir wieder bei Plinius und Tacitus wären.

Disraelis eigene Meinung (er hat selbst auch eine Reihe dicker historischer Bücher geschrieben) kommt in einem wunderschönen Zitat von F. Osborne zum Vorschein, das ich gerne wiedergebe:

»Huge volumes, like the ox roasted whole, at Bartholomew fair, may proclaim plenty of labour, but afford less of what is delicate, savoury, and well-concocted, than smaller pieces.«

Ich wäre zufrieden, wenn sich herausstellte, daß das Ganze mehr ist als die Summe seiner Teile und es sich lohnte, kleinere, in sich zusammenhängende und interessante Abschnitte (smaller pieces) jeweils für sich zu lesen. Dazu dient das beigefügte, sehr weit aufgefächerte, wir nennen es das »Fein«-Inhaltsverzeichnis, auch das sehr umfangreiche Namenverzeichnis, mit deren Hilfe man solche Teile leicht herausfinden kann.

Da ich nun an diesem Punkt beim Zitieren aus einem Buch dieses ungemein anregenden, genialen Schriftstellers Disraeli[2] bin, gestatte ich, mir ein auch für meine Arbeit selbstverständliches Zitat zum Abschluß dieses Teil meiner »Erklärungen« zu bringen:

»Every work must be judged by its design and is valued by its result.«

1.5. »Alles Gelingen ist Gnade« – auch das Finden eines guten Titels – Vom »Ethos des Fertigmachens« (Thomas Mann) – Wie der endgültige Titel »Wie viele Anker braucht der Mensch?« gefunden wurde

Als ich im Februar 1989 nach der Sichtung von Autobiographie-Titeln zufällig meinen ersten Arbeitstitel fand, meinte ich, sicher sein zu können, daß mir meine Aufzeichnungen »gelingen« werden, im Sinne des »Ethos' des Fertigmachens«, das Thomas Mann in seinem »Versuch über Schiller« so betont hat.

Von diesem Ethos habe ich mich schon vorher oft leiten lassen, ohne die schönen Worte Thomas Manns zu kennen, erst recht aber, nachdem ich sie gelesen hatte. Ich fand sie erst 1984 in Etne, als ich »Schwere Stunde« las: »Nicht grübeln: Arbeiten! Begrenzen, ausschalten, gestalten, fertig werden. Es wurde vielleicht nicht gut, aber es wurde fertig. Und als es fertig war, siehe, da war es auch gut.«

Ich bin froh, daß ich etwa 15 Jahre nach dem 2. Abschluß (1991), d.h. insgesamt innerhalb eines Viertel-Jahrhunderts in der Lage war, mein Ziel zu erreichen, daß ich also den Mut nicht verlor und nicht wegen der mich dauernd begleitenden Zweifel am Sinn des Ganzen »aufsteckte«.

Es klingt so einfach und ist doch nicht leicht: sich anspruchsvolle und gleichzeitig realistische Ziele zu setzen und, um sie zu verwirklichen, durchzuhalten.

Von 1989 bis zum Sommer 2005 verwendete ich den Arbeitstitel »Mein Leben – ein Gänsespiel?« und experimentierte, weil ich diesen Titel nicht klar und aussagefähig genug fand, mit einigen anderen Versionen. Zur Wahl des Arbeitstitels »Gänsespiel« nur so viel: In J. W. v. Goethe, West-Östlicher Divan, Buch der Betrachtungen, fand ich im September 1989 folgenden Vierzeiler:

»Das Leben ist ein Gänsespiel;
Je mehr man vorwärts gehet,
Je früher kommt man an das Ziel,
Wo niemand gerne stehet.«

Mir wurde mit der Zeit immer klarer, daß ich mit dieser Grundphilosophie mein Leben nicht in umfassender Weise kennzeichnen kann. Erst ganz zum Schluß fand ich den Titel, mit dem ich nun zufrieden bin. Ich will auch sagen, warum?

Auf unserer Norwegenfahrt im Sommer 2001 hatte das Postschiff am Kai von Maby festgemacht. Es war fünf Uhr in der Früh. Der kleine Hafen war noch ganz still, auch an Deck bewegten sich nur wenige Menschen. Die Schönheiten des Fjords offenbarten sich erst ganz im allmählich verschwindenden Frühnebel.

Am Kai längsseits zum Schiff lagen genau 20

---

2 Ich fand dieses Buch zufällig in einem Antiquariat in Wellington während unserer Neuseelandreise 1996. Ich hatte das Buch zunächst wieder zurückgestellt und erst während unseres Spaziergangs den Wunsch entwickelt, es zu kaufen. Als wir schließlich das Antiquariat fanden, fand ich das Buch nicht wieder. Erst in letzter Minute – wir mußten eilen, um das Schiff zu erreichen – entdeckte ich „Curiosities" aber nicht unter D wie Disraeli, sondern unter C.

Anker, unterschiedlich große und verrostete alte Anker, offensichtlich nicht mehr gebrauchte Anker. Ich photographierte die seltsame Ansammlung – ein Kunstwerk? – und fragte mich: »Wie viele Anker braucht der Mensch?«; den besonderen Eindruck und die Frage schrieb ich in mein Reisetagebuch.

Beim Wiederlesen unserer Reiseeindrücke in Norwegen (s. Seite 963 ff.) stieß ich auf den zitierten gedankenreichen Satz und sagte sofort zu mir: »Das ist mein Titel«. Er paßt, er trifft die Botschaft des Werks. Ich wurde ruhig, ja, sogar glücklich. Warum?

Der Anker ist das Sinnbild der Seeschifffahrt. Jedes Schiff braucht (und hat) einen Anker; jedes einigermaßen große Fahrzeug hat mehrere Anker. Ein Schiff ohne Anker ist ein untüchtiges Schiff; mit einem (oder mehreren) Anker(n) an Bord besteht die Hoffnung, den Stürmen des Meeres standhalten zu können. Wenn der Anker hält, läßt sich ein »Sturm abreiten«, wenn nicht, spricht man davon, daß ein Schiff »vor Anker treibt«.

Mich faszinierte sofort das Symbolhafte, das auf menschliche Angelegenheiten übertragbare Sinnbild der Seeschifffahrt. Spricht man nicht von den Stürmen des Lebens, von der Notwendigkeit, Standhaftigkeit zu erlangen und zu beweisen, um überleben zu können? Ist Standhaftigkeit dem Menschen mitgegeben, wenn nicht, wie erreicht man sie? Gedanklich schlug ich den Bogen von meiner Forderung, Verantwortung auf verschiedenen Ebenen zu übernehmen, zu der daraus meines Erachtens sich zwingend ergebenden Verankerung eines jeden Menschen – auch oder insbesondere in Bezug auf andere Menschen und andere Verhältnisse.

Allerdings: Ein Anker ohne Ketten ist so wenig denkbar wie Verantwortung ohne Mühe.

Und ein Schiff, auch das Lebensschiff eines jeden Menschen, braucht außerdem einen Kompaß, der zeigt, welche Ziele angesteuert werden sollen, also eine Werteordnung!

Ein Anker ist nicht wie der andere. Aber jede Verpflichtung zu einer Aufgabe, möge sie groß oder klein, umfassend oder begrenzt sein, vermag Sinn, Bedeutung, Anerkennung, Befriedigung oder Überwindung von Langeweile, Selbstsucht, Ichverbohrtheit und Lebenszweifel zu geben. Meine These ist, daß akzeptierte Verantwortungsverpflichtungen alle Beteiligten in mannigfacher Weise verankern können, also standhaft und lebensfähiger machen und bereichern.

Als ich schließlich einer Zusammenschau fähig war, wurde mir bewußt, daß Konzentration auf »Verantwortungsbereitschaft« nicht ausreiche, um meine Erfahrungen und Erkenntnisse für ein gültiges Leben weiter zu geben, und ich fügte hinzu: Sei hilfreich, handle und hoffe und denke gut von Deiner Zukunft.

1.6. Man muß den Sack schon mal zubinden, auch wenn er noch nicht voll ist …

Die Arbeit an den Schlußkapiteln, die ich im September 2005 begann, erwies sich bald als »Aufgabe ohne Grenzen«, als ständige Herausforderungen in Bezug auf Ausweitung, Verbesserungen, Korrekturen, Vertiefungen und weitere Reflexionen, kurz nach endlosen Überarbeitungen!

Zur »Ausweitung« gehörte, das Werk zu »bebildern«, also lesenswerter und überschaubarer zu machen, was verständlicherweise viel Spaß bereitete, aber auch mühselig und zeitraubend war.

Allmählich merkte ich – und entschied mich dann um die Jahreswende 2005/2006 –, daß ein längeres Verweilen bei diesen Arbeiten keine vernünftige Verwendung meiner Rest-Lebens-Zeit und Energie erlauben, mich stattdessen blockieren würde, und ich sagte mir: »Man muß den Sack schon mal zubinden, auch wenn er noch nicht voll ist und auch nie voll werden wird«, was bedeutet, meine Gedanken von der Vergangenheit mehr auf die Zukunft zu richten, mich nicht weiter ablenken und abhalten zu lassen, die Forderungen des Tages auf andere Weise zu erfüllen.

1.7. Begründung für Verweisungen in den »Anhang«

Während der Schlußredaktion, als mir immer deutlicher wurde, wie umfangreich das Werk werden würde, entschloß ich mich, wesentliche, in sich abschließbare, Teile in den »Anhang« zu verweisen. So haben sie den Status von »Materialien« erhalten.

Damit Stellenwert und zunächst verfolgte Absichten im Rahmen meiner Berichterstattung erkennbar werden, habe ich die Überschriften im Inhaltsverzeichnis und im Text stehen lassen und jeweils mit kürzeren oder längeren Hinweisen auf die Plazierung im Anhang verwiesen. Die Darstellung in Spaltenform wurde nach dem Vorbild der Protokolle von Bundestag und Hamburger Bürgerschaft gewählt.

2. Aufschreiben von Erinnerungen oder nicht?

2.1. Zwei Anregungen mit unterschiedlichem Ausgang

Wer an Menschen und menschlichen Schicksalen interessiert ist, mag sich vor allem im Umgang mit bedeutenden Menschen gefragt haben, warum diese nicht aufschreiben, was sie erlebten, was sie bedeutend gemacht hat, wie sie über wichtige Aspekte und Ereignisse ihres Lebens und ihre Umwelt gedacht haben etc. So habe ich meinen Vorgänger im Amt des Hamburger Landeszentralbankpräsidenten, Hans Hermsdorf, der gerne, interessant, lebendig und anschaulich über seine vielen Erlebnisse als einer der führenden Nachkriegspolitiker der SPD erzählte, ausdrücklich ermuntert, einmal all das aufzuschreiben, was wir so gern von ihm hörten.

Wir saßen uns im Herbst 1986 auf einer Dampferfahrt die Elbe hinunter gegenüber. Hans hatte Erlebnisse mit Kurt Schumacher, Erich Ollenhauer und Herbert Wehner aus den ersten Nachkriegsjahren erzählt. Ob wir die Geschichten nun zum erstenmal hörten oder nicht, war nicht so wichtig wie die Tatsache, daß sie mir jedenfalls authentisch, wichtig und deshalb bewahrenswert erschienen. Ich sagte zu ihm: »Hans, warum schreibst Du das – und vieles mehr – nicht einmal zusammenhängend auf? Es geht doch sonst mit Dir unter!« Er antwortete, wie ich es schon gewohnt war, barsch nur mit »Nein, nein« und verwies dann schnell auf Erich Ollenhauer, Vorsitzender der SPD in den 60er Jahren, dessen Sekretär er lange Zeit gewesen war. Trotz vielseitigen Drängens habe dieser viel bedeutendere Mann es immer abgelehnt, seine Erinnerungen, etwa im Stile August Bebels, aufzuschreiben.

In unserem Kreise saß auch Heinz Oskar Vetter, der frühere langjährige Vorsitzende des DGB, damals mit mehr Freizeit ausgestatteter Europaabgeordneter und einer der ersten Absolventen der Akademie für Gemeinwirtschaft, aus dessen zwischen Pfeife und Zähnen herausströmendem Gemurmel auf »Zustimmung zum Unterlassen« geschlossen werden mußte.

Als LZB-Präsident kam ich mit dem Hamburger Privatbankier Enno von Marcard, geboren 1900, zusammen. Er lud mich einmal zum Austernessen ins Cölln ein, worauf mir erbärmlich schlecht wurde, was dazu führte, daß für viele Jahre Austern vor mir sicher waren und ich vor ihnen. Dieser interessierte, offene, erzählbegabte und erfolgreiche Bankier sprudelte nur so von Erinnerungen, vor allem an die Kaiserzeit und das alte, vergangene Hamburg bis zum Zweiten Weltkrieg und er mischte diese mit vielen spaßigen Einfällen. Auch ihm meinte ich, anraten zu müssen, doch aufzuschreiben, was er so gut und interessant erzählen konnte. Im Gegensatz zu Hans Hermsdorf lehnte er nicht ab, sondern versprach bei wiederholten Gelegenheiten, »demnächst« mit den Memoiren anzufangen. Und tatsächlich sagte er eines Tages, weit nach seinem 85. Geburtstag, es muß so Anfang/Mitte 1987 gewesen sein, daß er begonnen habe, sein Versprechen einzulösen. Es mache ihm Spaß, mit seiner großen Handschrift Seite für Seite vollzuschreiben, er sei auch schon vorangekommen und plane, das Buch etwa bis Ende 1988 fertig zu haben. Sein alter journalistischer Freund, Klaus Jacobi, ginge ihm zur Hand.

Im Sommer 1988 brannte sein Haus in Kampen ab, als er dort mit Jacobi zusammen war. Zu Weihnachten desselben Jahres verschickte seine Bank das soeben fertig gewordene, gut 100 Seiten umfassende Werk mit dem Titel »Ein Bankier in Hamburg. Erinnerungen. Ein Bankier der alten Schule berichtet aus seinem Leben.« Es ist ein sehr persönliches Büchlein geworden, das sich leicht und schnell liest. Am Schluß schreibt E. v. M.: »So stehe ich am Abend meines Lebens. Ich kann mit der Fügung durch Gottes Gnade wahrlich zufrieden sein. Ich werde diese bunte Welt in der Idee verlassen, das Meinige getan und nicht unnütz gelebt zu haben.«

2.2. Die Schwierigkeiten sind zahlreich und müssen fast unüberwindlich erscheinen (plus ein kleines Beispiel über die Unzuverlässigkeit des Erinnerungsvermögens)

So habe ich zwei Beispiele angeführt, um zu zeigen, daß ich zu einer Zeit, in der ich mir noch nicht endgültig klar war, was ich mit den eigenen Impulsen machen sollte bzw. ob sie mich weiterführen würden, in bezug auf andere gerne bereit war, Anstöße zu geben und solche Impulse auszulösen.

In diesem Zusammenhang machte ich mir allgemeine Gedanken über die Schwierigkeiten. Ich vermutete auch noch, daß die Zahl der Autobiographien verschwindend gering sein würde, bedauerte, daß manches Stück interessantes Leben, Wollen, Streben, manche schöne, wichtige menschliche Lebensleistung, Beobachtung, Empfindung, Weisheit so verlorengingen und suchte nach Erklärungen dafür.

Die einfachste Erklärung schien zu sein, daß Menschen oft zuhörenswert gut reden, aber nicht lesenswert gut schreiben können. Oder sie bringen die Kraft für eine immer von der Gefahr des Scheiterns begleitete große Arbeitsleistung nicht mehr auf. Wahrscheinlich sind auch viele überzeugt gewesen, daß sie bei aller Bedeutung, die sie im Leben erreicht hatten, nichts wirklich Bleibendes, für die Nachwelt Wichtiges geleistet hatten. Oft könnte es auch am mangelnden Zuspruch liegen. Wir wissen ja, daß selbst Goethe den Faust II nicht angefangen hätte (vollendet wurde er erst in seinem Todesjahr, 1832, ungefähr 24 Jahre nach Faust I), wenn nicht Eckermann ihn immer wieder bedrängt hätte. Vielen dürfte auch der Rückgriff auf Dokumente aller Art, wie Tagebuchaufzeichnungen, Protokolle, Zeitungsausschnitte, und auch technische Hilfe, wie Zugang zu Bibliotheken oder Schreibkräften, unmöglich sein oder sehr schwerfallen. So hat z.B. Otto Braun im Vorwort zu »Von Weimar zu Hitler« ausdrücklich und bedauernd gesagt, daß er keine Tagebücher geführt habe, seine Terminkalender beschlagnahmt worden seien und Bibliotheken und Akten beim Schreiben nicht zur Verfügung standen, was ihn allerdings nicht abhielt, es trotzdem zu wagen.

Wer sich nur auf sein Gedächtnis verlassen muß, dürfte im allgemeinen schnell die Lust verlieren, denn er wird unvermeidlich bald feststellen, wie irreführend und unzuverlässig dieser innere Historienschreiber oder Videorecorder manchmal ist. August Bebel hat in seinen Erinnerungen »Aus meinem Leben« ein solches Beispiel erwähnt, als er genau das Gegenteil von dem erinnerte, was dann später durch Aktenstudium herausgebracht und klargestellt wurde.

Ein amüsantes Beispiel steht auch in dem kleinen Heftchen, das zu Helmuth Kerns 60. Geburtstag am 4. Dezember 1986 herausgegeben wurde und die Reden enthält. Am Schluß des Ganzen meinte der Gastgeber Helmuth Kern, eine kleine Korrektur zu der vorangegangenen Rede von Freimut Duve anbringen zu müssen. Duve hatte als Anekdote erzählt, daß er mit Helmuth Kern in Polen mit dem Stander am Mercedes, gestoppt worden sei. Der polnische Offizier habe gesagt: »Wir sollten diese deutsche Flagge abnehmen.« Helmuth meinte nun in seiner Nachrede, daß auch ein gelernter Historiker wie Freimut Duve offensichtlich nicht frei von Irrtum sei, wenn er Gegenwartsgeschichten aus der Erinnerung wiedergebe, denn die Sache mit dem Stander sei nicht in Polen passiert, dort habe es im Gegenteil gar keine Probleme gegeben, sondern in der DDR. Dort hätten sie nur die Wahl gehabt, entweder sofort mit Stander umzukehren oder alle Termine, u.a. einen Empfang des Hamburger Hafens, in Leipzig ohne Stander wahrzunehmen. Es sei also kein polnischer, sondern ein störender Vopo-Offizier aufgetaucht, woraufhin die Delegation darauf verzichtet habe, weiter mit dem Stander in Leipzig herumzufahren. (Ich hatte mir das Heftchen extra auch für diesen Zweck der Dokumentation eines kleinen, aber exemplarischen Geschichtsirrtums aufbewahrt.)

2.3. Wissen wir eigentlich, wie viele Male das »Über-sich-selbst-Schreiben« versucht wurde? Nein! Daß es überraschenderweise viele Tausende Male gelang, war mir nicht bekannt, ist aber im Jahre 1987 dokumentiert worden – eine Auswahl der Titel

Im übrigen fragte ich mich auch: wer weiß eigentlich, wie viele hundert Male der Versuch gemacht, aufgegeben, weitergeführt und schließlich doch verworfen wurde? Wer also sein Leben nicht darstellen will und/oder kann, der läßt auch am besten die Finger davon. Es gibt genug unlesbares Zeug; Thomas Mann war sicher nicht eifersüchtig, als er einmal sagte – es klingt beim Lesen ärgerlich -, »daß viel zu viele Leute schreiben« (Die Entstehung des Doktor Faustus). Andererseits wäre es nicht besser, jeden zu ermuntern, seine Autobiographie zu schreiben, egal, welches Niveau er dabei unterläuft?

Während der Arbeit an meinem eigenen Produkt erinnerte ich mich zum einen häufig an meine, vor allem in der Jugendzeit, ausgeprägte Vorliebe für beiderlei Sorten Biographien und zum anderen lernte ich, daß es viel mehr abgeschlossene Versuche gibt, als ich mir je hätte vorstellen können.

Nachdem ich mich nämlich so umständlich mit

einigen Problemen des autobiographischen Schreibens befaßt hatte (nicht zuletzt, um Abstand, Mut, Ausdauer und Klarheit für mich selbst zu gewinnen), fiel mir (Mitte 1988) eine Anzeige in die Hände, über zwei Bände »Bibliographie der Autobiographien« von Jens Jessen (erschienen 1987). Dieser Autor hat eine »mehr als zehnjährige Suche« veranstaltet und die Ergebnisse in zwei Büchern von zusammen annähernd 500 Seiten veröffentlicht. Ein dritter Band über »Naturwissenschaftler« folgt. 1. Band: Künstler; 2. Band: Geisteswissenschaftler.

Überschläglich rechnete ich aus, daß J. rd. 5.000 »Selbstzeugnisse, Erinnerungen, Tagebücher und Briefe« angezeigt hat. Im 1. Band fand ich z.B. Hinweise auf Elisabeth von Beiersbronn aus dem Jahre 1305, sowie die »Lebensbeschreibung« des Komponisten Ditter von Dittersdorf (1739 -1799) Leipzig 1940! Ich war (und bin) in höchstem Maße interessiert daran, nicht so sehr das eine oder andere Werk zu lesen (dazu fehlt mir jetzt die Zeit), sondern an der faszinierenden Vielfalt der gewählten Titel.

Ich zitiere sie ziemlich wahllos: Sein und Werden, Ich warne Neugierige, Erinnerungsblätter aus dem Leben einer deutschen Frau, Erinnerungen, Mein Leben, Lebenserinnerungen, Summe eines Lebens, Ein selbsterzähltes Leben, Denkwürdigkeiten, Erinnerungen eines Achtzigjährigen, Ich erinnere mich genau, Der Held im Schatten (geschrieben von einem 34jährigen!), Wellenlinien des Lebens, Das Nötigste über mein Leben, Meine Lebensbeichte, Ein unordentliches Leben, Leben – eine köstliche Sache, Werdegang eines Hamburger Gelehrten – Kurze Lebensbeschreibung von ihm selbst verfaßt, Erinnerungen aus dem Berufs- und Seelenleben eines alten Mannes, Wie ich Dichter wurde, Einsame Wege – Ein Lebens- und Charakterbild, Aus 53 Dienstjahren, aus sieben Jahrzehnten, Alles Gelingen ist Gnade.

Eine Absicht, Jessens Buch durchzuschauen, war, Hilfen für meinen »Titel« zu finden. Das war vergeblich.

3. Was ich von Schriftstellern, vor allem aus Autobiographien lernte?

Wie zum Schluß der »Erklärungen« angedeutet wurde, habe ich dieses Kapitel in Gänze aus Band I herausgenommen und an den Anfang des Anhangs gestellt (s. Anhang, S. 213).

4. Der lange Anlauf, oder wie die Entwicklung verlief, das »Aufschreiben« zu wagen? (Siehe auch Anhang II, S. 223 ff.)

4.1. Warum wurde es mir so schwer?

Wenn man etwa 6 Jahre braucht, um sich klar zu werden, ob man seinen »Lebenslauf« schreiben soll, kann es reizvoll sein, den Prozeß, der schließlich zur Tat führte, kennenzulernen.

Jedenfalls konnte ich mir diese Aufgaben stellen, nachdem ich herausgefunden hatte, wie oft ich mich mit der Idee herumgeschlagen und dies im Tagebuch immer mal wieder vermerkt hatte. Ich war schließlich neugierig auf mich selbst, auf dieses »Werden« einer »Aufgaben-Erteilung« an mich selbst geworden.

Das kann man lustig und interessant oder langweilig und albern finden. Wenn ich mich zur Dokumentation entschloß, dann nicht nur, um mir selber darüber klar zu werden, sondern auch, um anderen Mut zu machen und bereit zu sein, das »Anklopfen von innen heraus« ernst zu nehmen und schließlich die Mühen auf sich zu nehmen, die jede anspruchsvolle Zielsetzung erfordert. Selbst auf die Schnelle mal eben eine Autobiographie glauben schreiben zu können, wird m. E. nie gelingen. Man lernt, wie viel Ausdauer, Beharrlichkeit, sich nicht geschlagen geben, Willenskraft und Zeit dazu gehören, Lebensbilanzen zu ziehen.

Je nach Lebensweg und Antrieb ist »Autobiographieren« auch eine Knochenarbeit. Wer danach schielt, ob ihm Akklamation sicher ist, wird kaum ans Ziel gelangen. Soviel zur Einführung in den »langen Anlauf«, der offensichtlich notwendig war, um schließlich beginnen und durchhalten zu können.

4.2. Der holperige Einstieg (1991)

(1) Den Einstieg zu finden, war sehr schwierig. Er war ursprünglich unbeholfen, holperig, ohne richtige Linie und nicht ausführlich genug.

Die mir auferlegte Arbeitsordnung habe ich ziemlich gut eingehalten – obwohl es oft längere Unterbrechungen gab – und Freude beim Schreiben gehabt. Diese Freude war besonders stark, als ich am Ende meiner Schreiberei damit begann, die vielen hundert Seiten durch eine Gliederung und Überschriften genauer zu strukturieren, d.h. überhaupt erst zugänglich und interessant zu machen. Diese Arbeit war oft sehr anstrengend und hat von März bis

Mai 1989 viele Wochen erfordert. Wie oft habe ich an einen Lichtenbergschen Aphorismus gedacht und bis zuletzt danach gehandelt:

»Gleich auf den ersten Wurf so zu schreiben, wie zum Exempel Tacitus, liegt nicht in der menschlichen Natur. Um einen Gedanken recht rein darzustellen, dazu gehört sehr vieles Abwaschen und Absüßen.«

Fragen nach dem Sinn, der möglichen Vergeblichkeit, der nicht erreichbaren Ziele, des nicht gelungenen Niveaus haben mich ständig begleitet, hatten aber keinen Einfluß auf den überhaupt möglichen Fortgang. Der »Schwung« war so stark, daß er die zeitweise empfundene »Mühseligkeit« relativierte, oft auch ganz vergessen machte.

Häufig war ich über die kleinen »Koinzidenzen« verblüfft, die beim Schreiben auftauchten. Ich habe sie dann »mitdokumentiert«. An den verschiedensten Stellen finden sich Hinweise. Ich meine, daß ich mir leisten kann aufzuschreiben, worüber ich mich manchmal etwas gewundert habe.

(2) Ich machte eine nicht für möglich gehaltene Erfahrung, daß nämlich die wichtigen, die besonderen Menschen, auf die ich eingegangen bin, »wiederauferstehen«. Beim Erinnern werden sie lebendig: Ich sehe sie vor mir, fast leibhaftig, d.h. höre sie reden, höre ihre Stimme, den besonderen Tonfall, besondere Redewendungen, sehe die Gestalt, das Gesicht, die Augen, Gesten, vertraute Bewegungen. Ohne den Zwang zur schriftlichen Erinnerung hätte ich diese »Erfahrung« nicht machen können. Ich bin überrascht, entzückt und auch etwas verwirrt. Bei der Rückerinnerung an die ausgewählten Ereignisse und deren Beschreibung habe ich dieselbe Erfahrung gemacht. Das Rücktauchen in eine so entfernte, vor allem jugendliche Vergangenheit, die so entscheidend war, wühlt allerdings sehr viel auf, was mich emotional bewegt und manchmal belastet hat.

(3) Von meinem jetzigen Aussichtspunkt sehe ich einmal nach rückwärts: Mein Leben erscheint ziemlich lang, die beschriebenen Ereignisse liegen teilweise sehr weit zurück und sehr weit weg, andere sind gerade abgeschlossen oder dauern sogar noch an. Mir ist beruflich zwar viel gelungen und ich habe wichtige, ganz unterschiedliche Positionen – wenn auch alle im Dienst am Gemeinwesen – ausgefüllt, aber die in den »vier Berufszeiten« theoretisch möglichen Spitzenstellungen in keinem Falle erreicht. Ich habe mich immer gelöst, vielleicht lösen müssen (?), bevor ich so weit reifen konnte (oder wollte), daß eine »Vollendung«, wenn auch vielleicht nur unter dem Zwang der Umstände, möglich erschien. In die Zukunft gesehen, muß die noch mögliche Restspanne relativ klein, auch irgendwie versperrt erscheinen, d.h. mein Leben ist begrenzter als je. Carpe diem kann nach dieser Rückschau deshalb auch besser als je begriffen werden.

Unser Leben ist relativ kurz und meistens abwechslungsreich. Diese triviale Erkenntnis könnte zur immerwährenden Ungeduld (ver)führen, d.h. immer alles sofort tun zu müssen, um es wirklich bestehen und auskosten zu können, obgleich doch möglicherweise gerade das Umgekehrte gesünder ist und unser Leben verlängern könnte. Aber Herbert Weichmanns immer wieder geäußerter Spruch gibt die Antwort: Wir sollen unseren Jahren Leben geben und nicht unserem Leben Jahre.

4.3. Wann – wenn überhaupt – sollte man seinen »Lebenslauf« beschreiben? – Wenn das »Leben noch läuft«!

Wenn man schon glaubt, seinen »Lebenslauf« beschreiben zu müssen, sollte man es tun, wenn auch das »Leben noch läuft«. Also nicht erst im Alter, wenn es mehr oder weniger stillsteht und der Wettlauf mit der »Restlebenszeit« leicht zu Ungunsten des »Eigendenkmals« ausgehen kann (ausgegangen ist).

Nun kann ich es mir leichtmachen und lapidar feststellen: Es ist geschehen. Also war es möglich! Aber nur, weil ich relativ früh begann, durchhielt und – trotz der verbleibenden Unvollkommenheiten – die Arbeit im Herbst 2006 beendete.

5. Herkunft und Entwicklung – Theorie und politische Implikationen – eine Einführung von 1989 mit Ergänzungen von 2005

5.1. »Alles Ding muß eine Wurtzel haben; sonst wächst nichts« (Jakob Böhme)

Die Herkunft der Familie hat mich lange Zeit väterlicherseits ein bißchen, mütterlicherseits überhaupt nicht interessiert. Als mein Name in den überregionalen Zeitungen erschien und häufig im Fernsehen genannt wurde, erhielt ich Post von einem Ahnenforscher mit dem Namen Ernst Nölling. Der Schriftverkehr mit ihm war unergiebig; er konnte mir nicht und ich ihm nicht helfen bei der Aufklärung der jeweiligen Ahnenreihen.

Im Sommer 1986 hat der Superintendent aus Berleburg einige Photokopien geschickt, für die DM 42,70 bezahlt werden mußten. Sie stammen aus dem Heiratsregister und gehen bis zum Urgroßvater (geb. 1840) zurück.

Der Schreibweise des Familiennamens war man sich nicht so sicher; er wird nämlich variiert: Nölling, Nelling und Noelling. Mehr weiß ich bis heute nicht. Im Zusammenhang mit dem Versuch, die Separatistenbibel zu sehen, werde ich mich im November 1986 in Wemlighausen und Berleburg um Archivmaterial bemühen. Was ich insgesamt betreibe, ist »WurtzelForschung«, wie Jakob Böhme es vielleicht auch gemeint hat: »Alles Ding muß eine Wurtzel haben, sonst wächst nichts.« Wie weit meine »lange Wurtzel«, d.h. die Ahnenreihe väterlicherseits verfolgt werden kann, wird herauszufinden sein; ich bin sicher, da war nichts Auffallendes und dementsprechend wird sie sich wohl bald im Dunkel verlieren. Es bleibt die Erforschung der »kurzen Wurtzel«, meiner eigenen, um die es bei diesen Aufzeichnungen vor allem geht.

5.2. Rahmenüberlegungen zum Verständnis einer Entwicklung: Goethes Hinweise und Machiavellis Unterscheidung von Fortuna und Virtu

Die Rahmenüberlegungen zu dem, was an Erkenntnissen möglich ist, fand ich einmal bei Goethe und zum anderen bei Machiavelli. Goethe, der zu seiner »Dichtung und Wahrheit« siebzehn Jahre gebraucht haben soll, hat zunächst allgemein formuliert:

»Unser Leben ist, wie das Ganze, in dem wir enthalten sind, auf eine unbegreifliche Weise aus Freiheit und Notwendigkeit zusammengesetzt. Das Was liegt in uns, das Wie hängt selten von uns ab, nach dem Warum dürfen wir nicht fragen.«

Auf sich selbst bezogen, hat er Worte gefunden, die als Motto über meiner eigenen Entwicklung gestanden haben könnten. Als ich sie sehr spät, als ich ungefähr schon Anfang Vierzig war, zum ersten Mal las, fand ich sie so erhellend wie passend und ihre Übertragung auf mich nicht anmaßend:

»Ich war freilich noch dunkel und strebte in bewußtlosem Drange vor mich hin, aber ich hatte ein Gefühl des Rechten, eine Wünschelrute, die mir anzeigte, wo Gold war.«

Auf dieses dunkle, bewußtlose Streben oder Vorwärtsstreben, das nur große strukturelle Ziele der Entwicklung kannte, werde ich hin und wieder verweisen. Die andere Markierung bildet Machiavellis Unterscheidung, aus dem Geist praktischer Erfahrung und dem Studium der »Großen« abgeleitet, von Fortuna und Virtu.

5.3. »Bücher haben ihre Schicksale« – Carlo Schmids Buch über Machiavelli geht verloren und kommt wieder

Daß ich eine Erfahrung machte, die das Wort »Bücher haben ihre Schicksale« (Habent sua fata libelli) gerade auf M. bezog, halte ich nicht für unbedeutend. Ich will sie wiedergeben. Daraus wird auch erkennbar, wie ausschlaggebend wichtig dieser politische Mensch für mich war und bleiben wird.

Mitte der fünfziger Jahre kaufte ich mir in der Fischer-Taschenbuch-Reihe die von Carlo Schmid eingeleitete Auswahl der Schriften Machiavellis. Die Einführung ist schlicht hervorragend. Sie erschließt die Lebensumstände und das Denken, die Wirksamkeit der Gedanken Machiavellis und räumt die dummerhaften Urteile über die moralische Verwerfbarkeit von angeblichen Handlungsanweisungen weg. Carlo Schmid zeigt statt dessen auch die eher demokratisch-liberale Zielüberzeugung dieses bedeutenden Menschen auf, die ich mir aus einigen Stellen des Buches herausschrieb. Über die vielen Jahre hinweg zog mich das Buch so stark an, daß es schließlich in mich hineinwuchs. Klarheit und Rationalität, Lebensnähe, Analysekraft, Originalität, Fleiß und Belesenheit, auch das mich traurig stimmende Schicksal des frühzeitigen politischen und damit existentiellen Scheiterns dieses Mannes, sein Wiederaufrichten, seine Armut und seine Bescheidenheit; alles dies, vielleicht noch mehr, zogen mich fest und auf Dauer in seinen Bannkreis.

Ungefähr in der Mitte des Jahres 1977 wollte ich im »M.« etwas Bestimmtes nachlesen, fand aber das Buch nicht. In den folgenden Monaten suchte ich weiter, fragte Maria und die Kinder, umsonst. Das Buch war verschwunden. Über Jahre hinweg wuchs das Gefühl eines herben Verlustes; dies wurde so stark, daß ich schließlich, etwa Ende 1979, den Buchhändler Weber (einen Parteifreund aus Harvestehude) bat, ein antiquarisches Exemplar zu finden. Dies war nicht möglich, und ich mußte die Tatsache des Verlustes des Buches nach vielen Monaten emsigen Suchens akzeptieren. Ich litt darunter.

Im Sommer 1980 kam ich morgens ins Büro der Finanzbehörde und Frau Irmgard Markus verwies auf ein soeben abgegebenes Bücherpaket, an mich persönlich gerichtet. Als ich es öffnete, schaute mich das so vertraute Antlitz Machiavellis an. Ich glaubte zunächst, Freund W. sei es gelungen, doch noch ein Exemplar aufzustöbern, bis ich das Buch in der Hand hatte, darin blätterte und schnell an den Unterstreichungen etc. merkte: Das ist ja dein Buch! Wie kommt W. an »meinen« Machiavelli? Hat etwa einer aus der Familie das Buch verkauft? (So schlecht dachte ich sofort, weil eine andere Erklärung so schnell oder überhaupt für mich nicht vorstellbar war.) Mein sofortiger Anruf bei W. ergab, daß er, von meinem Wunsch gequält, sich schließlich zu helfen versuchte und beim gemeinsamen Freund E. anrief, diesen fragte, ob er nicht aushelfen könne. Der geht sofort an seine Bücherborde, sucht und findet »mein« Buch, das ich ihm ausgeliehen hatte, um ihn an besonders auch für seine Studien wichtige Teile der Schriften Machiavellis heranzuführen. Die Rückgabe hatte er in absolut ehrenhafter Weise vergessen.

5.4. Zurück zum zentralen Punkt im Denken Machiavellis; er hatte das »richtige« Menschenbild

Aber zurück zum zentralen Punkt im Denken Machiavellis: Für seine politischen Überlegungen brauchte er eine Vorstellung vom Wesen und Charakter des Menschen, also ein »Menschenbild«. Er denkt nicht gut oder positiv von seinesgleichen und glaubt auch nicht, daß der Charakter des Menschen sich wandeln könne, ebensowenig wie der Ablauf des Menschenschicksals, der vom Himmel oder von Gott bestimmt werde. »Die Menschen sind immer schlecht, wenn sie nicht durch den Zwang der Notwendigkeit gut gemacht werden.« »Von den Menschen gilt schlechthin: Sie sind undankbar, wankelmütig, heuchlerisch, sie laufen Gefahren davon und sind auf ihren Vorteil aus.« Das stimmt doch – oder nicht? Oder stimmt es nur zu 90 oder 95 %? Ist der kleinere Rest das menschlich Wertvollere und welche Bedeutung hat er für die Politik? Ich weiß nicht, ob M. auch so gefragt hat, will dies auch beiseite lassen, weil für die weiteren Überlegungen nicht von erheblicher Bedeutung. Ich gehe hin und wieder an späterer Stelle auf diese Fragen ein (insbesondere beim Marxismus-Kapitel). Weil ich die Meinung Willy Brandts bei der Überarbeitung gerade zur Hand habe, will ich schon hier seine Meinung festhalten: (ARD-Interview vom 20. Dezember 1988)

»Als ich ganz jung war in der Jugendbewegung ..., da habe ich dieses Lied gesungen, ... das davon handelt, daß der Mensch gut sei. Das ist nun ein schreckliches Mißverständnis... Der Schnitt verläuft nicht zwischen dem guten Menschen und dem schlechten. Sondern der Schnitt geht durch die Menschen durch.«

5.5. Das Glücksrad und die Kunst, sich behaupten und lösen zu können

Was die Erklärung der Entwicklung des einzelnen wie ganzer Völker angeht, so zwingt das Denken Machiavellis uns eine Einteilung in bestimmende Lebensmächte auf: In Zufall, Geschick, Glück oder Fortuna einerseits und Kraft, Energie, Vitalität, körperliche und geistige Lebenspotenz oder Virtu andererseits. Wie sich beide ergänzen, widersprechen, hingenommen werden müssen oder beeinflußt werden können, wird von Machiavelli im capitulo di fortunata dargestellt, keineswegs widerspruchsfrei. Während er bis zu einem bestimmten Zeitpunkt die Übermacht der Fortuna herausstellt, hat er schließlich in sehr ernsthaften Betrachtungen über das Ausmaß der menschlichen Willensfreiheit an die 50:50-Aufteilung der Gewichte als Lösung gedacht; es ist, wie jeder einsehen kann, ein individueller Schätzversuch bei einem Problem, das nun mal nicht zu quantifizieren ist.

Machiavellis Ehrfurcht vor übersinnlichen Einflüssen, das Erschauern vor unbekannten Mächten, das Ausgeliefertsein hindern ihn nicht, verlangen schließlich sogar, Rolle und Einfluß der Virtu zu bestimmen. Wie man Fortuna zu seinen Gunsten beeinflussen und sich ihr gegenüber behaupten kann, wird ausführlich dargetan. Machiavelli ist überzeugt, daß sich der aufstrebende Mensch im Kampf zwischen Virtu und Fortuna behaupten und bewähren kann. Bei ihm trifft man – wie später bei Nietzsche – auf das Bild, Fortuna (das Glück) wie ein störrisches Weib behandeln, also schlagen zu müssen, um es sich gefügig zu machen. Machiavelli braucht auch das Bild des Glücksrades, um eine grundsätzliche Handlungsanweisung zu geben: Wenn man sich auf der Höhe des Rades, also einer Rolle, einer Position im Leben befinde, müsse man sich auf die aufsteigende Linie oder den Scheitelpunkt eines anderen schwingen, um den Drehungen nach unten zu entgehen. Das schöne Bild hat m.E. große Bedeutung. Es weist darauf hin, daß ein Mensch sich lösen können muß, wenn er sich entwickeln, wenn er weiterkommen will. Dieser Grundsatz gilt schon für jede Party, wieviel mehr für ein ganzes Menschenleben. (Als ich auf einer Party mit einem mir nicht näher bekannten Paar über dieses Sich-Lösen-Können-Müssen sprach, lächelten sie sich verständnisvoll an und bekräftigten meine Theorie: Sie hatten sich beide gerade scheiden lassen. Aber so war es von mir nicht gemeint gewesen.)

Je beachtlicher die Entwicklung von Völkern und Individuen ist, desto größer das Interesse an den bestimmenden Faktoren, also den Ursachen. M. ist vor allem Ursachenforscher: Warum hat es diesen oder jenen Krieg gegeben, warum wurde er verloren oder gewonnen? Warum hat der eine Erfolg und der andere nicht, warum hat der eine nur einmal Erfolg und der andere immer wieder? Warum kann sich der eine an die Macht bringen, an der Macht halten und der andere nicht? Und so fort. Ursachenforschung wird von M. nicht um ihrer selbst willen betrieben, sondern soll Zweck-Mittel-Beziehungen aufdecken, deren Kenntnis für den Politiker unerläßlich ist.

5.6. Machiavellistischer Geist und übereinstimmender Lebensklang

Wer sich ernsthaft für Geschichte interessiert und sie erforscht, wem zweckrationales Handeln im Blut liegt, wer weiß, daß Erfolg im allgemeinen nicht ohne richtige Vorausschau von Entwicklungslinien möglich ist, wer sich nicht zuletzt ein Gefühl bewahrt für das Unerwartete, das nicht Erklärliche, das Schicksalhafte, der hat machiavellistischen Geist in sich, hat die Neigungen und Anlagen, um ihn zu verstehen und mit größtem intellektuellen und praktischen Gewinn zu lesen. Dann ist sein Studium eine genußvolle Notwendigkeit, wird eine Übereinstimmung im Lebensklang hörbar, also eine innere Verwandtschaft deutlich, die man möglichst vielen politischen Menschen wünschen möchte.

5.7. Erbmuster und Auslesedruck – ein differenziertes Schema mit vielen Fragezeichen

Heutzutage beschäftigen sich in der Nachfolge, vor allem von Sigmund Freud, Psychiater, Neurologen und Neurochemiker mit dem »Ich«, mit dem, was sie »Antriebspotenz« nennen. Sie haben wissenschaftlich erforscht, wovon das Leben oder die Lebensleistung bestimmt wird, nämlich vom Zusammen- oder Wechselspiel der im genetischen Code enthaltenen Energie (oder dem Erbmuster) und der Beeinflussung durch das Milieu oder dem Auslesedruck. Die gültige Antwort lautet: »Die Grundmelodie des menschlichen Individuums ist vom ersten Augenblick seiner Entstehung an programmiert. Das Milieu schafft nur die Variationen.« Danach sind unsere Leistungen Reflex einer Energie, die über irgendeinen Vorfahren an uns vermittelt wurde und durch besondere Umweltbedingungen entweder aktiviert, ausgelöst oder behindert und unterdrückt worden ist. Wenn also der genetische Code das im Menschen liegende Angebot oder Potential an Energie bestimmt, dann muß den Aktivierungsbedingungen größte Aufmerksamkeit gelten. Einfach und einleuchtend erscheint dann die Antwort: Günstige Milieubedingungen optimieren positive Anlagen, ungünstige maximieren deren Behinderung oder Unterdrückung.

Schön schematisch vorgehend lassen sich Grundmuster zusammenstellen:

I. 1) Wenig, geringes Potential
  + a) günstige Umwelt = ?
  + b) sehr günstige Umwelt = ?
 2) Mittleres Potential
  + a) günstige Umwelt = ?
  + b) sehr günstige Umwelt = ?
 3) Großes Potential
  + a) günstige Umwelt = ?
  + b) sehr günstige Umwelt = ?

II. 1) Wenig, geringes Potential
  + a) ungünstige Umwelt = ?
  + b) sehr ungünstige Umwelt = ?
 2) Mittleres Potential
  + a) ungünstige Umwelt = ?
  + b) sehr ungünstige Umwelt = ?
 3) Großes Potential
  + a) ungünstige Umwelt = ?
  + b) sehr ungünstige Umwelt = ?

5.8. Erklärungswert von Kombinationen

Wie groß kann der Erklärungswert solcher Kombinationen sein? Vordergründig müßte beispielsweise nach dem bisher Gesagten gelten: Großes Potential und sehr günstige Bedingungen = große Lebensleistung. Hierzu fällt einem sofort J. W. v. Goethe ein. Wie paßt aber F. Schiller dazu? Soweit es mir möglich ist zu beurteilen, waren seine Milieubedingungen eher ungünstig bis sehr ungünstig. Dies scheint z.B. auch für W. A. Mozart und L. v. Beethoven gegolten zu haben. Zeigt sich nicht schon an diesen Beispielen, daß die Antworten offenbleiben müssen? Es kann trotzdem Spaß machen, mit diesem Schema zu arbeiten und eigene Beobachtungen einzubringen; von daher scheinen Entwicklungsmöglichkeiten und Grenzen schnell deutlich zu werden.

Erstens, wo wenig oder nur geringes Energiepotential zu einer geringen Antriebspotenz führt, sind in der Regel auch sehr günstige Umweltbedingungen kein Ausgleichsfaktor. Man findet Beispiele genug, z.B. im Unternehmer-, Banken- und Arztmilieu, wenn man sich die Kinder betrachtet: Oft taugen sie alle nichts, vielmals bringen sie brave, durchschnittliche Lebensleistungen zustande, weil die Umweltbedingungen sich optimal auswirkten. Nicht selten ist bei einem Kind mehr Energie vorhanden als bei den Geschwistern und die unterschiedlichen Effekte günstiger Bedingungen können studiert werden.

Zweitens, im mittleren Bereich scheint viel mehr offen zu sein: Wer kennt nicht Beispiele, wo mittelmäßige Veranlagungen durch günstige Elternhausbedingungen etc. zu beachtlichen Entwicklungen führten, aber wer weiß nicht auch, daß ungünstige, sehr ungünstige Umstände in diesen Fällen ebenfalls solche Lebensleistungen ermöglichen. Allerdings spricht vieles dafür, daß eine günstige Gestaltung des Lebensmilieus in diesen Bereichen, die ja wohl die große Mehrzahl aller Fälle in einer Bevölkerung ausmachen, den größten Entwicklungshilfebeitrag leisten kann.

Drittens, zu ziemlich eindeutigen und schlüssigen Ergebnissen kann man m.E. bei der Kombination II/1 gelangen. Wenn geringe Antriebsenergie auf negative Umweltbedingungen stößt, ist es schon ein Positivum, wenn ein Lebensweg ohne Kriminalität verläuft und schließlich sich selbst erhaltende Leistungen möglich werden. Staatliche Familienpolitik müßte hier ein bevorzugtes Ansatzfeld sehen.

Viertens, faszinierend offen scheint mir die Bedeutung von Umweltbedingungen für die großen Begabungen zu sein. Darauf wurde eingangs schon hingewiesen. Ich verweile hier noch ein bißchen, weil mein »Punkt«, meine These für jedermann an dieser Kategorie am besten einsichtig gemacht werden kann, denn die »Großen« und deren Umstände sind noch am ehesten bekannt. Thomas Mann, Theodore Roosevelt, John F. Kennedy auf der einen Seite scheinen ziemlich klare Fälle zu sein. Wie ist es aber mit Willy Brandt, der eine schwere Jugend hatte?

Längst, nachdem ich das Vorstehende geschrieben hatte, las ich im Dezember 1988 nach, wie W. Brandt das selbst gesehen hat. Auf die Interviewfrage: »Aber es klang auch so, als könne man hineingeboren werden in die Fehlentwicklung, je nach Umgebung und Sozialisation, daß derselbe Mensch, wenn er Glück hat, gut wird, wenn er Pech hat, zumindest für eine Weile, schlecht wird«, antwortete er: »Das kommt vor. Ja, so ist es in der Tat.«

In dem sehr anregenden, sehr lesenswerten Buch »Der Ciceronianer« hatte Erasmus von Rotterdam Dutzende von literarischen Begabungen seiner Zeit auf die humorvollste Weise begutachtet. An zwei Stellen zeigt er die negative Auswirkung günstiger Umstände auf Potentiale auf. »Er hätte die Begabung für alles, was er ernsthaft will, aber er liebt es mehr, gut zu essen als viel zu schreiben.« Oder: »Das luxuriöse Leben läßt eine Begabung nicht leicht zu voller Reife kommen.«

5.9. Ungünstige Umweltfaktoren können die eigentlich aktivierende, kausale Bewegungskraft sein

Was ist dagegen zu sagen, daß Begabungen sich bei günstiger Gestaltung der Lebensbedingungen eher entfalten sollten, als bei ungünstiger und wenn es nicht gelingt, ziemlich eindeutig feststeht, woran es gelegen hat? Nicht viel! Die Beschreibungen des Erasmus deuten auf die große negative Rolle verweichlichender Umstände hin. Aber trifft es nicht auch zu, daß »ungünstige« Faktoren nicht nur kein Hinderungsgrund für herausragende Leistungen waren, sondern sogar die eigentliche aktivierende, kausale Bewegungskraft bedeutet haben, womit die herkömmliche

Theorie auf den Kopf gestellt wird? Als gutes Beispiel für die Verzwicktheit scheint mir u.a. Winston Churchills Leben dienen zu können. Wenn man die über manche Strecken erschütternden Berichte zu seiner Jugend in der phantastischen Biographie »The Last Lion« von William Manchester liest, weiß man nicht, ob man an ein »dennoch« glauben soll oder ein »nur deshalb«.

Insgesamt läßt sich dieses uralte Problem der Bestimmung und Bewertung von Erfolgsfaktoren gut erfassen, wenn man anhand eines Lehrsatzes der Volkswirtschaftstheorie vorgeht: Antriebspotenz etc. ist eine notwendige, aber keine hinreichende Bedingung für Erfolg; »hinreichende« Bedingungen liegen erst vor, wenn auch die gesellschaftlichen Rahmenbedingungen stimmen. Fleiß und wache Offenheit auf der einen und erfahrene Ratgeber und Bildungsmöglichkeiten auf der anderen Seite scheinen mir das A und O eines potentialstimulierenden und -ausnützenden individuellen Entwicklungsprozesses zu sein. Was also letztlich als günstige Rahmenbedingung zu bezeichnen ist, schrumpft auf diese beiden objektiven Faktoren zusammen, über deren Wirksamkeit in meinem Leben ich noch im einzelnen Ausführungen machen werde.

5.10. Die politische Dimension: die Rahmenbedingungen müssen stimmen: zur Antriebspotenz gehören Ratgeber und Bildungsmöglichkeiten – Antwort auf die Laudationes zu meinem 70. Geburtstag

Seit Machiavellis und Goethes Zeiten hat es Fortschritte in der Durchdringung dieser äußerst schwierigen Zusammenhänge und Wechselspiele gegeben, die auch eine politische Dimension haben:

Die Ansatzpunkte für Erziehungs-, Familien-, Vermögensbildungspolitik sind nun deutlich erkennbar. Wir wissen, wie das Lebensmilieu des großen Teils der Bevölkerung in für die Entwicklung der Potentiale einer Gesellschaft günstigen Weise beeinflußt werden kann und können heute mehr zu den objektiven und subjektiven Erfolgsvoraussetzungen sagen, auch auf eindrucksvolle Erfolge verweisen.

In den Tagen nach der Bundestagswahl vom 18. September 2005 sind Herkunft und politischer Aufstieg von Gerhard Schröder zum Bundeskanzler ausführlich dargestellt und gewürdigt worden. Er hat auf einem Gewerkschaftstag gesagt: »Ich weiß, wo ich herkomme und auch, wohin ich gehöre.« Sein Aufstieg gehört in die Kategorie II 3b: äußerst ungünstige Umweltbedingungen scheinen ein großes Potential nicht nur nicht verschüttet, sondern in entscheidender Weise stimuliert zu haben.

Es konnte natürlich nicht ausbleiben, daß ich Parallelen zu meinem »Aufstieg« ziehe, und daß mir die Gemeinsamkeiten und Unterschiede zu Gerhard Schröder sehr bewußt geworden sind.

In meiner Antwort auf die Laudationes zu meinem 70. Geburtstag am 21. November 2003 habe ich darauf hingewiesen, was mir besonders am Herzen, d.h. besonders nahe liegt, wenn ich an das wesentliche Element der hier in Rede stehenden »Rahmenbedingungen« denke:

»Unser Land hat sich auf dem Weg zur Schaffung von Chancengleichheit verheddert und verfehlt dieses Ziel in nicht hinnehmbarer Weise.

Natürlich muß man in Technologie und Bauten und in was sonst nicht noch alles, auch an den Universitäten, investieren. Aber ich meine, wir sollten als Gesellschaft frühere Anstrengungen wieder aufnehmen, um unsere Bildungsreserven noch besser zu erschließen und dann auch besser zu nutzen. Meine Erfahrungen mit Studenten und die mir zugänglichen Statistiken zeigen, daß wir mit relativ wenigen zusätzlichen Mitteln auch zu mehr sozialer Gerechtigkeit an dieser Stelle beitragen könnten.

Das bedeutet auch, daß wir Studiengebühren erheben müßten, von denen, die es nicht nötig haben, auf Kosten der Allgemeinheit frei zu studieren. Dies ist sowieso eine Verwirrung ohnegleichen. Und daß meine Partei da auch noch den Vorreiter macht, habe ich nie begriffen.«

II. Erste Kinderzeit

Der Start in Wemlighausen im Rothaargebirge 1933 – 1938

1. Zwillingsgeburt – Familien- und Wohnverhältnisse

Auf der ersten Seite von August Bebels »Aus meinem Leben«, die mit der Überschrift »Aus der Kinder- und Jugendzeit« beginnt, steht der lapidarschöne Satz: »Der Mensch ist irgendwo geboren. Mir wurde dieses Glück zuteil am ...«

Mir wurde das Glück, am 17. November 1933 morgens gegen 8.00 Uhr, geboren zu werden, nicht allein zuteil; mein Bruder Hermann war mit dabei. Als zweiter hatte er es aber schwerer als ich. In der Schlafstube einer kleinen 2-Zimmer Mietwohnung, in einem kleinen Häuschen, in einem kleinen Bauerndorf (Wemlighausen) im Rothaargebirge, hatte die Hebamme ihn »weggelegt«, weil er totgeboren schien, ganz blau sei er schon gewesen, wie die Mutter oft berichtet hat. Sie habe verlangt, ihn zu sehen; er wurde ihr in den Arm gelegt, von ihr beklopft und beatmet und in ein warmes Tuch gehüllt. So wurde er gerettet; ich wuchs mit ihm und schließlich weiteren zehn Geschwistern auf, bis ich ungefähr 20 Jahre alt war.

In den ersten Lebensjahren waren wir im Geburtsort einige Male umgezogen, immer von einer kleinen Wohnung in eine etwas größere. Keiner wollte die stetig wachsende Familie aufnehmen oder behalten. Die letzte Wohnung bestand aus drei kleinen Kammern mit einer winzigen Küche, hoch unter dem Dach eines einsam gelegenen, weit außerhalb des Ortes befindlichen Bauernhauses. Fließendes Wasser gab es nur aus der Pumpe auf dem Hof, direkt daneben befand sich der sog. Abtritt, zu dem groß und klein bei Wind und Regen, bei Tag und Nacht hinaus mußten, wenn es denn sein mußte. Im April 1938 verzichtete der Vater als ältester Sohn um sofortiger besserer Wohnungsbedingungen für seine schon 8-köpfige Familie darauf, später einmal das bäuerliche Elternhaus zu erben. Wie sich herausstellte, hätte er auch bis 1946 warten müssen. Er wurde von seinem Arbeitgeber, der Sayn-Wittgensteinschen Fürstlichen Forstverwaltung Berleburg, für die er, wie seine Vorfahren, arbeitete, ins Oberbergische, nach Schloß Homburg, etwa 100 km entfernt, versetzt.

2. Das Umfeld und frühe Erinnerungen

2.1. Gegenüber stehet die Kapelle – Mitarbeit des Großvaters Wilhelm und das mit Begeisterung aufgenommene »Kaiserhoch« bei der Einweihung im Jahre 1907

Das Dorf W. liegt etwas abseits von der Straße, die von Berleburg schließlich nach Winterberg führt, zu beiden Seiten eines breiteren Baches, der Schwarzenau in einem engen Tal. Dort bewohnten die Großeltern ein schmales, dreistöckiges, zwischen Straße und Hang eingeklemmtes Bauernhaus, das auch den Stall und die Stroh- bzw. Heuscheune in sich barg. Gegenüber, am anderen Hang, steht eine weiße, spitztürmige Evangelische Kirche, sehr schmuck, sehr gut in die Landschaft passend und mich immer an das Gedicht erinnernd »Droben stehet die Kapelle«. Als sie 1906/07 gebaut wurde, hat mein Großvater Wilhelm, nach dem ich benannt wurde, mitgearbeitet. In einer kleinen Jubiläumsbroschüre zum 75jährigen Jubiläum der Einweihung befindet sich ein Bild, auf dem mein Großvater mit den Kollegen, wie auf einem Militärphoto vor der fast fertigen Kirche lagernd, gezeigt wurde. Ich erinnere ihn nur als sehr alten Mann, auf dem Photo habe ich ihn sofort erkannt. Daß ein damals 36jähriger Arbeiter schon aussah, wie später oder heutzutage über 50jährige, machte mir das Erkennen leichter.

Die Kirche ist in ca. 1½ Jahren gebaut worden. Über die Einweihung im Dezember 1907 berichtete das »Wittgensteiner Kreisblatt«:

»Mittags um 1¼ Uhr fand ein gemeinsames Festmahl zu 52 Gedecken bei Herrn Gastwirt Dickel am Stein statt ... Zu Beginn des Mahles brachte Herr Generalsuperintendent Zöllner das mit Begeisterung aufgenommene Kaiserhoch aus. Seine Durchlaucht Fürst Richard beglückwünschte in herzlichen Worten die Gemeinde zu der schönen Kirche ... Sein Hoch galt der Kirchengemeinde Schüllar-Wemlighausen. Herr Pfarrer Hinsberg dankte Seiner Durchlaucht dem Fürsten für seine gütigen Worte ... Sein Hoch galt dem durchlauchtigsten Kirchenpatron ... Herr Oberregierungsrat Spickendorff aus Arnsberg brachte das Hoch auf den Herrn Generalsuperintendenten Zöllner aus. Herr Landrat Dr. Schröder zu Berleburg feierte in humorvoller Weise die guten Beziehungen zwischen der Kirche und der Staatsregierung. Sodann feierte Pfarrer Koch die großen Verdienste des Herrn Baurat Kruse sowie die Verdienste aller derer, die an seinem Werke mitgehol-

Eltern im Jahr 1934

Großeltern (väterlicherseits), Wilhelm (re.) mit Bruder Hermann li. und Bruder Ludwig (li. u.), 1934

Großmutter Schmidt (mütterlicherseits), Wilhelm (re.) Hermann (li.) (en face), Ludwig zu Füßen (Anfang 1934)

Geburtshaus (1964; gegenüber 1933 strukturell unverändert)

fen haben, der Bauhandwerker, des Maurermeisters Hedrig in Bälde, des Bautechnikers Rompel in Schwarzenau, des Maurerpoliers Nölling in Schüllar. Sein Hoch galt den lieben Gästen und allen denen, die am Kirchenbau mitgeholfen haben.«

Durch den Ort führte eine etwas gewundene schmale Schotterstraße. Im Sommer staubte es bei warmem Wetter sehr und die vielen Kuhfladen, die vom morgendlichen und abendlichen Kuhtreiben natürlicherweise übrigblieben, trockneten schnell zu tellerartigen Gebilden, die barfuß getreten oder auf dem Schulweg als Wurfgeschosse gebraucht werden konnten. Bei Regen war die Straße schnell aufgeweicht, schlammig, unfreundlich und klebrig, wodurch sie zum Schmutz in den Häusern sehr beitrug. Vor den Bauernhäusern war noch Platz für jauchetriefende Misthaufen, kleine Gärten oder beides.

Traditionelles Bauernhaus

2.2. Das Dorf – die Bedeutung von Holz und Vorratsbildung für den Lebensstandard

Im Leben des Dorfes spielte Holz eine ganz wichtige Rolle: Der Wald, oft viele Kilometer entfernt, war Arbeitsplatz für meine Vorfahren. In ihren Häusern war innen und außen viel Holz verarbeitet worden, z.B. für die Treppen und Fußböden. Alle Leiterwagen, Schubkarren und dergleichen waren aus Holz. Im Ort beschäftigten sich zwei Drechsler damit, aus Holz Teller, Löffel, Vasen und was nicht alles anzufertigen.

Jedes Haus wurde nach meiner Kenntnis ausschließlich mit Holz beheizt, was bedeutete, daß überall im Dorf im Laufe des Sommers Vorräte erneuert, d.h. aus den oft weit entfernten Buchenwäldern mit großrädrigen, eisenbeschlagenen Leiterwagen, Kühen- oder Ochsengespanne davor, geholt werden mußten. Es wurde dann um die Bauernhäuser herumgelagert, mit der Hand, häufiger allerdings schon mit der Kreis- oder auch Bandsäge in Stücke gesägt und auch von den größeren Schulkindern gespalten und dann z.B. in Holzschuppen gestapelt. Die schrecklich langen und kalten Winter lehrten schon uns Kinder die elementaren Zusammenhänge zwischen Vorratsbildung und Lebensstandard: Ohne trockenes Holz keine warme Stube, ohne eine ausreichende Bohnen-, Möhren-, Kohl- und Kartoffelernte aus eigenen Gärten und Feldern keine ausreichenden Mahlzeiten, ohne einen Weizen- und Roggenvorrat keine sichere und bargeldschonende Beteiligung am Brot- und Kuchenbacken, das etwa alle vier Wochen im gegenüberliegenden Backhaus vor sich ging.

Dorfstraße in Wemlighausen, ...

2.3. In den Schulferien Zeuge und Nutznießer der traditionellen Selbstversorgung – Beispiel Brotbacken. Der Bakkes – eine Kleinausgabe der Hölle?

Dieses Backhaus wurde auch deshalb abgerissen, weil die Straße nicht mehr stauben und nicht mehr bei Regen klebrig und schlammig sein sollte und für den Autoverkehr breiter und ebener werden mußte. Es war schon vorher immer weniger und schließlich kaum noch benutzt worden.

Der Berufsbäcker des Dorfes versorgte immer mehr Einwohner, die es sich leisten konnten, die umständliche, arbeitsaufwendige und auch riskante Eigenfertigung aufzugeben. Während meiner Schulferien im Sommer 1944 und im langen, schneereichen Winter 1945/46 wohnte ich im großväterlichen Hause, ging im Ort zur Schule und erlebte so die nun schon längst vergangene Tradition bäuerlicher Selbstversorgung.

Es gehörte für uns alle zu den Selbstverständlichkeiten, daß der notwendige Brotvorrat für etwa vier bis fünf Wochen selbst gebacken wurde. Unser Brot beim Bäcker zu kaufen, war während der Friedenszeiten nicht standesgemäß und während der Versorgungsnotzeiten von Kriegs- und Nachkriegszeit schlicht nicht erforderlich, besser noch, nicht so günstig für eine ausreichende Versorgungslage. Beim Bäcker kauften in allen diesen Zeiten vor allem Nichtbauern Brot, Familien, die in den wenigen Mietwohnungen lebten, oder Eigenversorger, die falsch disponiert hatten und sich bei Nachbarn nichts mehr ausborgen konnten.

Evangelische Kirche in Wemlighausen

Gingen die Brotvorräte zu Ende, wiederholte sich derselbe jahrhundertealte Brauch: Der Roggen wurde zeitgerecht zur Mühle gebracht. Im Tausch erhielt jeder eine bestimmte Menge Mehl und die Restbestände in Form von Kleie und mußte natürlich einen bestimmten Betrag für den Mahlvorgang bezahlen. Etwa 60 bis 80 Pfund Mehl standen bereit. Tag und Uhrzeit des Backens waren mit den Nachbarn abgestimmt. Sauerteig wurde geholt, der Backtrog gesäubert und bereitgestellt, aus Mehl, Wasser, Salz und Sauerteig der Brotteig geknetet und über Nacht zum Aufgehen im Trog gelassen. Früh am Morgen formten die Frauen Brote mit der Hand; es wurden in der Regel runde, etwa 4 Pfund schwere Laibe. Schön mit Mehl bestäubt, erhielten sie, eng aneinandergelegt, einen Platz auf dem etwa zwei Meter langen; vom vielen Gebrauch ganz glatten Tragebrett.

Backhaus mit Holzvorräten gegenüber dem großväterlichen Haus an der Dorfstraße

Haus der Großeltern nach »Modernisierung« Anfang 1960

Großvater Wilhelm als Kaisers Soldat, vor 1900

Großmutter aus Wemlighausen

Großvater Wilhelm im Wald mit Richtstange zum Fichtenpflanzen

Für den Backofen waren die Männer zuständig. Das gegenüberliegende Backhäuschen war vielleicht 6 x 4 m groß und bestand aus einem geräumigen Vorraum mit herrlich sauberem, ganz festem Lehmboden und Haltevorrichtungen für die Brotbretter an den Seiten. Vom Ofen konnte man nicht viel mehr als die etwa 60 x 40 cm große Öffnung sehen. Außen um das Backhaus herum, aber auch im Innenraum, wurden die länglich schmalen Buchenscheite gelagert, die nur verwendet werden konnten, wenn sie sehr trocken waren. Wir Kinder trieben uns besonders im Winter gerne im warmen Backhaus herum, warteten auf das Öffnen des Ofentores und sahen dann mit ängstlich neugierigen Blicken – nur nicht zu nahe –, wie sich ein Ausschnitt, wie sich eine Kleinausgabe der Hölle zeigte: Wabernde, flimmernde, rot-, gelb-, orangefarbige Hitze füllte das Rund des Ofens und drängte zu uns hin. War der Ofen heiß genug, wurde die Glut schubweise herausgezogen bzw. beiseitegeschoben; viele kleine schwarzrote Holzreste glitzerten und rauchten hier und da ein bißchen, dabei strömten sie eine unglaubliche Hitzewelle in den Raum. Nachdem die richtige Temperatur mit Hilfe von Gerstenähren geprüft war, schob der Bauerbäcker jedes Brot einzeln mit einem sehr langstieligen Holzschieber auch noch in die entfernteste Ecke. Nun begann das Warten und damit für uns die Langeweile, die aber erträglich war, weil wir wußten, es würde heute nicht nur frisches Brot, sondern auch warmen, süßen, leckeren Kuchen geben. Die Frauen nutzten nämlich die Resthitze und brachten ihre Hefekuchen in gußeisernen Formen, auch Streußel- und Butterkuchen auf Backblechen. Dann mischte sich schließlich der Geruch der Brote mit dem der Kuchen im kleinen Raum zu einer dichten, tiefeindringenden köstlichen Aromatik, wovon man annäherungsweise, jedenfalls im Jahre 1986, noch etwas in den NUR-HIER-Brotläden verspüren kann.

Schlimm war es für uns alle, wenn »verbacken« wurde. Dies mußte immer befürchtet werden. Denn ob der Sauerteig richtig aufgegangen war, ob irgendeine Unachtsamkeit bei der Vorbereitung des Teigs oder des Transports über die Straße geschehen war oder schließlich das Backen selbst mißlang, konnte nie ausgeschlossen werden. Einmal habe ich eine solche kleine Katastrophe miterlebt. Etwa 25 Brote waren, wohlgeraten aussehend, aus dem Ofen gezogen worden, aber in Wirklichkeit nicht gar. Zwischen einer oberen eßbaren Kruste und dem matschig-naß, festen unteren Teil klaffte eine Lücke von einigen Zentimetern. Im Grunde war das Brot ungenießbar. Die Heimsuchung nahm ihren Lauf, denn es war unvorstellbar, dieses Brot etwa nicht zu essen. Einen neuen Backtermin zu finden, wäre wahrscheinlich nicht das schwierigste gewesen. Der Ort hatte schließlich noch vier weitere Backhäuser, aber das Mehl war knapp. Im damaligen Rationierungssystem erhielt der kleinbäuerliche Selbstversorger je nach geernteter

Getreidemenge u.U. überhaupt keine Brotkarten, mußte sogar Getreide abliefern. Die Vorräte wurden über das Jahr sorgfältig eingeteilt und vor Feuchtigkeit, vor allem aber vor Ratten und Mäusen geschützt, weshalb Katzen, gute Katzen, für jeden Bauernhof so wichtig waren.

Die traditionelle landwirtschaftliche Produktions- und Lebensweise meiner Jugend änderte sich unter dem Einfluß der Motorisierung, der Erhöhung des Lebensstandards und der Vollbeschäftigung vom Beginn der 50er Jahre an schnell und radikal. Von Inseln in irgendwelchen entfernten Gegenden abgesehen, gibt es schon seit längerem die sich in gewissem Grade selbstversorgende landwirtschaftliche Wirtschaftseinheit wohl nicht mehr. Ich hatte das Glück, daß sich meine Eindrücke aus meinem Geburtsort aus den frühen Jahren durch spätere Aufenthalte oder Besuche wiederholen und vertiefen ließen. Diesem Bewußtseinsbildungsvorgang kam einerseits zugute, daß sich unsere Welt, in der wir nach dem großen Umzug ab April 1938 lebten, im Prinzip und den meisten Details überhaupt nicht vom Geburtsort unterschied, aber andererseits doch auch Besonderheiten sich in besonderer Weise abzeichneten, die mir deshalb stark in Erinnerung geblieben sind.

2.4. Bei wenig differenzierter wirtschaftlicher Lage mußten alle arbeiten. Bedeutung des Kirchenlebens

In einem Dorf von etwa 1.000 Einwohnern kennt jeder jeden. Es gab zwar große und kleine Bauern, Handwerker und Arbeiter, aber keine die Lebensweise stark beeinflussende differenzierte Einkommens- oder Vermögenslage, wie es auch so gut wie keine Unterschiede im Bildungsniveau gab. Alle mußten arbeiten. Das Dorf konnte recht homogen bleiben, weil jedweder Art von Mobilität enge Grenzen gesetzt waren und die Unsicherheit der Einkommenserzielung ziemlich gleichmäßig für alle bestand. In dieser evangelischen Gemeinde war die Bindung an die Kirche stark und es gab die Gewohnheit – auch wohl durch sozialen Druck verstärkt – sonntags regelmäßig zum Gottesdienst zu gehen. Was sonst alles zur intakten evangelischen Welt gehörte, konnte man hier erleben; Kirchliche Taufen, kirchliche Eheschließungen und kirchliche Begräbnisse, einheitliche, früh einsetzende Teilnahme am Religionsunterricht in der Schule, ausnahmslose Beteiligung am Konfirmandenunterricht und der anschließenden Konfirmation, die üblichen Aktivitäten evangelischer Frauengruppen und gemischter Gesangvereine, Bibelstunden und Teilnahme an der Erweckungsbewegung (Missionen).

2.5. Die Berleburger Bibel der Separatisten

Bis zum Sommer 1986 wußte ich nicht, daß es eine historisch bedeutsame Berleburger separatistische Gemeinde gegeben hat, die ab 1726 die erste vollständige Bibelausgabe des Separatismus herausbrachte (bis 1742 in acht Teilen), Sie heißt »Berleburger Bibel«. Es gibt ein Exemplar in der Stiftsbibliothek des evangelischen Stifts in Tübingen, wo ich durch folgenden Spruch, den Kommentar zur Offenbarung 10,9, auf sie hingewiesen und sehr aufmerksam wurde.

Offenbarung 10,9: *»Und ich ging hin zum Engel und sprach zu ihm: Gib mir das Büchlein! Und er sprach zu mir: Nimm hin und verschling es! und es wird dich im Bauch grimmen; aber in deinem Munde wird's süß sein wie Honig.«*

Diese Berleburger Bibel hat durch ihre kirchenkritischen Kommentare Anstoß erregt, was wohl nicht anders zu erwarten war, wenn Separatisten sich zum Ziele setzen:

»Nebst einiger Erklärung des buchstäblichen Sinnes wie auch der furnehmsten Furbildern und Weissagungen von Christo und seinem Reich und zugleich Einigungslehren, die auf den Zustand der Kirchen in unseren letzten Zeiten gerichtet sind; welchem allen noch untermängt Eure Erklärung, die den inneren Zustand des geistlichen Lebens oder die Wege und Wirckungen Gottes in den Seelen zu deren Reinigung, Erleuchtung und Vereinigung mit Ihm zu erkennen gibt.«

2.6. Frühe landwirtschaftliche Arbeiten: Quälerei und Freuden des Heumachens

Die Landwirtschaft der Großeltern war klein und die Grundstücke lagen weit verstreut. Um zu den Wiesen zu gelangen, waren etwa einstündige, besonders für unsere Kinderbeine anstrengende Bergwanderungen nötig.

Das Mähen des Grases mit Sensen begann vor Tagesanbruch in der Kühle und im Tau der ausklingenden Nacht. Das war dann Männerarbeit, herrlich, wenn das Gras frisch und die Sensen scharf waren.

Mit 13 oder 14 Jahren lernte ich das Mähen und es dauerte nicht lange, bis ich in Reihen hintereinander mit den Erwachsenen eine ganze Zeit gut mithalten konnte. Frauen und Kinder folgten den Männern einige Stunden später; sie warfen die Schwaden mit Gabeln auseinander, wendeten das Gras bis zu dreimal am Tag und verließen die Wiese erst, nachdem alles wieder zusammengebracht und »gekegelt« worden war.

Die Quälerei und Not, auf diese Art in unseren Breitengraden Heu zu machen, hat mich bis hier auf Hohe Leuchte verfolgt, wo zwar die Wege kurz sind, aber das unsichere Wetter mich doch an die viele – manchmal sogar – vergebliche Arbeit früherer Jahre erinnert. So kam es vor, daß wir auf einer Wiese bis zu vier oder fünf Wochen lang Heu machten und am Ende war das Zeug doch verfault und mußte in den Graben gekippt werden.

Aber das Heumachen brachte auch unvergeßlich schöne Erlebnisse, und dazu mußten nur zwei Bedingungen erfüllt sein: Beständiges, gutes Wetter und viele willige Hände. Dann sahen wir Sinn in der schweren Arbeit unter glühender Sonne, dann wurden wir nur mit einer Hose bekleidet braun und schliefen besonders gut, dann erlebten wir Sonnenuntergänge von einmaliger Farbherrlichkeit und Wolkenpracht, dann freuten wir uns an dem herrlichen Heugeruch, dann auch wußten wir, daß das gute Heu eher ausreichen und mehr bessere Milch sichern würde.

Im Haus der Großeltern wurde das Heu auf drei Stockwerke verteilt, was beim Abladen der ersten Fuhren mindestens dreimaliges Anfassen bedeutete; wir griffen es mit nackten, ungeschützten Armen von den hochreichenden Gabeln und verstauten es dann in alle Ecken des Speichers.

2.7. Hausgerüche und Stallbeschaffenheit damals und heute

Im Haus war viel Platz. Ein meistens feuchtiger Geruch aus Stalldünsten, rohen und gekochten Kartoffeln, Rüben und Heu durchzog vor allem das Treppenhaus, das eine alte, abgenutzte, hölzerne, ewig knarrende Treppe hatte. Links vom Treppenaufgang führte eine niedrige Tür in einen fast unbeschreiblichen Stall: Dem Eingang gegenüber war ein offener Plumpsklo, daneben ein Verschlag, in dem zwei größere Schweine Platz hatten, darüber war der Hühnerstall. Zur rechten Hand konnten höchstens drei Kühe bequem nebeneinander stehen.

Es war ein ziemlich düsteres, rutschiges, stinkendes, nicht mehr als 20 qm großes Loch, in dem halbwegs erwachsene Menschen nur gebückt stehen und gehen konnten. Aber im Winter war es so schön miefig warm dort, so daß man richtig gerne zum Klo ging. Durch Drehen des Stalltürschlüssels konnte jeder sicherstellen, daß nur die Hühner und nur die Schweine zuschauten. Heute vor einer Woche (am 5. Februar 1989) waren Hermann und ich dort. In der Stalltür steckte von außen der Schlüssel. Ich sah in den vertrauten Raum, in dem nur noch die Heizöltanks lagerten und sonst nichts mehr stank.

2.8. Unvergeßliche Erinnerungen ans Schweineschlachten und den Geschmack der Hausmacherwurst

Ab November bis in den Januar hinein wurden im Ort die Schweine, viele Schweine, geschlachtet. Vielleicht schreibe ich später nieder, wie das bei uns vor sich ging. Was ich aus W. einfach nicht vergessen kann, sind zwei Eindrücke, zwei Erinnerungen daran: Eine bezieht sich auf die sauber geschrubbten, aufgeschlagenen, nur noch an der Rückenschweinehaut miteinander verbundenen Schweinehälften, an der Leiter im Holz hängend und an den Hauswänden stehend, das Restblut von der zerteilten Schnauze in den Schnee tropfend. Und zum anderen den fettwürzigen, einmalig aromatisch nachhaltigen Geschmack der hausgemachten Leber- und Blutwurst. Diese Erinnerung hat nichts verklärend Verfälschendes an sich, denn auch heute noch schmeckt die Hausmacherwurst dort so wie damals und die, die ich mit Hansi hier in der Nähe in Schleswig-Holstein mache, schmeckt ganz einfach anders.

2.9. Die Schmiede: Hephästus in Wemlighausen und die Mühsal des Äxteschleifens – Benjamin Franklins Anekdote

Im oberen Teil des Ortes, direkt am Bach, lag die Dorfschmiede. Hier wurde auch noch wirklich geschmiedet, d.h. es wurden »Werkzeuge«, vor allem Äxte hergestellt, außerdem Pferde und Zugochsen beschlagen und alle möglichen Reparaturen am landwirtschaftlichen Gerät ausgeführt. Wie zu erwarten, zog mich die Arbeit des Schmiedes an der Esse am meisten an. Der Schmied war etwa so alt wie mein Vater und mit ihm groß geworden, groß geworden im wörtlichen Sinne. Er war mächtig, breit, stark und steckte in einer riesigen Lederschürze und hatte meistens ein staubiges, rußiges, verschwitztes Gesicht.

In einer Kurzfassung der Ilias konnte ich von Hephästus dem »rußigen Ungeheuer«, dem »hinkenden Feuerbeherrscher« und auch noch von ihm als einem »hinkenden Künstler« lesen. Wenn ich die Eigenschaften des griechischen Handwerker-Gottes mit dem unseres Dorfschmiedes vergleiche, dann muß einem die Homersche Geschichte doppelt phantastisch vorkommen. Was Hephästus schon allein auf den Schild schmieden konnte; die Erd' und das wogende Meer und den Himmel und den vollen Mond und die rastlos laufende Sonne, Gestirne, Städte, vielfach redende Menschen, hochzeitliche Feste und Gelage und was nicht alles. Das mußte wirklich ein einzigartiger, göttlicher Künstler gewesen sein.

So verhielt es sich natürlich nicht mit unserem Schmied aus dem Dorfe, aber es war schon eindrucksvoll, wie auch er arbeiten konnte und wie schnell ein Werkstück fertig wurde, wenn er dem schweren Gesenkhammer mit Fußdruck befahl, auf ein glühendes Stück Eisen zu sausen; dann spielte er am Amboß mit der langen Zange, dem weiß-roten Rohling und dem Hammer wie eine Mischung aus Orgelspieler und Fechtmeister. Beim Schmieden gingen wir so nahe ran wie möglich, durften aber nicht störend im Wege stehen. Die Arbeit erforderte sichtbar höchste Aufmerksamkeit. Sobald der Schmied den durchgeglühten Rohling, je nach Gewicht und Größe der Äxte unterschiedlich große Stücke Eisen, aus dem

Waldarbeitermannschaft mit Förster Claudy, Vater 2. v. li.

Vater mit Axt

Schmelztiegel der Esse hervorgezogen und auf den Amboß gelegt hatte, ließ er ihn zunächst los, faßte ihn neu und schon veränderte dieser – hin- und hergedreht – unter den schnell aufeinanderfolgenden Hammerschlägen seine Gestalt und auch seine Farbe. Mittendrin brauchte der Schmied den Gesellen, mit dessen Hilfe ein Loch für den Axtstiel mit einem Lochhammer in den Kopfteil getrieben wurde. Das schmiedende Bearbeiten ging dann noch kurze Zeit weiter: Die Hammerschläge liefen aus, die Axt hatte ihre Form und Konturen erhalten und sich farblich in ein Rotblau verändert. In die Seite des Kopfteils wurde das Markenzeichen wie ein Brandzeichen geschlagen; die Schmiedearbeit war getan.

Langsam, dabei dampfend, zischend, sprühend, ließ der Meister das neue Produktionsmittel in einen großen Wasserbottich gleiten; so wurde es »gehärtet«. Das Ganze dauerte zwischen zwei und drei Minuten. Natürlich war nun die Axt noch nicht fertig, sie mußte auch noch geschliffen werden. Auf dem Bauch liegend, drückte ein Schleifer die Axt gegen einen riesengroß erscheinenden, sich schnell drehenden Schleifstein, über den laufend Wasser geleitet wurde. Dies war eine ungern geleistete, ungesunde Drecksarbeit, ohne die die Axt aber nicht gebrauchsfertig war, vor allem auch nicht herrlich silbern, glatt und scharf und gefährlich aussehen konnte. Indem ich diese Erinnerung an eine so eindrucksvolle handwerkliche Arbeit niederschreibe, fällt mir eine meiner Lieblingsanekdoten von Benjamin Franklin ein, die ich aus dem Gedächtnis nacherzähle:

Ein Bauer bringt seine Axt zum Schärfen in eine Schmiede. Als er sie nach einiger Zeit abholen will, freut er sich besonders über die wie Silber strahlende

Schneide, die ja nur wenige Millimeter breit ist und sagt zum Schmied: »Ich will, daß die ganze Axt so silbern aussieht wie die Schneide.« »Das geht zu machen«, sagt der Schmied, »wenn Du mir den Schleifstein drehst.« Der Bauer dreht in der notwendigerweise sehr gebückten Haltung den Schleifstein; der Schmied drückt kräftig auf und dem Bauern wird wärmer und wärmer, sein Atem geht schwerer und schwerer. Schließlich hält er ein und will sehen, wie weit die Versilberung gediehen ist. Der Schmied lacht und sagt: »Die Axt ist noch lange nicht gänzlich silbern, eher noch fleckig, so richtig gesprenkelt.« »Ja«, sagt der Bauer erleichtert, »dann kann ich ja aufhören, denn genau so wollte ich sie haben.«

Ich habe mich über diese Geschichte immer amüsiert und sie auch hin und wieder erzählt, weil ich aus hundertfacher Erfahrung weiß, was es heißt, einen Schleifstein zu drehen, auf den der Vater mit aller Macht eine Axt drückt, die einer von uns in einen Nagel geschlagen hatte oder die ganz einfach vom vielen Gebrauch stumpf war. Bis eine richtige Scharte ausgewetzt ist, braucht es viele Umdrehungen: Der Rücken schmerzt schon bald, die Arme werden müde, der Kopf dreht sich schließlich mit und keiner von uns wäre je auf die Idee gekommen, das freiwillig länger zu tun, als für das Wiederschärfen notwendig war, was mich auch daran erinnert, welche Bedeutung »Vaters Axt« zu Hause hatte.

Sie war sein Hauptwerkzeug zum Broterwerb. Wir durften sie nicht benutzen, ja, kaum berühren. Die Axt Nr. 1 (es waren bestimmt immer vier bis fünf zusätzlich im Gebrauch) war scharf wie ein Schlachtermesser und wurde täglich mit einem ganz feinen Handschleifstein immer wieder geschärft.

Hierhin gehört zum Abschluß die schöne, lehrreiche Stelle aus dem »Prediger Salomo« (10/10):

»Wenn ein Eisen stumpf wird, und an der Schneide ungeschliffen bleibt, muß man's mit Macht wieder schärfen; also folgt auch Weisheit dem Fleiß.«

2.10. Schmiedeeiserne Schäleisen und Haken – später mußte ich viel mit ihnen im Wald arbeiten

Zum Produktionsprogramm der Schmiede für die Waldarbeit gehörten Schäleisen und schwere eiserne Haken zum Drehen der Bäume. Das Schäleisen war ein flaches, scharfes, rechteckiges Stück Metall mit einer angeschmiedeten Öffnung für den Stiel. Tiefgebückt haben wir damit tausende Male die Rinde von gefällten Fichten geschält, eigentlich mehr abgestoßen; seitdem weiß ich, was Rückenschmerzen sein können. Diese Arbeit war nötig, um dem Borkenkäfer eine bevorzugte Nahrungsquelle zu verschließen, die Bäume trockneten auch schneller aus und konnten leichter transportiert und schließlich auch schneller bearbeitet werden.

Der eiserne Haken gehörte ebenfalls zur Schälausrüstung. An ein leicht gekrümmtes, etwa 3 cm dikkes und 40 cm langes Eisenstück wurde an die eine Seite ein messerscharfer, vielleicht 2 cm langer Haken geschmiedet und an die andere Seite ein Loch, in das ein geschmiedeter Ring, etwa 10 cm im Durchmesser, gehörte. In diesen Ring steckt der Waldarbeiter ein ausfüllendes, etwa 2m langes Rundholz, meistens aus Fichtenholz. Damit kann er unter Nutzung der Hebelkraft den liegenden Baum auf die andere Seite drehen, was sonst bei der Länge und der Schwere vieler Bäume auch mit Einsatz äußerster Körperkraft unmöglich wäre. Da sich beim Fällen von Bäumen, vor allem beim Durchforsten von Fichten- und Tannenbeständen, oft auch abgeschnittene Bäume nicht einfach hinlegen (sie machen gerne Schwierigkeiten und verfangen sich in den Wipfeln der zurückbleibenden Kameraden), kam der Haken auch hier zum Einsatz. Wenn die Widerspenstigen am Fuß gedreht wurden, fielen sie manchmal schnell, aber wie oft zog sich eine Schleifspur von zehn und mehr Metern durch den weichmoosigen Waldboden als Zeichen eines erbitterten Zweikampfes zwischen Mann und Baum. Hin und wieder konnte diese Auseinandersetzung nur durch das äußerst gefährliche, stückweise Abschneiden des Baumes in der Luft beendet werden.

Die Waldarbeit, wie ich sie gekannt und mitgemacht habe, war nicht zuletzt wegen dieser Arbeiten eine Quälerei ohnegleichen. Es war auch leicht zu begreifen, warum mein Vater, um sich beim Heben und Drehen etwas zu schützen, immer ein sogenanntes Bruchband trug.

2.11. Frühe Erinnerungen: Hermanns Unfall und die »erzieherische Gemeinheit« mit den Schokolade-Attrappen

Wie natürlich und schwierig zugleich ist es doch, sich an die Kindheit zu erinnern. Wer möchte nicht gerne wissen – und zwar ziemlich genau –, wann das Bewußtsein einsetzte, ab wann das Gedächtnis abrufbare Ereignisse speicherte, ab wann also die Kindheitsgeschichte begann. Normalerweise vermischen sich Erzählungen der Eltern und der Geschwister oder Verwandten mit Photographien und Erinnerungen zu einem undurchdringlichen Knäuel von schwer zurechenbaren Einzelheiten. Wahrscheinlich wird es jedoch niemanden geben, der behaupten könnte, sich an Ereignisse vor dem 3. Lebensjahr aus eigener Erlebnisfähigkeit erinnern zu können. Zwischen drei und vier Jahren scheint sich ein gewisses Maß an Erinnerung festzusetzen und vom 4. Lebensjahr ab dürfte der Rückgriff auf bestimmte Ereignisse möglich sein. Bei mir war das etwa die Übergangszeit zwischen Wohnen am Geburtsort und dem großen Umzug.

Meine Erinnerungen bis etwa zum 4. Lebensjahr sind ganz nebelhaft und unbedeutend. Es gibt nur eine Photographie aus der Zeit, bis ich etwa 5 oder 6 Jahre alt war, und die Erzählungen der Eltern über ihre Kinder und deren Erlebnisse gaben nicht viel her. An die letzte Wohnung vor dem Umzug aus der Nähe des Geburtsortes erinnere ich mich noch recht gut, und zwar nicht zuletzt wegen eines besonders schmerzhaften Ereignisses. Wir Kinder waren, weil die Mutter mit dem Rad zum Einkaufen ins Dorf gefahren war, auf uns allein gestellt und spielten mit Tisch und Stühlen in der Wohnküche. Wir fanden heraus, daß es sich wunderbar rutschen ließ, nämlich festgeklammert an der Tischkante, immer mit den Beinen unter dem Tisch hin und herschwenkend. So machten wir manchmal einzeln oder auch gemeinsam unsere Klimmzüge, bis der Tisch, ein nicht sehr schwerer Fichtentisch, durch den Schwung aus dem Gleichgewicht geriet und meinem Bruder Hermann voll auf Nase und Mund schlug. Wir anderen hatten uns irgendwie retten können, aber das Schicksal Hermanns war beklagenswert. Er schrie und blutete und niemand war da, der ihm hätte helfen können. Wir verkrochen uns zunächst und waren gar nicht in der Lage, ihm beizustehen, bis schließlich nach langem Warten die Mutter zurückkehrte und das Ergebnis ihrer mangelnden Aufsicht sehen und betreuen konnte.

Wenn mir auch sonst nicht viel Berichtenswertes zu diesen ersten Kinderjahren einfällt, so gibt es doch eine Ausnahme, ein Erlebnis, das sich mir zu sehr einbrannte, um je vergessen werden zu können: Die »erzieherische Gemeinheit« mit den Schokoladen-Attrappen.

Gegenüber dem großväterlichen Haus wohnte in der Sattlerei des »Wisse Fritz«, ein »Reisender«, der auch Ausstellungsattrappen für Dekorationszwecke für die vielen kleinen Einzelhandelsgeschäfte seines Reviers mit sich führte. Waren diese zu ersetzen, holte er sie ab und brachte die schokoladebezogenen zu den Großeltern, die wir häufig zu viert besuchten, nicht ohne uns zu langweilen und die üblichen Schrecken zu verbreiten. Die Großeltern hielten dann Dutzende solcher Packungen verfügbar, um uns zu beschäftigen: Nachdem sie auf den Holzfußboden des großen Wohnzimmers gekippt worden waren, konnten sie uns eine Zeitlang alleine lassen. Wir fielen darüber her wie ausgehungerte kleine Hunde über ein paar Knochen, rissen jeder eine Packung auf, schauten tief hinein, schüttelten kräftig und achteten gleichzeitig sehr darauf, ob einer der Brüder auf Schokolade gestoßen war. Solange der Vorrat groß war, gings ja noch; uns blieb eine Menge Hoffnung. Wir rissen schließlich die Packungen immer schneller auseinander, die Erwartungen konzentrierten sich in wahnwitziger Hast und Hoffnung auf die letzte Packung. Nichts!

Wie oft wir so hinters Licht geführt wurden, weiß ich natürlich nicht mehr. Die Enttäuschung war jedesmal schrecklich und namenlos. Wir wußten ja nicht, daß es Attrappen, und zwar ausnahmslos Attrappen waren und daß es nur darum ging, uns zu bändigen, zu beschäftigen und von Dummheiten fernzuhalten. Warum wurde nicht wenigstens einmal eine volle Schachtel beigemischt? Warum konnten wir nicht wenigstens einmal ein kleines Stück Schokolade finden? Ob die Grausamkeit dieses Spiels sich nicht so ausgewirkt hätte, wenn wir etwas an Schokolade gewöhnt gewesen wären, weiß ich nicht und ist sicher auch schwer zu sagen. Wir wußten gerade, wie unsäglich gut sie schmeckte. Jedenfalls war für Schokolade im Haushalt überhaupt kein Geld vorhanden, das Verlangen danach aber grenzenlos. So ließen wir uns immer wieder täuschen und lernten aus unseren Erfahrungen nichts.

III. Zweite Kinderzeit: Neues Umfeld für 15 Jahre

Leben und Arbeiten auf dem Lande und Erinnerungen an die Zwerg-Schulzeit – das Familienleben – Kriegserlebnisse und Nazigreueltaten (1938 –1948)

1. Umzug und neues Umfeld

1.1. Die achtköpfige Familie zieht mit Traktor, rumpelndem Möbelwagen im 20-km-Tempo und großer schwarzer Ziege in eine neue Heimat

Was in der Erinnerung jedenfalls unverrückbar und fest wie in einem Photoalbum hängengeblieben ist, war der schon erwähnte Umzug, der uns rd. 100 km weit weg nach Süd-Westen, ins Oberbergische, führte und fast einen ganzen Tag dauerte. Sehr früh am Morgen des Abreisetages wurden die Möbel eingeladen. Viele konnten es nicht gewesen sein, denn alle Habseligkeiten fanden in einem hartgummibereiften Möbelwagen vom Umfang eines größeren Bautruppwagens Platz. Bis auf den Vater, der auf dem Traktor vorneweg mit sitzen mußte (oder durfte), hatte dieser Wagen auch die Mutter, sechs kleine Kinder im Alter von sechs Jahren und bis acht Wochen und eine stattliche große, fast gänzlich schwarze Milchziege aufzunehmen. Wir saßen alle ziemlich eingeengt unter der Decke in einem Wagen, der nur ein kleines Fenster hatte und dessen Seitentüre von außen verrammelt worden war, damit nur ja keiner von uns rausfallen konnte.

So reisten wir im Dunkeln sehr unbequem, im 20-km-Tempo, sehr rumpelig, gänzlich unserer Freiheit beraubt, aber mit einer phantastischen Neugierde ausgestattet, die uns erregte, kitzelte, aber auch leichter lenkbar als sonst erscheinen ließ, dem neuen Zuhause entgegen. Nach jeweils etwa einer Stunde Fahrtzeit wurde angehalten, der Traktorfahrer schrie ganz laut: Wir sind jetzt in Erndtebrück oder auf dem Lützel oder wo auch immer gerade, und wir haben noch so und so viele Stunden Reisezeit vor uns. Dann wurde die Seitentüre geöffnet und wir kullerten raus. Einer mußte sich der Ziege »erbarmen« und führte sie an Bündel Gras heran. Allen wurde Schreckliches angedroht für den Fall einer Entfernung von der Truppe. Endlich wurden wir wieder eingesperrt und es ging weiter, bis wir schließlich an einem hellen frischen und freundlichen Frühlingsabend unser Ziel, unser neues Zuhause, erreichten.

Als die Türe des Möbelwagens zum letzten Mal geöffnet wurde, sahen wir das große, graue, alte Haus – unsere neue Heimat – direkt vor uns, waren im Nu draußen und schwärmten wie ein kleiner Pulk um das Haus herum, wo wir sofort eine grausige Entdeckung machten: Auf dem Komposthaufen an der Scheunenseite des Hauses lag ein weißes totes Huhn. Das Erschrecken kann nicht lange gedauert haben, denn wir waren zu sehr gespannt auf unsere neue Wohnung, auf die verheißenen Kinderzimmer, auf den Stall, den Heuboden, den Keller und alles andere. Welch eine Fülle an Platz, welche Bewegungs- und Spielräume taten sich auf. Da waren Obstbäume, ein riesiger Garten, eine doppelreihige, gerade blühende Kastanienallee, vor allem aber das Schloß, ja, ein richtiges Schloß. Wir wohnten nun in der Nähe eines Schlosses, nach dem wir später mehr verächtlich auch benannt wurden: »Die Schlösser«.

1.2. Das neue Elternhaus: es ist groß, einsam und kalt, bietet aber phantastische Spiel- und Arbeitsmöglichkeiten für uns Kinder

Im neuen Elternhaus gab es 1938 noch kein fließendes Wasser, keine Heizung, kein Badezimmer. In der »Waschküche« stand eine Pumpe über einem ausgemauerten viereckigen Auffangbecken, dessen Abfluß vorm Haus in eine aus Mosaikpflaster gefertigte Rinne lief. Der Platz vor dem Wohnteil des Hauses war mit sehr schönem kleinen Pflaster angelegt. Zum Hause gelangte man über einen etwa 80 m langen, mit Steinen befestigten, aber sehr ausgefahrenen und von Weißbuchenhecken eingegrenzten Weg. Zu beiden Seiten dieses Weges lagen die Gärten und Obstbaumwiesen. Wenn man auf das Haus zufuhr, sah man links, neben der Waschküchentür beginnend, einen etwa 100 qm großen Blumengarten, der von einem Staketenzaun geschützt war. Die Hauswand war dort in voller Länge mit einer etwa 2 m hohen Hecke aus rankenden schwarzen Johannisbeeren bedeckt.

Die Vorderseite des Hauses lag gegen Osten; so daß wir im Wohnzimmer vormittags oft die herrlichsten Sonnenstrahlen hatten. Man kann die warme, strahlend saubere Helligkeit dieses Zimmers nur schwer beschreiben. Die dicken, etwa 1 m messenden

Schloß Homburg mit Försterhaus, von unserem Garten aus gesehen

Wappen von Homburg über der Haustüre

Elternhaus wie es aussah, als wir es bewohnten 1938 – 1968

Das noch (teilweise) »rote« Elternhaus im Jahre 2004

Bruchsteinmauern gaben entsprechend große Fensternischen, die von weißen, bis zu den Fensterbänken fallenden Gardinen begrenzt wurden. Die sonnige, freundlich helle Atmosphäre dieses Zimmers ist unvergeßlich. Es gibt ein Bild von Adolf v. Menzel, auf dem er einen sonnenüberschütteten Balkon zeigt, vor dem die weißen Gardinen leicht zu wehen scheinen und der von dem Licht durchflutet wird, das ich von Zuhause her so gut kannte. (Bei meinem letzten Besuch, am 4. Februar 1989, schaute ich in das ebenerdige Ost-Fenster: das frühere Wohnzimmer ist in ein Büro verwandelt worden. Dichtgedrängt stehen dort jetzt braune Kunststoffbüromöbel)

In diesem etwa 20 qm großen Wohnzimmer habe ich ungefähr bis zu meinem 18. Lebensjahr Schularbeiten gemacht, gelesen und Bücher und Schulsachen verwahrt. Im genauso großen Schlafzimmer darüber standen drei Betten, in denen je zwei von uns schliefen (ich natürlich mit meinem Zwillingsbruder), bis ich ungefähr 14 Jahre alt war. Ein eigenes Zimmer erhielt ich erst kurz vor meinem 18. Lebensjahr, als es mir gelang, die kleine Kornkammer zu besetzen, in der bis dahin Weizen, Hafer, Roggen – auf den Holzfußboden geschüttet – aufbewahrt wurden, und Schinken, Speckseiten, Blut und Leberwürste von der Decke herabhingen.

Zu dem Haus gehörte – von außen nicht erkennbar – die große Tenne (in der der Hühnerstall und die Nester, das Brennholz und landwirtschaftliches Gerät aufbewahrt wurden) und der Stall, der für etwa vier Kühe und eine Reihe von Schweinen groß genug war. Von der Tenne aus führte eine steile, an der Ziegelwand befestigte etwa 5 m lange Holzleiter auf den sehr großen Heu- und Strohboden, der, ob er nun bis zum Dach gefüllt war oder nicht, dem Heufutter gut tat oder nicht, bei regnerischem oder kaltem Wetter oft als herrliches Spielgelände genutzt wurde.

1.3. Waldreiche Umgebung und die Überwindung von Entfernungen: Fußmärsche, Rodeln und die Mühen des Transports

Im Umkreis von 2 km gab es keine Altersgenossen. Das Schloß war Museum und unbewohnt; der Förster war schon alt und hatte nur erwachsene Kinder; die Betreiber der Burgschenke hatten überhaupt keine Kinder. Zur drei Kilometer entfernten Schule konnten wir den Waldweg wählen, der kurz vor dem Schulort an zwei Friedhöfen vorbeiführte oder die sehr kurvenreiche Landstraße, die zweimal bergauf oben am Sportplatz vorbei und dann wieder bergab in das Dorf verlief. Hätten wir Fahrräder gehabt, wäre die Wahl nicht schwierig gewesen. Auch die Jahreszeiten und Notlagen des Krieges machten uns die Wahl des Weges leicht: Bei halbwegs warmem und trockenem Wetter lief es sich barfuß auf dem Waldweg am besten; bei Schnee und Eis kamen wir mit unseren, mit Krampen beschlagenen Schuhen auf der Straße am schnellsten voran. In den letzten Kriegsjahren und in der Nachkriegszeit sind wir in den Sommern so gut wie ausschließlich Barfuß gelaufen, auch in die Schule.

Direkt neben unserem Haus begann der etwa 1 km lange, recht steile Hohlweg zur Mühle; 200 m gegenüber führt ein etwas längerer, ebenfalls recht steiler Hohlweg zum Bahnhof und damit zum nächst erreichbaren Einzelhändler. Daß wir damit ein großartiges Gelände zum Schlittenfahren unmittelbar am Haus hatten, erschien uns nicht als etwas Besonderes; es war eine so oft es ging genutzte herrliche Selbstverständlichkeit. Wir erlebten unglaublich kalte, schneereiche und lange Winter, in denen wir schrecklich froren und bis zur Erschöpfung rodelten. Im Winter waren die Schlitten unser bestes Transportmittel für die oft schweren Schulranzen, Einkaufstaschen, Briketts, Brennholz oder jüngeren Geschwister. Die schnellen, oft rauschhaft sich steigernden Rodel-Abfahrten gehörten zu den Höhepunkten des Winters. Sie ließen sich steigern durch auf dem Bauch liegendes Schlittenfahren und Steuern mit den Schuhspitzen oder durch das Aneinanderbinden von mehreren Schlitten, die durch einen von uns vorneweg mit fest auf die Straße gedrückten Schlittschuhen gesteuert wurden.

Wir benutzten die Straßen, ohne Gefahr zu laufen, mit Autos etc. zu kollidieren. Leider war der Schlitten ein sehr saisonabhängiges Vergnügungs- und Transportmittel. Manchmal spürten wir den Unterschied von einem Tag zum anderen, wenn der Schnee verschwunden war und nicht geringe Lasten entweder den Berg hinaufgetragen, mit dem Handwagen gezogen oder mit der Schubkarre geschoben werden mußten. Ständig mußte nämlich irgendwas für Haushalt oder Landwirtschaft herbeigeschleppt werden, was wir im allgemeinen als sehr anstrengend

Auf der Bank beim Försterhaus: von li.: Ludwig, Hermann, Friedrich, Wilhelm, Siegfried (1938/39)

empfanden und was immer wieder zur Drückebergerei und zu Streitereien unter den Geschwistern führte. Unsere kleine Selbstversorgungswirtschaft hielt eine Fülle solcher Belastungen bereit.

1.4. »De Blagen vom Schloß« lernen einen neuen Dialekt und schlagen Wurzeln

Da wir sehr einsam wohnten, waren relativ große Entfernungen zu überbrücken, wenn wir zur Schule, zum Einkaufen mußten oder zu Freunden wollten. Als wir am neuen Wohnort eingetroffen waren, brauchten unsere Erkundungen der Nachbarschaft naturgemäß ihre Zeit. Wir vier Ältesten – zwischen drei und sechs Jahre alt – zogen meistens gemeinsam, händchenhaltend, los und kamen schließlich erstaunlich weit. Autos und Trecker waren so selten wie heutzutage Pferdegespanne; an eine Gefährdung durch Verkehrsmittel brauchte niemand zu denken. Wo wir auch auftauchten, wurden wir bestaunt: Einmal wußte jeder, daß wir, ob wir uns zu dritt oder viert zeigten, nur die Vorhut und nicht die ganze Kinderschar »vom Schloß« waren. So hieß es denn bei den Vorstellungsgesprächen häufig: »Dat seng de Blagen vom Schloß, die han enen chanzen Stall voll« und zum anderen gab es uns beschämende Verständigungsschwierigkeiten: Wir sprachen einen gänzlich ungezähmten, original Berleburger Dialekt und trafen auf eine Welt, in der Erwachsene und Kinder gleichermaßen im allgemeinen den sehr verschiedenen Homburger Dialekt sprachen. Je mehr man über uns lachte und uns exotisch drollig fand, desto mehr schämten wir uns und verstummten und drückten uns in Ecken herum, bis wir uns schließlich wieder auf den Weg nach Hause machten. Auf eine gemeinsame hochdeutsche Sprache war kein Verlaß, denn bei den Nachbarskindern bildete sich die Fähigkeit hierzu, wie auch bei uns, erst richtig in den ersten Schuljahren heraus.

Wie lange wir uns durch den Dialekt von den anderen Kindern unterschieden, ist nicht mehr zu sagen. Wahrscheinlich paßten wir uns sehr schnell an. Als wir längst »assimiliert« waren, erlebten wir das Hereinkommen zweier »fremdsprachiger« Wellen: Eine kam aus dem Westen, aus der Eifel. Im Zuge der Evakuierung aus dem Kampfgebiet im Winter 1944-45 mußten wir eine vierköpfige Familie aufnehmen. Die andere Welle kam aus dem Osten, aus Ostpreußen und Pommern, und zwar im Zuge der Austreibungen vor allem im Jahre 1946. Die »Flüchtlinge« – wie wir sie unterschiedslos nannten – aus der Eifel

ob. Reihe v. li. nach re. Hermann, Ludwig, Wilhelm
unt. Reihe Siegfried, Friedrich (1941/42)

kehrten nach der Kapitulation im Frühsommer 1945 in ihre Heimat zurück; die aus dem Osten mußten bleiben und hatten es schwer mit uns. Nicht nur wegen der Färbung ihrer Sprache; die meisten von ihnen waren auch noch katholisch, brauchten in der ersten Stunde nicht am Religionsunterricht teilzunehmen, wohnten ganz erbärmlich und waren durch die Kriegsereignisse und die Vertreibung schulisch weit zurück.

1.5. Bis 1815 war die Reichsherrschaft Homburg eigenständig – sie besaß eine eigene Mundart – die großen Unterschiede in den Feinheiten. Das Platt stirbt überall unaufhaltsam aus, trotz meiner hilflosen Entrüstung

Wir Kinder sprachen untereinander nur den breiten, bequemen, abkürzenden Dialekt, unser Platt, die recht eigenständige Homburger Mundart. Die fünf Stunden Schule jeden Tag bedeuteten zunächst eine Umstellung, eine Unterbrechung, denn die Lehrer konnten, wollten oder durften nicht mitmachen. Sie zwangen uns zur »richtigen« Sprechweise durch ihr Vorbild, wie auch Zeitungslesen, das Radiohören ab 1940, der Umgang mit Besuchern, meistens Sommerfrischlern aus dem Wuppertaler Bereich, uns allmählich in die hochdeutsche Spur brachte, ohne daß wir das Platt aufgaben oder verlernten.

Mit dem Heranwachsen ergaben sich neue Beziehungen zur Außenwelt, bei denen die Unterschiede im Klang und in den Begriffen des Platts in nachbarschaftlichen Regionen so groß waren, daß sie mir jedenfalls auffielen. Am deutlichsten zeigte sich dies beim Fußballspielen. Die Schüler- und Jugendmannschaften des Kreises repräsentierten die Zusammensetzung der arbeitenden Bevölkerung. Beim gemeinsamen Umkleiden, erst recht beim Kampf um den Ball, sprachen (und schimpften) die Eckenhagener etwas anders als die Ründerother, die Morsbacher etwas anders als die Wiehler und die wieder etwas anders als wir. Das Platt schien sich in Wohninseln und konzentrischen Ringen um sie herum differenziert zu haben, und zwar als Folge der räumlichen Abgeschiedenheit, die eine Funktion der Reichweite der Transportmittel zu sein schien: Arbeitsplätze, Geselligkeiten, Kirchgang brachten ursprünglich nur die Menschen regelmäßig an solchen Orten zusammen, die man zu Fuß oder mit dem Kuh- bzw. Pferdegespann erreichen konnte.

Die Bedeutung der Ausrichtung auf ein Zentrum für neue Kontakte zeigte sich beim Konfirmationsunterricht: Alle 12-14jährigen aus der großen Kirchenge-

Meine zwei jüngsten Brüder auf einer Burgmauer,
Frühjahr 1951, li. Hans, re. Gerhard † Nov. 1959

meinde trafen sich einmal wöchentlich um 15.00 Uhr für eine Stunde in der Kirche oder im Gemeindehaus. Die allermeisten mußten aus der mehr oder weniger weit entfernten Schule zu Fuß nach Hause, dann von zu Hause zum Unterricht und wieder nach Hause, Für uns bedeutete dies eine Extrastunde Fußmarsch wöchentlich, für viele andere das Doppelte oder sogar Dreifache. Wir sind für heutige Begriffe fast unvorstellbar viel »zu Fuß« gelaufen.

Eine weitere Ausweitung der Berührungsmöglichkeiten mit Menschen, die zu den Platt-Variationen beitragen konnten, brachte die Handelsschule, die – 10 km entfernt – von den meisten von uns nur mit öffentlichen Verkehrsmitteln erreichbar war.

Heutzutage scheint nur noch der an den Orten verbliebene bodenständige, vor allem körperlich arbeitende ältere Teil der Bevölkerung regelmäßig Platt zu sprechen. Das trifft nach meinen Beobachtungen im Oberbergischen zu, wie im Kölner Raum, in Hamburg, in Schleswig-Holstein und man könnte sagen, wie sich die Bilder überall gleichen. Das Platt stirbt aus; unsere Welt wird um eine ihrer reichhaltigsten Differenzierungen ärmer. Die Parallele zur Ausrottung der Arten kann oder muß gezogen werden: Jegliche Hoffnung auf eine Umkehr ist unzulässig. Die verändernde Gewalt der Transporttechnologie, eine hohe regionale Mobilität mit kräftiger Durchmischung der Bevölkerung, Bildungsdünkel und eine falsche Einschätzung der Nachteile des Platts für die Entwicklung der Kinder in der Schule und vor allem das verdammte Fernsehen, das die Sprachlosigkeit in den Familien voraussetzt, erzwingt, intensiviert, wirken an der Zerstörung der objektiven und subjektiven Voraussetzungen dieser einmalig schönen Sprachvielfalt unseres Volkes mit.

Natürlich könnte die Frage gestellt werden, ob man das Unvermeidliche überhaupt bedauern, Wehmut zeigen und Gefühle investieren soll? Ich sage ja! Und leiste mir den Luxus einer hilflosen Entrüstung, ohne Adressaten an dieser Stelle, besonders gern, weil meine Neigung oder Vorliebe zu Platt unausrottbar ist und weil ich es spreche, so oft ich kann.

Wann ich auch immer nach dem Verlassen des Elternhauses im Frühjahr 1953 nach Hause zurückkehrte, verfiel ich sofort in das Platt wie jemand, der nach einem anstrengenden Tag auf den Beinen in zu engen Schuhen abends zu Hause gar nicht anders

Hauptstraße in Nümbrecht mit Konfirmationskirche (Dr. Robert-Ley-Str. im Jahre 1938)

kann, als die Schuhe sofort zu wechseln. Meine Fähigkeit und Bereitschaft, Platt zu sprechen, lösten immer wieder Überraschung, Verwunderung, sogar Unverständnis aus. Ich fühlte und fühle mich wohl dabei und das war das Entscheidende. Vielleicht glaubte ich auch, so leichter die sich auftuende Kluft zu den Geschwistern und Bekannten überdecken zu können.

2. Leben und Arbeiten auf dem Lande

2.1. Beanspruchung durch Arbeit im Wald, Garten, in der Landwirtschaft und im Haus plus meine »Fußball-Leidenschaft«

Unsere Jugend verbrachten wir vormittags in der Schule, danach mit Schularbeiten zu Hause, und körperlichen Arbeiten: im Wald, auf Feldern, Wiesen und im Garten, im Stall und auf dem Brennholzplatz. Das bißchen Freizeit füllten wir hauptsächlich mit Herumstromern, Fischefangen und Fußballspielen aus.

Meine Leidenschaft (Neigung wäre zu schwach ausgedrückt) für das Fußballspielen war von einer kaum für möglich gehaltenen, elementaren Intensität. Wo immer es ging, wurde nicht nur ein Fußball, sondern wurden auch Steine, Hölzer, Tennis- und jede Art Gummibälle getreten. Uns fernzuhalten, wenn z.B. die in der Nachkriegszeit gute 1. Herrenmannschaft gegen Kölner oder Aachener/Dürener Mannschaften auf dem Hömerich spielte, war so gut wie unmöglich. Wir rissen einfach aus.

Die Mithilfe von uns Kindern bei der Waldarbeit war zwingend. Einmal, weil der Vater – ganz überwiegend allein arbeitend – für einige Tätigkeiten, z.B. um Bäume bestimmter Größe zu fällen, einen zweiten Mann für die Säge brauchte. Zum anderen, weil Waldarbeit für das System der Akkord-Entlohnung wie geschaffen ist: Das Ergebnis läßt sich in Stück, Metern, Raummetern und Festmetern messen und durch Kinderarbeit nicht unerheblich steigern. Nur wenige Tätigkeiten, wie Wegebau und -unterhaltung oder das Säubern von Pflanzkulturen mit der Hekkenschere wurden im Stundenlohn abgerechnet. Wir wurden aber auch dort wie überall gebraucht: Beim Pflanzen von Tausenden von Fichten, Eichen, Pappeln oder Eschen; beim Durchforsten und bei Kahlschlägen der entsprechenden Waldbestände mit Umsägen, Entasten, Zersägen der Bäume und Äste, Spalten, Schälen, Rücken, d.h. Tragen auf der Schulter oder Schleppen unterm Arm an die Fuhrwege und/oder das Klaftern, d.h. Stapeln des auf gleiche Länge geschnittenen Brenn- und Grubenholzes. Wir arbeiteten nur mit unterschiedlich großen, auch schweren Schrot- sowie mit Bügelsägen und Äxten und anderem Werkzeug, auf das schon hingewiesen wurde.

2.2. Die Waldarbeit wird durch Motorsägen leichter, bleibt aber »Schwerstarbeit« – ich wundere mich über einen Bericht der Süddeutschen Zeitung v. 18. September 1986

Erst zu Beginn der fünfziger Jahre kamen hier und da schwere Motorsägen in Gebrauch; die kleineren handlichen Motorsägen waren noch gänzlich unbekannt; sie haben einerseits die langwierige, zeitbeanspruchende, körperlich außerordentlich anstrengende Arbeit auf Bruchteile des früheren Zeitbedarfs reduziert und den Kraftaufwand verringert, dabei auch phantastische Steigerungen des Akkordergebnisses gebracht, andererseits aber das ohnehin schon große Unfallrisiko im Wald noch gesteigert.

Während der Zeit der Rationierung von Nahrungsmitteln wurde Waldarbeit mit der »Schwerstarbeiter-Lebensmittelkarte« bedacht. Auch heute noch gilt sie trotz der Entlastungen durch Maschinen als »Schwerstarbeit«, wie man einem Bericht der Süddeutschen Zeitung vom 18. September 1986 entnehmen kann. Mein »erfahrenes« Auge blieb an den folgenden Sätzen hängen: »Vor allem Jugendliche sind von der Schwerstarbeit im Walde oft hoffnungslos überfordert. Berufsbedingte Krankheiten und Frühinvalidität aufgrund irreparabler Verschleißerscheinungen an Wirbelsäule und Gelenken sind die Folge der Dauerüberlastung.« Man habe ein »Spezialtrainingsprogramm für Auszubildende« entwickelt, um durch »Zirkeltraining, Waldläufe (!), Schwimmen und gezielte Gymnastik zur Stärkung der bei Waldarbeit am meisten strapazierten Muskulatur« beizutragen.

Über eine solche Sicht der Dinge kann ich mich nicht genug wundern. Wir wurden ab Sommer 1945 in die Arbeitswelt des Vaters einbezogen, als ich noch nicht 12 Jahre alt war. Erinnerungen an Kulturensäubern, Wegebau, Schälen und Rücken von leichten Fichtenstämmen und an das Entasten von kleineren Tannen für Bohnenstangen fallen in diese Zeit, nachdem der Vater aus der Kriegsgefangenschaft zurückgekehrt war.

Obgleich die körperlichen Belastungen im Wald mit dem Heranwachsen zunahmen, konnte von rückgratverkrümmender Dauerüberlastung bei uns nicht gesprochen werden. Schule und Verantwortungsgefühl des Vaters begrenzten unseren Einsatz auf l bis 3 Stunden am Tag und nicht jeder Tag sah uns im Wald. Über das heute für erforderlich gehaltene Präventivtraining hätten wir so völlig verständnislos den Kopf geschüttelt, wie etwa über die Idee einer Mondlandung. Vielleicht hätten wir uns »gefreut«, daß die oft langen Anmarschwege zum Vater an den Waldarbeitsplatz die Bedeutung einer gesundheitsfördernden Ausgleichsmaßnahme hatten, während wir doch viel eher geneigt waren, auch das »Waldlaufen« beschwerlich zu finden und vor allem in den frühen Jahren genauso zu verfluchen, wie die Arbeit selber.

2.3. Weitere unfreiwillige »Ausgleichsübungen« im Frühjahr: Mist- und Jauchefahren – Maulwurfshaufen müssen auseinander – Gartenumgraben und Kartoffelpflanzen

An weiteren unfreiwilligen »Ausgleichsübungen« war in unserer Jugend überhaupt kein Mangel. Wenn ich nur an die Anforderungen der kleinen 12 Morgen großen Landwirtschaft denke, von der etwas mehr als die Hälfte auf Wiesen und Weiden entfiel. Das früh in der Schule gelernte und sehr oft gesungene Lied »Im Märzen der Bauer sein Rößlein anspannt, er setzt seine Felder und Wiesen instand«, korrespondierte leidlich gut mit unseren Erfahrungen. Unsere »Rößlein« waren zwei Milchkühe, die auch als Zugtiere verwendet werden konnten, weil sie, wie wir sagten, »eingefahren« waren.

Sobald es das Wetter im Frühjahr zuließ, wurde Mist gefahren und die Jauchegrube geleert. Zu zweit oder dritt standen wir auf dem Misthaufen und gabelten den Mist auf den Wagen, der ihn auf den Acker brachte. Dort wurden kleinere Haufen abgekippt oder mit einem Karst runtergezogen, die schließlich mit der Mistgabel »auseinandergemacht« werden mußten. Später lernte ich im Volkswirtschaftlichen Studium Sir Francis Bacons Vergleich eines Geldhaufens mit einem Misthaufen kennen und fand ihn so anschaulich wie richtig und einleuchtend: Mit einem großen Vermögen, so Sir Francis, verhalte es sich wie mit einem großen Misthaufen: Bliebe es auf einem Haufen, also in einer Hand zusammen, dann bringe es keinen Nutzen, aber breitgestreut würde es wachsen und vielfältige Frucht tragen. Auch beim Mist, das kann ich bezeugen, stimmt das hundertprozentig.

Das Jauchefahren legte man am besten auf einen nassen, regnerischen Tag, weil dann der Gestank eher zu ertragen war und sich auch schneller verflüchtigte. Die zum Teil klumpige Brühe mußte mit der Hand in das Jauchefaß gepumpt werden, das dann auf den Wiesen entleert wurde. Dazu war ein Hebel zu bedienen, der einen Jaucheschwall von anderthalb bis zwei Meter Durchmesser freigab, was solange sogar noch ganz schön aussah – nämlich wie ein hellbraun glitzernder, breit ausholender, spritzender Halbkreis –, sofern es nicht zu Berührungen kam. Ungeschicktes Öffnen oder zu nahes Herumstochern im verstopften Abflußloch führte bei den Handelnden nicht selten zu Durchtränkungen von der übelsten Sorte.

Im Frühjahr mußte das Laub von den Wiesenrändern geharkt werden, und wenn wir beim Harken waren, wurden auch Hunderte von Maulwurfshaufen auseinandergekratzt, damit das Gras nur ja ungehindert bald in der warmen Frühlingssonne emporschießen konnte. Vernünftigerweise macht man diese Maulwurfshaufen mit einem von einem Pferd gezogenen schweren eisernen Ring auseinander. Bei uns gab es aber weder Pferd noch Reifen, aber immer genug Kinderhände.

Nach entsprechender Vorbereitung ging es etwas später, so Anfang Mai, mit dem Kartoffelpflanzen weiter. Etwa 3 bis 4 Zentner Saatgut wurden regelmäßig gekauft, von der Mutter im einzelnen durchgesehen, die großen Kartoffeln aus Sparsamkeitsgründen halbiert und jede von einem von uns, hinter dem Pflug hergehend, mit den »Augen« nach oben auf den Grund der Furche gelegt. Beim Zurückkehren deckte dann der Pflug die Saatkartoffeln zu, nicht ohne gleichzeitig eine neue Furche zu öffnen. Auf diese Weise einen Morgen Kartoffeln zu legen, dauerte auch etwa einen Morgen und war eine so stumpfsinnige wie anstrengende Arbeit. Beine, Rücken, Hände, alles war dauernd in bückender Bewegung, und das Arbeitstempo wurde von der Kuh oder, schlimmer noch, von einem ausgeliehenen unermüdlich davonschnaubenden Ponygespann bestimmt. Diesem Kartoffelpflanzen war schon das Umgraben des riesengroßen Gartens und das Einarbeiten ungezählter Karren Mist vorangegangen; die Gartenbestellung erforderte in der Zeit von Mitte April bis Mitte Mai viel von unserer ohnehin nicht großen Freizeit.

2.4. Die Arbeit mit der Mutter im Garten – Lehren für heute: ein Mensch ohne Zeit hat nichts davon, Kartoffelernte als Beispiel – die Bedeutung meiner »zauberhaften Küchenfee«

Für den Garten war, abgesehen vom Mistfahren und Umgraben, die Mutter zuständig. Ich war gerne mit ihr zusammen, half so gut ich konnte und – vor allem – lernte all das, was mir den Wiedereinstieg in die Gartenarbeit von Hohe Leuchte überhaupt erst möglich machte. Sicher war das nicht genug, aber die hier sich bietenden Gelegenheiten nicht zu nutzen, wäre mir ganz und gar unmöglich gewesen. Ich mußte – und muß – all das wiederholen, was mir zu Hause zu einer Zeit in Fleisch und Blut übergegangen war, als die Ernteergebnisse über unseren Lebensstandard oder besser, über Hunger oder Nichthunger, abwechslungsreiche oder armselige Mahlzeiten mitentschieden!

Aber die Arbeit im Garten hier erwies sich bald als nicht unproblematisch; denn jeder Garten, so erfuhr ich, ist anspruchsvoll und fordernd: Er will den ganzen Menschen, seine Erfahrungen, sein Wissen und seine Zuneigung, auch seine Lernfähigkeit, vor allem aber seine Zeit. Er schenkt nur dann seine wohltuenden Wirkungen, wenn man auf ihn eingeht: Durch richtige Bearbeitung, richtige Düngung, gutes Saatgut, rechtzeitige Bestellung und vor allem durch ständige Unkrautkontrolle. So erfuhr ich, daß ein Mensch ohne Zeit, ein gehetzter Mensch, das Verkehrteste tut, wenn er glaubt, sich durch einen Garten zur erholenden Beschäftigung mit der Natur zwingen zu können. Er wird zusätzlichen Streß erleiden und die Freude am Wachsen und an der Ernte – als Ausgleich so wichtig – nicht oder nur verkümmert erfahren.

Nach sieben Sommern war ich in diesem Jahr 1986 endlich soweit, mir die aufgezählten Bedingungen in etwa erfüllen zu können. Die Freude an der Kartoffelernte zum Beispiel war unbeschreiblich. Wenn die goldenen, recht zahlreichen, zum Teil auch ziemlich großen Kameraden sauber, freundlich und bereitwillig aus ihrer tiefschwarzen Verborgenheit rauskamen, habe ich, so albern das klingen mag, gejauchzt wie ein Kind. Daß sie auch noch so gut schmecken wie seit den Jugendtagen nicht mehr, rundet das kleine Glück ab. Aber ich könnte auch von der sehr ergiebigen Bohnenernte schwärmen, die Rote Beete waren noch nie so dick und zahlreich und schließlich bereiten sich jetzt zwei verhältnismäßig große Felder Rapunzel- und Kopfsalat auf den Winter vor. Mit etwa 200 recht weit gediehenen Kopfsalaten experimentiere ich; sie sollen angeblich winterhart und ab April zur Ernte bereit sein. Daneben steht an vier Stellen schöner, zarter halbhoher Grünkohl, so viel wie nie zuvor.

Aber wie wäre die Erntefreude möglich ohne die gekonnte Verwertung in der Küche, ohne die Bereitschaft meiner zauberhaften Küchenfee, den letzten Zweck erfüllen zu helfen und sich dabei viel Arbeit zu machen; die Antwort ist klar: Ich könnte diesen Garten und seine Freuden »vergessen«. So paßt auch bei diesem Aspekt unseres Lebens alles zusammen.

2.5. Die Saisonabhängigkeit der Landwirtschaft schützte nicht nur nicht vor dauernder, wenn auch abwechslungsreicher Kinderarbeit, sondern begünstigte sie – Kartoffelhacken und Hoochen« – Rübenhacken – Distelziehen in den Getreidefeldern war im Gegensatz zu heute die einzige Unkrautbekämpfung

Während die Gärten (wir hatten schließlich vier davon, zwei größere und zwei kleinere) das ganze Sommerhalbjahr über Arbeit erforderten, war die Beschäftigung in der Landwirtschaft stärker saisonabhängig: die Kartoffeln zeigten nach 3 – 4 Wochen ein Kränzchen von grünlichen Blätterspitzen und mußten »gehackt« und kurz danach »gehocht«, d. h. mit einem leichten Hakenpflug gefurcht werden. Als wir so 15/16 Jahre alt waren, spannte der Vater jeweils zwei von uns nicht selten vor diesen Pflug und abwechselnd ersetzten wir eine Zeitlang die Zugleistung der Kühe. Der Boden war nicht schwer und durch die Vorarbeiten aufgelockert, so daß die Anstrengung nicht übermenschlich erschien. An nicht wenigen Stellen lag die Erdkrume nur 20 – 25 cm auf dem Rheinisch-Westfälischen Schiefergestein. Man kann sich vorstellen, was sich daraus für Rekordernten erzielen ließen. Da wir in der Regel auch Rüben gepflanzt hatten, mußten diese ebenfalls gehackt werden. Sonst blieben die Felder bis zur Ernte liegen; Weizen, Roggen und Hafer erforderten nach der Aussaat keine wesentlichen Arbeiten mehr. Ganz im Gegensatz zu heute, wo die Bauern alle Felder dieser Art in ununterbrochener Reihenfolge bearbeiten, d. h. düngen und vergiften und dann ernten, was wir z. T. nicht brauchen. Wir gingen allerdings – wenn erforderlich – durch Getreide- und Kartoffelfelder, um Disteln frühzeitig zu ziehen.

2.6. Vorbereitungen für's Heumachen und die Arbeit selbst – die wacklige Fahrt mit dem Heuwagen nach Hause

Um Mutters Geburtstag herum (12. Juni) begann die Heuernte, über die ich schon einiges berichtet habe. Ein besonderes Problem war immer die Vorbereitung der Werkzeuge, der Rechen, der Sensen, Gabeln und schließlich des Heuwagens. Die Holzrechen vom

Schloß Homburg, Ansichtskarte mit unserer Kuh

letzten Jahr mit ihren doppelten Reihen von handgeschnitzten Zähnen waren nicht immer wiederzufinden oder mehr weniger stark beschädigt, mußten also in Schuß gebracht bzw. erneuert werden. Die Sensen wurden vom Vater vorm Haus unterm Apfelbaum gedengelt, d.h. mit einem Spezialhammer auf einem kleinen Amboß breit und scharf geklopft. Mit dem hellen eintönigen Kling-Klang wurde der Sommer so richtig eingeläutet.

Der Heuwagen – ein vierrädriger hölzerner Leiterwagen – mußte, da er als Transportmittel das ganze Jahr über gebraucht wurde, im fahrbaren Zustand sein; aber Heubaum und Heuseile waren nicht immer aufzufinden und die Sucherei war manchmal schrecklich. Der Heubaum, das war ein 5 bis 6 m langer Fichtenstamm, der am dicken Ende abgerundet war und eine Kerbe hatte, um die herum das an den Leitern befestigte Heuseil geschlungen wurde. Das wiederholte sich über den Hinterrädern. So preßte der Heubaum das Heu auf den Leiterwagen von oben her zusammen. Es blieb eine etwa 4 m hohe wackelige Sache und man versteht, warum ohne Heubaum und ohne Seile ein Transport des Heues bestenfalls bis zur Höhe der Leitern möglich war. Manchmal, wenn ein Gewitter oder Regen heraufzog, wünschten wir uns einen doppelt und dreifach so großen und schnellen Wagen, um das endlich trockene Heu sicher unter Dach und Fach zu bringen. Meistens gewannen wir den Wettlauf, aber wenn uns dann doch mitten im Aufladen oder Abfahren der Regen überraschte, war es gut, wenn wir uns trösten konnten, alle unser Bestes gegeben zu haben (was nicht immer der Fall war). Regen ins trockene Heu konnte tagelanges Mühen umsonst machen und u.U. den völligen Verlust bedeuten.

Heuernte 1944; ich stehe vor meiner Mutter; links Schwester Friedel

Das Schwierigste beim Heuabfahren war der Weg raus aus der unebenen, wackligen Wiese, weil hier immer die Gefahr des Umkippens bestand. Erst auf der Straße durfte der eine oder andere obenauf sitzen. Immer aber mußte einer von uns sich an die Bremse hängen. Mit Drehungen einer Handkurbel wurden die schweren eichenen Bremsklötze gegen die Hinterräder gedrückt, und zwar gerade so stark, daß die Räder sich bergab nur langsam bewegen konnten. Wir wußten um die Verantwortung des Bremsers. Ein unsachgemäßes, nicht ausreichendes Bremsen hätte den Wagen mit samt den beiden Kühen in den Graben oder über den Straßenrand gedrückt, mit vorstellbaren schrecklichen Folgen. Bevor es losging, wurden deshalb vor allem die Bremsen geprüft und geschmiert; bei der Abfahrt hielt der Bremser Rufkontakte zum Führer des Gespanns, meistens unser Vater, der mit einer Peitsche oder einem großen Stock in der Hand die Kühe bremste oder antrieb.

2.7. Hilfe bei der Getreideernte im August oder Badeanstalt? Die Hocken in Reih und Glied – Das Dreschen

Noch bevor die Heuernte beendet war, was sich wegen des zweiten Schnitts, Grummet genannt, bis in den August hinziehen konnte, begann die Getreideernte so Anfang bis Mitte August. Es war kein Zufall, daß die Sommerferien mitten in die Erntezeit fielen oder sollte man besser sagen umgekehrt. Wenn die Sonne schien, gab es immer wieder dieselben Konfliktsituationen: wir wären gerne zum Baden gegangen, statt dessen mußten wir auf die Heuwiesen oder in die Getreidefelder oder in den Garten. Die schönsten Erinnerungen habe ich an die wenigen Sommerabende, an denen die Erfordernisse der Ernte mit unseren Wünschen in Einklang gebracht werden konnten. Das war dann der Fall, wenn die Ernte so frühzeitig abgeladen war, daß noch Zeit blieb, unsere erhitzten und müden Körper in die zwanzig Minuten entfernte Badeanstalt zu schleppen. Die erfrischende Abkühlung war unbeschreiblich wohltuend.

In der Regel hatten wir zwei bis drei Morgen Getreide zu ernten. Jeder wurde gebraucht: wir liefen barfuß auf das Getreidefeld. Der jüngste Arbeitsfähi ge drückte mit einem Haselnußstock, immer ein paar Schritte vor der Sense des Vaters, die Ähren etwas nach unten oder bewegte sie nach oben, wenn das Getreide durch den Regen plattgedroschen war. So entstand eine gewisse Spannung und das Abmähen war leichter. Hinter dem Vater wechselten wir uns ab: beim Aufnehmen der Mahd, beim Bündeln und Aufsetzen der Garben in Hocken. Wir bündelten mit einer Handvoll Halme, die um die Garbe geschlungen und geknotet wurden. Mit den Ährenbüscheln nach oben wurden so um die 10 Garben gegeneinandergestellt und mit einer Mütze, einer in der Mitte auseinandergedrückten Garbe, als Regenschutz bedeckt. Wir achteten sehr darauf, daß die Hocken in Reih und Glied standen und freuten uns, wenn das Feld aussah, als sei es wie mit kleinen Häuschen besiedelt.

Überall sah man in den Erntewochen dasselbe Bild: zwischen grünen Kartoffel- und Rübenflächen und Weiden lagen die gold- oder graugelben Getreidefelder mit den sanft geschwungenen Reihen der Hocken, die – je nach Getreideart – unterschiedlich groß und hoch waren. Diese Bilder kann man schon lange nicht mehr sehen. An die Steile der damaligen Dreifelderwirtschaft ist ganz überwiegend die eintönige Weidewirtschaft getreten. Und wo noch Getreide angebaut wird, erntet der Mähdrescher einen Hektar in etwas mehr als einer Stunde.

Das Dreschen war ein herbeigesehnter Höhepunkt, weil wir früh begriffen hatten, wie wichtig das Ernteergebnis für uns alle war. Wenn der Termin in der Dreschhalle bestimmt war, wurden die Garben auf den Leiterwagen gestapelt und zur etwa 2 km entfernten genossenschaftlichen Dreschhalle gefahren. Dort mußte das Abladen und Dreschen sehr schnell vor sich gehen. In einer guten halben Stunde stand fest, wie reich die Ernte gewesen war, d. h. wie viele Säcke wir geerntet hatten.

Ich meine zu erinnern, daß ein Wagen nie mehr als 4 – 5 Zentner brachte und der Vater war und konnte nie zufrieden sein. So schnell wir abgeladen hatten, so schnell mußten wir die leicht gepreßten Strohballen wieder aufladen, nach Hause fahren und dort wieder abladen. Der Vater trug die Säcke auf dem Rücken die Treppe rauf in die Kornkammer, wo er den Inhalt zum Trocknen ausschüttete. Dann gings wieder aufs Feld usw. So kamen an einem Tag leicht 15 km Fahrleistung mit dem Kuhgespann zusammen, bergauf und bergab.

Der Tierliebhaber mit Offiziers-»Krätzchen« (lt. Brockhaus: »Feldmütze«), 1944

Wenn es kalt und windig war – im Oktober – begann die Kartoffel- und für uns die etwas weniger wichtige Rübenernte. Die ersten Jahre nach dem Krieg wurden unsere Kartoffeln rausgehackt (später gerodet), immer schon auf dem Feld sortiert, in Drahtkörbe gesammelt und in Säcke geschüttet. Es war ein segensreicher Anblick, wenn sich im Laufe eines Nachmittags oder Tages über das ganze Feld verstreut ein gefüllter Sack nach dem anderen erhob. Wie schön paßt auch hier Benjamin Franklins Wort: »An empty sack cannot stand upright.« Wir brauchten viele Zentner Kartoffeln, sind auf Kartoffelbasis ernährt und auch immer satt geworden. Mittags gab es so gut wie immer Kartoffeln, abends fast immer und morgens manchmal. Sie wurden auf den Tisch gebracht in gekochter Form, als Pellkartoffeln, gebraten, als Klöße oder als Reibekuchen.

Nicht selten habe ich später gedacht, daß ich für Mutters Klöße- und Reibekuchen-Delikatessen gerne und sofort so manche Buffetspezialität und Verfeinerung unserer Tage hingeben würde. Kein Wunder, daß der herrlich speckfettige Kartoffelgeschmack von Mutters Reibekuchen zu den besten Jugenderinnerungen gehört.

2.8. Einmalig schöne Kartoffelernte mit der Mutter im Jahre 1946 und ständiges Kartoffellesen bei den Nachbarschaftsbauern in jedem Oktober

Eine Kartoffelernte blieb mir in besonderer Erinnerung: ich war mit meiner Mutter allein auf dem Feld. Wir hatten 1946 amerikanisches Saatgut erhalten, das eine phantastische Ernte versprach. Die Kartoffeln hatten eine weder vorher noch danach je gesehene rote Farbe, eine rauhe Schale, waren sehr zahlreich und schön dick. Meine Mutter war mit ihrem 12. Kind, unserem letzten Bruder, hochschwanger (er wurde am 19. November geboren) und hackte ruhig und so kräfteschonend es gehen mochte an die 8 Zentner dieser Kartoffeln aus dem Boden. Ich hatte mit meinen knapp 13 Jahren Mühe, beim Auflesen mitzuhalten und die Säcke zu füllen. Der milde Herbsttag bescherte uns nicht nur die reichste Kartoffelernte aller Zeiten, sondern brachte mich auch meiner Mutter sehr nahe. Manchmal ruhte sie sich, die Hände auf ihrem umfangreichen Leib stützend, aus und sprach ein paar aufmunternde Worte zu mir, um dann wieder unermüdlich weiterzuhacken. Wir waren ungestört, harmonisch vereint bei der Sache, freuten uns über den gänzlich unerwarteten reichen Kartoffelsegen und auf die Überraschung, die den Vater mit dem Leiterwagen erwartete, wenn er zum Abholen der Ernte spät am Abend kommen würde.

Die Kartoffelernte »artete« immer in Nachbarschaftshilfe aus. Wir wußten schon, daß uns die Bauern zum Kartoffelsammeln brauchten. Direkt nach Schule und Mittagessen wanderten wir zu dritt oder viert – wie zugesagt – jeder mit einem Drahtkörbchen im Arm in die Nachbarorte und verbrachten den Nachmittag bis zum Dunkelwerden mit Kartoffellesen hinter dem Roder. Das war manchmal lustig, vor allem, wenn es Jagd auf Mäuse und Kartoffelfeuer gab, immer aber sehr anstrengend und mit abscheulichen Rückenschmerzen verbunden. Meistens gab es als Entschädigung die köstlichsten Waffeln und Kuchen und Butterbrote, die während der Pause gereicht wurden, und zum Schluß gab es zwischen zwei und drei Mark Lohn und meistens auch noch etwas zum Abendbrot. In der Schule wurde in dieser Zeit im allgemeinen akzeptiert, wenn wir als Entschuldigung für nichtangefertigte Schularbeiten sagten: Wir waren beim Ufer in Bierenbach zum Kartoffellesen und sind erst um nach 8 Uhr nach Hause gekommen (Hin- und Rückweg etwa 10 km).

2.9. Die Apfel- und Birnenernte – mit Eimer um den Hals und dem Pflücker in der Hand – das Drogenhafte daran

Wenn die Kartoffeln und Rüben im Trockenen waren, kamen die Apfel und Birnen dran. Ich war der unverdrossenste Obstpflücker, den man sich vorstellen konnte. Irgendwie mußte mich der Großvater angesteckt haben. Er war 1944 im Herbst zu Besuch bei uns und holte als damals 74jähriger buchstäblich jedes kleinste Früchtchen herunter. Wir konnten uns nicht genug über diese Marotte, vor allem über seine Beweglichkeit und seinen Mut wundern. In den Jahren danach war auch vor mir kein noch so hoch hängender Apfel sicher. Wenn es sein mußte, wurde bis zur letzten halbwegs sicheren Gabel (Eimer um den Hals) geklettert oder im Baum oder auf der Leiter stehend mit dem 3 oder 4 m langen Apfelpflücker gehangelt.

Die Obstbäume waren zum Teil über 10 m hoch. Die Mutter litt immer Ängste und beschwor mich, nicht so hoch zu klettern und vorsichtig zu sein. Sie wußte um die möglichen Gefährdungen. Der Vater hatte sich einmal die Schulter ausgerenkt, war nur mit größten Anstrengungen aus dem Baum auf die Leiter gelangt und hatte danach immer wieder Probleme mit dem auskugelnden Schultergelenk; in der Nachbarschaft war ein Bauer beim Kirschenpflücken abgestürzt und von dem darunter stehenden Eisengitter aufgespießt worden. Ein 20jähriger Hoferbe z.B. blieb nach dem Sturz aus 5m Höhe querschnittsgelähmt und so gab es noch mehr solcher Unfallgeschichten.

Das Obstpflücken hat für mich etwas leicht Abenteuerlich-Drogenhaftes an sich: Je schwieriger die Eroberung, desto reizvoller, desto begehrlicher wird das Stück Obst. Der Bezug zum eigentlichen Sinn des Früchtesammelns geht fast völlig verloren. Das Pflücken, das Einsammeln, das Füllen der Gefäße wird zum Selbstzweck, zur Freude an sich. So ist es auch heute noch. In diesem Jahr (1986) blieb mir nur wenig Zeit (ich habe nur einen Zentner Äpfel gepflückt) und die Kinder, augenscheinlich weniger drogenabhängig, schüttelten das Obst herunter und brachten es dann zur Saftfabrik.

2.10. Wer hütet heute die Kühe?

Der Herbst klang immer mit dem Kühehüten aus, das je nach Ende der letzten Heuernte mit dem Beginn des Herbstwetters von September bis weit in den November dauern konnte. Die Heuwiesen waren nicht immer eingezäunt und die eingezäunten Weiden um das Haus herum waren um diese Jahreszeit fast immer kahlgefressen und so stellte sich jeden Mittag die Aufgabe: wer hütet heute die Kühe? Mußte man alleine los, kam dies einer Verbannung auf Zeit gleich. Im Oktober/November ist es im

Oberbergischen meistens schon ziemlich kalt, neblig und regnerisch, wodurch die Langeweile des Aufpassen-Müssens noch schmerzhafter wird. Wo sollte man sich auch hinsetzen bzw. legen, etwa um zu lesen oder sich auszuruhen? Es war im Herbst 1944, als ich mir mit Kühe hüten für Frau Höffgen – ihr Mann war im Krieg und ist nicht zurückgekehrt – in Nümbrecht drüben auf der Wiese nach Altennümbrecht sogar etwas Geld verdiente. Einsamkeit und die nasse Kälte waren fürchterliche Erschwernisse und konnten durch die paar Reichsmark und saftige Butterbrote nicht ausgeglichen werden. Schließlich wurde ich zu dieser Tätigkeit auch zu Hause gebraucht. Kühehüten ist eigentlich nur in Gesellschaft möglich bzw. zu ertragen. Zum Glück konnten wir immer wieder Schulkameraden auf dem Schulweg überreden, sich einzufinden. Wir hatten ja auch was zu bieten. Fußballspielen war das wenigste. Äpfel- und Kartoffelbraten waren schon erheblich mehr. Dem Reiz des Feuermachens erlag so gut wie jeder. Wir brauchten eine Menge Glut, um ein Dutzend Kartoffeln oder Äpfel schön einzuscharren und gut bedeckt zu halten. Natürlich mochten wir den Geschmack der schwarzgebrannten Schalen nicht und die Kunst bestand einmal darin, sie sauber abzupellen ohne sich die Finger zu verbrennen und zum anderen, die Dinger nicht kalt werden zu lassen. Auf die Wärme des hellen Feuers und der Glut mochten wir an nebelhaften Novembertagen nicht verzichten und wenn wir es richtig machten, schmeckten die mit weißgrauer Asche dick bestaubten Früchte besser als zu Hause.

2.11. Meine Leidenschaft für das Forellenfangen mit der Hand

Hüteten wir die Kühe auf den Brölwiesen, dann kam eine weitere Attraktion dazu: Forellenfangen und Braten von Forellen an Holzspießen. Das Forellenfangen war sowieso eine meiner größten Leidenschaften. Wir wateten bachaufwärts und faßten unter jeden größeren Stein, in jedes Loch am Bachuferrand, unter jede ins Wasser ragende Baumwurzel, um die Forelle zu finden und zu greifen. Es ist eines der aufregendsten Gefühle, mit den Fingerspitzen an eine Forelle zu stoßen, sie zu umfassen, sie mit den Händen in eine Uferhöhle zu verfolgen, in die Enge zu treiben und schließlich zu fangen. Sie sind so blitzschnell wie glatt und schwer zu ermüden. Die größte, die ich je sah und fing, mochte dreiviertel Pfund gewogen haben. Wir riegelten die kleine teichartige Ausbuchtung des Baches ab und jagten den armen Fisch wohl über zwei Stunden lang, bis ich ihn plötzlich im Schlamm unter meinem linken Fuß spürte, ihn kräftig in den Boden drückte und dann in die Hände nahm. Wir zwangen das Fischmaul auf, und zwar durch Druck auf die Kiemen, steckten den Daumen bis in den Hals und brachen das Genick, indem wir den Kopf nach rückwärts bogen. Die Zähne sind auch bei größeren Forellen klein und zart, unsere Kinderhände waren weder klein noch zart, sondern eher schwielig und rauh und deshalb erlitten wir bei diesem brutalen Tötungsakt schlimmstenfalls unbedeutende Schürfwunden. Im Rausch des Fangens und Tötens achteten wir sowieso nicht darauf.

Wir waren richtige gemeingefährliche Räuber. Allerdings schienen sich die Bestände nach unseren Raubzügen immer wieder zu erholen. Andere natürliche Feinde der Forellen schien es nicht zu geben. Daß wir beim Absuchen und Abtasten einmal auf eine Wasserratte stoßen könnten, kam uns überhaupt nicht in den Sinn. Wir hatten nie eine gesehen und es mag sein, daß es in diesen schmalen Bächen auch überhaupt keine gab. Seit meinen letzten Fischzügen sind bald 45 Jahre vergangen. Ich weiß gar nicht, ob es in den kleinen Bächen überhaupt noch Forellen gibt, ob z. B. die Wasserqualität immer noch ausreichend ist usw. Es heutzutage mit den Händen herauszufinden, wäre mir wahrscheinlich nicht mehr möglich.

2.12. Genuß des Holzspaltens – die Erinnerung an das Unglück mit dem Huhn und meine späte Sensibilisierung

Die Vorbereitungen auf den Winter umfaßten vor allem die Brennholzvorsorge. Irgendwann im Herbst wurde ein riesiger Berg von Eichen- und Buchenholz auf der Kreissäge geschnitten, im Freien gespalten und, nach einer nicht sehr langen Trockenperiode draußen, in Körben in die Scheune getragen. Ich könnte mir denken, daß es kaum jemanden geben kann, der nicht nach einiger Übung gerne Holz spaltet, so wie mir oft Bekannte vom Golfspielen schwärmen. Mit Augenmaß und ein bißchen Kraft kann sich jeder jede Langeweile und jeden Ärger von der Seele spalten und Freude an dem schnell wachsenden

Haufen mehr oder weniger glatter Holzscheite empfinden. Größere Buchen- oder Eichenklötze ohne knorrige Äste mit der richtigen Axt auf dem richtigen Hauklotz stückweise zu spalten, ist ein Genuß. Es geht leicht und schneller als das Abschneiden eines Stückes Torte. Während die linke Hand den Kloben festhält, saust die Axt in der rechten in sehr schneller Reihenfolge auf das immer kleiner werdende Stück Holz und kommt damit immer näher an die ruhende festhaltende Hand. Die Gefahr einer Amputation ist verschwindend gering, solange es nicht zu Ablenkungen kommt. Zuschauer jeder Art haben bei dieser Art Freizeitbeschäftigung auch nichts zu suchen. Zum Glück ist mir bisher beim Holzhacken nichts passiert.

Der Verlust von zwei Dritteln des linken Zeigefingers hatte andere Ursachen, ebenso die 4 cm lange Narbe direkt oberhalb der Schlagader an der linken Hand. Diese äußerst gefährliche Wunde kam nämlich nicht beim Holzhacken, sondern bei dem Versuch des Kopfabhackens eines Huhnes zustande. An sich hatte ich ausreichende Erfahrung und der Unfall hätte nicht passieren dürfen.

Aber an einem Sommerabend im Jahre 1946, als ich das Huhn, auf den Hauklotz gepreßt, auf Wunsch der Mutter, die was für die Suppe brauchte, gerade köpfen wollte, sprang mich der wütende Hahn von der Seite an und die Axt glitt vom Hals des Huhns an meine Hand. Während mein Blut sich mit dem des Huhnes mischte, hätte ich den Hahn am liebsten gleich mitgeköpft. Das ging aber nicht. Ich mußte nämlich das arme Huhn, das auf das Schrecklichste zappelte, festhalten und ihm erst den Kopf endgültig abschlagen, während einer meiner Brüder den Hahn abwehrte. Wie sich jeder vorstellen kann, war das eine äußerst blutige Angelegenheit; mein Unterarm wurde leicht abgebunden und ich mußte zu Fuß ins Krankenhaus, wo die Wunde geklammert und verbunden wurde.

Allzu sensibel konnte ich also nicht gewesen sein, wie ich auch keine Probleme hatte, Kaninchen zu schlachten. Ich schien nach dem Hamburger Motto zu handeln: »Wat mutt, dat mutt« und schäme mich dessen auch im nachhinein überhaupt nicht. Allerdings habe ich mich hier auf dem Hof im Sommer 1986 ziemlich überwinden und anstrengen müssen, einige alte Hühner und drei streitbare junge Hähne zu köpfen.

2.13. Stallarbeiten: Ausmisten, Stroh-Heugemisch häckseln, Streu aus Stroh auf der Sense schneiden, Wasser und Rüben für die Kühe holen, die Wärme des Kuhstalls, Melken und der Vergleich mit dem Gehen, Zubereitung des Schweinefutters

Im Winter waren die Kühe dauernd im Stall. Wir mußten mehr ausmisten als im Sommer. Wenn es draußen stärker fror, stapelten wir den Mist bis obenhin gegen die Stalltür und bei andauerndem Frostwetter auch daneben, bis irgendwann die Temperaturen sanken und wir das Öffnen der Stalltür riskieren konnten. Zwei bis drei Kühe und meistens zwei Schweine erfordern viel Arbeit. Wir hatten für ausreichend Streu und Heu zu sorgen, das wir von oben in den Heuschober warfen, der eine Öffnung direkt neben der Futterkrippe hatte. Meistens häckselten wir das Stroh mit einer Maschine, deren Schwungrad so groß war, daß wir es nur zu zweit wirklich längere Zeit bewegen konnten. Einer legte dann das Stroh in eine Art Bahre und schob es gegen die Zahnräder; sobald dann zwei andere drehten, wurde das Stroh oder eine Heu- und Strohmischung fest zusammengepreßt und zwei Guillotinemesser schnitten so um die 5cm lange Stücke ab.

Wenn die Heuernte nicht ausreichte, war jeden Tag Häckselzeit, denn dann mußten größere Mengen Stroh mit dem Heu gemischt zerkleinert werden. Wenn wir mit der so gehäckselten Streu mal nicht auskamen, schnitten wir das Stroh auf einer in die Stallwand gesteckten alten Sense klein und streuten es unter die Kühe.

Im Winter war es im Kuhstall angenehm warm, jedenfalls viel wärmer als in unseren meist eiskalten Schlafzimmern, und wir hielten uns dort gern auf, neben und unter den Kühen. Ich will damit nicht sagen, daß wir am liebsten auch im Stall geschlafen hätten, aber tagsüber war dies kein schlechter Spielplatz und Aufenthaltsraum. Weil es keine Wasserleitung in den Stall gab, mußte morgens und abends Wasser eimerweise geschleppt und in die Tröge gegossen werden. Außerdem hatten wir täglich mindestens einen Eimer Runkelrüben aus dem Keller zu holen und so klein zu schneiden, daß die Kühe damit fertig werden konnten. Natürlich lernten wir das Melken und sprangen hin und wieder ein, wenn Not am Mann war. Man kann es so wenig verlernen wie das Gehen.

Was alles getan werden mußte, um das Schweinefutter zu bereiten, will ich nur andeuten, indem ich die dafür gebrauchten Zutaten nenne: Die Schweine erhielten Magermilch, kleine gekochte Kartoffeln, auch Rüben, Disteln (gekocht), solange es auf den Wiesen welche gab (wir mußten sie ausstechen), Schrot und die üblichen Küchenabfälle.

2.14. »Milch durchdrehen« – eigene Butter und vor allem Buttermilch

Wir lieferten jeden Tag zwischen 20 und 30 ltr. Milch in die Molkerei, erhielten Magermilch, Butter und Käse auf Bestellung zurück. So gut wie jeden Morgen wurden etwa 10 ltr. frisch gemolkene Milch durch die Zentrifuge gedreht. Dies war unsere Kinderaufgabe vor Beginn des Schulweges. Nicht selten stand einer von uns mit dem Ranzen auf dem Rücken und drehte noch schnell sein Pensum ab.

Eine Zentrifuge zusammenzubauen, ist nicht ganz einfach. Sie mußte natürlich auch jeden Tag auseinandergenommen und auf umständliche Weise gereinigt werden. Wo Milch »durchgedreht« wird, kann das Butterfaß nicht weit sein. Etwa einmal in der Woche, im Frühsommer, wenn die Kühe besonders viel Milch gaben, auch zweimal, wurde das Butterfaß mit einigen Litern sauren Rahms, der oben so richtig gelb-grau dick aussehen mußte, halbwegs gefüllt. Wir drehten an der Kurbel, ich schätze 20 – 30 Minuten, bis wir ziemlich plötzlich am größeren Widerstand merkten, daß die Butter sich bildete und bald fertig war. Nachdem erst das vierteilige Drehflügelrad herausgenommen worden war, wurde mit einem größeren Holzlöffel die Butter, größere und kleinere Klumpen und Krümel, herausgefischt. Sie kamen in eine Holzschüssel, wurden mit dem Löffel kräftig zusammengedrückt, um so viel Flüssigkeit wie möglich herauszupressen und schließlich formte die Mutter, indem sie den Rohling in der Holzschüssel drehte und wendete ein Stück Butter, das wie ein kleiner Laib Brot aussah und in das sie dann noch schön geschwungene Kerben zur Verzierung drückte.

Unsere Butter war besonders im Mai, aber manchmal auch noch bis in den Herbst goldgelb; im Winter dagegen bläßlich weiß. Bezogen wir vor allem im Winter zusätzlich Butter aus der Molkerei, wunderten wir uns über die Farbunterschiede und dachten, unsere Butter wäre irgendwie minderwertig. Die Buttermilch ist zu jeder Jahreszeit gut zu trinken, im Sommer aber, wenn es so richtig heiß ist, eine Trinkköstlichkeit.

Leider scheint es unmöglich zu sein, heutzutage noch natürliche Buttermilch zu bekommen; es ist sicher nicht unmöglich, sie zuzubereiten. Wir haben es hier zu Anfang ein- oder zweimal versucht, mit der Zentrifuge und allem Drum und Dran, aber die widrigen Umstände erwiesen sich als stärker. Was soll man z.B. jeden Tag mit 8 oder 9 ltr. Magermilch anfangen? Das Pfund Butter kostete schließlich um die 18 Mark und für die Buttermilch war auch nicht jeder in der Familie zu begeistern.

2.15. Der Genuß am Geschmack unmittelbarer Naturprodukte kommt nicht von selbst

Der Genuß am Geschmack unmittelbarer Naturprodukte kommt nicht von selbst, man muß sich dran gewöhnen. Wer unverfälschte Kuhmilch, Buttermilch, Butter, frische Landeier nicht längere Zeit zu sich genommen hat, kann doch den Unterschied zu dem verarbeiteten Produkt nicht kennen und den Verlust an Geschmack nicht feststellen und sich dementsprechend auch nicht beklagen. Unsere Kinder z.B. trinken auch nach vielen Jahren »Konfrontation« mit frischer, nur gekühlter Kuhmilch vom Nachbarhof lieber die abgepackte, pasteurisierte, homogenisierte usw. Milch. Nur die Vitaminisierung fehlt noch. Man muß sich wundern, daß wir dies den Amerikanern noch nicht nachgemacht haben!

Daß die Kinder die eigene Wurst nicht mögen, will ich nur erwähnen. Wir haben in diesem Jahr, am 7. Januar 1989, über einen Zentner Wurst gemacht. Philip beginnt erst jetzt sie zu essen, nicht zuletzt weil er geholfen hat, sie herzustellen. Wir Kinder haben damals zu Hause die meistens scharf gewürzte Wurst nolens volens gerne gegessen.

2.16. Wie es beim Schlachten zuging – und Bestattungen mit dem Leichenwagen damals

Im Dezember, wenn es kalt genug war, wurde ein Tag bestimmt, an dem eins von in der Regel zwei Schweinen geschlachtet werden sollte. Eigentlich waren sie noch nicht groß und schwer genug, und wir hätten sie mindestens bis Januar weiterfüttern sollen, aber die Anforderungen des herannahenden Weihnachtsfestes machten ein frühzeitigeres Ende des größeren von den beiden notwendig. Die Vorbereitungen waren umfangreich: Salz und Gewürze mußten eingekauft werden, der Schlachttrog wurde ausgeliehen und gesäubert, Holzleiter, Krummholz und der große Holzhammer wurden bereitgestellt, der Kupferkessel mußte geschrubbt werden; Eimer, Schüsseln, Teller, Holzlöffel, Hand- und Geschirrtücher wurden zusammengetragen; nicht zu vergessen eine Flasche Kornschnaps. Gespannt und unruhig warteten wir auf den Metzger, Schneiders Rudolf aus einem kleinen Nachbardorf. Er war um die 60, klein und rund und im Hauptberuf Landwirt mit zwei Ponypferdchen, die er für alle Fahr- und Zugleistungen brauchte, auch für den Leichenwagen.

Bis Ende der 50er Jahre war es auf dem Lande üblich, daß ein Verstorbener zu Hause aufgebahrt und nach etwa drei Tagen mit dem Leichenwagen abgeholt und zur Beerdigung auf den Friedhof in Nümbrecht gefahren wurde. Die Trauergemeinde versammelte sich am Haus des Verstorbenen und bewegte sich dann auf der Landstraße hinter dem von den Pferdchen gezogenen Leichenwagen u.U. viele Kilometer weit bis nach Nümbrecht. Diese Leichenzüge konnten manchmal 100 Meter und mehr lang sein und bildeten, je mehr die Motorisierung auch auf dem Lande fortschritt, ein immer größeres Verkehrshindernis. Schließlich wurde eine große Leichenhalle in Nümbrecht gebaut, und mit dem weiteren motoristischen Fortschritt hörte schließlich dieser uralte Brauch gänzlich auf.

Rudolf kam immer zu Fuß und immer zu spät, umhängt mit einer großen Schürze und seinem Werkzeug: Einer Reihe von Messern, die in Lederköchern steckten, dem Stahl zum Wetzen und dem Bolzenhammer.

Das Wasser im Kupferkessel dampfte und kochte schon, Rudolf verlangte kurzerhand nach dem Strick, wir Kinder liefen durch die Waschküche und ein paar Treppen runter durch einen schmalen Flur voran und öffneten ihm die Stalltüre. Das in Aussicht genommene Schwein wurde überraschend schnell an einem Hinterbein gefesselt und, so ruhig es abgehen konnte, den Weg zurück ans Tageslicht geführt. Das Schwänzchen ringelte aufgeregt und mit Geschubse und Gezerre erreichte die Truppe schließlich durch die Waschküchentüre das Freie, den gepflasterten Platz vor dem Haus.

Nun lief alles erbarmungslos unaufhaltsam und schnell ab. Während das arme Tier sich schnuppernd an das helle Tageslicht gewöhnen wollte, wurde es mit dem Strick an einem starken Eisenhaken festgebunden, merkte sofort die Behinderung und zog mit großer Kraft und meistens gellendem Gequieke nach vorn. Nun mußte schnell gehandelt werden. Einer der beiden Männer setzte den Bolzenhammer an den Kopf des Tieres und der andere schlug, indem er auf einen ruhigen Moment wartete, mit dem runden Holzhammer, den wir sonst zum Spalten und Keilen von Brennholz nutzten, auf den Hammerkopf, wodurch ein Eisenbolzen einige Zentimeter tief in Kopf und Gehirn schoß. Das so betäubte Schwein fiel knallhart auf die Seite, R. drückte es mit dem Knie ans Vorderbein fest nach unten und schnitt ihm den Hals auf. Das Blut brach schwallartig heraus und wurde vom Vater in einer Schüssel aufgefangen; war sie voll, dann hielt R. die Halswunde einen Moment lang mit der Hand zu und der Vater leerte die Schüssel in einen Emailleeimer. Einer von uns hatte schon bald kräftig mit einem Holzlöffel in diesem Bluteimer rumzurühren, um eine Gerinnung des Blutes zu verhindern. Das Blut wurde zuletzt durch Rauf- und Runterbewegen des Vorderbeines regelrecht aus dem Körper gepumpt.

Waren diese für uns Kinder aufregendsten Minuten vorüber, dann mußten wir helfen, das Schwein in den Trog zu heben bzw. zu schieben und schleppten dann eimerweise heißes Wasser. Das Schwein wurde sozusagen »zu heiß gebadet« oder besser gebrüht. Mit einer Schelle schrubbte der Metzger Rudolf die weichgewordenen Borsten runter, zog mit einem Haken die Klauen ab und rasierte zuletzt mit einem besonders scharfen Messer alle noch übriggebliebenen Borsten und Haare.

Wenn das Schwein dann mit dem Rücken auf der Holzleiter lag, sauber, dampfend, hier und da rote Flecken und vor allem die breite Halswunde zeigend, mochte sich bei uns ein bißchen Mitleid regen, nicht viel und nicht sehr lange, denn, nachdem die Enkel durchstochen, die Sehnen freigelegt und das Krummholz durch beide Hinterbeine gedrückt worden war, mußte es gemeinsam hochgehievt und an die Hauswand gestellt werden.

Breitbeinig auseinandergedrückt, am Bauch mit zwei gleichmäßigen, wie Knöpfe aussehenden Brust warzenreihen verziert, hing das Schwein, Ohren nach unten, stramm an der Leiter liegend. Die Neugier auf das Aufschneiden und Ausnehmen der Innereien, der bald schwer hervorquellenden Därme, des Magens, der Blase, Lunge, Leber, Milz, Herz (in welcher Reihenfolge auch immer) war jedesmal groß und es wäre schwer gewesen, uns vom Zuschauen abzuhalten.

Wichtig war zuletzt, wie dick der Speckrücken war (damals galt noch, je dicker, desto besser) und wie dick und großflächig der Flomen, aus dem die Nieren herausgeschnitten wurden, von den Rippen gelöst, um die Bauchseiten herumgeschlagen werden konnte. Mit dem Speck mußten viele Zentner Kartoffeln gebraten werden, der Flomen wurde ausgelassen und das Schmalz für Brotaufstrich, Kartoffelbraten, Gemüseanfetten etc. verwendet.

Das Reinigen der Därme dauerte seine Zeit. Sie wurden entleert, umgedreht, in Salzwasser eingeweicht, mit dem Löffel wurde dann das überflüssige Darmfett abgeschrappt, danach wurden sie oftmals gespült und schließlich wieder umgedreht. War das Schwein ausgekühlt (meistens über Nacht) wurde es zerteilt und bestimmt, was zu welcher Wurst verarbeitet werden sollte und was zu diesem Zweck gekocht werden mußte.

Das »Wurstmachen« mochte einen halben Tag dauern und erforderte vielfältige Überlegungen und Arbeiten, auch Sorgfalt und klare Köpfe. Wäre das meistens kalte Wetter nicht gewesen oder die Warteperioden (z.B. bis das Fleisch im großen Kessel schließlich gar war) und vor allem die Flasche Schnaps nicht, dann wäre bestimmt immer alles nach Plan abgelaufen und die Wurst wäre nie versalzen oder zu sehr gepfeffert worden. Aber der Schnaps war nun einmal da und mußte auch »verarbeitet« werden und je nachdem, wie frühzeitig er seine volle Wirkung entfaltete, war dann das Würzergebnis. Es wäre aber nicht richtig zu sagen, daß unsere Wurst etwa regelmäßig versalzen worden wäre. Es kam sehr darauf an! Meistens ging es trotzdem gut: Die verschiedenen Wurstteige wurden nacheinander in kleinen Wannen vorbereitet, es wurde viel mit den Händen drin rumgemengt und der Teig dann mit Hilfe der Wurstmaschine in die Dünndärme (vor allem für runde Mettwurstkringelwürste und Blut- und Leberwürste) und in die Dickdärme (für Blut-, auch Leberwürste) gefüllt. Was in den Därmen keinen Platz fand, wurde entweder in Weckgläsern eingekocht oder in bestimmten Jahren auch in Büchsen eingemacht. In die ebenfalls gut gesäuberte und umgestülpte Schweineblase kam eine Gemengelage von Resten, die als Schwartemagen im Sommer sehr viel Zuspruch fand. Die nachhaltigste, weil frischeste und würzigste Erinnerung ist mit der Mettwurst verbunden: Ob als Handvoll Teig oder als frische Ringelwurst in der Pfanne gebraten, war egal. Geruch und Geschmack dieser »Bratwurst« läßt mir jetzt sogar beim Schreiben noch das Wasser im Munde zusammenlaufen.

Die lebhaften Erinnerungen an diese Schlachtfestereignisse zu Hause haben mich hier auf Hohe Leuchte schon im ersten Winter 1980/81 – und seither immer wieder – dazu gebracht, ein Schwein zu kaufen und bei Hansi in Duvenstedt zerlegen und teilweise zu Wurst machen zu lassen. Beim ersten Mal haben wir noch zugesehen, wie das Schwein auf dem Hof des Bauern G. geschlachtet wurde und es danach hierher transportiert. Es gibt ein Photo des im Schnee an unserer Scheunenwand hängenden Schweines, das am nächsten Tag im Opel-Kofferraum (die Beine und der Kopf schauten heraus, auch davon gibt es ein Photo) zu Hansis Privatwurstküche gebracht wurde. Dort ist es im Januar auf dem Steinfußboden trotz beständig unter Feuer stehendem Wurstkessel empfindlich kalt.

Von 1981 – 1999 haben wir jedes Jahr einige (2 – 4) von den stetig nachwachsenden vietnamesischen Hängebauchschweinen zu Hansi gebracht und in der Traditionellen Weise verarbeiten lassen:

Nun hat sich alles so schon eingespielt: Ich bringe eine Flasche Schnaps mit, wenn ich an einem Samstagmorgen im Januar so gegen 8.00 Uhr dort eintreffe. Das oder die Schweine sind schon tags zuvor abgeliefert worden, bereits zerteilt, was kochen soll kocht, und wir beginnen den Tag gemeinsam mit lockeren Gesprächen und einem Schnaps. Ich gehe beim Zerschneiden und Durchdrehen stundenlang zur Hand und muß die letzte Verantwortung beim »Abschmecken« übernehmen. Wenn es mal nicht ganz genau hinhaut, dann bestimmt nicht wegen des Schnapskonsums, den wir natürlich unter Kontrolle haben. Es gibt in Schleswig-Holstein Besonderheiten: Der fertige Teig der Blutwurst wird auf dem Herd eine Zeitlang erst gekocht und dann in die Därme gefüllt;

wir machen eine größere Menge »Preßkopfteig« (so etwas Ähnliches wie bei uns Schwartemagen) und Hansis Mutter »mariniert« größere Stücke gekochten Bauchspecks über Nacht durch Auflegen von großen Mengen dickgeschnittener Zwiebeln und würzt gut mit Salz, Pfeffer und Lorbeerblättern. Wenn schön gekühlt, in Scheiben geschnitten als Vorspeise bei dem immer folgenden kleinen »Schlachtfest« serviert, müssen wir unsere Gäste und uns selbst daran erinnern, daß es auch noch Wurstsuppe und andere Würste mit Kartoffeln und Sauerkraut gibt, sonst nimmt die Nachfrage nach dieser ungemein herzhaften Spezialität kaum ein Ende.

Das Ende der Schlachtveranstaltung bestand im Einsalzen der Speckseiten, Eisbeine und der oder des Schinkens. Die Würste werden einige Wochen geräuchert und die ausreichend durchgesalzenen Teile ebenfalls. Schließlich hingen sie zu Hause alle geräuchert am Haken unter der Decke der Kornkammer und wurden, auf das Sorgfältigste verplant, im Laufe des Jahres verbraucht. Der Schinken, im Kopfkissenbezug vor Fliegen geschützt, wurde immer erst zur Heuernte angeschnitten.

Wenn wir zweimal geschlachtet hatten, war die Versorgung bis zum Anschluß im Dezember gesichert. Ich wüßte heute gerne, wieviel wir eigentlich

Zur Erinnerung: Traditionelles Schweineschlachten auf Hohe Leuchte mit Phillp und Anna, W. N. im Hintergrund

für Schlachten und Wurstmachen bezahlten; Mutter hätte es mir sagen können.

Seit 1990 machen wir die Wurst hier auf Hohe Leuchte selber. Zuletzt, im Januar 1991, haben Maria und ich über 9 Stunden ununterbrochen daran gearbeitet und waren gegen 21.30 Uhr sehr müde, d.h. fertig. Leber-, Blut- und Mettwurst sind wieder gut gelungen (ca. 45 Pfund insgesamt). Allerdings müssen das nächste Mal die Kinder helfen, d.h. von vornherein mit eingeplant werden, sonst ist es Maria nicht mehr zuzumuten. Wie es so geht, schlagen dann leicht Spaß und Freude in ihr Gegenteil um! Wie kaum anders zu erwarten, haben wir das »Wurstmachen« nicht wieder versucht.

3. Erinnerungen an die Zwerg-Schulzeit

3.1. Die Organisation der zweiklassigen Zwergschule in Nümbrecht

Beim Nachdenken über die Besonderheiten der Zwergschule in Nürmbrecht erinnerte ich mich daran, wie viele es davon in unserem Umkreis, also in unserer Reichweite gab, denn dies war das Kriterium für ihre räumliche Verteilung: welche Entfernungen konnten einem 6jährigen als Fußweg äußerstenfalls zugemutet werden. Vom Schloß als Mittelpunkt gesehen, gab es neben N. im Osten eine Schule in H., eine in D. und eine in G. Obwohl wir theoretisch die vier erwähnten Schulen zu Fuß hätten erreichen können, war unsere Zuordnung zu N., zum Gemeindezentrum, unstrittig, auch weil am nächsten. H. gehörte zu einer anderen Gemeinde und fiel deshalb auf jeden Fall aus.

Diese ländlichen Volksschulgebäude waren im Prinzip alle gleich. Sie umfaßten jeweils einige, meistens nur zwei Klassenräume, die Toiletten und eine Lehrerwohnung. Drumherum waren große schotterbefestigte Spielplätze. In Nürmbrecht lag die Schule am Rande zum alten Friedhof hin. Der Schulhof war vom evangelischen Gemeindehaus (ein schönes großes Gebäude im Jugendstil), der unüberwindlichen Mauer des Pastorats und einem Gasthaus mit riesigem Kino und Vortragssaal begrenzt, was sich zwangsläufig auch begrenzend auf unsere Ballspielmöglichkeiten auswirkte. Bis auf die Mauer sind inzwischen alle Bauwerke abgerissen und das Gelände ist bis zur Unkenntlichkeit neu bebaut worden.

Volksschule Ende der 1920er Jahre mit Haushaltsschule (links) und Wohnungen

Die zwei Klassen reichten in den 8 Jahren meiner Zugehörigkeit zur Volksschule aus, um jeden Zustrom aufzunehmen. In der Unterklasse wurden die vier Jahrgänge der 6–10jährigen, in der Oberklasse die 4 Jahrgänge der 11–14jährigen gemeinsam unterrichtet. Nach Abgang der 8. Klasse, jeweils im April, rückten alle Jahrgänge auf. In beiden Klassenräumen befanden sich zwischen 30 und 40 Kinder, die sich zum Schulbeginn, an der Schulhauswand, pünktlich in Zweierreihen aufstellen mußten und mit dem Lehrer in die Klassenräume marschierten. Wenn nötig, wurden Signale mit der Trillerpfeife gegeben. Je ein Lehrer mußte also mit vier unterschiedlichen Jahrgängen in einem Klassenraum fertig werden, wozu sich vier Möglichkeiten anboten:

(1) Alle wurden gemeinsam unterrichtet (was gelegentlich beim Singen, bei Religionsstunden oder beim Sport geschah);

(2) ein oder zwei Jahrgänge wurden mit Schreiben beschäftigt;

(3) einer oder gegebenenfalls zwei mit Lesen;

(4) der andere lernte unmittelbar mit dem Lehrer, z. B. beim Rechnen oder beim Diktat.

3.2. Disziplinierungsmittel – die Rolle des Stocks zu Hause und in der Schule (»ich lass' mich nicht mehr schlagen!«). Die Prügeleien mit dem »Ochsenziemer«

Man kann sich heute kaum vorstellen, wie lernen auf diese Weise geordnet werden konnte. Auf jeden Fall wird man denken, daß es der Zwergschullehrer nicht leicht gehabt haben kann und daß ein gewisses Maß an Disziplin eingehalten werden mußte. Dazu standen bewährte und abgestuft wirksame Mittel zur Verfügung: Zusätzliches Auswendiglernen, bestimmte Sätze einhundertmal abschreiben (ich mußte einmal so oft »Du sollst Disziplin üben« schreiben, weil sich mit diesem Wort so schön lispeln ließ und ich daran kollerartigen Spaß zeigte), Nachsitzen (selten, nur wenn der Lehrer sowieso bleiben wollte oder mußte), körperliche Arbeiten (wie Papier aufsammeln, Kohlen schippen, Tafel und Klassenraum säubern) und schließlich häufig genug körperliche Züchtigungen mit oder ohne, meistens ohne die Hilfe von Kameraden.

Körperliche Züchtigungen aller Art waren erlaubt und wurden von den Eltern weder beanstandet noch für unmenschlich gehalten. Schließlich waren sie in ihrer Jugend selbst nicht verschont worden (»Das hat noch niemandem geschadet, uns auch nicht.«) und was in der Schule erlaubt und geboten war, konnte zu Hause nicht falsch sein (selbstverständlich galt das auch umgekehrt). So sind wir zu Hause erheblich mehr – mit Stock – geprügelt worden als in der Schule, und zwar ausnahmslos von unserer Mutter, der ich das aber nie verübelt oder nachgetragen habe. »Unser« Stock steckte immer griffbereit eingeklemmt hinter dem Handtuchhalter in der Waschtischecke der Küche. Manchmal genügte ein Blick zum oder ein drohendes Fuchteln mit dem Stock, um uns zur Raison zu bringen. Oftmals war Prävention nicht mehr möglich, sondern Bestrafung verwirkt (wir hatten uns rumgetrieben und kamen zu spät zum Essen oder hatten einen Auftrag, etwa zum Einkaufen, oder Holzspalten nicht erfüllt oder Widerworte gegeben oder uns gezankt und was nicht alles den Zorn der Mutter erregt haben mochte). Bis wir dann schließlich zu groß waren, legte uns die Mutter übers Knie und drosch drauflos, bis sie vor Erschöpfung innehalten mußte. Ein frühzeitig zerbrochener Stock war meistens nur ein Grund zur Unterbrechung und zum Kräftesammeln; jeder von uns war nach Aufforderung verpflichtet und bereit, innerhalb von Minuten einen neuen Haselnußstock zu holen. Einmal, weil natürlich jeder überzeugt war, daß der Bruder das völlig verdiente Strafmaß erhalten mußte und zum anderen wußten wir aus leidvoller Erfahrung, daß eine solidarische Haltung nur zur Ausdehnung der Strafe auf den Mitleid Empfindenden führte.

So lernten wir früh »gehorsam«, d.h. vernünftig zu sein. Mit knapp 13½ Jahren – es war im Sommer

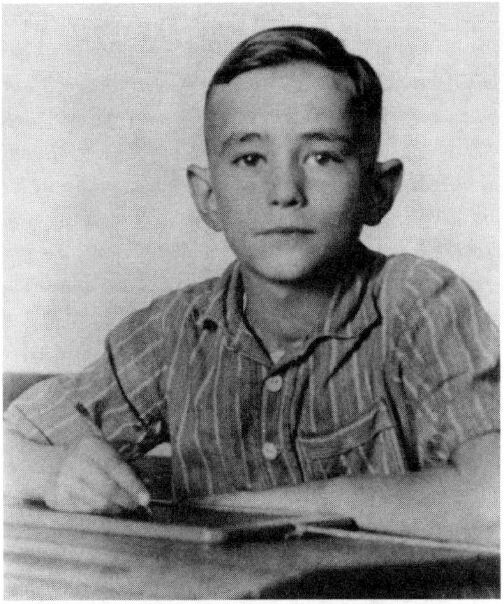

Schulanfang 1940, mit Griffel und Schiefertafel

1947 – weigerte ich mich, auf die Mutter zuzugehen, die mit dem Stock in der Hand schon auf mich wartete. Wiederholt schrie ich – Wut, Stolz und Widerstand in der Stimme –: »Ich laß mich nicht mehr schlagen« und lief auf dem Weg zur Mühle hinunter, wo ich mich oberhalb des Brunnens hinter einer dikken Buche versteckte. Die Mutter rief und befahl zurückzukehren, der eine oder andere Bruder schwärmte aus und überbrachte die Aufforderung, sollte ich sie etwa nicht gehört haben. Ich blieb eine Weile sitzen, bis mein Zorn und Mut zum Widerstand einer Mischung aus Hunger, Angst und Hoffnung auf Vergebung gewichen waren. Langsam schlich ich mich schließlich zum Haus zurück, ganz langsam und wurde so fürchterlich wie nie, aber auch zum letzten Mal »geschlagen«.

In der Schule ging es nicht weniger rabiat zu. Die Lehrer halfen sich bei kleineren Delikten, die auf der Stelle geahndet werden mußten, mit Ohrfeigen, die je nach Reaktion des Schülers und je nachdem, wie der Lehrer in Fahrt kam, in ein Trommelfeuer links und rechts an den Kopf ausarteten. Natürlich geschah dies nicht jeden Tag und nicht jeder Junge mußte so behandelt bzw. zerbrochen werden. Ein Ersatzlehrer, den ich wegen seines väterlichen Ernstes sehr mochte, regierte und strafte nicht mit Ohrfeigen, sondern damit, daß er an den Ohrläppchen drehte oder mit harten Schlagbällen warf: Er hatte sie fast immer zur Hand und warf sie während des Unterrichts gegen die Brust, auf die Hände, manchmal auch an den Kopf des auffälligen Schülers, was sehr schmerzhaft war.

Am schlimmsten aber war die Prügelei mit dem Ochsenziemer, einem länglich gebogenen Rohrstock, der unter Verschluß gehalten und nur hervorgeholt wurde, wenn kühlen Kopfes vor der ganzen Klasse »gezüchtigt« werden mußte. Belanglose, vielleicht auch nur behauptete Diebstähle und Unregelmäßigkeiten, Gehorsamsverweigerung, stetes Zuspätkommen, Zerstörungen, Raufereien etwa konnten zur Bestrafung mit dem Ziemer und zur Vollstreckung am selben oder einem anderen Tage führen. Der oder die zu Prügelnden mußten auf dem Podest vor der Klasse antreten und sich bücken. In die atemlose Stille der Klasse befahl der Lehrer: Tiefer, tiefer! Willst Du Dich wohl richtig bücken!« Bei einem immer tieferen Bücken auf den Streich warten zu müssen, kam in der entstehenden Angst und Not den Bedingungen einer Exekution gleich. Immer wieder gab es »Fehlstarts«, aber irgendwann knallte der Stock mit der unerbittlichen Gewalt und Schärfe einer Guillotine auf den meistens nur durch eine dünne Hose bekleideten Kinderhintern. Man muß gesehen bzw. gespürt haben, wie blitzartig ein junger Körper zurückschnellen kann, um sich den wahnsinnigen Schmerz vorstellen zu können. Meistens blieb es nicht bei einem Schlag und Schmerz, Demütigung und Wut ließen nicht selten die Tränen fließen.

Solche Staatsaktionen waren zum Glück nicht so häufig wie die Ohrfeigenorgien, verschonten aber auch niemanden (mit Ausnahme der Mädchen natürlich), wenn es sein mußte, mich natürlich auch nicht.

Als in den Wirren des Kriegsendes der Schulbetrieb aufhörte, spielten wir in den Klassengängen u. a. mit den schweren Medizinbällen, was unter den Bedingungen der alten Ordnung serienweises Prügeln nach sich gezogen hätte. Mein ältester Bruder Ludwig, manchmal der Mutigste, rühmte sich noch lange Zeit danach, mit anderen den Schrank aufgebrochen, den Ochsenziemer, das verhaßte Prügelinstrument, herausgeholt und mit nach Hause genommen zu haben. Dort hat er ihn auf dem Hauklotz grimmig und mit Genuß in viele Stücke zerschlagen. Als wir im Sommer 1945 wieder zur Schule mußten, zeigte sich, daß die Prügelstrafe mit der alten Ordnung keineswegs verschwunden war. Es ging noch lange Zeit wie gewohnt weiter, wie ich aus unserer Referenten-Sitzung hörte, in Hamburg mindestens bis 1951. Wenn ich schreibe »wie gewohnt«, dann will ich nicht nur auf die Praktiken während meiner Volksschuljahre verweisen, sondern auch dartun, daß wir eine unendlich lange Erziehungspraxis dieser Art in Deutschland gehabt haben.

3.3. Fortschritte im Vergleich zu Johann Beers Beschreibung aus dem ausgehenden 17. Jahrhundert

Wer die nachfolgende Beschreibung aus dem 17. Jahrhundert liest und mit meiner Schilderung vergleicht, wird erkennen und ermessen, wie groß die Fortschritte über die Jahrhunderte waren oder besser gesagt, in den letzten 30 Jahren? Der Auszug ist aus: Johann Beer (1655 – 1700) »Das Narrenspital«.

»Ich kann es mit meiner frühzeitigen Jugend mehr als genugsam bezeugen, was für eine große Torheit die Schulmeister begehen, welche ihre anvertrauten Kinder gleich den Hunden in der Schule herumpeitschen. Zu einem solchen unverständigen Kinderhenker ward ich von meinen Eltern getan, welche glaubten, ich würde bei demselben in meiner ersten Jugend nicht allein wohl aufgehoben, sondern auch im Lesen und Schreiben fleißig unterrichtet werden. Aber, bei meiner Treu, ich habe niemals unter einer härteren Disziplin gelebt, und hätte mich meine Jugend nicht überredet, als müsse es so sein, so wäre ich bei dem Bachanten nicht vier Wochen geblieben. Er hatte seine größte Lust, uns arme Kinder zu schmeißen, und ich kann schwören, daß er die meiste Schulzeit nur mit Auskehrung der Arsche zu tun hatte. Das Herze lachte ihm im Leibe, wenn er hörte, daß einer oder der andere unter seinen Discipuln außer der Schnur gehauen, und demnach band er allezeit neue Ruten, zu strafen die, welche er angegeben und in seine Schreibtafel aufgezeichnet hatte. Das Wohlverhalten der Knaben war seine ärgste Pestilenz, denn dadurch fraß er den heftigsten Gift in sich, weil er in der Schule nichts zu strafen hatte, aus welchem gar leicht kann verstanden werden, welch eine unbeschreibliche Torheit den Phantasten besessen, der sich durch die Tugend seiner Discipuln zum Zorn und Widerwillen reizen ließ. Ja, ich schäme mich, etliche Sachen zu erzählen, welche der Schlingel vorgenommen, nur uns in Strafe zu bringen, und er achtete es wenig, wenn er die Kinder mit Ruten strich, daß das Blut hernach floß. Er strich etliche dermaßen zuschanden, daß sie dem Bruch- und Wundarzt etliche Wochen mußten unter der Hand liegen, und wenn man im Gegenteil ansah den Nutzen von seiner Lehre, so war es zu erbarmen, daß man einem solchen Arschgucker so viel Zweige der unschuldigen Jugend unter die Hand gegeben, welcher sie bis auf den Grund verdorben hat. Ich habe nach meinem erreichten männlichen Alter den Unterschied zwischen einem, der den Staupbesen bekommt, und uns damaligen Schülern genau auf die Wage gelegt, und es ist gewiß, daß wir von unserm ungehobelten Schulmeister viel ärger gestrichen worden als ein Erzschelm, der den Leuten das Ihrige zu Nachtszeit hinter den Hauptkissen hinwegfischet.

›Ha‹, sagte der Schulmeister zu uns Knaben, ›mein lieber Jung, du wirst mir's noch einmal von Herzen danken, wenn du groß wirst und zu deinen Jahren kommst, daß ich dir den Hintern so wacker ausgekehrt habe!‹ Aber, bei meiner Seel, ich wollte anjetzo, daß er für jeden Streich, den er mir gegeben, tausend Maulschellen hätte, vielleicht dienten sie ihm besser zur Züchtigung, als seine unchristlichen Schläge zu unserem Aufnehmen. Denn er schlug uns ohne Ursach, und wenn sich einer nur um einen Finger weit von seinem Ort verrückte, bekam er mehr als sechzig Schläge.

Ich müßte große Schwachheiten erzählen, so ich alle seine Fauten erzählen wollte, welche er gegen uns begangen. Aber im Ausgang erfuhren wir, wie nützlich es sei, dergleichen Eseln das junge Kinderfleisch aus den Zähnen zu nicken, weil sie nicht als kluge Menschen, sondern als grausame Wölfe dareinzubeißen pflegen, dessen Schaden man meist dann zu empfinden hat, wenn man sieht, welch ein Vorteil es sei, wenn man der Jugend nicht alle Freiheit benimmt.

Solche Schulmeister soll man mit Buchsbaum besetzen und dem Monsieur Diabolus zum Neuen Jahre verehren, denn sie machen furchtsame Leute, die hernach sich weder zu raten noch zu helfen wissen, und ich wollte dergleichen Leuten hiermit ihre Lectiones wacker herunterlesen, wenn ich mich ihrer Bubenpossen nicht schämte und für tunlicher ansähe, daß man ihr unrechtmäßiges und allzuscharfes Beginnen ihrer eigenen Verantwortung anheimstelle und so die Narren hinlaufen lasse, wohin sie laufen wollen.

Er hatte den Gebrauch, so ein Knabe einen Furz streichen ließ, mußte einer von oben bis unten der Bänke gehen, zu riechen, wer es getan hätte. Daher kam es, daß, wenn der Herumgeschickte diesem oder jenem nicht gut war, er solchen dem Schulmeister als den Täter verriet. Auf solchen regnete es alsdann zentnerschwere Schläge, und (er) mußte wegen eines einzigen Furzes wohl fünf Schillinge halten, er mochte es gleich getan haben oder nicht. Einmal klagte mich einer in diesem Puncto Furzi auch ohne Grund bei dem Schulmeister an, und weil ich mit Gewalt hervorgerissen wurde, die Hosen herunterzunesteln und einen guten Product zu halten, sagte ich in meiner Angst: ›Oh, herzliebster Herr Schulmeister, es ist erlogen, ich habe den Furz nicht gelassen, es mag ihn gelassen haben, wer da wolle, drum bitte ich, glaubt meinem Kameraden nicht, sondern riechet selbst an meinem Arsch, da werdet ihr Finden, daß ich fälschlich belogen worden.‹ ›Du Hundsfutt‹, sagte der Schulmeister, ›sollstu mich solche Sachen heißen, ich wollte, daß dich der Teufel holte! Geschwind, ihr Putsche, reißt ihn hervor! Ich will den Galgenvogel lehren, was er mich heißen soll. Halt, du Schlingel, ich will dir zum Arsche riechen, daß du sechs Wochen nicht sollst darauf sitzen können.‹ Mit diesen Worten griff er selbst zu. Da hat man Schelten, Schreien und Weinen untereinander gehört, und war wegen des Furzes ein solcher Lärm in der Schul, davon die Leute vor den Fenstern auf der Gasse stehen geblieben. Wo ich mich an eine Bank oder an einen Knaben anhalten konnte, da hielt ich mich mit allen Klauen an.

Daher geschah es, daß ich bald einen beim Haar, den ändern bei seinem Überschlag ergriff, die ich ihnen in kleine Stücke zerriß. Während solchem Herumreißen verknüpfte ich meinen Hosennestel wohl mit vierundzwanzig Knöpfen, welches, als es der Schulmeister gewahr ward, wischte er über sein Federmesser, mir die Hosen aufzuschneiden. Aber ich streckte den Bauch weit vor mich, schwenkte mich auch mit dem Leib dergestalt hin und wider, daß er mir nicht leichtlich an die Nestel kommen konnte, aus Furcht, er möchte mich gar in den Bauch schneiden. Endlich warf er mich zu Boden und kriegte mir die Hosen von hinten hinunter. Da hat er wohl mehr als zwei Ruten an mir stumpf und zuschanden geschmissen, so daß ich sowohl unter der Nase als auf dem Fetzer voll Blut war.«

3.4. Die erfolgreiche Einübung der äußerst hilfreichen Sekundärtugenden

Meine Erinnerungen an die Zwergschule beschränken sich natürlich nicht auf die ebenso anachronistischen Züge, die sich ganz interessant beschreiben lassen, aber auch nicht annähernd den Terror der Beerschen Schilderung erreichten. Man konnte und sollte in diesem System eine ganze Menge lernen. Es waren im Grunde die jahrhundertelangen, in Deutschland immer wieder betonten, Sekundärtugenden wie Ordnung, Pünktlichkeit und Sauberkeit und die Entwicklung der für jede Lebensbehauptung wichtigen Fähigkeiten oder Fertigkeiten, wie Schreiben, Rechnen und Training des Gedächtnisses durch Auswendiglernen, die in beharrlicher und systematischer Weise weit zu bringen versucht wurden. Schönschreiben, fehlerlos schreiben, ein Gefühl für die Würde der Muttersprache, d.h. für richtiges und prägnantes Deutsch, richtiges und schnelles Rechnen, vor allem Kopfrechnen, mein Interesse für Geschichte und politische Fragen könnte ich auf die Bedingungen der Schule und auf die in dieser Hinsicht guten Lehrer zurückführen.

3.5. Meine auffällige Andersartigkeit, d. h. Neugierde und »Lesehunger«

Ich war irgendwie etwas sensibler und fleißiger als die anderen, und zwar zeigte sich das in der Schule schon sehr früh.

Vor allem war ich lesewütig, lesegierig wie kein anderer. Die Neugierde auf das gedruckte Wort mußte mir nicht beigebracht werden; sie hätte auch nicht unterdrückt werden können. Sie gehörte und gehört zum Erbmuster, zur nicht erklärbaren Grundausstattung. Als 7-8jähriger blieb ich nach der Schule und dem Mittagessen häufig am Tisch sitzen und las, besser: buchstabierte die Zeitung und quälte die mit Abwasch und Herd beschäftigte Mutter mit Fragen über Fragen. Jedes Buch, nichts wirklich Schwieriges war darunter, wurde gelesen. Irgendwann geriet Karl May in meinen Gesichtskreis; jeder kann sich denken, was passierte. Ich las später auch seine Autobiographie und damit die Gefängnis- und Diebstahlsgeschichten, wie sie sich aus seiner Sicht zugetragen hatten. Egon Erwin Kisch hat mit K. M. darüber gesprochen und seine Eindrücke in »Im Wigwam Old Shatterhands« berichtet. Viele Jahre später, nachdem meine Begeisterung etwas abgeflaut war, wurde Karl May zu irgendeinem Jubiläum in einer Literaturbeilage gewürdigt und vom Rezensenten, der ihn in seiner Jugend verschlungen hatte wie wir alle, stilkritisch heruntergemacht. So negativ hatte ich ihn nicht gesehen, nicht sehen können und vermochte dem Kritiker nicht zu folgen. Es ist aber schon eigenartig, daß ich seit meiner Jugend, seit etwa meinem 15./16. Lebensjahr nie mehr das Bedürfnis hatte, Karl Mays zu lesen oder wiederzulesen.

Ich werde wahrscheinlich nie aufhören, ziemlich viel und beständig zu lesen. Es ist ein Zeichen eines hohen Entwicklungsstandes, wenn man schließlich fast alles, was man liest, auch mit Gewinn liest. Ich wollte, ich könnte vor allem jüngeren Menschen klarmachen, wie wichtig eine nie nachlassende »Lesewut« für die Entwicklung eines Menschen ist. Es ist nicht übertrieben, wenn man feststellt: Wer nicht dauernd liest, lebt nicht wirklich, entwickelt sich nicht weiter, verarmt, wird uninteressant, wird geistig genügsam.

3.6. Der Zwang, lesen zu müssen – neben die Karl Mays traten Berichte über Preußens und des Reiches Gloria; die Geschichte eines beeindruckenden Doppellebens und Hinweis auf die Lesebereitschaft des Vaters

Wahrscheinlich habe ich das »Lesenmüssen« von meinem Vater geerbt. Ich führe diese Vermutung nicht auf eigene Beobachtungen zurück, denn ich habe ihn nur die Zeitung lesen sehen und von ihm auch nie erfahren, ob er in der Jugend viel gelesen hat.

Meine Vermutung geht auf ein Erlebnis in der Wohnküche des großelterlichen Hauses im Winter 1945/46 zurück. Dort saß ich häufig am Kopfende des hölzernen Küchentisches, in Richtung auf den langen schmalen Raum und den Herd und las, las, ununterbrochen, stundenlang. Dabei wurde ich auch selten gestört.

Auf dem Boden (Speicher oder Oolder) hatte ich eine Reihe Bücher gefunden, darunter solche, die reich und bunt bebildert, auf Glanzpapier bedruckt, die Geschichte des deutschen Kaiserhauses schilderten: danach war es gottesfürchtig, hilfsbereit gegenüber den Armen, familienfreundlich und vor allem kriegsbereit. Diese herrlichen Pferde und schimmernden Rüstungen und Uniformen und stolzen Helmbüsche und langen Säbel und Kanonen, riesige glitzernde Kanonen, die dienstwilligen opferbereiten und bewundernden Blicke und langen Reihen der Soldaten und die schönen züchtigen, fromm dreinblickenden Frauen und Töchter der Fürsten, Könige, Grafen usw., alles das war schon eine faszinierende, wenn auch weit entfernte, kontrastreiche Welt. Wie mitleiderregend wurde die nur 100 Tage dauernde Regentschaft des Kaisers Friedrich III und sein heroisches Sterben dargestellt; auch der ehrwürdige Tote auf dem Sterbebett.

Dann gab es die stimulierendsten Bücher über die Kriege im 19. Jahrhundert: Zum Beispiel über den deutsch-dänischen Krieg als Preußen und Österreich im Norden noch gemeinsam kämpften; vor allem der Sturm auf die Düppeler Schanzen im Jahre 1864 war kriegerisch und tapfer-romantisch zugleich dargestellt. Und erst die herrlichen Siege im Kampf gegen die Franzosen 1870/71. In den illustrierten Büchern wurden die vielen ruhmreichen Schlachten bilderreich und voll blutigen Heroentums gezeigt. Das Bild über die Gründung des Kaiserreiches, (ich fand inzwischen heraus, daß die »Kaiserproklamation von Versailles« nicht von Adolph Menzel, wie ich gedacht hatte, sondern von Anton von Werner gemalt ist) Ausrufung des preußischen Königs zum deutschen Kaiser mit dem mächtigen, hochbestiefelten Bismarck mitten in der Mitte war ein immer wieder betrachtetes und bestauntes, stolzmachendes Vermächtnis unserer Geschichte.

Nachhaltig beeindruckte mich auch die unwahrscheinliche Geschichte eines Doppellebens. Irgendein Graf, der mit beiden Händen gleichzeitig schreiben und zusätzlich Gespräche fuhren konnte, verschwand hin und wieder und tauchte völlig verwandelt in der Rolle eines Schurken auf. Die anderen Romanfiguren wurden dauernd an der Nase herumgeführt; während der Leser den Durchblick hatte und die Zusammenhänge verstand, ergaben sich im Buch – wie auf einer Bühne – die komischsten auch furchterregendsten Komplikationen.

Alle diese Bücher sind verlorengegangen. Vor allem die Verwandlungsgeschichte hat lange nachgewirkt. Als ich durch irgendwelche Hinweise in den USA – etwa 20 Jahre später – auf Stevensons Dr. Jekyll und Mr. Hyde aufmerksam wurde, besorgte ich es mir umgehend, um herauszufinden, ob das das Buch aus Großvaters – oder meines Vaters? – »Bibliothek« gewesen sein könnte! Ich glaube nicht; es muß einen Doppelgänger gegeben haben.

Ja, Vaters Bibliothek! Während ich so in seinem Elternhaus saß und versunken las, kam eines Nachmittags ein mir wenig bekannter Schulfreund des

Vaters in die Küche (er hatte einen halben Arm im Krieg 1914/18 verloren und der Stumpf bewegte sich beim Gehen hin und her), begleitet von der »Gote«, die zu ihm sagte: »Da sitzt er wieder und liest und liest und hört und sieht nichts.« »Genau wie der Kall, wie sein Vatter« antwortete er und es schien ein bißchen Verständnis und Anerkennung mitzuschwingen.

3.7. Ein zentrales Ereignis: Pinocchio oder die Geschichte vom Hölzernen Bengele

In diesen Tagen (Ende Oktober 1986) spielte mir der Zufall ein Buch in die Hände, das mir vor rund 40 Jahren Herz und Verstand verdreht hat: Pinocchio oder wie wir damals lasen: »Die Geschichten vom Hölzernen Bengele«. Im Jahre 1986 erschien die 100. Auflage. Zuerst zum Zufall: Als Vorsitzender des Freundeskreises der Kammerspiele sollte ich dabei sein, Kinderzeichnungen auszuwählen, die sich mit der Geschichte Pinocchios befassen. Der Dramaturg schickte zur Vorbereitung das Buch, das ich seit meiner Kindheit nicht mehr in der Hand gehabt hatte. Eine warmselige, glückhafte, sehr unbestimmte, allgemein-gute Erinnerung an das Schicksal des kleinen Hampelmannes einerseits und die Erinnerung an nur eine Geschichte, ein Erlebnis aus der Vielzahl der Begebenheiten andererseits waren übriggeblieben: »Pinocchio schläft mit den Füßen über dem Kohlenbecken ein und wacht am nächsten Morgen mit ganz verbrannten Füßen wieder auf.« Beim »Wiederlesen« spüre ich, was mich damals so bewegt haben muß:

Mitleid, grenzenloses Mitleid, kameradschaftlich-jungenhaftes Verständnis für die Armut und den Hunger im Hause Gepettos, Unverständnis für seine nicht enden-wollenden Kapriolen, seine Undankbarkeit und vor allem seine Dummheit, die Einbeziehung der Tiere, wie der Grille, des Fuchses und des Katers, des Esels usw., die uns ja vertraut waren, die Steigerung der Begebenheiten bis zur Ausweglosigkeit im Haifischbauch und das Wiedersehen mit dem Vater, schließlich die Wandlung Pinocchios in einen selbstlosen, fleißigen und dankbaren »richtigen« Sohn, ganz so, wie wir schon zu sein glaubten.

Das Buch müßte eines jeden Schriftstellers Traum sein. Die Idee – einfach und genial – ist so einfach wie genial ausgeführt. Sie wird in der rührendsten Nähe zur Vorstellungswelt der Kinder mit den Erfahrungen, Einsichten und Lehren des Menschen- und Lebenskenners verbunden. Lichtenbergs Erkenntnis scheint hier genau zu passen:

»Es ist sonderbar, daß nur außerordentliche Menschen die Entdeckungen machen, die hernach so leicht und simpel scheinen. Dieses setzt voraus, daß die simpelsten aber wahren Verhältnisse der Dinge zu bemerken, sehr tiefe Kenntnisse nötig sind.«

Wie über Pinocchio könnte ich auch über Robinson Crusoe schreiben, will dies aber unterdrücken und mich lediglich fragen, ob auch dieses grandiose Buch sich als ebenso zeitlos erweisen wird wie Pinocchio? Es könnte doch sein, daß unsere Kinder der Zukunft Robinson und Freitag für eine science fiction der Vergangenheit halten und überhaupt keine Beziehung dazu mehr herzustellen vermögen. Der Empiriker wird die Frage später leicht an Hand der Auflage (beispielsweise im Jahre 2010) und der Reaktion seiner Enkelkinder zu beantworten vermögen, aber bis dahin ist ja noch viel Zeit.

3.8. Ursachen meiner schulischen Erfolge

In der Schule hatte ich Erfolg, weil ich tat, was gefordert wurde, nicht selten auch erheblich mehr. Unbewußt bestand ich auch in den vielen formgebenden Jahren danach den simpelsten Test, der untrüglich anzeigt, wie es mit der »virtu« eines Menschen beschaffen ist, ob aus ihm »etwas werden kann«.

Wenn man diesen Sachverhalt negativ formuliert, dann lautet die Erkenntnis: Es gibt zwei Typen von Menschen, aus denen nichts wird; der eine, der nicht tut, was man ihm sagt und der andere, der nur tut, was man ihm sagt. Menschen werden nur durch zusätzliche, unerwartete Leistungen positiv »auffällig« und nur wer positiv auffällig wird, hat im allgemeinen die Chance, das Auge des Chefs zu erreichen. Man könnte, was gemeint ist, eine Art Selbst-Stigmatisierung durch Leistung um einer Sache willen nennen, was nicht auf den Streber und nicht auf den Karrieristen zutrifft.

Jedenfalls war ich überaus fleißig, manchmal verbissen, gleichzeitig dickköpfig und bemüht, nicht negativ aufzufallen. In der Volksschule gehörte nicht viel dazu, als intelligent zu gelten und herauszuragen. Die Hausaufgaben wurden erledigt, und zwar gewissenhaft und sehr sauber und ordentlich und gänzlich ohne elterliche oder lehrerhafte Ermahnungen.

Schulausflug, Frühjahr 1944, W. N. o. R., 6. v. li. (mit Pudelmütze)

3.9. Durchfallen bei der Aufnahmeprüfung zum Gymnasium im Jahre 1944 – Schicksalhaft? Wir gingen alle, ausnahmslos alle, ungern in die Schule

Mit zehn Jahren wurde ich für's Gymnasium vorgeschlagen, bestand aber die Aufnahmeprüfung im Gegensatz zu weniger gut beurteilten Klassenkameraden nicht. Das war sehr verwunderlich! Die Mutter, die mich am letzten Tag der Prüfung abholte, war tief enttäuscht und unser Klassenlehrer schüttelte nur ungläubig mit dem Kopf.

Wie schicksalhaft war mein Versagen? Einerseits schämte ich mich, verstand mich auch selber nicht, und dachte mit anderen, die mir wohlwollten, man habe mich wegen meines minderen sozialen Status nicht in der bürgerlichen Schule haben wollen. Andererseits blieb mir eine Auspflanzung in ein gänzlich anderes Schulmilieu erspart, für das ich möglicherweise nicht stark genug war.

Bei zu erwartenden schulischen Schwierigkeiten hätte ich zu Hause keinerlei Unterstützung oder Rückhalt gehabt und wäre vielleicht deshalb früher oder später gescheitert: Wenn »früher«, dann hätte ich in die Volksschule zurückgemußt (was immer wieder vorkam und mehr als blamabel war); wenn »später«, dann hätte dies das Verlassen des Gymnasiums ohne Abitur, bestenfalls mit mittlerer Reife bedeutet. Mir sind nur wenige Fälle aus unseren Schulen bekannt, die das Abitur schafften.

Jedenfalls blieb ich bis zum Volksschulabschluß weitere vier Jahre in dem mir vertrauten System, das Entwicklungsmöglichkeiten ohne Überforderungsgefahr und vor allem eine Menge Selbstbestätigung bot. Mühelos schaffte ich das verlangte Pensum und war Jahrgangsbester. Wir lernten keine Fremdsprachen und gingen alle, ausnahmslos alle, ungern in die Schule. Im letzten Jahr 1947/48 kamen Gerüchte auf, das neunte Schuljahr solle, auch noch für uns gültig, eingeführt werden. Wir waren entsetzt und meinten, das wäre das Schlimmste, was uns passieren könnte. Wir wollten raus, wollten, daß diese Schule ein Ende nähme. Als wir dann mit den Zeugnissen in den Händen im März 1948 auf dem Schulhof standen, kamen wir uns doch verloren und ein bißchen nutzlos-einsam vor. Mit der gänzlich ungewohnten Freiheit, mit der soeben erreichten schulischen Bindungslosigkeit mußten wir uns erst vertraut machen. Das Gefühl war noch sehr fremd. Der Zustand dauerte für keinen von uns lange; Zwillingsbruder Hermann und alle anderen Schulkameraden kamen mit ihren 14 Jahren in die Lehre; ich hatte die Aufnahmeprüfung für die Handelsschule bestanden und besuchte sie dann auch zwei Jahre lang.

4. Familienleben, Vorfahren und die Bedeutung der Mutter

4.1. Eltern und Großeltern

Die Eltern heirateten 1931 und bis 1946 wurden zwölf Kinder geboren, darunter zweimal Zwillinge. Der Vater hatte die Mutter in Siegen kennengelernt, wo sie beim Katasterdirektor »in Stellung« war. Ihr Vater, also mein Großvater, war Oberschaffner bei der Reichsbahn gewesen und schon 1920 an Kehlkopfkrebs gestorben. Auf einer Photographie, die verlorenging, sieht er in Uniform sehr preußisch, mit Schnurrbart sehr ernst aus. Die Großmutter lebte bis 1943, hat uns auch einmal auf dem Schloß besucht und sich bei der Anreise, von der wir nichts wußten, im Wald völlig und viele Stunden lang verirrt. Sie litt an einem offenen, sehr kranken Bein, das ungefähr ein Jahr vor ihrem Tode amputiert werden mußte. Die Großeltern mütterlicherseits hatten fünf Kinder, von denen sich, als es ans Erben des Hauses und Inventars in Eiserfeld ging, drei völlig zerstritten. Die beiden Brüder wegen eines Küchenherdes. Bis der älteste Bruder gut anderthalb Jahre vor meiner Mutter, weit über 80 Jahre alt, starb, hatte er sich jahrzehntelang beharrlich geweigert, mit meiner Mutter und der übrigen noch lebenden Schwester zu sprechen. Der Haß und eine grenzenlose Unvernunft müssen Urtiefen gehabt haben, an denen meine Mutter, gerade in ihren letzten Jahren, sehr gelitten hat. Nicht zuletzt von daher weiß ich, daß ich für Erbauseinandersetzungen völlig ungeeignet wäre.

Mit den Großeltern väterlicherseits habe ich als Kind schon mal tageweise zusammengelebt und hin und wieder im Bett mit meiner Großmutter in einer kleinen zweibettigen Ehekammer, in der nur noch ein mittelgroßer Kleiderschrank stand, geschlafen. Sie war eine ganz ernste, abgearbeitete, sehr ruhige, immer ganz in Schwarz gekleidete, ganz alt wirkende Frau. Ich sehe sie heute nur noch bei einer einzigen Verrichtung vor mir, beim Buttern: Sie saß auf einem Stuhl in der Küche in einem knöchellangen Rock, das längliche Butterfaß zwischen den Beinen und stampfte, den Stiel immer rauf- und runterbewegend, bis die Butter fertig war.

Der Großvater war ein paar Jahre jünger, ein dünner, etwas gebeugt gehender, im allgemeinen ruhiger, aber gelegentlich sehr explosiv jähzorniger Mann. Er war Maurer von Beruf, aber wohl genauso oft und so viel als Waldarbeiter tätig gewesen. Oft saß er in der Wohnstube, las im Tagesblättchen, schlief oder sinnierte vor sich hin. Er »priemte« viel und überraschte meistens durch die Zielgenauigkeit seiner breiten Priemspritze in einen neben dem Kachelofen stehenden größeren Spucknapf.

Während der letzten Sommerferien, im Krieg 1944, habe ich mit ihm das Buchenbrennholz an der Bandsäge des Dorfschreiners in ofengerecht lange Stücke geschnitten. Ich hatte das geschnittene Holz von der Säge abzunehmen und auf den danebenstehenden Kuh-Leiterwagen zu werfen, mit dem wir es dann nach Hause fuhren. Das bedeutete tagelange Arbeit, bei der ich mit meinen nicht mal 11 Jahren viel Ausdauer und Geschicklichkeit zeigen mußte.

Einmal aber paßte ich nicht auf und schrammte beim Abnehmen des Holzes mit dem linken Mittelfinger an der Bandsäge vorbei. Ein Stück Haut und ein Stück Fingerkuppe mit einem Stück Nagel waren weg. Man sieht die Beschädigung heute noch sehr deutlich. Natürlich floß viel Blut. Der Großvater war aufs höchste erschrocken und besorgt. Wir eilten nach Hause und dort griff er sich ein Näpfchen mit einer wahrscheinlich selbstgemachten bräunlich-gelben Paste und einen Holzspachtel und bestrich die etwa 1 qcm große Wunde dick damit. Was es war, wußte nur er; aber es half. Ich war bald wieder arbeitsfähig und habe mich in diesem Sommer noch viele Stunden lang mit dem herrlich leicht zu spaltenden Buchenholz beschäftigt und es auch in den Holzschuppen getragen und gestapelt.

Bis vor wenigen Monaten (Herbst 1986) habe ich über meine väterlichen Vorfahren, weiter zurückreichend, nichts gewußt. Der Großvater hatte Brüder. Einen davon, Karl, (er starb 1944 im großväterlichen Haus an Darmkrebs mit all den schrecklichen Auswirkungen auf die pflegende Familie) kannten wir Kinder, weil er uns während des Krieges einmal besucht hatte. Er war Schneidermeister in Köln, immer ganz in feierliches Schwarz gekleidet, er hatte eine riesige Glatze und einen richtigen Spitzbauch. Der andere Bruder lebte mit seiner Familie in größter Einsamkeit im Winterbach als Landwirt und Waldarbeiter, etwa 3 km von W. entfernt. Von allen mir in Erinnerung gebliebenen Arbeitsmenschen machte er den am meisten zerarbeiteten, richtig kaputten, knorrigsten und verschlossensten Eindruck.

Als ich im September 1985 den Friedhof aufsuchte, war der Grabstein des Onkel Karl als letzter in seiner Reihe noch stehengeblieben. Die Reihen dahinter und damit auch das Grab der Großmutter waren schon eingeebnet. Ich stand vor dem Grab des Großvaters, eine Reihe davor, fast auf den Tag genau 40 Jahre nach seinem Tode (29. September 1945). Ein Jahr später gab es dieses Grab auch schon nicht mehr.

4.2. Nachforschungen über den Großvater Wilhelm hinaus – der Ururgroßvater Georg Wilhelm Nelling war Leineweber, Köhler, Taglöhner

Vielleicht hat mich die Ansicht dieser Vergänglichkeit auch bewogen, ein paar Nachforschungen über den Großvater Wilhelm hinaus anzustellen. Das geht jetzt ziemlich kompliziert zu. Als mir einige kopierte Eintragungen aus den Kirchenbüchern übersandt worden waren, ließ sich herausfinden, daß sein Vater 1840 geboren und ebenfalls von Beruf Maurer war. Während meines Besuches am 7. November 1986 im Evangelischen Gemeindehaus in Berleburg gelang es weiter, dessen Vater herauszufinden: Es war der im Jahre 1807 geborene Georg Wilhelm Nelling. Im Trauregister des Jahres 1833, als er ziemlich genau 26

Jahre alt war und heiratete, steht der Name der Mutter »Katharina Eckhard in Kaspershaus zu Girkhausen« und »bisher unehelich«. Der Name seines Vaters taucht erst auf der Sterbebeurkundung im Jahre 1875 auf: »Unehel. Sohn des Jost Wilhelm Noelling aus Am Gersbach in der Grafschaft Wittgenstein und der unverehelichten Catharina Elisab. Eckhardt in Caspars zu Girkhausen«.

Abgesehen von den Änderungen der Schreibweise fällt auf, daß der Vater die Mutter nicht geheiratet hat und der Sohn nach Wemlighausen eingeheiratet haben muß. Seine Frau Anna Elisabeth kam vom Vater her aus Wemlighausen aus dem »Leineweberhaus«. Als 1840 der wahrscheinlich erste Sohn geboren wurde (wieder ein Wilhelm), wird der Beruf des »unehelichen« Vaters als »Leineweber« angegeben; als dessen Sohn schließlich 1867 heiratete, verzeichnet die Gemeinde als Beruf des inzwischen 60jährigen unehelichen Großvaters »Taglöhner« mit einem Zusatz, der halbwegs zu entziffern, aber nicht zu verstehen ist.

Man müßte jemanden fragen können, um herauszufinden, wie das Adjektiv gemeint war. Derselbe Wilhelm Nölling wird 1859, also nach 26 Jahren Witwer und sein Beruf als »Besitzer zu Wemlighausen, Köhler« angegeben. Leineweber, Köhler, Taglöhner waren also die in drei aufeinanderfolgenden kirchlichen Dokumenten angegebenen Berufe des 1807 in Girkhausen geborenen Urgroßvaters. Wann er starb, bleibt noch zu ermitteln.

4.3. Die aufregende Suche nach dem Ururur-Großvater aus »Am Gersbach«: Daniel Nölling, von Beruf Köhler, geboren 1769

Aber was war mit dem Vater von Jost Wilhelm aus »Am Gersbach«? Die hilfsbereite Kraft im Gemeindehaus in Berleburg konnte nicht helfen, nicht sagen, ob es den Ort überhaupt und ggf. wo gab. Nachfragen bei Vetter und Cousine in Wemlighausen brachten nichts, bis Vetter Günter Nöllings Frau Gisela sich erinnerte: Gersbach? Das sind nur ein paar Häuser in der Nähe von Arfeld. Erst im Laufe des Nachmittags verstärkte sich mein Wunsch, mal nachzusehen und so machten wir uns zu zweit, Günter und ich, auf die Suche. Wir fuhren nach Arfeld, überquerten die Eder und gelangten auf einer sehr schmalen Straße in ein Nebental. Es ging eine Zeitlang nach oben, bis wir an einen großen bäuerlichen Hofkomplex kamen und erfuhren, daß Gersbach noch weiter oben liege. Wir waren froh, auf dem richtigen Wege zu sein und erreichten auf einer waldumstandenen schmalen, schönen Teerstraße ein Bauernhaus zur rechten Hand. Ich hielt und fragte einen jungen Mann nach den Namen der hier Wohnenden. Er nannte fremde Namen, natürlich. Schließlich kam seine Mutter dazu, lud uns ins Haus (in dem sie früher auch Feriengäste hatte) und erfuhr von unserem Wunsch. Sie erwähnte ein Buch, aus dem Auskunft zu gewinnen sein könnte und brachte es auf meine Bitte herbei.

Es heißt: »Das mittlere Edertal – ein Heimatbuch für Dotzlar, Arfeld, Richstein« und wurde 1982 veröffentlicht. Das Buch enthält außerordentlich viele geschichtliche Einzelheiten, vor allem eine besonders wichtige »Familienchronik Arfeld«.

Nun wurde es wirklich spannend; wir suchten gemeinsam nach »Gersbach«, fanden es bald und ich hatte den Schlüssel für die Einordnung des erst am Vormittag bekanntgewordenen Urahn: Die Chronik zeigt unter »Im Gersbach, Hs. Nr. 2«, daß 1769 ein Daniel Nölling, Köhler, geboren wurde. Dessen ältester Sohn, ebenfalls ein Daniel, war um 1788 geboren. Also mußte Jost Wilhelm ein Sohn bzw. Bruder und nach 1788 geboren sein, was bis 1807 ein Mindest- oder sagen wir besser Höchstalter für die Vaterschaft in Girkhausen von um die 17 Jahre ergibt.

4.4. Die Urzelle

Ich war schon etwas wehmütig und erwartungsfroh in das Tal gefahren und nach diesen Informationen recht bewegt. Wir traten aus dem Haus heraus und sahen links oben, 100 m weiter vor uns das große Haus, in dem die Urzelle angelegt gewesen sein mußte. Dieses Haus liegt erhöht mit der Längsseite nach Südwesten und man hat einen ungehinderten phantastisch weiten Blick in das Edertal. Einen sehr alten Mann, Statur wie mein Großvater, sahen wir um das Haus herum beschäftigt; wir unterhielten uns mit ihm, nicht wissend, daß er aus der Linie des ältesten Daniel-Sohnes übriggeblieben war. Den Namen »Nölling« gibt es seit etwa 100 Jahren auf diesem Hof nicht mehr. Ich wollte ihm eine rumliegende, alte Eichenschubkarre abkaufen; aber es wurde auch nach einem Besuch am nächsten Morgen nichts, als ich auch erfuhr, daß die Familie Hoffmann vom Frühjahr bis zum Herbst Feriengäste aufnahm. Hinter diesem Anwesen geht das Tal wie in einem halbrunden, sehr weiten Krater zu Ende. Dahinter müssen die Wälder liegen, die schon die Grundlage für das Köhlern des Ururururgroßvaters waren.

In Jung-Stilling's »Lebensgeschichte«, deren erster Band unter der Protektion Goethes 1777 erschien (Henrich Stillings Jugend. Eine wahrhafte Geschichte), wird vom Großvater des Autors berichtet, daß er als Köhler die Woche über bei seinem Meiler blieb. Im übrigen betrieb die Familie Landwirtschaft in Grund bei Hilchenbach, wo der Autor der Lebensgeschichte geboren wurde und eine Zeitlang lebte. Der Ort dürfte in der Luftlinie etwa 40 km von Gersbach entfernt sein. Vielleicht lagen die Meiler unserer beiden Vorfahren gar nicht so weit auseinander.

4.5. Es bleiben noch wesentliche Fragen – eine Arbeit con amore für die Nachfahren – im August 1989 werden eher zufällig weitere Spuren gefunden – der Marquis de Marsay in Gersbach

Es bleiben noch wesentliche Fragen, denen ich nur bei Gelegenheit nachgehen werde:

(1) Was geschah mit Jost Wilhelm und Katharina Elisabeth Eckhardt?

(2) Finden sich vor Daniel dem Älteren noch Spuren von Vorfahren?

Es war nicht ganz einfach, das Dutzend Zettelauszüge mit den alten Handschriften und Schreibweisen einzuordnen. Das so zusammengebaute kleine Puzzle mit der Vor-Ort-Besichtigung hat aber auch Spaß gemacht und einige ganz wichtige Erkenntnisse gebracht, aber auch noch ein bißchen Neugierde, wie bei einem Kriminalstück, übriggelassen. Ich werde aber sehr wahrscheinlich nicht viel weiter forschen. Mich stört aus jetziger Sicht, daß nicht mehr viel erforschbare Eckdaten übriggeblieben sein können und die jetzt sich stellenden Fragen nach interessanten Einzelheiten der Leben dieser Vorfahren mit an Sicherheit grenzender Wahrscheinlichkeit nicht beantwortet werden können. Mir genügt auch das jetzt Bekannte; mit Ausnahme der zwei Hauptfragen und einiger kleinerer Nebenfragen werde ich mich zufriedengeben. Mögen Nachfahren con amore weiterforschen. Eine Kleinigkeit mehr am Rande kam zu meiner Kenntnis: Als Hermann und ich am 10. Dezember 1933 getauft wurden, gab der Vater als Beruf »Anstreicher« an; anderthalb Jahre später, nach der Geburt von Siegfried aber »Waldarbeiter«.

Wir entschieden uns schon zu Beginn des Jahres 1989, den Sommer auf unserem Hof zu verbringen, allenfalls einen kurzen Urlaub vorzusehen. Um etwas Abstand zu gewinnen und Teile Deutschlands zu sehen, die wir noch nicht kannten, reisten Maria und ich am 25. Juli über den Harz (Bad Lauterberg, zur Erinnerung an den Sommer 1957) und Duderstadt nach Frankfurt.

Nach der ZBR-Sitzung am 27. Juli besuchten wir meinen ehemaligen Vize Jennemann und machten dann eine herrliche Reise durch den Spessart (Mespelbrunn), die Rhön (Wasserkuppe, Tann, Fulda), um dann über Biedenkopf (wir fuhren einen Teil der Strecke, die ich 1952 mit dem Rad an einem Tag von Darmstadt nach Berleburg zurückgelegt hatte) um ins Edertal zu gelangen. Wir wollten ausdrücklich nicht zu den Verwandten nach Wemlighausen, dachten stattdessen an einen Kurzaufenthalt im Gersbach, wo ich versuchen wollte, in der schon bekannten Urzelle ein paar Tage zu verbringen.

Wir hörten, daß die Familie Hoffmann keine Sommergäste mehr aufnahm. Der jetzt 91jährige, immer noch überaus rüstige, Großvater war leider für einige Zeit verreist. Der jüngste Sproß der Linie, die ich bis 1769 zurückverfolgt hatte, bemühte sich dann um ein Ersatzquartier. Wir fanden es »Auf dem Heller« weit oberhalb von Schwarzenau. Zu unserer größten Verwunderung lag das kleine bäuerliche Anwesen der Frau Belz etwa auf gleicher Höhe wie der Gersbach schräg gegenüber auf der anderen Seite der Eder. Wir konnten von unserem Platz im Speiseraum sehr genau die weit entfernten Häuser im Gersbach sehen; natürlich auch von allen Stellen außerhalb des Hauses und Anwesens.

Wir entschieden uns schnell, drei Tage zu bleiben und erzählten auch bald, welche Bewandtnis es mit unserem Besuch im Gersbach gehabt habe, woraufhin die bodenstämmige, schon lange geschiedene Wirtsfrau ein Buch heranbrachte: Der Perner von Arfeld, herausgegeben vom Sohn eines Pastors in Arfeld, der nun ebenfalls Pastor war und in Dortmund seinen Dienst tut (Jost Klammer). Perner ist die mundartliche Bezeichnung für Pastor.

Die Arfelder Urkunden reichen bis zum Jahre 800 zurück. Wir wollten die kleine Kirche besichtigen, was aber – wie üblich – nicht möglich war. Wir gingen dann ins Pfarrhaus, trafen dort die Pfarrersfrau an, die sich nach einigem Zögern bereit erklärte, uns die Kirche zu zeigen. Sie ist sehr schön, leider verhunzt durch eine nicht hineinpassende neue Orgel. Um die Kirche herum liegt der nicht mehr benutzte Friedhof, jetzt nur noch als Rasen zu sehen. Mir kam schon der Gedanke, wie viele meiner Vorfahren hier wohl beerdigt worden waren.

Im Kapitel VIII, des sehr, sehr schönen Buches wird eine Auswahl der Lebenserinnerungen des »Charles Hector Marquis St. George de Marsay und seiner Gattin« gebracht. Dieser Marquis war 1688 in Paris geboren, hatte seinen Stammsitz auf der Burg Marsay in der Gegend um La Rochelle, und war um 1711 mit »zwei Kameraden« über Brüssel nach Schwarzenau gekommen, »wo Gott mir meinen Aufenthalt bereitet hatte.« Sie begannen eine »Gemeinschaft als Eremiten«. Während ihrer Arbeiten hätten sie nicht gesprochen. Er habe »beständig wider seine Eßbegierde und Faulheit zu streiten« gehabt. Die Beschreibung seiner Begegnungen mit Zinzendorf, dessen Lehre und seiner Kritik daran, ist sehr informativ und war für mich etwas völlig Neues. Auch und besonders die Beschreibung der Lebensumstände ist von größtem Interesse, vor allem aber, was sie sich als Pietisten (Marsay wird als Mysthiker bezeichnet), als religiöse Menschen vornahmen. Berleburg war damals ein Zentrum dieses Teils der evangelischen Christenheit (wie genau sie, d.h. die Separatisten in diesen Rahmen einzustufen sind, kann ich jetzt nicht untersuchen).

Schließlich heiratete Marsay und er beschreibt den Anfang wie folgt:

»Als ich eines Tages in großer Ruhe mit meinem Strickzeug unter einem Baum saß, da wurde mir innerlich gezeigt: wenn es wahr sei, daß ich ohne Ausnahme Gottes Eigentum sein wolle, so wollt er, daß ich ihm hievon die erste Probe gäbe, welche sei, ich sollte das Fräulein C.E. von Callenberg heiraten, welche bei der Frau Castellin logierte. Nun hatte ich keine Neigung zum Ehestand. Es gefiel aber Gott, mir zu gleicher Zeit zu erkennen zu geben, was seine Intention und Wille sei: Uns nach dem Geist zusammen zu gesellen, damit einer dem anderen hülfe. Es sei keine fleischliche Vereinigung, die er von uns fordere, sondern eine geistliche, die er selbst bestätigen würde... Des folgenden Tages ging ich zu dem Fräulein von Callenberg und sagte ihr, was mir gezeigt worden. Es befand sich, daß Gott ihr eine gleichmäßige Gewißheit von seinem Willen in dieser Sache gegeben. Also verrichtete Pfarrer Baratier, mein gewesener Kamerad, nach etlichen Wochen die Zeremonie und copulierte uns im gräflichen Saal.«

Die beiden Eheleute brauchten nun eine Wohnung. Unter der Überschrift »Gersbach« beschreibt der Marquis in äußerst anschaulicher Weise, wie es damals in der Heimat meiner Vorfahren zuging:

»Der Herr Cordier kam und bot uns ein kleines Haus an, welches er eine halbe Stunde von Schwarzenau hatte bauen lassen in einem Forst am Abhang eines Berges an der Seite eines kleinen Tals, Gersbach genannt. Er war entschlossen, mit seiner Frau eine Reise nach Jerusalem zu tun. Wir kauften ihm dann sein Häuschen ab für 12 Reichstaler und gingen am neuen Jahr 1713 dahin zu wohnen, nachdem wir alle unsere Geräte auf einem Schubkarren dahin gebracht.

Diese kleine Hütte war ungefähr 8 Schuh breit. Dieses war die Größe der Kammer daselbst. Der Boden war nicht mit Brettern belegt. Da war die bloße Erde. Kein Fenster als nur ein klein Stück Glas, das in die Wand gesetzt war. Ein Ofen von Steinen, in welchem 3 Stunden lang ein großes Feuer wie in einem Backofen sein mußte, ehe das Zimmer recht warm wurde. Die Mauer war von Lehm aufgeführt und nicht getüncht. Es kam uns vor, als wären wir im Paradies, solch Vergnügen und inneren Frieden gefiel es Gott, uns zu geben. Wir wurden den ganzen Tag zu der Gegenwart Gottes gezogen. Dieser Zug war so stark, daß wir nicht mehr arbeiten konnten als was zu unserer Haushaltung nötig war. Wir waren ganz einsam da. Es war kein Haus zwischen unserer Hütte und Schwarzenau. Nur eine kleine Hütte lag ? Stund von uns ab, wo eine alte Pfarrerswitwe mit ihrer Tochter wohnte, die auch einsam lebten, namens Gruber. Es waren gute fromme Leute, die gleich wie wir ein armes verleugnendes Leben ergriffen ...«

Irgendwann zogen sie im Gersbach um zur Pastorenwitwe Gruber. Marsay gibt wieder, wie sie zusammenlebten, arbeiteten und sich ernährten:

»Wir lebten in Gemeinschaft. Weil sie in dem armen Leben mehr Erfahrung hatte, alle Dinge wohl zu benutzen wußte und mit geringen Kosten leben konnte, so lernten wir, bei ihr Haus zu halten.

Wir lebten sehr armselig beisammen. Sie hatte einen großen Garten und war sehr arbeitsam und hatte 2 Zie-

gen dabei. Sie machte, daß ich die Arbeit wieder anfing, welches mir sehr heilsam aber auch eine harte Züchtigung war. Ich war innerlich stark gezogen und gewohnt an die Süßigkeiten des Gebets... Daher kam es mich schwer an, meine Zeit in der Gartenarbeit zuzubringen, zu kochen, allen Mist in den Garten zu tragen – welches sehr mühsam war, indem der Garten oben am Häuschen am Abhang des Berges gelegen war -, Gras und Laub für die Ziegen zu holen und unser Holz zu hauen – denn das war eine Arbeit, welche ich gleichwohl abwarten mußte. Oft wollte ich es aufgeben, um wieder in meine Hütte zu kehren und allein mit meiner Frau zu leben. Wir wurden aber zu viel gehalten und es ward uns gezeigt, diese ehrliche Witwe sei uns gegeben, unseren eigenen Willen zu brechen und uns zu üben. Sie tat es auch meisterlich. Das war uns sehr heilsam und eine gute Übung der Verleugnung. Sie war stark von Gliedern und arbeitete von morgens bis abends und wollte haben, wir sollten auch also tun. Dieses war in Sonderheit meiner Frau, die sehr schwach war, eine starke Übung. Sie ging morgens im Tau, Gras für die Ziegen zu holen.

Wir lebten sehr armselig von Hülsenfrüchten, Ziegenmilch und sehr grobem Brot... Unsere köstlichen Traktamente, die wir hatten, waren Küchlein aus schwarzem Kornmehl mit Wasser und zerstoßenen gelben Rüben mit eben solchem Teig angemacht, in einem Eisen gebacken. Das war für uns eine Delicatesse.

Was das Fleisch anbelangt: das war uns fremd; wir kauften in verschiedenen Jahren keins. Waldkräuter waren im Frühling zwei Monate lang unsere Nahrung und hernach, was wir aus unserem Garten haben konnten. Zur Zeit, wenn die Erdbeeren hervorkamen, deren es auf diesem Berge, wo wir wohnten, eine Menge gab, sammelten wir sie alle Tage. Die waren mit Brot und Milch zwei Monate lang unsere tägliche Kost. Hieran hatte meine Frau, welche dem Mutterweh sehr unterworfen war, eine scharfe Übung. Anfänglich meinte sie, sie müßte sterben, weil dieses ihrem kränklichen Zustand ganz zuwider war. Aber sie hatte keine Freiheit, etwas anderes zu essen. Anstatt des Tees tranken wir W. Kräuter, die im Walde wuchsen. Als ich eines Tages einen Kessel mit 3 Maß Wasser gekocht hatte, schüttete ich viel siedend Wasser auf mein Bein und den Fuß. Deswegen mußte ich etliche Wochen das Bett hüten und große Schmerzen leiden. Ich war jedoch mit diesem Zustand wohl zufrieden, denn ich konnte die Zeit über von der Arbeit ruhen und brachte sie im Stillschweigen und Eingekehrtheit... anmutig zu.«

Wir hätten es nicht für möglich gehalten, daß unser Besuch ein solch schönes Ergebnis hätte haben können. Als der Pfarrer mir am 5. August ein Exemplar schickte, wies er mich auf meine Vorfahren hin. Auf S. 115 wurden sie erwähnt: im Rahmen der Rückkehr der Separatisten in die Kirchgemeinde Arfeld sei es um eine Grenzziehung zwischen den Gemeinden Eisoff und Arfeld gegangen. Darüber gibt es ein Dekret vom 26. Januar 1758. Nach diesem Dekret gehörten von den 24 Namen bzw. Häusern »die beiden Nöllings im Gersbach« zu Arfeld.

Das Buch »Der Perner« beschreibt ganz gut dokumentiert die Separatistenbewegung in Berleburg und Umgebung, vor allem ihren weltlichen Beschützer und obersten Gläubigen, nämlich den Fürsten Casimier zu Sayn-Wittgenstein, in dessen Zeit auch die Berleburger Bibel erarbeitet wurde

Ich habe jetzt nicht die Zeit weiterzulesen und zu graben, obwohl das Buch sehr lohnen würde. Es hat den Anschein, als ob, je mehr Mühe man sich gibt, je mehr zu Tage gefördert werden kann. So erhielt ich in diesen Abschlußtagen (September 1989) zu meiner größten Freude ein außerordentlich schönes Photo des Kaspers Hauses in Girkhausen (vom Organisten der Michaeliskirche Gerhard Dickel, der von dort stammt) wo, wie schon vor drei Jahren herausgefunden, die vierfache Urgroßmutter geboren wurde.

4.6. Armut und Unfrieden in der elterlichen Ehe von Anfang an – der Vater war vorher einige Jahre in Hamburg gewesen

In der elterlichen Ehe muß von Anfang an nur Armut und viel Unfrieden geherrscht haben. Nach der Hochzeit wohnten sie zunächst im Haus der Großeltern, wo es leicht zu Unzuträglichkeiten und Streit mit den meiner Mutter kaum bekannten Schwiegereltern und Geschwistern ihres Mannes kam. Danach wohnten sie in der kleinen Zwei-Zimmer-Wohnung, in der ich geboren wurde. Etwas Anfangskapital hatte die Mutter für den Kauf des Schlafzimmers verwendet.

Der Vater war im Weltkrieg zum Anstreicher ausgebildet worden und noch kurze Zeit im Jahre 1918 auch Soldat gewesen. Bis zu seiner Verheiratung – er war immerhin schon fast 32 Jahre alt, meine Mutter dagegen erst 23 – hatte er immer Arbeit gehabt, aber von erwähnenswerten Ersparnissen sei keine Spur zu

Vater; Personalausweis-Photo 1956

sehen gewesen, sagte die Mutter. Der Vater scheint sowohl fleißig gearbeitet als auch fröhlichen, unbeschwerten Herzens alles verbraucht oder auf den Kopf geschlagen zu haben. Drei Jahre hatte er in den zwanziger Jahren in Hamburg verbracht, worüber er aber kaum sprach und wonach ich ihn seltsamerweise auch kaum gefragt habe.

4.7. An den langen Winterabenden erzählte nur die Mutter – meine konstitutionelle Schwäche, abends die Augen aufhalten zu können

Wir Kinder erfuhren so gut wie nichts von ihm über ihn an den Hunderten von langen Winterabenden, an denen wir nach dem Abendessen noch eine Weile um den Tisch versammelt blieben und erzählten, vor allem der Mutter zuhörten, auch sehr häufig Lieder sangen.

Ich war von allen Geschwistern der schlechteste Zuhörer, weil ich gänzlich außerstande war, in der warmen Stube nach dem Abendessen die Augen länger als 5 – 10 Minuten aufzuhalten. Regelmäßig hieß es dann von der Mutter, die am ehesten sah, wie ich mit dem Schlaf kämpfte: »Hol' mal einer ein paar Streichhölzer, dem Willi fallen schon wieder die Augen zu.« Diese konstitutionelle Schwäche hat sich zwar etwas gegeben, aber ich leide bis heute daran, besonders im Theater und in Konzerten. Wieviel mehr hätte ich davon, wenn diese statt abends um 8.00 Uhr morgens um 8.00 Uhr begännen. Die Qual, die die meisten Menschen morgens beim Aufstehenmüssen erleiden, spüre ich, wenn ich nicht irgendeine aktive Rolle zu spielen habe, abends beim Wachbleibenmüssen.

4.8. Die Mutter war »in Stellung« gewesen, bevor sie heiratete; sie hatte Dienen, Arbeiten, Dulden und Ertragen-können gelernt und war doch lebensbejahend, vital und menschenfreundlich geblieben – wie sie die Schwester Anneliese mit bloßen Händen aus einem Schnee-Eisberg grub

Obwohl die Eltern eine längere Verlobungszeit hinter sich hatten, konnte wohl nie von einem Band inniger Zuneigung gesprochen werden. Sie paßten nicht zusammen; der Altersunterschied war offensichtlich sehr groß. Während der Vater für damalige Verhältnisse in der Welt weit herumgekommen war, hatte die Mutter ihr Leben fast ausnahmslos zu Hause und in der Nachbarschaft verbracht.

Nach dem Tod ihres Vaters hatte sie als Zwölfjährige schon neben der Schule jeden Tag einige Stunden in einer Gastwirtschaft vor allem Kartoffeln geschält und jede andere Arbeit, vor allem Putzarbeit verrichtet, um die Familie mit durchzubringen. Sie war dann in verschiedenen »Stellungen« gewesen, hatte sich überall in »dienender« Funktion einfügen müssen.

Arbeiten war ihr zur zweiten Natur geworden wie auch Dulden und Ertragenkönnen. Es kam eine außerordentlich umsichtige Vitalität hinzu. Sie war eine große, stattliche Frau, die nach dem Kinderkriegen sehr viel Gewicht zugelegt hatte und ihren riesigen Haushalt ganz ohne technische Hilfen, wie z.B. eine Waschmaschine, mit einer heute kaum vorstellbaren Arbeitsleistung bewältigte.

Im Tauwetter des Monats Februar 1942 rutschte innerhalb von Sekunden eine große Schneelast vom Dach und begrub meine damals gut 1 Jahr alte Schwester Anneliese. Als ob Mutter es geahnt hätte, stürzte sie vor's Haus und stand vor einem etwa 9 Meter langen und dreiviertel Meter hohen Schnee-Eisberg.

An welcher Stelle hatte das Kind sich aufgehalten? Sie hat etwa 20 Minuten mit den Händen gegraben und Anneliese allein gefunden und gerettet. Als ich in der Dämmerung vom Rodeln zurückkehr-

Mutter; Personalausweis-Photo 1956

te, saß die Mutter schon wieder an der Nähmaschine, sie war unglaublich ernst, ruhig und gefaßt. Ihre Finger waren aufgerissen und blutig. Sie mahnte zur Ruhe, denn die kleine Schwester war zum Glück unversehrt und schlief in ihrem Bettchen. Zur Erklärung für ihre Mahnung erzählte sie uns die schreckliche Geschichte.

Mutterchens lebensbejahender, leicht naiver, menschenfreundlich-sorgender Charakterzug trug ihr viel Respekt und Zuneigung auch bei Außenstehenden ein. Sie hatte durch ihre Arbeit in »höhergestellten« Kreisen (z.B. bei einem »Kataster-Direktor«) viel an guten Umgangsformen gewonnen, gab diese so gut es ging an uns weiter und unterschied sich nicht zuletzt auch dadurch von den »Bauersfrauen« um uns herum.

4.9. Mein besonders herzlich-liebevolles Verhältnis zu meiner Mutter – ich half viel beim Hausputz, Abwasch, Kartoffelschälen, Melken, Aufräumen und im Garten – ihr Zitherspiel und ihre Abneigungen

Ich hatte ein besonders herzliches, vertrauliches, liebevolles Verhältnis zu ihr und spürte früh ihre besondere Leistungs- und Leidensfähigkeit, aber auch besonders ihre Zuneigung zu mir. Ich war zweifellos ihr Liebling, den sie den anderen – aus meiner Sicht eher unauffällig – vorzog und auf den sie in wahrscheinlich beglückender Weise stolz war und mit der Zeit immer stolzer wurde. Als Junge war ich um sie herum, halfhunderte Male beim Putzen, Abwaschen, Kartoffelschälen, Melken, Aufräumen und vor allem im Garten. Sie wusch und bügelte mir regelmäßig das Fußballtrikot, die Schuhriemen waren zu jedem Spiel immer frisch weiß gewaschen. Zum Geburtstag oder beim Besuch von Freunden buk sie Kuchen, räumte das Wohnzimmer auf und deckte uns den Tisch so festlich es ging, ließ uns allein und umsorgte uns rührend aufmerksam. Sie wußte um meine Leseleidenschaft, las aber selbst nur die Zeitung und war bis zu ihrem Ende unermüdlich im Lösen von Kreuzworträtseln.

Nur einmal, zu Weihnachten 1949, hat sie mir zwei Bücher geschenkt: Den Sprach-Brockhaus und Knaurs Lexikon. Ich habe vor allem aus dem letzteren überblickartig sehr viel gelernt und viel punktuelles Wissen gezogen und bewahre beide Bücher als ein besonders kostbares Andenken an meine Mutter. Ihre Bedeutung für mich läßt sich nicht überbetonen.

Die Mutter hatte besonders ausgeprägte Abneigungen, die damals sicher nicht untypisch waren. Hierzu gehörten ihre Abscheu vor zigarettenrauchenden Frauen und erst recht vor solchen mit lackierten Fingernägeln und gefärbten Haaren. Wenn ich mit ihr zum Einkaufen war und die schwere Tasche trug, bettelte ich immer um etwas Süßes. Ich erinnere, daß sie sog. »Teilchen« kaufte und partout nicht zuließ, daß ich mich unverzüglich schon mitten im Dorf darüber hermachte. Nein, das gehörte sich nicht und ich mußte mich »beherrschen«, bis wir außerhalb des Ortes waren und von niemandem mehr gesehen werden konnten.

Zu Mutterchens unvergeßlichen Besonderheiten im Kreis aller mir seither bekanntgewordenen Frauen gehört ihr »Zitherspiel«. Solange ich mich als Kind erinnern kann, spielte die Mutter sonntags und zu besonderen Anlässen auf ihrer Zither. Sie unterlegte ein Notenblatt, streifte den Daumen-Anschlagring über (ich weiß keinen besseren Ausdruck für das Ding) und spielte: seelenvoll, andächtig und mit großer Konzentration wozu sie meistens Lieder aus dem evangelischen Gesangbuch sang. (Irgendwann hat sie es aufgegeben – warum? Wo die Zither blieb? Ich weiß es nicht!)

Familienphoto, Mutter mit elf Kindern, 1943

Unser Vater was von 1939 bis 1945 fast vier Jahre Soldat. Die Mutter erhielt dafür (?) das »Goldene Mutterkreuz«! Im Jahr 1944 entstand das Bild: »Mutter mit elf Kindern« für »Vater im Krieg«.

5. »Armut und Dürftigkeit«

5.1. Die fast absolute, kalte, unbarmherzig andauernde, fast hoffnungslose Bargeldknappheit konnte nur durch unermüdliche Arbeit und äußerste Sparsamkeit (Anspruchslosigkeit) ertragen werden; das hellsichtige Wort von Cervantes trifft zu – heute auch das Gegenteil! – Zusatzrente ab 1974 als Ausgleich

Spannungen waren aber auch durch die große, heute unvorstellbare Notlage angelegt. Geld war immer knapp, aber nicht in dem Sinne, wie wir heute »knapp« verstehen, die wir alles Lebensnotwendige haben und doch nie genug kriegen können. Die Knappheit in den dreißiger bis mittfünfziger Jahren, die ich beurteilen kann, weil ich sie miterlebt habe, war fast absolut, kalt, unbarmherzig andauernd, vor allem hoffnungslos. Hell und unerbittlich leuchtete über uns wie über Millionen anderer der »kalte Stern der Knappheit«, von dem ich später bei den Volkswirten erfuhr. Die in Armut befangene Familie konnte ihr nicht entweichen, konnte sie nur durch unermüdliche Arbeit und äußerste Sparsamkeit ein bißchen erträglicher machen.

Der Vater hatte aber, als seine Familie wuchs, nicht immer Arbeit. Zeitweise schlug er sich mit Vermessungsarbeiten im Rahmen von Notstandsmaßnahmen durch und wechselte schließlich ganz in den Waldarbeiterberuf, hoffend, daß dort immer etwas zu tun sein würde. Dieser Beruf war über Jahrhunderte nicht nur einer der schwersten, sondern zugleich auch einer der am schlechtesten bezahlten in der ganzen Volkswirtschaft, nicht zuletzt auch wegen der vielen Ausfalltage im Winter. Um die Mitte der dreißiger Jahre betrug beispielsweise das Verhältnis der Einkommen der Bergarbeiter zum Waldarbeiter etwa l zu 3; später verschob es sich zur noch ungünstigeren Relation von l zu annähernd 4.

Im Dezember 1973 legte die Bundesregierung einen Gesetzentwurf vor, der eine »Zusatzversorgungskasse für Arbeitnehmer in der Land- und Forstwirtschaft« begründen sollte. Unter »A. Zielsetzung« hieß es: »Die Renten ehemaliger Land- und Forstarbeiter sind regelmäßig niedriger als die Renten anderer vergleichbarer Arbeitnehmer. Die Gründe hierfür liegen in den traditionellen Besonderheiten der Arbeits- und Lohngestaltung in diesem Bereich, als deren Folge der Lebensstandard der Arbeitnehmer im Alter und bei Erwerbsunfähigkeit empfindlich absinkt.«

Die Land- und Forstarbeiter verdienten ungefähr ein drittel weniger als ein aus den übrigen Wirtschaftsbereichen ermittelter Durchschnittslohn. Der Abstand betrug 1956/57 bei einem Stundenlohn 0,45 DM und 1971/72 schon 2,24 DM. Die Rentenreform von 1972, die u.a. eine Mindestrenten-Regelung vorsah, verbesserte die Lage der Land- und Forstarbeiter »nicht wesentlich«. Deshalb, so hieß es in der Begründung, »werden auch in Zukunft die Landarbeiterrenten zu den niedrigsten Renten gehören, die an langjährig Versicherte gezahlt werden.«

Ab 1.1.1974 wurde deshalb auf Antrag eine »Beihilfe zu den Renten« gewährt, für die der Bund einen Zuschuß von 24 Mio. (für 1974) bereitstellte. Dieses Gesetz wurde noch während meiner Zeit im Bundestag, aber gänzlich ohne mein Zutun, verabschiedet. Der Bundesminister für Ernährung, Landwirtschaft und Forsten hatte sich dieses Stücks Sozialpolitik (übrigens bei den Forstarbeitern nur für die privaten Forsten) angenommen. Meine Mutter erhielt dann, einmal jährlich, einen Zuschuß von einigen Hundert Mark!

Auf die Lage der Familie ließ sich das hellsichtige Wort von Cervantes anwenden: »Allein bemerket auch, daß der größte Widersacher, den die Liebe hat,

»Vater im Krieg« bei einer Weihnachtsfeier (3. v. li. o.)

Mangel und dauernde Not ist ... Ihre Todfeinde aber sind Armut und Dürftigkeit.«
Wie man jetzt jeden Tag erleben kann, scheint der »größte Widersacher der Liebe« auf die andere Seite gewechselt zu sein: Während die unerträgliche Armut die Familien unglücklich machte, aber zusammenpreßte, hat die Wohlstandsgesellschaft viele Familien vielleicht nicht weniger unglücklich gemacht, treibt sie dagegen aber auseinander.

Das ist ein grober Vergleich, der nur das jeden Tag Erfahrbare andeutet, daß nämlich auch materielle Besserung »in der Liebe« (nicht!) »lauter Freude, Vergnügen und Zufriedenheit« garantiert (so andersherum als bei Cervantes).

5.2. »Batsch nit!« – die Großfamilie bei Tisch – Hunger und Wettbewerb um die Nahrung – Tischgebet – die Mutter hat vor allem für Sonntags viel Kuchen gebacken

Als unser jüngster Bruder Gerhard im November 1946 geboren wurde, hatte die Familie ihre Höchstzahl von 14 erreicht. Die Mutter gab ihm vor unser aller Augen die Brust. Das war ein sehr vertrauter Anblick, denn wir waren anfänglich alle so natürlich und gesund ernährt worden. Später wurde er zu den Mahlzeiten aus dem Kinderwagen oder -bettchen geholt und erhielt ein Fläschen und/oder irgendeinen Brei und sobald es ging, bekam Gerhard – wie seine Geschwister vor ihm – auch seinen Teil vom gemeinsamen Mittagessen, manchmal besonders zubereitet. Es wurden Kartoffeln mit etwas Butter zerdrückt oder Gemüse hinzugenommen, ihm etwas von der Suppe abgegeben usw.

In Como sah ich zufällig die Photographie aus New York: »The Dirty Dozen« aus der »Edition Tushita«: Auf einer Bank sitzen 5 Mädchen und 7 Jungen, alle um 6 bis 7 Jahre alt. Sie sind fröhlich, dreckig, zerlumpt, mit Zahnlücken und glatzköpfig. So etwa könnten wir »Zwölf« in dem Alter alle ausgesehen haben, wenn nicht unsere einzigartige Mutter immer wieder mit Nähmaschine, Stopfnadel, Seife, Bürsten und Waschbrett für meistens sehr viel ordentlicheres Aussehen gesorgt hätte.

Unsere schlauchartige, etwas dunkle Küche – das Fenster ermöglichte den direkten Blick auf den Misthaufen –, in der auf dem Kochherd gekocht, im Herd gebacken und an einem langen Tisch gegessen wurde, war ziemlich klein. Rechts vom Eingang neben dem Herd stand die Holzkiste direkt daneben der Küchenschrank. Am Kopfende dieser Seite der Küche war ein Regal zum Unterstellen von Töpfen und Pfannen. Links oben im Raum war das Waschbecken mit dem einen Wasserhahn und an der Wand hing der Handtuchhalter hinter dem, wie schon berichtet, auch der Prügelstock seinen Platz hatte.

Mindestens zwei Drittel der linken Küchenseite wurden von einem schweren Buchentisch beherrscht, der an der Wandseite eine lange Bank mit Rückenlehne neben sich hatte. Vater und Mutter saßen auf Stühlen; der Vater am Kopfende, die Mutter links von ihm vor dem Tisch, wo ebenfalls eine Sitzbank, allerdings schmaler und ohne Rückenlehne, stand. Sie wurde – waren die Mahlzeiten beendet – unter den Tisch geschoben.

Daß alle 14 Familienmitglieder an dem Tisch Platz und Nahrung finden mußten, war etwa bis 1949/50 der Fall. Danach verkleinerte sich die Familie langsam durch Wegbleiben des einen oder anderen bei zukünftigen Schwiegereltern bzw. Lehrherren. Bis Mitte der 50er Jahre verblieben schließlich etwa 10 Personen, sonntags häufiger mehr, für die die Mutter kochen, braten und vor allem backen mußte.

Es leuchtet ein, daß es am Tisch nicht nur eng war, sondern in bezug auf Geschirr und Nahrungsvielfalt eher einfach zuging. Milch, Eier, Schweinefleisch und -wurst, Kartoffeln, Bohnen, Sauerkraut und alle möglichen Sorten Kohl und Salate und eingemachtes Obst, Schwarzbrot mit Butter, waren die Hauptbestandteile unserer Nahrung.

Als es noch Fleischmarken gab, d.h. Rationierung des Fleisches, kaufte die Mutter für sonntags ziemlich regelmäßig herrlichsten Kalbsnierenbraten, der noch von Kälbern stammte, die nur zwischen 8 und 12 Wochen alt wurden. Auf Sonn- und Feiertage begrenzt, kochte die Mutter Pudding, meistens Vanillepudding mit Soße von selbstgepflückten wilden Himbeeren.

Es konnte nicht ausbleiben, daß wir Kinder, ich insbesondere, gerne auch einmal an anderen Tischen zu Gast waren. So erinnere ich mich gut, daß ich bei Dieter, dessen Vater ein pensionierter Postbeamter war und der eine kleine Landwirtschaft betrieb, ausgesprochen gerne zum Mittagessen oder Kaffeetrinken blieb, weil es dort immer besonders viele gute Sachen gab und zudem kein Wettbewerb bestand. Ich habe mich später gefragt (weil ich auch schon mal bei anderen Freunden gerne blieb) ob man dort nicht doch mit der Zeit lästig wurde; als Kinder hatten wir dieses Gefühl nicht.

Zu Hause merkten wir uns nicht ganz so ernst gemeinte Sprüche wie »Hunger treibt's hinein« und »Dreck säubert den Magen«. »Wenn die Maus satt ist, schmeckt das Mehl bitter.« Ich habe erst am 6. Juni 1989 auf der Suche nach dem Lukas-Evangelium einen Satz gefunden, den meine Mutter oft gebrauchte: »Aber was ist das unter so viele?« (Joh. 6/9) Sie zitierte nicht nur richtig, sondern hat sich oft die wundersame Vermehrung der fünf Gerstenbrote und zwei Fische gewünscht.

Wichtig erscheint mir im Rückblick auch, daß am Tisch regelmäßig gebetet wurde, meistens vom Vater, auch von der Mutter oder auch von einem von uns älteren Kindern: »Komm Herr Jesus, sei Du unser Gast und segne, was Du uns bescheret hast. Amen.« Wir haben das Tischgebet beibehalten.

Hunger und Wettbewerb sorgten in der Regel dafür, daß alles aufgegessen wurde. Lange Jahre waren wir besonders scharf darauf, die dickeren Brotkanten (Krusten) des Schwarzbrotes zu bekommen, weil die natürlich etwa doppelt so dick wie eine normale Brotscheibe, wenn auch härter zu beißen waren. Wir achteten aber nicht nur darauf, daß keiner viel mehr als der andere bekam, sondern auch, daß gewisse Tischsitten eingehalten wurden, z.B. wurde meistens bemerkt, wenn jemand – mit offenem Mund kauend – laute Geräusche von sich gab. Dann hieß es regelmäßig giftig: »Batsch nit!« und der Anmahnende konnte sicher sein, daß er von der Mutter unterstützt wurde.

Sonntags gab es so gut wie immer Kuchen und zwar ausreichend Kuchen. Wir hatten einerseits den selbsterzeugten Weizen (ich schätze im allgemeinen so zwischen 4 und 5 Zentner) und zum anderen die Mahlmühle, die Holsteinsmühle, ganz in der Nähe, unten im Bröltal. Im Laufe des Jahres schleppten oder fuhren wir den Weizen mit der Schubkarre ins Tal hinunter und holten uns das wöchentlich gebrauchte Mehl, in der Regel am Freitag nachmittag und so um die 8 bis 10 Pfund zurück. Im allgemeinen waren wir nicht so widerwillig wie bei anderen Aufträgen, wenn es hieß: Wer holt heute das Mehl aus der

Mühle? Natürlich wußten wir: Ohne Mehl kein Kuchen!
Die Mutter gab uns dann einen frisch gewaschenen Kissenbezug mit. Einer von uns lief die 10 Minuten zur Mühle. Wir suchten uns den Müller, Schopmann's August, der auch fast immer ganz allein auf sich gestellt, ein kleines Sägewerk betrieb und waren froh, wenn er dann schließlich mit uns in den ersten Stock ging, den Kissenbezug um die Rundung der Mehlschütte klemmte und kurz öffnete. Das Mehl plumpste hinein und er schloß den Schieber fast sofort wieder. Ich kann mich nicht erinnern, daß er je gewogen oder aufgeschrieben hätte, was wir uns regelmäßig abholten.

Ohne es zu wissen, denke ich heute, daß er großzügig war und wenn der Weizen nicht reichte, Mehl austeilte, für das der Vater ihm wahrscheinlich irgendwann einmal half, um zu bezahlen, z.B. beim Säubern des Mühlenbaches, bei der Bewegung schwerer Stämme im Sägewerk, beim Abtransport schwerer Bohlen und Bretter und Balken usw.

In dieser Mühle gab es eine Stube, die unglaublich alt, verstaubt, unordentlich und gemütlich, vor allem in den vielen kalten Wintern so herrlich warm war. Dort wo jetzt Kaffee und Kuchen serviert werden, stand eine alte Werkbank vor den kleinen, stumpfen Fenstern, wurden Werkzeug, wie Äxte, Sägen, Keile, Ölkannen, kleinere Ersatzteile, Kleidung usw. aufbewahrt und standen Bänke und Stühle um einen Eisenofen herum, in dem Holzreste und Sägemehl verbrannt wurden. Hier wärmten sie sich, trockneten die nassen Kleider, tranken wohl auch Kaffee und Schnaps und erzählten sich Neuigkeiten, die der Müller durch die vielen bäuerlichen Kunden, die täglich mit Pferd und Karre oder Leiterwagen kamen, erfuhr.

Wir Kinder waren zu gerne in dieser anheimelnden engen Welt, spielten in den Ecken herum oder hörten den Erwachsenen zu. Im allgemeinen hatten wir aber nicht genug Zeit und Gelegenheit und wurden dort auch nicht besonders gerne gesehen, so daß unsere Aufenthalte nie sehr lange waren.

Die Mutter buk für den normalen Sonntag im allgemeinen Hefekuchen, für Feiertage kam »Backpulverkuchen« dazu. Und zwar buk sie im Küchenherd, der im normalen Feuerloch aufgeheizt wurde; sie schloß dann die beiden vorderen kleinen Türklappen des Backofens, in dem sonst Holz getrocknet wurde und fand irgendwie heraus, wann dieser schmale Backraum warm genug war und wie sie ihn warm halten mußte. Wir haben hier in unserer Küche einen vergleichbaren Küchenherd und würden es wahrscheinlich nicht leicht haben, wollten wir die Backkunst der Mutter nachmachen.

Beim Hefekuchen gab es zwei Standardprodukte: die Rosinenrolle und Streuselkuchen (manchmal machte die Mutter auch Butterkuchen). Aus einem einige Pfund schweren Teigklumpen, der auf dem Küchentisch ausgerollt und vor allem mit Rosinen, Zimt und Zucker bedeckt wurde, fertigte die Mutter durch Zusammenrollen einen etwa 50 bis 60 cm langen, 20 cm breiten und 5 bis 8 cm hohen Teigwurm an, der in einem nach vorne offenen Viereck richtig auf das vorher eingefettete Kuchenblech gedrückt oder modelliert wurde. Die Grundlage des Streuselkuchens bestand ebenfalls aus einem ausgerollten, etwa 2 cm hohen Hefeteig, der das Blech voll bedeckte und eben mit Streusel, d. h. einer krümeligen Mischung aus Zucker und Margarine reichlich bestreut wurde.

Hunderte Male haben wir sonntags immer wieder diese beiden Kuchenarten gegessen. Nicht zuletzt deshalb wußten wir, wodurch sich Sonntage von den sechs Werktagen unterschieden! Für uns Kinder war immer befremdlich zu sehen, daß der Vater sich aus Kuchen so gut wie nichts machte und – wenn überhaupt – eher zögerlich davon aß! Damals war Kuchen für uns die gaumenkitzligste Abwechslung überhaupt. Seit langem schon verstehe ich aber die Abneigung des Vaters; sie ist auch mir in Fleisch und Blut übergegangen!

5.3. Wie war das damals mit unserem »Anspruchsdenken«?

In den siebziger Jahren kam das Wort vom »Anspruchsdenken« auf. Damit wurde eine immer deutlicher hervortretende, von staatlichen Maßnahmen und Versprechungen mit entwickelte Haltung weitester Kreise der Bevölkerung bezeichnet, vom Staat alles zu erwarten und einzufordern.

An wen hätten wir Ansprüche stellen sollen? In Frage kamen der Staat, die Kirche, die Verwandten oder die Nachbarn

5.4. Gegenüber dem Staat? Die grausame Zäsur durch die Währungsreform von 1948 – der Markt zerstört die bisherigen Grundlagen und es geht mit uns bergab

Was den Staat angeht, so zahlte er unter den Nationalsozialisten überhaupt kein Kindergeld bis auf die letzten Kriegsjahre, in denen wir ein Sondergeld erhielten, das nur für bestimmte Käufe zu gebrauchen war. Nach dem Kriege war es mit diesen Sonderzahlungen selbstverständlich auch vorbei und die damalige Regierung zahlte erst ab 1954 Kindergeld aus. Zuvor hatte Bundeskanzler Konrad Adenauer in der Regierungserklärung vom 20. Oktober 1953 gesagt:

»Die wachsende Überalterung des deutschen Volkes steigt andauernd. Durch Technisierung und Rationalisierung der Wirtschaft wird man den für unser ganzes Volk im Verlauf einiger Generationen vernichtenden Prozeß nicht aufhalten können. Das schon in Angriff genommene, bisher aber offen gebliebene Problem, in welcher Weise den Familien durch Gewährung von Kinderbeihilfen ein gewisser Ausgleich für die besonderen finanziellen Lasten zu gewähren ist, welche die Bildung und Vergrößerung der Familie mit sich bringt, soll möglichst bald einer Lösung zugeführt werden.«

In der Kriegs- oder Rationierungswirtschaft war Geld nur noch Transaktionsmedium für die im Prinzip gleichen Ansprüche aller Bürger. Wir hatten zwar nicht viel Geld, waren aber in der Lage, die »Zuteilungen« zu bezahlen. Das Anspruchsdenken war ein Denken in Gramm, Kilo, Stück und Liter auf der Basis von Lebensmittelkarten oder Bezugscheinen, die für Kinder, Erwachsene, Schwerst- und Normalarbeiter ausgegeben wurden und auf Selbstversorgung in der Landwirtschaft Rücksicht nahmen. Für Nahrung, Kleidung und Brennstoffe gab es für eine bestimmte Periode bestimmte Mengen, außerdem je nach Versorgungslage auch Sonderzuteilungen. Die uns begünstigende »Gleichmacherei« der Kriegswirtschaft dauerte bis 1948, als die Währungsreform in zwei Schritten damit Schluß machte.

Die Währungsreform war lange erwartet worden, denn das aus der Kriegs- und Nachkriegswirtschaft aufgestaute Ungleichgewicht zwischen Einkommensentstehung und Ersparnis einerseits und dem geringen, für den Konsum zur Verfügung stehenden Güterangebot bei weitgehenden Preiskontrollen andererseits, das zu einem riesigen Geldüberhang geführt hatte, mußte beseitigt werden.

In den meisten Haushalten wurden für den Tag der Währungsreform große Mengen an Münzen gehortet, weil überall geglaubt wurde, diese würden wegen der hohen Kosten der Reproduktion von Metallgeld gültig bleiben. Viele Säckchen oder Kisten, gefüllt mit diesen Münzen, überall in den Häusern im Versteck gehalten, waren dann aber so gut wie nichts mehr wert. Die Währungsreformer wußten von diesen Hortungen und waren natürlich in der Lage, gegenzuhalten.

Die Auszählung der Bargeldquoten war für Sonntag, den 20. Juni 1948 angekündigt worden. Wir spielten wie üblich bei gutem Wetter auf dem Sportplatz stundenlang Fußball und sahen unseren Vater, wie er in den frühen Nachmittagsstunden, feiertäglich gekleidet (er ging immer mit Hut), sich zur Gemeindeverwaltung auf den Weg machte. Da pro Kopf 40 neue Deutsche Mark ausgehändigt wurden, wir 14 Köpfe zählten, erhielt der Vater 14 x 40 = 560 neue Mark auf die Hand. Wir betrachteten sie mit großem Interesse, aber ohne irgendein Verständnis für ihre Bedeutung, also für ihre Kaufkraft. Dem Vater war überall auf dem Nachhausewege zu seinem immensen Reichtum, zur Ausnahmesituation gratuliert worden; der Kinderreichtum schien sich auszuzahlen und unter neuen Bedingungen seine Entsprechung im Bargeldreichtum zu finden.

Am Montag morgen war überall in den sogenannten drei Westzonen die Welt wie verwandelt: Die Läden für Konsumgüter waren wie durch Zauberhände mit vorher nie gesehenen Waren gefüllt. Der Riesenstau an gehorteten Gütern, von denen Millionen nichts wußten, war aufgelöst und für die hungrigen Konsumenten verfügbar, eben soweit die neuen Mittel reichten. Das Vertrauen in die eben geschaffene Währung war schlagartig gegeben. Im letzten Drittel des Monats wurden die Einkommen in neuer Währung ausgedruckt und standen für die notwendige Anschlußausstattung der Haushalte zur Verfügung. Mit unserer herausragenden Einkommenssituation war es aber bald aus: das Geld wurde für die täglichen Bedürfnisse und einige Anschaffungen – ich erinnere mich an Schuhe und Küchengeräte – zügig ausgegeben. Wir spürten im zweiten Schritt die sich nun dramatisch zuspitzende Verschlechterung unserer Lage im sozialen Gefüge. Ungeschützt, d.h. ohne irgendeine Unterstützung, war die große Familie fast ganz auf das geringe Einkommen des Vaters angewiesen, das erst ganz allmählich durch geringe Beiträge der in der Lehre stehenden Geschwister etwas aufgebessert wurde.

Während für die meisten Bürger schon bald das Ineinandergreifen von Arbeit, Einkommen und Konsumgüterangebot zu einer Verbesserung der Lebensumstände führte, ging es bei uns bergab. Wir erhielten im Einkommenskreislauf zu wenig, um den elementaren Ansprüchen so vieler heranwachsender Kinder entsprechen zu können. Was ohne die Landwirtschaft, deren Betreiben natürlich auch immer wieder vorzuschießende, manchmal größere Geldbeträge für Saatgut, Düngemittel, Dienstleistungen, wie gewisse Fuhrleistungen, Tierarztrechnungen, Mahlgebühren etc., etc. erforderte, ist vorstellbar: wir hätten zusätzlich Wohlfahrtshilfe von der Gemeinde gebraucht, um uns vor Hunger und einer absoluten Deklassierung zu bewahren. Der Stolz der Eltern, die Unüblichkeit und unsere Garten- und Landwirtschaft retteten uns davor.

5.5. Um ein Haar wäre ich das spektakulärste Opfer geworden

Ich wäre um ein Haar das spektakulärste Opfer der neuen Umstände geworden, d.h. aus meiner Schulbahn geworfen worden. Das Schulgeld für die Handelsschule, die ich seit April 1948 besuchte, betrug DM 20,- monatlich. Für April, Mai und Juni händigte mir die Mutter die monatlich in der Schule einzuzahlenden Reichsmark-Beträge aus, was keine besondere Belastung bedeutete. Aber schon für das letzte Drittel des Monats Juni und von da ab ohne Einschränkung mußte das Schulgeld in D-Mark abgeliefert werden. Der Betrag war mit DM 20,– so hoch wie die monatliche Pacht für unser Haus und die Landwirtschaft zusammen; Schulgeld und Pacht machten je erheblich mehr als 10 % des Nettoeinkommens des Vaters aus. Wie nicht anders zu erwarten, wurde es immer schwieriger, das Geld aufzutreiben. Einmal konnte ich nur zahlen, weil ich das von meinem Bruder Hermann abzuliefernde Lehrlingsentgelt von ihm direkt erhielt und an der Mutter vorbei an die Schule weiterleitete. Ich spürte die nicht mehr tragbare Belastung auf das äußerste und machte mich mit dem Gedanken vertraut, die Schule im Herbst verlassen zu müssen.

Es war objektiv unmöglich, das Geld aufzubringen und deshalb war mein Verbleiben in der Schule auch nicht von der Bereitschaft des Vaters abhängig, meine Begabung zu fördern. Insofern war meine Lage grundsätzlich anders als etwa die von Arno Schmidt (geb. 1914), dessen Vater die Begabung des Sohnes nur zu fördern bereit war, wenn sie nichts kostete, also seine eigenen Ausgaben für's Leben nicht einschränkte. A. Schmidt hat das später wie folgt dargestellt:

»Mein Vater – leicht sei ihm, dem Schlesier, die hanseatische Erde – drohte mir bereits vorher (und späterhin, kurzperiodig, immer wieder): Sobald ich'n ersten Fennich Schulgeld bezahl'n muß, wirsDe runter genomm'm! – Mein Herr Pappa hat sich nie 1 Fennich vom Säufer Munde abzusparen, mir nie 1 Schulbuch zu kaufen brauchen.«

Offensichtlich waren die großen sozialen Probleme nach der Reform höheren Orts nicht gänzlich unbekannt geblieben, denn die weiterführenden Schulen erhielten den Auftrag, die sozial schwachen und gleichzeitig leistungsstärkeren Schüler herauszufinden. Tagelang vernahm unser Lehrer, Willi Schmitz, eine Reihe meiner Mitschüler in einer entfernten Ecke des Klassenraums, klapperte das Protokoll darüber auf der Schreibmaschine zusammen, übersah mich aber buchstäblich bis zuletzt. Mehr zufällig fiel sein Auge, als er schon aufhören wollte, auf mich und er fragte routinemäßig: »Was macht Dein Vater? Hast Du noch Geschwister? Ja? Wie viele?« Meine Antworten genügten, um ihn zu alarmieren, zumal ich hinzugefügt hatte, daß zu Hause beschlossen worden sei, mich nach den Herbstferien von der Schule zu nehmen.

Ich wurde beauftragt, meinen Vater zu ihm in die Schule zu bitten. Lehrer und mein Vater haben lange miteinander gesprochen. Als Ergebnis kam heraus, daß ich bleiben konnte, weil das Schulgeld ab sofort erlassen wurde. Mehrere Male erhielt ich danach zusätzlich kleinere Beträge als Stipendium u.a. für den Ankauf von Büchern.

Längere Zeit wurden wir alle gleichermaßen mit einer warmen Schulspeisung versorgt, die schließlich in hochwillkommene kleine Rationen von 50 g Schokolade pro Tag ausmündete.

Im Sommer 1988 habe ich anläßlich des 40jährigen Jubiläums der Währungsreform in der Monatszeitschrift »Orientierungen« über die Auswirkungen der Währungsreform auf unsere Familie geschrieben. Die hier vorliegende Beschreibung ging dem voraus und war eine gute Grundlage, ohne die ich den Artikel mit Sicherheit nicht geschrieben hätte. (s. »Veröffentlichungen ...« in Band III, S. 152 – 153)

5.6. Meine Fußballeidenschaft führt mich zum Tausch: Briefmarkenalbum gegen Fußballschuhe – unsere Armut zeigt sich an der mangelnden Kleiderausstattung besonders deutlich

Mehr war vom damaligen Staat (und der Care-Aktion der Amerikaner) nicht zu erwarten. Die jahrelange Unterausstattung mit Kaufkraft führte bei uns zu den größten Einschränkungen bei Schuhwerk und Bekleidung. Ich habe mir bis heute nicht verziehen, daß ich als Auswirkung dieser Knappheit mein recht ansehnliches kleines Briefmarkenalbum für ein paar Fußballschuhe tauschte, die ich unter keinen Umständen von zu Hause bekommen hätte. Meine Fußballeidenschaft machte mich blind für den überdauernden Wert dieser hübschen kleinen Briefmarkensammlung. Jahrelang trug ich zum Beispiel einen Wintermantel aus amerikanischen Heeresbeständen, den wir blau hatten färben lassen. Als ich ihn mit 18 Jahren schließlich verschlissen hatte, schenkte mir der Kassenleiter des Arbeitsamtes einen abgelegten schweren Cheviotmantel, der trotz einiger sichtbar abgenutzter Stellen wie für einen Filmstar gemacht aussah. Viel mehr als eine Hose, eine Jacke, ein paar Schuhe und zwei Oberhemden habe ich auch während der dreijährigen Lehrzeit nie besessen. Lange Zeit war mein bestes Stück Oberbekleidung eine »kürzer gemachte« deutsche Offiziersjacke.

5.7. Ich habe nichts anzuziehen, um zu einer Siegesfeier gehen zu können – die Überraschung des Berufswettkampfes der DAG bei der Bekanntgabe der Besten – ich war der Beste!

Die allgemeine Misere wird am besten beleuchtet durch ein zugleich deprimierendes und mich sehr glücklich stimmendes Ereignis. Im Herbst 1952, als ich fast 19 Jahre alt war, beteiligte ich mich am Berufswettkampf der DAG, obwohl ich Mitglied der ÖTV war. Für die Teilnehmer war für den 3. Dezember eine Feier mit Tanz im Aggerhof in Dieringhausen vorgesehen. Der Wettkampfleiter Heberle hatte zuletzt noch einmal am Samstag morgen im Büro angerufen, und mich sehr eindringlich gebeten, doch zu kommen.

Fußball 1. Jugend Homburg-Bröhl 1952, W. N. 2. v. r.

Ich war unruhig, unschlüssig, aber gleichzeitig auch begierig zu gehen. Mittags gegen 14.00 Uhr vom Büro nach Hause zurückgekehrt, mußte ich nach einer schnellen Mahlzeit mit dem Vater hinters Haus zum Holzsägen. Während wir mit der Bügelsäge einen Rest Brennholz schnitten, erzählte ich von meiner Teilnahme am Wettkampf, von den wiederholten Bitten, der Einladung zu folgen, und meinem Wunsch hinzugehen. Der Vater ließ mich ausreden, machte es mir nicht leichter, an den Punkt zu kommen, nämlich, daß ich nichts anzuziehen hätte. Ich druckste nun und sagte schließlich: ich habe keinen Anzug, indem ich mich dort zeigen könnte; denn es sollte nach der Preisverteilung auf gesellige Weise bei Tanz weitergehen. Ich könnte doch nicht in der Tages-Büro-Jacke erscheinen.

Obwohl der Vater meine Not spüren mußte, ließ er mich erklären und begründen und noch einmal um einen Anzug bitten, bis er mit dem Sägen aufhörte und verzweifelt ernst zu mir sagte: »Junge, ich kann Dir keinen Anzug kaufen, ich habe kein Geld dafür.«

Als der trübe Herbst-Nachmittag zu Ende ging, es schnell dunkel wurde und wir mit der Arbeit im Freien aufhören mußten, kam mir die möglicherweise rettende Idee, den älteren Bruder, der als einziger einen Anzug hatte, um eine Ausleihe zu bitten. Das Problem war nicht einfach, denn der Bruder war zwar älter als ich, aber einen halben Kopf kleiner. Der Anzug dementsprechend viel zu klein; auch lieh der

Bruder nicht gerne was aus. Schließlich erhielt ich den Anzug – ich weiß nicht mehr, ob mit oder ohne seine Zustimmung – und ich mußte mir überlegen, wie ich am Samstag abend nach dem etwa 10 km entfernten Dieringhausen kommen, vor allem wie ich spätabends zurückkehren könnte. Das einzige öffentliche Verkehrsmittel würde später nicht mehr fahren. Als der jüngere Bruder Siegfried überredet war, mich gegen 23.00 Uhr mit seinem Leichtmotorrad abzuholen, konnte ich mich auf den Weg machen.

Ich traf auf festlich gekleidete junge Menschen, die etwa in meinem Alter waren. Die Veranstaltung war mit älteren Mitgliedern der DAG (unter ihnen den Prüfern) durchsetzt und sie bestand aus zwei Teilen: dem kurzen offiziellen mit Musik, Reden und Preisverleihung und dem heiter geselligen mit Musik und Tanz. Der Direktor der kaufmännischen Berufsschule, ein sehr sympathischer Dr. Siebert, hielt eine schöne Rede über »Arbeit ist Glück« und las die so lautende Kurzgeschichte von Rudolf Kinau vor. Zum Schluß sagte er zwei weitere erwähnenswerte Sätze: Erstens, daß es der sehnlichste Wunsch aller Deutschen sei, bald »ein wiedervereinigtes Vaterland« zu haben und dann sein Schlußwort: »Handeln sollst Du so, als hinge von Dir und Deinem Tun allein das Schicksal ab der deutschen Dinge, und die Verantwortung wär Dein.« Ich habe mir diesen Satz wegen des bemerkenswerten Inhalts gemerkt und später erfahren, daß er den Kantschen Imperativ ausdrückt.

Es gelang mir erst im Mai 1989, diese kleine Geschichte von Kinau zu beschaffen und wieder zulesen. Sie bildete den entscheidenden Anstoß für den Aufsatz »Von Arbeit ist Glück« zu »Freizeit ist Glück?«, den ich in wenigen Tagen, Anfang Juni 1989, als Beitrag für ein Buch Rolf Italiaanders schrieb.

Die Bekanntgabe der Sieger oder der »Besten« entwickelte sich zu einer spannenden Angelegenheit. Der Wettkampfleiter begann mit der Zehntbesten, einer Bürogehilfin mit Namen Edith, dann kam wieder ein Mädchen und noch ein Mädchen, an 7. Stelle mal ein junger Mann und danach wurden weitere vier erfolgreiche Damen aufgerufen. Als er bei Platz 3 angelangt war, dämmerte mir, daß ich unter den Vorderen sein müßte und als er auch beim 2. Preis einen anderen als mich aufrief, wurde mir bewußt: nun bist Du hier der Nächste und damit der Beste.

Beim Berufswettkampf der DAG im Sept. 1952 in Gummersbach

Ich war darauf überhaupt nicht vorbereitet und bewegte mich, als der Aufruf kam, mit meiner zu engen Jacke und der mindestens 10 cm zu kurzen Hose unbeholfen auf die Mitte des Raumes zu, wo ich ziemlich überschwenglich gefeiert wurde. Von 100 Punkten hatte ich 99 erreicht; der Abstand zum Zweitbesten machte 11 Punkte aus. Es war die Rede von meiner »hervorragenden« bzw. »überragenden« Leistung und eine von vier am Montag berichtenden Zeitungen brachte mich sogar in der Überschrift unter: »Willi Nölling 99 Punkte«. Dann hieß es im Text: »Daß bei den Teilnehmern des BWK zum Teil recht beachtliche Leistungen erzielt wurden, ging bei der Verteilung der Urkunden und Preise hervor. Sehr erfreulich ist es aber, daß Willi Nölling bei der Gruppe ›Öffentliche Dienste‹ von 100 möglichen Punkten 99 erreicht hat. W.N. dürfte damit zu den Bundesbesten gehören.«

Nachdem mir zwei Preise überreicht worden waren (eine schöne braune, langärmelige Weste und ein großer elektrischer Wasserkocher mit langer Schnur) bewegte ich mich unter stattlichem Beifall wieder auf meinen Platz zu. Am Tisch wiederholten sich freundliche Glückwünsche. Ich war vor Seligkeit benommen und traute mir die erste Flasche Wein in meinem Leben zu. Sie kostete DM 3,50. Meine Barschaft betrug danach nur noch DM 1,50, zuwenig, um mir etwas zum Abendbrot bestellen zu können.

Während um mich herum getanzt und gelacht wurde, blieb ich Bauerntölpel stur sitzen (Tanzen konnte ich überhaupt nicht), trank ein Glas Wein nach dem anderen, redete ein bißchen und genoß meine Ausnahmesituation, Gegen 23 Uhr erinnerte ich mich an Bruder Siegfried. Er saß schon abholbereit in der Wirtschaft und konnte unter Hinweis auf meinen Erfolg leicht zu weiterem Warten überredet werden. Weit nach Mitternacht brachen wir schließlich auf. Ich zog die Weste an (es war eine naßkalte Nacht), nahm den Wasserkessel in den rechten Arm, kletterte auf den hinteren Sitz, auf den ein Kissen gebunden war, umschlang den Bruder mit dem linken Arm und ab ging die ratternde, holperige Heimfahrt. Trunken klammerte ich mich fest, noch um meine Gefährdung wissend, und zu Hause kam ich verkrampft und durchfroren, todmüde und sehr glücklich an. Als dann die ausführliche Berichterstattung allen kundtat, was für einen Erfolg ich errungen hatte, war mein »Ansehen« im Amt und in der Nachbarschaft, auch in der Familie, kaum noch zu überbieten.

Ja, ehrlichen Herzens von sich selbst begeistert zu sein, ist wahrscheinlich eines der besten, wenn auch seltensten Gefühle.

5.8. Ansprüche gegenüber der Kirche? Wie die Kleidung für unsere Konfirmation besorgt wurde

Wenn ich im Zusammenhang von Ansprüchen von der Kirche spreche, so nur, um auf einen mich direkt begünstigenden Einzelfall verweisen zu können, der ein Licht auf unsere Lage im Jahre 1948 warf. Im großen und ganzen erhielten wir weder von der Kirche noch von Verwandten, noch von Nachbarn Hilfe, die über abgelegte Kleidung hinausging.

Wir wurden am Palmsonntag im März 1948 konfirmiert. Durch ein Tauschgeschäft mit Fichtenbauholz, das der Vater als Deputat für diesen Zweck erhalten hatte, konnte das Hauptproblem, nämlich die Anzugbeschaffung, gelöst werden. Daß die maßgeschneiderten, schön fischgrätig gemusterten braunen Anzüge auch aus »Holz« waren, aus einer schlabbrigen, wenig strapazierfähigen Zellulose, war Ironie, oder besser gesagt, Betrug. Die Anzüge wurden in Kürze nach einigen Regenfällen so unansehnlich, daß wir sie bald nicht mehr tragen konnten. Woher wir die Schuhe erhielten, weiß ich nicht mehr. Bis wenige Tage vor den kirchlichen Ereignissen bestand der Engpaß aus den nicht vorhandenen Oberhemden. Während wir von allen Seiten in der Schule hörten, daß die Konfirmationskleidung inzwischen komplett sei, suchte die Mutter nach Hemden. Sie wandte sich in ihrer Not an den Pfarrer und erhielt ein größeres Stück amerikanischer Fallschirmseide. Eine Nachbarin nähte uns die Hemden mit Schillerkragen, so daß wir keine Krawatten brauchten. Sie wurden gerade eben am Abend vor dem Kirchgang fertig. Unterm Kirschbaum vorm Haus wurde am Tag der Konfirmation ein Bild gemacht. Ich erinnere so ungefähr, wie wir »maßgeschneidert« aussahen; die Photographie ging leider verloren.

5.9. Ansprüche gegenüber Verwandten? Die lebenslange Enttäuschung wegen des verspäteten Konfirmationsgeschenks

Während der Vater »im Krieg« war und wir, d.h. vor allem meine Mutter die Landwirtschaft allein betreiben mußten, hatten wir regelmäßig im Frühjahr keine Kartoffeln mehr. Wochenlang konnten wir uns bei »Seynsches« in Spreitgen welche holen. Dies bedeutete eine riesige Hilfe, ohne die es uns ewig Hungrigen sehr schlecht gegangen wäre. Bis zu seinem Tode habe ich auch deshalb »Heini« immer besucht, wenn ich in der Gegend war.

Welche Not meine Mutter in diesen Jahren ausstehen mußte, wenn es darum ging, Erntehilfen (Mähen, Ackern) von Nachbarbauern zu erhalten, ist kaum zu beschreiben. Wie oft hat sie uns hingeschickt, ist selbst mit dem Rad hingefahren etc. Allerdings fuhren wir das Heu selbst nach Hause.

Was die Verwandten angeht, so ist das Kapitel ebenfalls schnell abzuhandeln. Die Mutter hatte ein paar Möbel geerbt, u.a. ein Vertiko, eine Reihe Stühle und den großen Wohnzimmertisch, an dem ich viel gearbeitet habe. Der Vater erhielt das in Reichsmark lautende Sparbuch des Großvaters und die immer eingehaltene Zusage, für uns alle, zu jeder Zeit in sein Elternhaus zurückkehren zu können und dort gastlich behandelt zu werden. Haus und Landwirtschaft gingen an den Bruder und seine Familie. Von geringer Nützlichkeit erwiesen sich die Paten. Den weiblichen Teil, die Gote M., sah ich nur bei Besuchen im Geburtsort. Ich kann mich nicht erinnern, je irgendein Geschenk erhalten zu haben. Wir blieben uns erbärmlich fremd (nicht nur deswegen!). Der männliche Teil, Pedder Ernst, einziger Bruder des Vaters, grub sich unauslöschlich in mein Gedächtnis ein, weil er auf die Einladung zur Konfirmation erst gar nicht antwortete, dann aber Ende Juni 1948 mit einem Geschenk wie folgt reagierte: auf meinen Namen gingen per Postanweisung RM 50,– ein. Verwendungszweck: Konfirmationsgeschenk. Unter den Bestimmungen der Währungsumstellung konnte das Geld nicht ausgezahlt werden. Es blieb gesperrt und ich war lange tief verletzt.

Was sonst an Geschenken zur Konfirmation einging, weiß ich nicht mehr. Es können nur Kleinigkeiten gewesen sein. Man vergleiche dies mit den heutigen Geld- und Sachgeschenkexzessen an junge Menschen, um den Fortschritt ganz ermessen zu können.

5.10. Ich bin also nicht mit einem »Silberlöffel im Mund« geboren worden! Weitere Begriffe zur illusionslosen Einordnung des familiären Hintergrundes

Wenn man den Familiensoziologen fragte, wie unsere Familie schichtenspezifisch einzuordnen gewesen wäre, würde er keine Abgrenzungsschwierigkeiten kennen: es stünden ihm aber eine Auswahl mehr oder weniger schonender Begriffe zur Verfügung. Zum Beispiel: diese Kinder wurden nicht mit einem Silberlöffel im Mund geboren. Die Eltern waren arme Leute, sie gehörten zur Unterschicht. Er entstammte kleinen Verhältnissen. Die Familie war sozial benachteiligt oder sie gehörte zu den sozial Schwachen usw.

Rudolf Kinau hat in dem erwähnten Aufsatz »Arbeit ist Glück« den in Norddeutschland gebrauchten Ausdruck vom »Kleinen Kommher« verwendet. Wir hatten die »unterste Stufe erreicht« und die »sollte die sicherste« sein (Heinrich Mann). Christian Graf von Krockow schreibt von »sozialer Schwerstbehinderung auf dem Wege zur Changengleichheit«. Zu beschönigen gab es nichts. Es gab nichts, worauf wir uns besonders viel hätten einbilden können. Drückende Armut bei ungewöhnlich großer Kinderzahl führte zu spürbarer gesellschaftlicher Isolation. Die Eltern versuchten, ihrer Verantwortung – so gut wie ausschließlich auf sich allein gestellt – durch Arbeit und nochmals Arbeit und Sparsamkeit sowie die herkömmlichen Erziehungsmethoden gerecht zu werden.

Also: Um solche Armut in menschenwürdiger Weise ertragen (und bestehen) zu können, mußten zwei Bedingungen erfüllt sein: unbegrenzte Arbeitsnotwendigkeiten und großer Fleiß. Beides war bei uns zu Hause in heute fast unvorstellbarer Weise gegeben.

6. Verständnis und Dankbarkeit für den Vater

6.1. Warum hatten die Eltern eigentlich so viele Kinder? Ich versuche, den Vater zu verstehen und ihm gerecht zu werden! Seine ursprüngliche Freude an Kindern

Warum hatten die Eltern eigentlich so viele Kinder? Als die jetzt fast 96jährige Frau Maria Kamps, die immer von guten Familien, bester Kinderstube, guter Erziehung oder Kindern aus bestem Hause usw. redet, vor Jahren auf meine Mutter traf, fragte sie sie und wie meine Frau bestätigt, waren dies sogar ihre ersten Fragen an die Mutter überhaupt: »Mußte das denn sein? Mußten Sie denn so viele Kinder haben, Frau N.?« Ich war damals nicht dabei, weiß aber, daß die Mutter nur geseufzt hat und verlegen, sehr verlegen wurde. Wie hätte sie auch ihre Abhängigkeit erklären sollen, ihre Ungeliebtheit, ihr Ausgeliefertsein? Und als ob es einen Unterschied gemacht hätte, wenn sie statt zwölf nur acht oder nur sechs Kinder geboren hätte. Auf ihrer Seite lag wohl eine schicksalhafte, naturgemäße Hinnahmebereitschaft des Kindersegens vor. Aber wie war das Verhalten des Vaters zu erklären. War es schlichte Verantwortungslosigkeit?

Aus Beobachtungen und langem Nachdenken über sein Leben komme ich zu einem positiven Erklärungsversuch, nicht um zu »ver«klären, sondern um ihm gerecht zu werden.

Im Kern, so scheint mir, trieb ihn eine Liebe zu Kindern, besonders zu den kleineren (er freute sich an ihnen), eine Liebe zu dem menschlich Lebendigen, das er schaffen konnte, und die Bereitschaft, die Folgen der Vaterschaft für sich ohne Wenn und Aber anzunehmen.

Seine Freude an den Kindern (nicht nur an seinen eigenen) zeigte sich beispielsweise, wenn er sich über das Bettchen oder über den Kinderwagen beugte und auf die Kleinen, noch so Unverständigen, schäkernd einredete; wenn sie ihn dann anlachten, war er selig. Oder wenn er eines auf dem Schoß hatte und mit Butterbrotstückchen (sog. Schmackelchen) fütterte oder wenn er ihnen und uns allen am Heiligabend Weihnachtslieder vorsang und fürchterlich wild werden konnte, wenn wir Älteren die Worte nicht alle so gut wie er konnten. Er hatte einen Grundzug reinster Liebe zu Kindern, die auch Bilder vom Juni 1964 mit Kathy in Hamburg zeigen: An einem sehr heißen Tag zog er mit der gut Einjährigen los, wanderte mir ihr, trug sie längere Wege, schaukelte sie im Park, kaufte ihr Eis und freute sich an ihrem verschmierten Gesichtchen. Es war sein letzter »gesunder« Tag. Die Überanstrengung war ihm bei seiner Rückkehr anzusehen und von dem irgendwann auf der Heimreise erlittenen Gehirnschlag hat er sich nicht mehr erholt. (s. Photo S. 193)

6.2. Der Vater arbeitet ununterbrochen und sorgt sich um uns, indem er u.a. ungezählte Zentner Weizen, Roggen, Mehl und Kleie »herbeischleppt«

Als der Vater im Sommer 1945 aus der Gefangenschaft auf den Rheinwiesen in Remagen zu uns zurückkehrte, kannten wir ihn nach etwa 3jähriger Abwesenheit, die nur durch kurze Urlaube unterbrochen war, kaum noch. Er sei am Leben geblieben, weil er sich in strenge Zucht genommen habe und lieber hungrig und durstig geblieben sei, als das verseuchte Wasser zu trinken oder die Rüben von den Feldern roh zu verschlingen, wie viele Kameraden es getan hatten. Daran, so sein unvergeßlicher Bericht, seien Zigtausende verreckt.

Die während seiner Abwesenheit ziemlich heruntergekommene kleine Landwirtschaft wurde so gut und so schnell es ging in Schuß gebracht. Die schreckliche Abhängigkeit der Mutter von der Hilfsbereitschaft der Bauern, ihr die gröbsten Feld und Wiesenarbeiten abzunehmen, hörte auf. Der Vater begann bald wieder mit der Waldarbeit und es setzte eine Zeit unbeschreiblicher Anstrengungen ein, die bis etwa 1954 dauerte. In dieser Zeit habe ich den Vater buchstäblich von morgens bis abends nur arbeiten sehen. Ich schätze, daß er in der 6½-Tage-Arbeitswoche (nur der Kernsonntag blieb arbeitsfrei) regelmäßig um die 70, im Sommer eher erheblich mehr Stunden arbeitete. Um uns sattzukriegen und so gut es gehen mochte zu kleiden, nahm er auch Auftragsarbeiten bei Privaten an (er fällte und pflanzte Bäume und baute und reparierte Zäune) und schleppte auf seinem Rücken ungezählte Zentner Weizen, Roggen, Mehl oder Kleie oft viele Kilometer weit bergauf und bergrunter, zur Mühle und wieder zurück. An dieses »Herbeischleppen« erinnere ich mich in den lebhaftesten Farben.

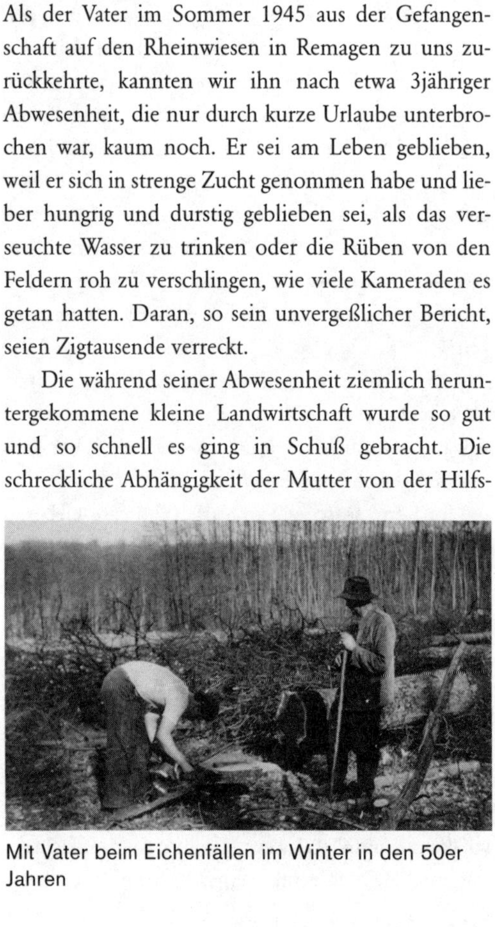

Mit Vater beim Eichenfällen im Winter in den 50er Jahren

6.3. Meine Zusammenarbeit mit ihm im Wald

Wenn wir im Wald helfen mußten, brachten wir ihm oft direkt nach der Schule das Essen im Henkelmann, riefen laut »ho ho«, um ihn im Wald, im Gestrüpp gefällter Bäume zu finden und sahen ihm gerne beim Essen zu. Im Winter wärmten wir uns am kleinen Feuer, das er kunstvoll und verläßlich über Nacht zu bewahren verstand, und waren froh, wenn er uns, ohne eine Mitarbeit abzuverlangen, wieder nach Hause ziehen ließ. War unsere Hilfe erforderlich, war ich am liebsten mit ihm bei der Waldarbeit alleine. Sein Jähzorn und seine sich zu Hause häufig zeigende Reiz- und Ungenießbarkeit waren im Wald so gut wie völlig verschwunden. Man konnte ruhig mit ihm reden. Wir verließen uns bei mancher gefährlichen Arbeit blind aufeinander; unser Verhältnis war dann harmonisch, völlig spannungsfrei, eigentlich normal.

Da wir ihm natürlich nicht immer das Essen in den Wald bringen konnten, nahm der Vater Butterbrote mit, die er nicht immer aufaß. Wir Kinder – insbesondere als wir noch kleiner waren – warteten dann auf sein abendliches Erscheinen und fragten uns, ob der Vater wohl heute Abend wieder etwas »Hasenbrot« mitbringt? Wir waren immer hungrig und wenn der Vater dann hin und wieder solche Brote zum Vorschein brachte (auch wenn sie im Winter kalt und durchgefroren waren) aßen wir sie besonders gern.

6.4. Jeder von uns sollte was lernen! Was daraus wurde

Der Vater versuchte, über die unmittelbare Existenzsicherung seiner Familie hinaus zwei weitere wichtige Grundsätze zu verwirklichen. Jeder sollte was lernen, worunter die Entbehrungen einer Lehrzeit verstanden wurden, und alle sollten religiös erzogen werden.

Der Älteste, Karl-Ludwig, wurde Stellmacher. Ein schöner Beruf, der aber bald, als die landwirtschaftlichen Fuhrwerke mit Gummirädern bereift und die Landwirtschaft umstrukturiert wurden, keine Zukunft mehr hatte. Inzwischen baut er schöne eichene Miniaturausgaben von Leiterwagen, Schubkarren und Mistkarren (nach seiner Arbeit in der Achsenfabrik).

Mein Zwillingsbruder Hermann wurde – mit 14½ Jahren – aufgrund von Beziehungen zu einem Kriegskameraden zum Schriftsetzer bestimmt; er hat nicht zu Ende gelernt, versuchte sich eine Zeitlang in einer Metzgerlehre, um dann als geprüfter Papiermacher abzuschließen. Nach vielen Jahren als Maurer wurde er Speditionsfahrer und machte sich vor etwa 25 Jahren (1963) selbständig – mit großem Erfolg. Der vierte Sohn, Siegfried, wurde – seinen Neigungen entsprechend – Autoschlosser und war in diesem Gewerbe – ebenfalls lange Jahre als Meister selbständig, bis er ebenfalls in der Achsenfabrik landete. Friedrich wurde zunächst ein tüchtiger Stukkateur und geriet dann in Süddeutschland auf andere Bahnen. Kontakte sind sehr schwierig; er starb Ende 1999 an einer Krebserkrankung. Jürgen sollte es zum Gärtner bringen, was aber mißlang, worauf er sich zu einem tüchtigen Maurer entwickelte, was ihn u.a. in die Lage versetzte, sich ein schönes Haus weitgehend selbst zu bauen. Der jüngste Bruder Hans – er ähnelt mir äußerlich am meisten – kam in eine Landwirtschaftslehre in die Nähe von Honnef. Er war lange Zeit beim RWE als Angestellter tätig, und ist gleichermaßen vital und bodenständig. Keiner von den Brüdern arbeitet heute in der beruflichen Ausgangslage.

Das Hauptproblem bestand in der Ausbildung der vier Mädchen. Mehr als eine Verkäuferinnen-Lehre oder Beschäftigungen in der Kleinindustrie oder eine Tätigkeit in Haushalten waren nicht drin.

Den höchsten Preis, nämlich keine formale Ausbildung zu erhalten, zahlte Friedel, die Älteste, die für eine Weiterbildung besonders geeignet schien. Ihre selbstlose Mithilfe und Unterstützung der Mutter, bis sie etwa 18 Jahre alt war und dann in die Schweiz ging, sind eine unvergessene große Tat, und ich werde nie vergessen, ihr Hohelied zu singen.

Die Schwester Anneliese und Gretel hat es schließlich nach Ausbildung und beruflicher Arbeit im Oberbergischen ebenfalls in die Schweiz verschlagen, wo sie Familien gründeten und sehr zufrieden vor sich hin leben.

Schwester Waltraut lebt nach gescheiterten Ehen vereinsamt in Bayern.

6.5. Vaters stumme, lebenswegentscheidende Zustimmung zu meinem Wechsel nach Köln im Jahre 1953 ermöglicht mein »egoistisches Vorwärtsstreben«

Für mich war lebenswegentscheidend, daß ich ohne behindernde Verzögerung sofort im Anschluß an die Lehre von zu Hause weggehen durfte. Ich sehe meinen Vater noch vor mir, wie er an einem Sonnabend nachmittag im Februar 1953, in der Küche, an den Schrank gelehnt, von mir erfuhr, daß ich gute Aussichten hätte, beim Arbeitsamt Köln eingestellt zu werden. Mein sehnlichster Wunsch sei, dann abends an der Verwaltungs- und Wirtschaftsakademie studieren zu können. Er schien betroffen, wirkte nachdenklich, sagte kein Wort, keines der Ablehnung, keines der Ermunterung. Mit schweren Füßen wandte er sich bald zur Arbeit auf den Hof.

Ich hatte ein verdammt schlechtes Gewissen. Meine Lehrlingsvergütung von DM 60,-- monatlich ging nach Abzug der Fahrkosten und eines geringen Taschengeldes in die Haushaltsführung. Außerdem hatte man mir im letzten Jahr eine zusätzliche Ausbildungshilfe in derselben Höhe gewährt; sie wurde natürlich voll abgeliefert. Das zu erwartende Gehalt als Angestellter bei einer Weiterbeschäftigung in Gummersbach wäre höher als beides zusammen gewesen und hätte der Familie, auch wenn nur ein Teil abgeliefert worden wäre, sehr geholfen. Nachdem ich mir aber das Ziel eines Abendstudiums vorgestellt und unverrückbar vorgenommen hatte, auch die Realisierung gesichert schien, war es mir nicht mehr möglich, auf Belange der Familie Rücksicht zu nehmen. Ich war von meinem egoistischen Vorwärtsstrebenwollen so durchtränkt, daß mich mein Vater nur um den Preis schwerster Beschädigung davon hätte abhalten können. In seiner Reaktionslosigkeit mag sich das ihm mögliche Maß an Zustimmung verborgen haben; jedenfalls gab es keine Vorwürfe, aber auch keine Ermunterung, die mir zwar mein Gewissen erleichtert hätte, aber bei der Stärke meines Wollens gänzlich unnötig war.

Natürlich erinnere ich mich in bezug auf meinen Vater an mehr als hier verzeichnet ist. Erwähnens- und bewahrenswert sind einige seiner Sprüche, die ich nur von ihm und danach nie wieder von einem anderen Menschen gehört habe, eine gute Mischung aus Strenge und Ironie: »Bildet Euch bloß keine Schwachheiten ein« (wenn wir nicht arbeiten wollten und Müdigkeit vorschützten), »Ja, das könnt Ihr, Federn in die Luft blasen« (wenn wir mit unseren Leistungen auf irgendeinem Gebiet prahlen wollten) und »Wenn's Brei regnet, fehlt Euch der Löffel« (wenn wir uns für irgendeine Arbeit als zu dumm erwiesen). »Wer den Kelch hat, segnet sich«, zeugt von besonders tiefer Einsicht in wesentliche Zusammenhänge des gesellschaftlichen Lebens. »Laßt Euch das bloß nicht in die Haut trocknen«, wenn er befürchten mußte, daß wir Aufträge oder Ermahnungen vergessen würden.

Wie viele (oder die meisten?) der Kinder der Kriegsgenerationen habe ich mit meinem Vater nie über seine Erlebnisse am 1. und 2. Weltkrieg gesprochen. Von 1953 – 1966 war ich relativ wenig zu Hause und mit ihm auch wenig zusammen. Mein Interesse erwachte auch erst sehr viel später – »als es zu spät war«. Da er kein wirklich gesprächsbereiter Mensch war, wäre eine »Befragung« wahrscheinlich wenig ergiebig gewesen. So oder so: es ist und bleibt schade!

Eine weitere Besonderheit meines Vaters war sein Priemen. Mir steht lebhaft vor Augen, daß meine Mutter bei ihren Einkäufen immer daran dachte, eine Rolle »Strangtabak« mitzubringen. Das war eine etwa 35 cm lange, wie eine große Haarnadel gebogene und zusammengebundene, mehr als daumendicke, fest zusammengepreßte Rolle aus Tabakblättern (wahrscheinlich mit einem Sirup »gesoßt«), die der Vater als Zigarren-, Pfeifen- und Zigarettenersatz verwendete. Er hatte ein sehr scharfes Taschenmesser und schnitt sich auf einem Holzbrett jeden Morgen mehrere, einige Millimeter dicke Scheiben von der Rolle ab, steckte sich einen Teil in den Mund, wickelte den anderen fest in Zeitungs- oder Butterbrotpapier ein, den er dann mit zur Arbeit nahm. So priemte er, d.h. kaute tagsüber bei seiner Arbeit im Wald Tabak. Es sollte mich wundern, wenn es heute noch eine Möglichkeit gäbe, »Strangtabak« zu kaufen. Jedenfalls habe ich seit etwa Ende der 50er Jahre eine solche Tabakkuriosität nicht mehr gesehen und ich glaube, daß auch mein Vater danach das Priemen aufhörte und sich hin und wieder den Zigarren zuwendete.

Der Vater war auch ein religiöser Mensch, was sicher das Erbe der pietistischen Erziehung und des Umfeldes, das in Berleburg sogar zu einer besonderen Bibelausgabe geführt hatte (s. S. 47), gewesen war. Er hielt uns ziemlich ernst und hartnäckig zum Kirchgang an und ging auch selbst regelmäßig nach Nümbrecht in die Kirche, wo er auf den oberen Bänken mit direktem Blick – in etwa in Augenhöhe mit dem Prediger auf der Kanzel – eine Art Stammplatz hatte. Wir gingen häufig getrennt zur Kirche und zurück und blieben auch in der Kirche meistens in einigem Abstand zu ihm sitzen, konnten aber gut beobachten, wie er regelmäßig bei der Predigt einschlief. Beim gemeindlichen Gesang war er dann wieder dabei und seine Stimme war laut und melodisch und so glaube ich auch zu erinnern, deutlich herauszuhören. Eine Zeitlang hat der Vater auch im Männerchor Nümbrecht unter Leitung des Bäckermeisters Karl Heckmann gesungen. Dieser war einer der wenigen noblen und hilfsbereiten Nümbrechter mit viel Verständnis für unsere besonderen Umstände.

Diese Umstände bestanden natürlich in den Vor- und Nachteilen der kleinen Landwirtschaft, wobei die Vorteile klar überwogen, weil unser aller Arbeitseinsatz nicht in Geld gezählt wurde, bzw. gezählt zu werden brauchte. Zu möglicherweise selbst verschuldeten monetären Nachteilen gehörte nach meinen Beobachtungen die Leidenschaft des Vaters zu »handeln«, d.h. zu »tauschen«, nämlich Kühe. Z.B.: Der Vater hatte eine Kuh, die er decken ließ, um sie dann gegen eine andere »hochtragende« zu tauschen, wobei er natürlich einen erheblichen Betrag zuzahlen mußte. Gewinn versprach er sich vom Verkauf des Kälbchens und der schneller verfügbaren zusätzlichen Milch. Oder ein anderes Beispiel: Eine Kuh sollte zum Schlachter weggegeben werden und anstatt sie zu verkaufen, tauschte er sie gegen ein erstmals tragendes Rind und zahlte wiederum entsprechend seinen und des Händlers Einschätzungen dazu. Wir Kinder standen herum, wenn der Vater mit dem Händler Drinhausen »handelte«, bis sie sich irgendwann einigten, was meiner Erinnerung nach durch zweimaliges Hände-Aufeinanderschlagen rechtskräftig gemacht wurde. Mich bedrückte es, einmal ein Gespräch des Müllers Schopmann mit einem Kunden zu hören, das wie folgt verlief: Ja, der Karl hat wieder gehandelt, ich versteh' nicht, warum er das so gerne macht. Er wird doch immer über's Ohr gehauen!

Ob diese Beurteilung nun richtig war oder nicht, ist sicher schwer zu sagen, der Vater war jedenfalls in Stimmung und mag das auch aus guten Gründen anders gesehen haben.

Eines Tages hatte der Vater Krach mit seinem Arbeitgeber, dem Fürsten zu Sayn-Wittgenstein bzw. dessen Untergebenen, die seine Vorgesetzten waren. Verärgert wie er war, bewarb er sich – mit seinen Kindern etc. am Hals – um eine vergleichbare Stelle! Zum Glück bekam er sie nicht und wir brauchten nicht umzuziehen. Mir kam sein Bewerbungsschreiben vor die Augen, was er demnach vielleicht gar nicht abgeschickt hatte, in dem er u.a. stolz vermerkte: »Und habe ich zwei Kühe schuldenfrei im Stalle stehen!«

Vater am Zaun unterm Kirschbaum, etwa 1960

Ich wurde sehr an diese Vorgänge erinnert, weil ich im Sommer 1990 am Handel mit einer Kuh und einem Kälbchen genau DM 350,– verlor und diesen »Verlust« in den Kauf der Hamburgensie meines Hafenbildes steckte – welch' eine Geschäftstüchtigkeit.

7. Meine Berührung mit dem Krieg und lebenslange Abscheu vor den Nazi-Greueltaten

7.1. Einschulung im Kriegsjahr 1940

Zu Ostern 1940 kamen wir, die übliche Zuckertüte im Arm, in die Volksschule. Unsere Aufregung war groß, denn nun sollte der Ernst des Lebens beginnen, d.h. unsere einsame Freiheit beschnitten, wir sollten eingefangen werden. Der Tag der Einschulung für die »I-Dötzchen« stand seit langem fest. Wir hatten uns gedanklich mit Hilfe des schon erfahreneren älteren Bruders etwas vorbereiten können. Die Mutter hatte für jeden von uns Zwillingen einen Ranzen und eine Schiefertafel mit Griffel und Schwamm besorgt. Zum Willkommensgruß hielt der Lehrer, der schon bald zum Krieg eingezogen wurde, und bis zum Kriegsende beim Militär und schließlich noch in Gefangenschaft blieb, jedem von uns eine große braune Tüte mit dicken weißen Kandiswürfeln vor die Finger mit der Mahnung, nur einen zu nehmen.

So begann die Schulzeit, in der wir im Voranschreiten des Lernens ungewöhnliche Anstöße von außen erhielten, die wir aber erst mit der Zeit wahrnahmen und halbwegs begreifen konnten. Ich meine die politische Beeinflussung durch den Nationalsozialismus und den Krieg.

7.2. Wie ich den Kriegsbeginn erlebte – mit unserer Wahrnehmungsfähigkeit wuchs auch die Begeisterungsfähigkeit

Der Kriegsbeginn am 1. September 1939 war durch das Radio, den »Volksempfänger« bekanntgemacht worden. Am nächsten Tag standen Einzelheiten in der Zeitung, die mittags mit der Post zugestellt wurde. Wir kamen von irgendwoher nach Hause und fanden unsere Mutter, stehend vor dem Haus, in der Zeitung lesend. Sie wirkte außerordentlich, ja in befremdlicher Weise bedrückt. Ihr tiefer pessimistischer Ernst verbreitete regelrechte Trauerstimmung. Dieser mochte u.a. von ihren Erinnerungen an den ersten Weltkrieg ausgelöst worden sein, in dem sie in der mittelgroßen Stadt Siegen mit ihrer Familie größten Hunger und größte Entbehrungen ausgestanden hatte.

In den folgenden Jahren wuchs unsere Wahrnehmungsfähigkeit, die vor allem Begeisterungsfähigkeit war: »Siegreich wollen wir Frankreich schlagen«. »Denn wir fahren, denn wir fahren, denn wir fahren gegen Engeland.« »Es rasseln die Ketten, es dröhnt der Motor...« waren Kriegslieder, die täglich aus dem Radio dröhnten. Wir sangen oder grölten mit und wurden weder deren Worte noch Melodien je wieder los. In der Schule und für die Schule malten wir Stukas, Flugzeuge, ganze Luftgefechte, Panzer, Kanonen, schwere Schlachtschiffe und Unterseeboote. Der Krieg beschränkte sich für uns lange Zeit auf eine Serie von Siegesmeldungen. Sicher waren wir gerade wegen unseres kindlichen Unverstandes Hitlers kriegsbegeisterungsfähigsten Jahrgänge. Mit der Zeit prägten sich die Namen der Kriegsschauplätze ein. Wahllos erinnere ich mich an Stalingrad, Kursk, Orel, die Pripjet-Sümpfe, Monte Cassino, El Alamain, Tobruk, Narvik. Als es mit dem Siegen schwerer wurde, beherrschten Stalingrad oder Monte Cassino monatelang die Meldungen.

7.3. Schneiders Werner war in Stalingrad – unser Vater schrieb als Besatzungssoldat zuletzt aus Lorient

Zum ersten Mal verband sich mit der Schlacht in Stalingrad ein Bekannter, Schneiders Werner, der Sohn des schon bekanntgemachten Hausschlachters, kämpfte dort im Kessel. Seine Mutter wirkte auf uns, rastlos vor Ungewißheit und Angst. Sie haben nie etwas von ihm oder über ihn gehört. Nach Stalingrad ging es im Sommer 1944 mit der Invasion durch die Alliierten im Westen los. Aus dem brennenden Caen hatte sich Onkel Hermann, der jüngste Bruder meiner Mutter, absetzen können. In Lorient war unser Vater Besatzungssoldat. Wir hörten im letzten halben Jahr des Krieges bis zu seiner Rückkehr aus der Kriegsgefangenschaft nichts mehr von ihm.

7.4. Wir beobachten unbeschreiblich reizvolle Luftkämpfe, hatten Todesangst vor Bombenangriffen, pilgerten zu den Flugzeugwracks und wurden im April 1945 von einem Absturz nicht weit von unserem Hause geweckt – wir sahen die ersten zwei toten Amerikaner und ihre Familienphotos

Allmählich spürten wir mit dem Näherkommen der Kriegshandlungen viel unmittelbarer, was Krieg bedeuten konnte. Hin und wieder waren wir tagsüber Zeugen von Luftkämpfen zwischen eindringenden Bombergeschwadern, deren Bewachern und unseren Abwehrjägern. Bei solchen Zweikämpfen war nicht immer vom Boden aus festzustellen, ob es einer der unsrigen war, der schließlich siegte bzw. verlor und brennend abstürzte. Das Schauspiel am Himmel war von unbeschreiblichem Reiz. Kein Ritterturnier hätte uns je so faszinieren können. Wir standen aufgeregt mit offenen Mäulern da, als Zeugen von Vorgängen, die unerhört neu, niemals zuvor so stattgefunden hatten und von dramatischer, ja tödlicher Wucht waren.

Das Dröhnen und Wummern der Bombengeschwader und der aus der weiten Ferne hin und wieder zu uns dringende Lärm der Flugabwehr machten uns hilflos und ängstlich. Der Effekt auf uns war mit Einschüchterung nicht mehr treffend zu beschreiben. Wir spürten eine Ahnung von Todesangst, die sich steigerte, als im April 1945 der nahegelegene Bahnhof bombardiert wurde. Ich war mit einem Bruder an einem Vormittag dort gewesen und nur in letzter Minute in der Lage, in den Keller des Krämers zu flüchten, bevor einige hundert Meter weiter eine Serie von Bomben den Bahnhof zerstörte.

Hin und wieder stürzten von der Flak oder den Jägern getroffene Bomberflugzeuge in der Nähe ab. Wir mußten natürlich voll brennender Neugierde sofort hin und liefen zu diesem Zweck oft stundenlange Wege. Je näher wir dann aber an das Flugzeug kamen, desto scheuer wurden wir. Ob wohl noch Tote im Wrack waren? Nur die Angst hielt uns schließlich davon ab, ganz nahe ranzugehen. Wir wunderten uns über die riesigen Abmessungen des Rumpfes und der Flügel und waren ganz wild auf das Plexiglas der Kanzel, das uns als Werkstoff noch völlig unbekannt war. Sehr Mutige erbeuteten auch das uns unbekannte Aluminium und Maschinengewehr-Munition.

Ganz zuletzt, einen Tag bevor die Amerikaner unser Gebiet, von Osten kommend, des Nachts besetzten, stürzte morgens, gegen 8.00 Uhr, nach kurzem Gebell einer 2-cm-Kanone ein amerikanisches Aufklärungsflugzeug, keine hundert Meter von uns entfernt, mit einem schrecklichen Krach ab. Wir sprangen aus den Betten (die Schule war schon wochenlang geschlossen) und eilten zur Absturzstelle. Das zweisitzige Flugzeug war durch den Wipfel einer Eiche gefallen und hatte einige dicke Äste mit abgerissen, deren Stummelreste am Stamm noch jahrzehntelang vom Boden aus zu sehen waren. Deutsche Soldaten bargen zwei tote amerikanische Offiziere, öffneten deren Brieftaschen, zeigten Photos ihrer hübschen Frauen herum und legten sie schließlich hinter ein Militärfahrzeug, wo sich den ganzen Tag über niemand mehr um sie kümmerte. Herbeigeeilte Bauern hatten die seidenen Fallschirmpakete an sich genommen und wo es ging, die Ringe der Toten abgestreift; wo es in einem Fall zu lange dauerte, hatten sie einfach den Finger abgeschnitten.

7.5. Neugier auf und Berührung mit Kriegsmaterial, Panzern und Munition und Kriegsgefangenen

In den letzten Monaten des Krieges waren Truppenbewegungen mit Panzern, Artillerie, Munitionswagen usw. alltäglich. Wir konnten nicht nahe genug dabeisein, kletterten auf stehende Fahrzeuge, schauten in Panzer, kletterten, wenn man es uns erlaubte, auch hinein und waren von den militärischen Einrichtungen nicht wegzukriegen. Wiederholt zogen Kolonnen von Kriegsgefangenen schweigend und langsamen Schrittes oft stundenlang auf der nahen Straße vorüber. Dann standen wir betroffen und ebenfalls schweigend an den Straßenrändern. Wir spürten das trostlose ungewisse Schicksal von Tausenden von Russen oder Polen.

Mit Einzelgefangenen aus diesen Ländern, die bei den Bauern, in Steinbrüchen oder beim Bau von Panzersperren eingesetzt wurden, waren wir ein bißchen vertraut. Für länger als ein Jahr war uns eine zwangsverpflichtete Ukrainerin zugewiesen worden, um die Mutter zu unterstützen. Deren Mobilität war nicht so eingeschränkt, daß sie sich nicht mit Landsleuten Sonntagsnachmittags reihum, also hin und wieder auch bei uns, hätte treffen können, wo wir Kinder uns gerne unter sie und ihre männlichen Landsleute mischten und neugierig zuhörten. Von Nadja aus der Ukraine lernten wir ein bißchen Russisch. Wir staunten, wie schnell sie von uns lernte und mit uns sprechen konnte. Ich sehe diese große, gutmütige, nicht mehr sehr junge Frau mit schlechten Zähnen und einem guten Herzen immer noch vor mir. Schon im Februar 1945, also rund ein Vierteljahr vor der Kapitulation, war sie eines Morgens verschwunden, ohne irgendeinen Hinweis gegeben zu haben. Wir Kinder verübelten ihr nicht, daß sie abgehauen war, obwohl wir uns sehr wunderten, was mit ihr geschehen würde, aber daß sie unseren besten Schlitten mitgehen ließ, war unverzeihlich.

7.6. Ich begleite deutsche Soldaten als Pfadfinder und erhalte meine erste Dose Schoka-Cola

Als die Front heranrückte, wurde ich mehrere Male von deutschen Aufklärungstrupps gebeten, sie zu begleiten, um ihnen die Orientierung in unserer bergigen Gegend zu erleichtern. Im Tal neben der Molkerei stand im Eichenwald eine Batterie deutscher schwerer Artillerie, von der wir bis zu diesem Zeitpunkt nichts gehört hatten. Als ich mich an einem frühen Morgen mit einem Trupp deutscher Soldaten näherte, ging mit einem Male eine gewaltige Kanonade los. Die Geräusche waren so furchterregend laut, daß ich mich in einen morastigen Straßengraben warf und am liebsten nicht wieder erhoben hätte. Die Soldaten schienen sich über meine kreatürliche Angst ein bißchen zu belustigen, nicht zuletzt weil sie wußten, daß es ja unsere Seite war. Alles war erst wieder gut, als die Schießerei aufhörte, der Anführer mir eine große runde Dose Schoka-Cola schenkte und mir dann erlaubte, mich ab nach Hause zu machen, wo von diesem nie zuvor gesehenen, geschweige denn probierten Schokoladengenuß nicht mehr sehr viel für mich übrigblieb.

7.7. Der eigenartige Reiz bzw. Geruch einer Feldbäckerei

Kann man sich vorstellen, welch eigenartiger Reiz von einer Feldbäckerei des Militärs mitten im Wald ausgeht? Nahe der Mühle, in einem dichten, hohen Fichtenwald, den wir nach dem Kriege abholzten, und den ich dann später mit dem Bruder Jürgen mit Eichen und Pappeln bepflanzte, arbeitete eines Tages eine Feldbäckerei. Wir wunderten uns, wo die so plötzlich hergekommen war. Zwischen den Bäumen, unter Zelten, standen die Backöfen, die Teigmaschinen, riesengroße mehlbestäubte Tische und gut abgedeckte und gesicherte Mehlvorräte. Der Geruch des weichen, tannennadelbedeckten Waldbodens mischte sich mit dem herrlich säuerlichen Geruch der Tausende von Kommißbroten. Wir spielten häufig in dieser fast wie verwunschen wirkenden Welt, drückten uns gerne in der warmen Nähe der Backöfen herum und waren vor allem scharf darauf, hin und wieder ein Brot zu ergattern. Die Soldatenbäcker waren nicht großzügig und paßten, man muß es zu ihrer Unehre sagen, viel zu gut auf, als daß wir beim »Organisieren« öfters Erfolg gehabt hätten. So plötzlich wie sie gekommen waren, verschwanden die Bäcker, wie die Heinzelmännchen. Ein Hauch von einer Märchenwelt war verschwunden.

7.8. Handgranaten und Platzpatronen: meine linke Hand wird stark verletzt, und der Zeigefinger muß bis auf ein Drittel amputiert werden, worauf ich nie wieder Munition anfaßte

Mit der Nähe zu Soldaten und Kriegsgeräten war unvermeidlich auch unsere Berührung mit Munition, Handgranaten und sonstigem Sprengstoff, auch mit Gewehren usw. verbunden. Ich war von Waffen aller Art fasziniert, besonders von den schweren Maschinengewehren, aber viel zu ängstlich, um mich ernsthaft mit ihnen abzugeben. Kameraden rühmten sich, das schwarze Schlangenpulver aus Panzergranaten herausgeholt und angesteckt zu haben. Ich war ärgerlich und froh zugleich, daß ich nicht dabei war. Ein andermal konnte auch ich Mut beweisen: Auf dem Weg zur Mühle zündeten wir neben den Stümpfen frisch geschlagener Eichen einige kleinere Feuerchen an. Wir wollten Handgranatenzünder knallen lassen. Wir wußten, wie man die halbzigarettengroßen Zünder rausschraubte und hatten etwa ein halbes Dutzend davon verfügbar.

Die Mutprobe bestand darin, sie aus der Nähe in das Feuer zu werfen und schnell wieder zu verschwinden. Genau ins Feuer getroffen, würden sie recht schnell explodieren. Während die ersten vier unsere Erwartungen erfüllten, taten uns die beiden letzteren diesen Gefallen nicht. Aus guten Gründen zögerten wir nachzuschauen und verharrten eine Weile in Dekkung, bis wir uns dann mit schlechtem Gewissen davonmachten. Die Sache ging jedenfalls für uns besser aus, als eine andere, bei der endgültig zu beweisen war, wieviel Mut ich aufbringen konnte und was ich gelernt hatte.

Ich hatte schon tagelang eine Handvoll scharfer Gewehrmunition mit mir herumgeschleppt, bis ich an einem herrlichen Maiennachmittag im Jahre 1944 (ich war gerade 10½ Jahre alt), von den Geschwistern zu Hause allein gelassen, von Langeweile und Neugierde getrieben, auf die Idee kam, die Metallspitzen abzuziehen und eine Privatknallerei zu veranstalten. Das Pulverhäufchen einer Patrone schüttete ich auf ein kleines Brett und zündete es mit einem Fidibus an, was zu einer schönen Stichflamme führte. Dann nahm ich mir die Hülse vor und stellte sie mit dem geöffneten Ende nach unten auf einen Eichengartenpfahl. Leicht eingeklopft, blieb die Hülse stehen und ich brachte mit Nagel und Hammer das Zündhütchen zur Explosion, Das ergab jedes Mal einen schönen, lauten, gefahrlosen Knall, die kitzelige Aufregung war zu schön.

Die Mutter saß im Wohnzimmer hinter der Nähmaschine, flickte unsere durchgerutschten Manchester-Hosenböden und tat sehr erschrocken. Ich wurde hereingerufen, erklärte die Ungefährlichkeit, wurde ermahnt, den Unsinn zu lassen und fuhr mit meiner Knallerei fort, bis ich keine Patronen mehr hatte. Gegen Abend fanden sich schließlich die Geschwister von irgendwoher ein und prahlten mit einem ganzen Beutel voller Platzpatronen. Nun war es aber an mir zu zeigen, was ich ihnen voraus hatte. »Kommt mit mir, ich zeig1 Euch was.« Ich nahm ihnen eine Patrone ab, die Zeit drängte wegen des Abendessens und wir begaben uns um das Haus herum, wo eine alte, völlig intakte Feuerspritze mit einer dicken Eichenholzplatte und einem wunderschönen Kupferkessel vor sich hin rottete.

Mit einer Zange zeigte ich, wie man die Patronenspitze abzieht. Oh weh, die splitterte ja, die war ja aus Holz. Immerhin, die Öffnung war da und ich schüttelte kräftig, um das Pulver loszuwerden. Da kein Pulver rauskam (wie bei den scharfen Vettern vom Nachmittag), glaubte ich auch an dessen Nichtvorhandensein. Nun brauchte ich dringend einen Helfer zum Festhalten der Patrone, damit ich schnell imponieren konnte. Bruder Ludwig, der Älteste, weigerte sich sofort. Zwillingsbruder Hermann, sonst immer der Mutigste, auch, was mich nicht wenig verbitterte. Schließlich war der neunjährige Siegfried bereit zu helfen. Wieder rief die Mutter dazwischen: »Kinder, Essen kommen.« »Ja Mutter, gleich.«

Siegfried hielt die Patrone, ich schlug auf den Nagel und damit auf das Zündhütchen. Nichts. Ein zweites Mal. Nichts. Verdammt noch mal, welche Blamage. Ich schlug ein drittes Mal. Was dann kam, war kein Knall mehr, das war eine richtige Explosion. Ich besah mir meine linke Hand: Der Daumen war von der Hand halb abgelöst, sah richtig heruntergeklappt aus und blutete auch am oberen Ende. Der linke Zeigefinger war ein Glied kürzer und der Rest ziemlich zerfranst, der Mittelfinger hatte am oberen Ende auch ordentlich was abgekriegt. Unter großem Geschrei aller und schmerzhaftem Gewimmer meinerseits, die linke Hand mit der rechten nach oben haltend, rannten wir zum Förster, um den Arzt herbeizutelefonieren. Die Sudelei wurde durch ein schnell um die Hand geschlungenes Tuch begrenzt. Während ich, im Mittelpunkt stehend, alles zu erklären versuchte, drehte meine Mutter sich um und gewahrte erstmals das zweite Opfer, ihren Sohn Siegfried. Dessen rechte Hand war an drei Stellen verletzt, wenn auch natürlich nicht annähernd so schwerwiegend wie bei mir, versteht sich. Ich verbrachte danach 8 Tage im Krankenhaus, in dem der Zeigefinger auf ein Glied reduziert und alles andere sehr passabel genäht worden war. In der Schule gewährte ich dann Einsichten in die Wunden, indem ich den Verband lockerte, was den Heilungsprozeß etwas hinauszögerte. Ein Gutes hatte das alles: Ich habe niemals wieder Munition angefaßt.

Ausgerechnet jetzt, als ich im Krankenhaus lag, kam Vater aus Frankreich auf Urlaub. Er besuchte mich, damals 44 Jahre alt, in seiner kleidsamen Unteroffiziers-Uniform und zeigte sich sehr erleichtert, daß uns im Grunde nicht viel passiert war. Es hätte sehr viel schlimmer ausgehen können, sagte er sich ganz offensichtlich und war lieb und väterlich zu mir.

7.9. Das Kriegsende – wir plapperten bis zuletzt die Durchhalte- und Hoffnungsparolen des Regimes nach und glaubten fest an die alles wendende »Wunderwaffe«

Das Herannahen der Front, Bombenangriffe und Geschützfeuer in unmittelbarer Nähe, massive Truppenbewegungen, Mobilisierung der heimatlichen Reserven, Bau von Panzersperren und Schützengräben zeigten an, daß sich die militärische Lage ab Herbst 1944, fast für jeden erkennbar, hoffnungslos verschlechtert hatte. Ab Sommer 1944 wurde der »Volkssturm« aufgestellt. Das waren kleinere Kampfverbände daheimgebliebener Männer und von Jugendlichen von etwa 16 Jahren ab, die in Uniform herumzogen und Schießen übten, u.a. mit Panzerfäusten auf unsere Apfelbäume. Wir wären gerne den Aufrufen gefolgt und an den Westwall gezogen, um dort Befestigungen zu bauen, wenn man uns nur genommen hätte. Unsere Abenteuerlust war erwacht, gab sich aber auch bald wieder.

Das Attentat deutscher Offiziere auf Hitler am 20. Juli fiel in diese Zeit. Es war in der Darstellung über Rundfunk, Zeitungen und Wochenschauen eines der abscheulichsten Verbrechen der Menschheit gegen den Führer. Sein Überleben wurde als Zeichen göttlicher Fügung gedeutet. Der Wille zum und der Glaube an den Endsieg schienen verstärkt worden zu sein. Jedenfalls waren wir davon überzeugt, d. h. wir plapperten ohne nachzudenken, die Durchhalte- und Hoffnungsparolen des Regimes. Besonders in den letzten Kriegsmonaten glaubten wir fest an die Wunderwaffe, die noch alles rechtzeitig wenden würde.

Als meine jüngere Tante im Sommer 1944 in W. klipp und klar auf solche Parolen und meine Gewißheit sagte: Du wirst sehen, diesen Krieg verlieren wir, war ich verwirrt, sogar entsetzt. Das hatte in meinem Beisein noch nie jemand gesagt. In den letzten Tagen der Kriegshandlungen wurde unser 16jähriger Vetter Fritz, der einzige Sohn der älteren Tante, mit dem ich in den Sommerferien viel gespielt hatte, als Mitglied des Volkssturmes erschossen.

7.10. Die Amerikaner kommen im Schutz der Nacht – ich (wir) entdecke(n) Tote

Als die Amerikaner im Schutz der Nacht unser Gebiet am 10. April 1945 besetzten, waren wir in den Keller zu den Kartoffeln und zum Eingemachten geflüchtet. Wir, das waren eine Mutter mit ihren elf Kindern, und die vier uns zugewiesenen Flüchtlinge aus der Eifel. Draußen wurde laufend geschossen. Mit der Pistole herumfuchtelnd, traute sich plötzlich abends gegen 22.00 Uhr ein Amerikaner auf die Kellertreppe und fragte nach deutschen Soldaten. Wir bebten vor Angst, waren froh, die Fragen gemeinsam verneinen zu können und hofften inständig, daß er uns glauben würde. Zum Morgen hin wurde es im Haus ruhig. Wir schauten nach. Die Amerikaner hatten in den Betten kampiert und eine Menge an Weißbrot, Konserven, Zigaretten und Schokolade übriggelassen. Das entschädigte ausreichend für die zugefügte Angst.

Die Schießerei hatte auch Zivilopfer gefordert: Ein vom Försterhaus in die Burgschänke flüchtender älterer, uns gut bekannter Herr wurde, nachdem er die Tür hinter sich geschlossen hatte, erschossen. Das Geschoß, vielleicht war es auch eine Garbe aus einer Maschinenpistole, hatte den Türdrücker abgeschossen, die schwere Eichentür durchschlagen und den Mann von hinten sofort tödlich verletzt.

Am nächsten Tag, am hellen Vormittag, als die Sonne schien und wir etwas gegessen hatten, mußte ich, gegen den ausdrücklichen Wunsch meiner Mutter, raus aus dem Haus und nachsehen, was überall passiert war. Meine Neugierde war hundertmal stärker als die Angst. Draußen legten dicke, schwarze Amerikanersoldaten eine Telegrafenleitung, Jeeps fuhren herum und andere Fahrzeuge sowie Panzer. Niemand kümmerte sich um mich. Ich sah schnell, daß die zwei toten Flieger vom Vortag nicht mehr an ihrer Stelle lagen. Zwischen den Soldaten hindurch wanderte ich die Straße hinauf, Richtung Heuwiese und Sportplatz. Unsere Wiese wurde von einem Abkürzungsweg durchzogen. Schon aus der Entfernung sah ich, daß mittendrin, neben dem Weg, ein toter Soldat lag. Grauen, Angst und Entsetzen waren nichts gegen meine unbezwingbare Neugierde. Ich überquerte das weite freie Feld und stand bald neben dem toten Amerikaner, der, in die Brust getroffen, verblutet war. Noch einige Jahre danach war die Stelle seines Todes durch den üppigsten Graswuchs auf der ganzen Wiese leicht zu finden.

Beim Nachtangriff mußte ein Schußwechsel stattgefunden haben, denn auf der gegenüberliegenden Bergkuppe war ein 18jähriger deutscher Soldat gefallen. Vielleicht eine, vielleicht auch zwei Wochen nach der Besetzung fand ihn mein ältester Bruder auf der Suche nach einer durchgebrannten Kuh. Er führte uns hin. Wir sahen, daß der Soldat durch einen Schuß zwischen Mund und Nase getötet worden war, und erstatteten Meldung bei der Gemeindeverwaltung. Dieser Soldat wurde dann geborgen und auf dem Soldatenfriedhof begraben. Einige Jahre später suchte uns sein Vater, ein rührend feiner, älterer Herr, auf und fragte nach Einzelheiten.

Es fällt mir nicht leicht, mich heute an die direkten Auswirkungen dieser Begegnungen mit dem Tode zu erinnern. Jahrelang waren die Informationen aus Rundfunk und Zeitung gefüllt mit Meldungen über zighunderttausendfache Tode auf allen Schlachtfeldern Europas. Die Berichte über den U-Boot-Krieg, über die Tausende von versenkten Schiffen enthielten zwar vornehmlich Angaben über die vernichteten Bruttoregistertonnen, aber dahinter standen doch auch viele zigtausend elend zugrunde gegangener Menschen. Nun erlebte ein gut Elfjähriger unmittelbar und gänzlich unbeteiligt die tödlichen Konsequenzen des Krieges an einer Handvoll Menschen, die in seinem Wirkungskreis nur wenige Stunden vorher noch gelebt hatten.

Keiner von uns Kindern wußte, ob unser Vater dieses Schicksal nicht auch schon erlitten hatte.

7.11. Die Verbrechen der Nazis werden bekannt – der Oberberger Robert Ley gehört zu den Hauptangeklagten des Kriegsverbrecherprozesses in Nürnberg und endet durch Selbstmord

Es dauerte nicht lange, bis die grauenhaftesten Verbrechen der Nazis aufgedeckt und bekanntgegeben wurden. Hierzu trugen vor allem die Kriegsverbrecherprozesse in Nürnberg bei, die am 30. September 1946 mit 12 Todesurteilen endeten. Unter den 24 Hauptangeklagten befand sich der aus dem Oberbergischen stammende Robert Ley, Reichsorganisationsleiter der NSDAP und Eigentümer eines riesigen Gutes Rottland, etwa 10 km von uns entfernt. Er hatte während des Prozesses Selbstmord begehen können, wie auch Göring am Tage vor seiner geplanten Hinrichtung. Die Exekutionen »durch den Strang« Mitte Oktober während der Kartoffelernte, erinnere ich sehr genau, d.h. ihre tagelangen Ankündigungen und die scheußlichen Berichte über die Durchführung.

7.12. Heranführung an den Nazi-Staat – Reiz des »Jungvolks« – Mißbrauch des jugendlichen Idealismus'

Es traf sich durch meine Geburt im Jahre 1933, daß ich von den gut zwölf Jahren dieses auf mindestens tausend Jahre geplanten deutschen Reiches 11½ Jahre »miterlebte«. Was es bedeutete »im Geist des Nationalsozialismus« aufzuwachsen und erzogen zu werden, erfuhren wir systembedingt, allerdings erst in den letzten 1½ Jahren, als wir nach Vollendung des 10. Lebensjahres in das Jungvolk eintreten durften (mußten). Der ältere Bruder erschien uns privilegiert; er war schon 1½ Jahre lang Mitglied, trug eine tolle Uniform, konnte sich zweimal in der Woche mit Jungvolkdienstpflichten vor der Arbeit zu Hause drücken und schien die Jungvolkaktivitäten zu lieben.

Wir brannten darauf, einbezogen zu werden. Uniform und die zusätzliche interessante Freizeit waren mächtige Anzugskräfte. Wir trieben Sport, spielten im Wald und an Lagerfeuern, bauten Hochsitze und Zelte, lernten marschieren und verschanzten uns in Gräben und hinter Büschen, vor allem aber, wir sangen, wir sangen, wir sangen. Zum Beispiel die HJ-Hymne: »Unsere Fahne flattert uns voran, in die Zukunft zieh'n wir Mann für Mann, wir marschieren für Hitler durch Nacht und Not... ja, die Fahne ist mehr als der Tod.«

Ich war im allgemeinen gerne dabei, übernahm auch willig Pflichten und bedauerte, daß ich noch so lange Zeit warten mußte, bis ich mit 14 endlich in die Hitlerjugend aufgenommen werden könnte. Dort würden ganz andere Anforderungen gestellt, dort waren richtige Führungspositionen zu vergeben und dort auch bestand Aussicht auf Einübung an den Waffen. Manchmal betrieben Jungvolk und HJ auch gemeinsam alle möglichen Freizeitaktivitäten mit zuweilen großen Anforderungen an die Durchhaltekraft, an den Mut und auch an die Opferbereitschaft der doch im Durchschnitt sehr jungen Menschen. Dem zu entsprechen, war denn auch lange nicht jedermanns Sache und in dieser Gemeinschaft aufzugehen, behagte nicht jedem. Unlust, Faulheit, Egoismus, Mangel an Kameradschaftsgeist waren auch durch noch so zündende Appelle und Hinweise auf den Führer nicht auszurotten.

Daß es also mit dem Zusammenschweißen nicht so hundertprozentig klappte, hatte nach meiner Beobachtung wenig oder gar nichts mit einer Ablehnung der totalitären Ideologie zu tun (von der wir wenig oder nichts verstanden), sondern war die zu allen Zeiten anzutreffende Abneigung vieler Menschen, irgendwo mitzumachen, sich im Rahmen einer Gemeinschaft für irgend etwas unter Opfern einzusetzen. Diese Eigenschaften hat man oder hat man nicht; wer sie hat, gilt gemeinhin als Idealist. Eine der bösen Folgen des Nationalsozialismus war die Enttäuschung vieler dieser »Idealisten« über den schändlichen Mißbrauch ihres in den Führer gesetzten Vertrauens. Wer hatte schon die Verführungsabsichten des Regimes frühzeitig und eindeutig erkennen können? Wir ganz Jungen bestimmt nicht!

7.13. Eugen Kogons Buch »Der SS-Staat« hat mich am nachhaltigsten informiert, erschüttert und politisch geprägt

Im Jahre 1946 war Eugen Kogons Buch »Der SS-Staat – Das System der deutschen Konzentrationslager« erschienen. Ich wußte schon früh, daß es dieses Buch gab, kam aber erst Jahre später dazu, es in Gänze zu lesen. Im Zusammenhang mit all dem, was ich über den Krieg und die Taten des Nationalsozialismus bis dahin erlebt hatte und wußte, hat dieses Buch mir am nachhaltigsten die Augen geöffnet. Die systematisch aufbereiteten Erkenntnisse und die dadurch ausgelösten Erschütterungen über die Untaten, die Grausamkeiten und Unmenschlichkeiten, die von Deutschen, von meinen Landsleuten, an Millionen wehrloser Menschen begangen wurden, sind nie vergessen, nie abgestumpft, nie abgeebbt. Im Gegenteil: Diese Erschütterungen haben mich für mein Leben lang an die Seite derer gestellt, die Deutschlands Schande nicht vergessen können, sich mit aller Macht für den Frieden einsetzen und die Versöhnung und Freundschaft Israels suchen.

Wenn man bedenkt, daß Kogons Buch schon bis 1965 eine Auflage von rd. einer viertel Million hatte, dann wunderte ich mich heute morgen (am 29. November 1986) sehr darüber, daß es erst im Band 13, d.h. im »Nachtrag« in Kindlers Literaturlexikon aufgeführt wurde. Ob das Buch trotz der hohen Auflage bei ausreichend vielen Deutschen eine Wirkung wie bei mir ausgelöst, und zwar nachhaltig ausgelöst hat, vermag ich nicht zu sagen. Ich vermag es nur zu hoffen. Dieses Buch darf nie vergessen werden. Ich wünschte uns, daß sich auch in Zukunft junge Deutsche von ihm aufklären, beeindrucken und erschüttern lassen, daß sie Auschwitz besuchen (ich war als einer der ersten deutschen Studenten mit dem SDS im Frühjahr 1958 dort), um dann von Holocaust-Filmen nicht mehr, wie berichtet, so überrascht sein zu können.

IV. Entwicklungszeit

Die Chance zum Weiterlernen (1948 – 1953)

1. Literatur und Ratgeber

1.1. Ab 1950 abonniere ich die Monatsschrift »Der Aufstieg« plus die Wochenzeitung »Christ und Welt«

Schon kurz nach Beginn meiner Lehrzeit brachte mir ein etwas älterer Bekannter die Monatszeitschrift »Der Aufstieg« zur Kenntnis. Ich abonnierte sie einige Jahre und zog daraus großen Nutzen. Die Zeitschrift war in erster Linie für den kaufmännischen Nachwuchs gedacht und enthielt dementsprechend viel Wissenswertes über dessen engere Aufgabenfelder (wie Einkauf, Verkauf, Rechnungswesen, Schriftverkehr, kaufmännisches Englisch usw.), aber auch eine Menge Allgemeinwissen, wie politische oder verfassungsrechtliche Abhandlungen, Geschichte, Literatur, Kultur und Kunst sowie Fragen der Etikette etc.). In dieser Zeit bezog ich auch regelmäßig die Wochenzeitung »Christ und Welt«, die ich solange mit Gewinn las, bis sie mir wegen ihrer pro-Adenauer-Haltung, vor allem in der Wiederaufrüstungsfrage, unleidlich wurde. Namen wie Giselher Wirsing (Chefredakteur), dessen Buch »Der maßlose Kontinent. Roosevelts Kampf um die Weltherrschaft«, Dezember 1941, ich über meinen Bruder aus den Altpapierbeständen der Homburger Papierfabrik erhielt, und aus dem ich mein erstes Amerikabild schöpfte, wurden mir vertraut. Klaus Harpprecht, Rolf Italiaander (mit dem ich in den letzten Jahren in Hamburg häufiger zusammentraf und manchmal etwas helfen konnte) oder Rudolf Hagelstange sind mir aus dieser Zeit bekannt. Neben dem Bezug dieser Periodika zwängte ich mich in zwei weitere Verpflichtungen: Shakespeares Werke in 10 Bänden aus dem Fackelverlag Hamburg und Otto Zierers »Bild der Jahrhunderte«.

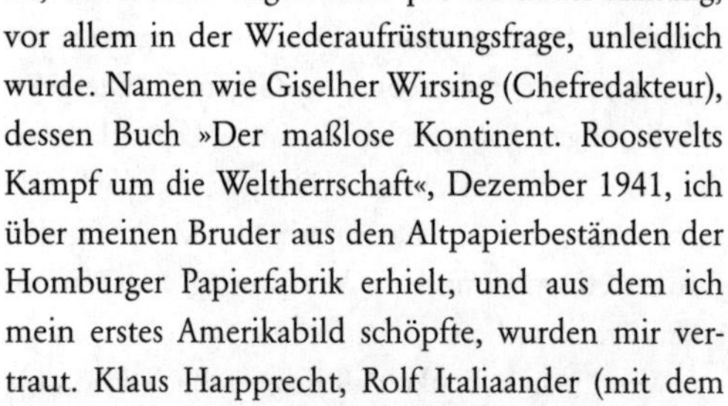

1.2. Erst am 29. September 1951 kaufe ich Goethes Faust »Der Tragödie erster Teil« und beginne auf der Straße mit dem Lesen

Meine Berührung mit dem Genius Goethe aus eigenem Antrieb gelang später, Wir lernten Goethe früh durch die Gedichte in den Schullesebüchern kennen, von denen wir viele auswendig lernten. Möglicherweise wurde ich durch Shakespeare angeregt, mich mehr mit Goethe zu beschäftigen; ich mag gespürt haben, daß ich von ihm im Vergleich zu Shakespeare zu wenig wußte und kaufte mir deshalb an einem sonnigen Herbsttag, genau am 29. September 1951, als ich noch nicht 18 Jahre alt war, das Reclam-Bändchen »Faust. Der Tragödie erster Teil«. In der Mittagspause, auf der Bank in der Bahnhofstraße in Gummersbach, mitten in der Herbstsonne begann ich mit dem Lesen. Es blieb nicht viel Zeit. Zu Hause verstärkte ich das fragile Bändchen durch einen Schutzumschlag aus starkem weißen Butterbrotpapier und versah die Vorderseite mit meiner schwungvollen Unterschrift, dem Titel und dem Datum des Kaufs. So liegt es mir jetzt vor, oft benutzt und trotzdem gut geschont, als ein kleines Wunder meiner Bewahrkunst über unruhige Jahrzehnte hinweg.

1.3. Alle zwei Monate »Shakespeare« für 3,60 plus Versandspesen

Alle zwei Monate kam für DM 3,60 + Versandspesen per Nachnahme ein Band Shakespeare in meine Hände. Ich muß mit 16/17 Jahren den gewaltigen Rang dieses Dichters gespürt haben, sonst wäre ich nicht eine Abnahmeverpflichtung von diesem Umfang und dieser Dauer eingegangen. Ich hatte keineswegs immer Zeit, seine Stücke sofort zu lesen und kenne bis heute nicht alle Werke Shakespeares. Über die Jahre wuchsen mir King Lear, Hamlet, Der Kaufmann von Venedig, Romeo und Julia und Othello besonders ans Herz. Kann man verstehen, daß ich stolz darauf bin, völlig ohne Anleitung, ganz früh die Spur dieses Dichters gefunden und mit ihm meinen Bücherbestand begründet zu haben? Einige Bände waren mit in den Vereinigten Staaten und haben immer wieder Urlaubsreisen unterstützt. Trotzdem könnte ich mich nicht als »Kenner« Shakespeares bezeichnen, eher als »Bewunderer« mit dem etwas schlechten Gewissen des ihn nicht konsequent ausgeschöpft Habenden und damit nicht völlig vertraut

Gewordenen. Wenn man so will, reicht die Kenntnis aber, um etwa Goethes bewunderndes Urteil zu verstehen:

»Shakespeare gab uns goldene Äpfel auf silbernen Schalen. Die erste Seite, die ich in ihm las, machte mich auf Zeitlebens ihm eigen, und wie ich mit dem ersten Stücke fertig war, stund ich wie ein Blindgeborener, dem eine Wunderhand das Gesicht in einem Augenblicke schenkt... nach und nach lernt ich sehen und Dank sei meinem erkenntlichen Genius, ich fühle noch immer lebhaft, was ich gewonnen habe.«

Mir ist erst sehr spät klargeworden (als ich schon weit über 50 Jahre alt war), daß es objektive Gründe gibt, warum es so schwer ist, Shakespeares Werke durchgängig mit Gewinn zu lesen. M. E. hängt dies mit der Schlegel-Tieckschen Übersetzung zusammen. Vergleiche mit englischen Textstellen, z.B. in Heinrich IV., brachten völlig unverständliche, m.E. auch falsche Übertragungen ins Deutsche zutage. Sieht man sich z.B. moderne englische Studienausgaben an, etwa die »Signet Classics«, die jedes »Stück« in Hunderten von Fußnoten erläutern, d.h. deren sprachliche Feinheiten überhaupt erst erschließen, dann ist schlicht nicht vorstellbar, daß unsere Anglisten dies vor annährend 200 Jahren alles parat hatten (immerhin waren die Stücke damals auch schon um die 200 Jahre alt). Daraus leite ich für mich ab, diese englischen Texte zu lesen, was natürlich sehr mühselig aber auch ertragreich ist.

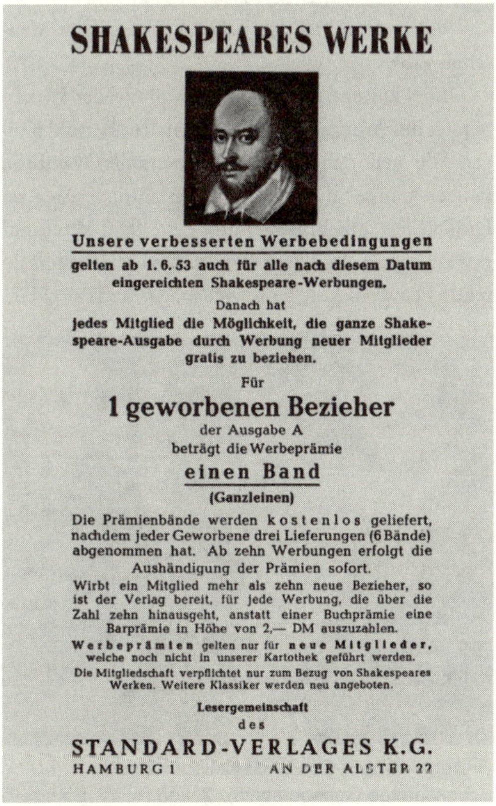

1.4. Ich verpflichte mich für 3½ Jahre, Otto Zierers »Bild der Jahrhunderte« (44 Teilbändchen, 1951 – 1954) zu kaufen, und ziehe daraus großen Gewinn, weitere Lektüre

Die zweite überdauernde Grundlegung bestand darin, Otto Zierers eindrucksvolles Geschichtswerk »Bild der Jahrhunderte« in über 30 Lieferungen plus »Historisches Lexikon« anzuschaffen. Es erschien von 1951 bis 1954. Als Zierer im März 1983 starb, hieß es in Nachrufen:

»Er war fasziniert von der Geschichte. Seine große Zeit hatte O.Z. in den fünfziger und sechziger Jahren, als in regelmäßigen Abständen seine vielgelesenen historischen Romane erschienen.«

Und: *»Das Bild von der Geschichte, das sich so mancher Deutscher in den letzten Jahrzehnten gemacht haben mag, dürfte weniger von den Fachgelehrten, den mehr oder weniger bekannten Professoren, geprägt worden sein, denn von dem Schriftsteller Otto Zierer. Insgesamt hat Zierer mehr als 120 Romane und historische Bücher verfaßt...«. Zierer habe viel Geld mit diesen Büchern verdient.*

Damals, 1951, nahm mich gefangen, wie das Werk angepriesen und eingeleitet wurde: »Hier soll das farbenbunte Dasein vergangener Zeiten wieder beschworen, in dichterischer Gestaltung das Tote zum Leben erweckt werden.« Der erste Band enthielt als Vorwort zum »Gesamtwerk« von über 4.000 Seiten nur eine Seite, die mich aber neugierig machte, begeisterte und wohl zum Kauf bewegte:

»Geschichte ist das Bild vom versunkenen Dasein der Vorzeit, sie berichtet vom Leben und Sterben der Menschen, vom Auf und Ab der Völker und Staaten. Der Abgrund der Zeit liegt zwischen dem Heute und Gestern und in seiner Tiefe dämmern die Schatten der Heiligen und Dämonen, der Helden und Verderber, der Gelehrten, Dichter, Baumeister, Maler und Musiker, der Staatsmänner, Volksführer und Fürsten, der Erfinder und Vorkämpfer hoher und edler Gedanken.«

Das mochte ich, diese Sprache gefiel mir. Ich spürte, daß mit diesem Werk mein großes Interesse an der Vergangenheit in systematischer, vollständiger und packender Weise würde befriedigt werden können. Wie lebendig, einprägsam und authentisch wirkten die Dialoge, Erzählungen und Beschreibungen; die vielen Zitate erweckten den Eindruck, als sei der Verfasser dabeigewesen. Bis zum Sommer 1954 bezog ich das Werk, dem ich »unbeschreiblich« viel an Informationen, Gedanken, Anstößen für weiteres Nachdenken und Lesen verdanke.

Mit Shakespeare, Goethe und Zierers Geschichtswerk sowie dem ständigen Durchstreifen einer anspruchsvollen Wochenzeitung sind die auf mich einwirkenden wesentlichen geistigen Faktoren außerhalb der fachspezifischen Ausbildungsmaterialien keineswegs vollständig bezeichnet. Als Mitglied der Büchergilde Gutenberg kaufte ich 1953/54 folgende Bücher, die ich bis heute bewahrt habe: Adolf Weber: Kulturgeschichte als Kultursoziologie, J. G. Leithäuser: Diplomatie auf schiefer Bahn, Adalbert Stifter: Bunte Steine, Karl Mannheim: Diagnose unserer Zeit, Wilhelm Waetzoldt: Dürer und seine Zeit, Thukydides: Geschichte des Peloponnesischen Krieges.

Ehrlicherweise muß ich sagen, daß mir Weber und Thukydides trotz vieler Versuche bis heute verschlossen blieben, und zwar nicht nur schon damals wegen der 48-Stunden-Arbeitswoche und der anderen Verpflichtungen und Ablenkungen (z. B. der Leidenschaft! des Fußballspielens). Ob Kurt Tucholsky, dem ich unendlich viel an Bewußtseinsbildung, Sensibilisierung, politischer Information und Gewinn an Urteilsfähigkeit, vor allem auch an Stilempfinden verdanke, schon damals zu meinen bevorzugten Autoren gehörte, weiß ich nicht. Auf jeden Fall habe ich ihn von Anfang an in Hamburg viel und bis heute immer wieder gelesen.

Was ich sonst noch in den Jahren meiner Ausbildung, also bis etwa zum Frühjahr 1953 las, weiß ich nicht mehr. Sehr viel zusätzlich Prägendes kann es nicht gewesen sein. Mir blieb auch nicht allzuviel Zeit neben der 48-Stunden-Woche, der Mitarbeit zu Hause und der Leidenschaft (!) des Fußballspielens. Einmal in der Woche war Training und sonntags wurde fast immer gespielt.

Allerdings nutzte ich die etwa einstündige Fahrt zum 20 km entfernten Ausbildungsort mit dem Bahnbus so gründlich wie niemand sonst (zweimal am Tag, sechsmal in der Woche). Kaum hatte ich das Gefährt bestiegen, setzte ich mich in eine Ecke und begann mit irgendeiner Lektüre, von der ich bis zur Endstation kaum jemals aufschaute. Bis zum Beginn der Arbeit im Büro um 8.00 Uhr hatte ich noch einmal eine gute halbe Stunde für mich.

Der Anregung eines Bahngefährten folgend, las (verschlang) ich das damals »beste« Buch aller Zeiten: Felix Dahn, Ein Kampf um Rom.

1.5. Der nachweisbar entscheidende Einfluß von Ratgebern: Bertold Krüger!

Welchen Anteil diese doch eher sporadische Befassung mit Literatur und Geschichte an meiner Entwicklung hatte, ist, wenn überhaupt, nur für die langfristige Prägung zu sagen und kann über Andeutungen, Vermutungen etc., die nichts Besonderes sind und jeder nachvollziehen könnte, nicht hinausgehen. Ganz anders verhält es sich mit dem nachweisbaren Einfluß von Menschen als Erzieher, als Ratgeber, als älterer Freund in der alles entscheidenden formativen Zeit des Heranwachsens, bis ich etwa 20 Jahre alt war.

Welch ein Glück für mich, daß es solche Menschen gab!

Im 4 km entfernten Ort W. wohnte der Berufsberater des Arbeitsamtes Gummersbach, Bertold Krüger. Wir gehörten zu seiner Nebenstelle Waldbröl. Krüger kannte unsere Familienverhältnisse (wer im Umkreis eigentlich nicht?) und hatte dem Vater und mir zu Beginn des Jahres 1948 geraten, die weiterführende Handelsschule zu besuchen. Als nach zwei Jah-

Berthold Krüger (links) mit Kollegen des Arbeitsamtes Gummersbach, 2. von re. W. Binn

ren wieder zu entscheiden war, wie es mit mir weitergehen sollte, hatte B.K. vorgeschlagen, mich beim Arbeitsamt in Gummersbach um eine Angestelltenlehrstelle zu bewerben. Das tat ich rechtzeitig genug, machte einen psychologischen Eignungstest und wurde angenommen. Während der Ausbildung fand ich in Unterlagen einen Hinweis, daß ich wahrscheinlich nicht die erste Wahl gewesen war, was mich etwas nachdenklich stimmte.

1.6. Ich bekomme engeren Kontakt zu unserem Hausarzt und dieser überlegt, mich zu adoptieren – aber ich hatte doch Vater und Mutter!

Eine andere bedeutungsvolle, persönliche Beziehung mit unserem Dorf- und Hausarzt brach dagegen schon Ende 1959 ab, besteht also seit annähernd 30 Jahren nicht mehr. Dieser Arzt, Dr. Gustav Krumm, hatte mir in einer persönlich schwierigen Lage in der Handelsschulzeit durch seine feine verständnisvolle und befreiende Art sehr geholfen und sich seitdem etwas um mich gekümmert. Er hatte keine Kinder. Hin und wieder lud er mich ein, ihn nachmittags auf seinen Krankenbesuchen im Volkswagen zu begleiten. Wir unterhielten uns auf der Fahrt. Dann wartete ich im Wagen auf seine Rückkehr, die Fahrt wurde fortgesetzt usw.

Eines Nachmittags stoppten wir an einem Berghang, setzten uns auf eine Böschung, betrachteten die ruhige Weite und schöne Herbstlandschaft und »mein« Arzt deutete an, daß er sich überlege, mich zu adoptieren. Ich war mit meinen gerade 16 Jahren viel zu überrascht und blöde zugleich, um überhaupt, geschweige denn vernünftig antworten zu können. Mir war die Sache eher peinlich. Ich hatte ja Vater und Mutter, schien über das Gröbste hinweg zu sein und konnte mir so auf die Schnelle eine Loslösung von der vertrauten Familie überhaupt nicht vorstellen; sie wäre mir wie eine Desertion vorgekommen. Das alles sagte ich aber nicht, sondern blieb einfach stumm. Ob er meine Gedanken geahnt hatte, ob er es von einem spontan zustimmenden Aufschrei der Begeisterung abhängig machen wollte, sein Angebot zu vertiefen, weiß ich nicht. Jedenfalls kam er nie wieder darauf zurück, adoptierte aber einige Jahre später ein noch nicht schulpflichtiges Kleinkind.

Dr. K. war ein feinsinniger, selbstsicherer, manchmal arroganter Mann, einziger Sohn eines Schneidwarenfabrikanten aus dem Bergischen Land. Ich verdankte ihm viele gute, einfühlsame Gespräche, die in unserer Gegend nicht gerade leicht zu haben waren. Der vielfältige geistige Austausch erstreckte sich auch auf Politik, von der er zwar nicht viel verstand, die aber in seiner kritischen Haltung Adenauer gegenüber auf mich wirkte.

1.7. Enttäuschungen führen zum Auslaufen der Beziehung – der Tod meines jüngsten Bruders Gerhard

Es gab aber auch Enttäuschungen, die sich steigerten und dazu führten, daß ich die Beziehung schlicht auslaufen ließ. Das fing damit an, daß der Doktor mir Gelegenheit verschaffte, für ihn die gemeindlichen Hand- und Spanndienste abzuleisten und daß er mir für den einen Tag harter Arbeit beim Wegebau den genauen Gegenwert von etwa DM 12,– bezahlte. Dann machte ich mich im Sommer 1951 mit einem geliehenen Fahrrad auf eine zweiwöchige Urlaubstour und bei der Verabschiedung »schenkte« er mir, nachdem er mich über den Umfang meiner Reisekasse befragt hatte, »zehn Prozent« = DM 3,– dazu. Wäre ich doch bloß Manns genug gewesen, diese »Großzügigkeit« abzulehnen!

Meine Entscheidung, in Köln auf dem Bau zu arbeiten und die sichere Arbeitsstelle im Arbeitsamt zu verlassen, um Geld für mein beabsichtigtes Studium in Hamburg zu verdienen, erklärte ich ihm kurz vor Ostern 1954. Er wirkte merkwürdig teilnahmslos; diese meine doch wirklich nicht leichte Entscheidung bewegte ihn kaum. Als ich 1956 in Hamburg auf der Goldkoppel eine Gelegenheit sah, ein süßes kleines Häuschen mit großem Garten von Oma Hühn für runde DM 5.000,– zu kaufen, bat ich um einen Kredit in dieser Höhe. Ich war so vernarrt in diese Chance, daß ich mich in einem umständlichen und langen Brief erniedrigte, ihn um diesen sehr hohen Betrag zu bitten. Die Ablehnung ließ elend lange auf sich warten. Aber sie kam schließlich und war deutlich genug. Als wir heirateten, erreichte uns ein verspäteter Glückwunsch und ein Gipsmadonnenbildnis (Dürers »Madonna mit Kind«) mit einem nicht vom Transport beschädigten Rahmen.

Warum berichte ich eigentlich von diesen »Nickeligkeiten«? Weil sie mich maßlos enttäuschten, weil ich geglaubt hatte, mein Vorwärtsstreben, dessen

Etappen ich jeweils mitgeteilt hatte, würden mehr Anteilnahme, mehr Anerkennung und weitere Ermunterung auslösen.

Dann weigerte sich dieser Arzt in skandalöser Weise, am 18. November 1959, sofort zu seinem Patenkind, meinem tödlich strangulierten jüngsten Bruder Gerhard zu eilen. Der dringende Hilferuf störte ein Gespräch mit dem Pastor, den er nach einer Stunde Verspätung dann gleich mitbrachte. Vielleicht war Gerhard nicht mehr zu retten, aber daß dieser Mann, uns über 20 Jahre so vertraut und verbunden, nicht sofort zur Verfügung stand, nicht sein Äußerstes tat, um zu helfen, war eine unverzeihliche, schandbare Unterlassung.

Mich bedrückte die zunehmende Entfremdung. Wichtige Entscheidungen, mich von zu Hause zu lösen, in Köln neu zu orientieren und nach Hamburg zu gehen, traf ich alleine. Ich wußte genau, was ich wollte und fühlte mich innerlich stark genug, gewisse Risiken einzugehen. Natürlich hätte ich eine Unterstützung durch den Arzt angenommen, was schon aussagt, daß sich solche Erwartungen – wenn auch vage genug – über die Jahre gebildet hatten. Hier ist aber angebracht zu sagen, daß ich mir lieber ein Stück Zunge abgebissen hätte, als dies erkennen zu geben. Schließlich war ich froh, nicht dankbar sein zu müssen. Es war ja auch so gegangen. Die Genugtuung darüber verblieb mir als eine der reinsten und wohltuendsten Grundgefühle und -stimmungen meines Lebens.

1.8. Meine lebenslange Dankbarkeit für unschätzbare Lebenshilfen durch Frau Emmy Allefeld

Eine lebenslange gute und freundliche Erinnerung aus diesen Jahren verbindet sich mit einer älteren Dame, Frau Allefeld, geboren 1875. Sie war eine resolute, freundliche und gebildete Frau, in unserer Gegend also etwas ganz Besonderes. Nach der Verwitwung hatte sie – ich vermute während des Krieges – den Obermelker A. aus Versorgungsgründen geheiratet und war ins kleine Nachbardorf Spreitgen gezogen, wo sie in einem Bauernhaus eine Wohnküche und ein Schlafzimmer bewohnten.

Die beiden wanderten viel herum, besuchten uns auch häufig »auf dem Schloß« und schienen sich unaufhörlich zu streiten. Im Sommer trug er immer einen Strohhut und marschierte bei Hitze mit hochrotem Kopf und schweißnaß, die Einkaufstasche am Krückstock über der Schulter hängend, vorneweg. Ich wurde noch zu Reichsmarkzeiten einmal gebeten, ihren Garten umzugraben, wozu ich zwei Nachmittage brauchte. Ich grub wie ein Weltmeister; die Schollen reihten sich sauber, eben und gerade aneinander, von Grün war nichts, überhaupt nichts mehr zu sehen, die herrliche braunfette Erde strahlte jeden Vorübergehenden an, denn besser war sie noch nie auf die Winterruhe vorbereitet worden. Über die Bezahlung gab es unter den Eheleuten in meinem Beisein eine nicht gerade harmlose Auseinandersetzung, die mit einem »Sieg« des etwas großzügigersein-wollenden Ehemannes endete. Ich erhielt drei statt zwei Reichsmark.

Irgendwann starb der alte Mann recht unauffällig. Frau Allefeld, nun allein, erwies sich als eine interessante, gesprächige Dame bei zufälligen Begegnungen auf den Straßen und Wegen, in Geschäften oder auch bei uns zu Hause.

1.9. Der Vater brachte die Beziehung zustande

Eines Tages, im Winter 1948/49, war der Vater auf dem Heimweg von seiner Arbeit im Walde ein Stück mit ihr gewandert. Dabei hatten sie auch über mich gesprochen und der Vater hatte sie gefragt, ob sie mir nicht beim Bewältigen meiner Englischprobleme helfen wolle. Sie war sofort einverstanden, ich auch, und noch am selben Abend machte ich mich auf den Weg zu ihr. Von da ab verbrachte ich – meistens einmal in der Woche – ein oder auch zwei Stunden in ihrer Wohnküche. Wir setzten uns in dem schummerigen kleinen Raum nebeneinander auf die Bank, der Holzofen bullerte ein bißchen und verbreitete Wärme, sie schlug trotzdem eine Decke über unsere Knie und wir lasen englische Texte. Sie sprach Englisch mit mir, zwang mich, auf Englisch zu antworten und flocht persönliche Erinnerungen, Lebensweisheiten und -erfahrungen, auch Mahnungen ein. Ich war aufmerksam und gelehrig und mit der Zeit mochten wir uns immer mehr. Sie hatte vor dem 1. Weltkrieg einige Jahre mit ihren Kindern in Paris gelebt und sprach Französisch sicher so gut wie ihre bergische Muttersprache.

Ihr erzieherischer Ehrgeiz umfaßte bald auch Französisch und ich lernte einiges von dieser herrlichen Sprache, übte mich vor allem mit ihr in der Aussprache, deren Klang sich vom Englischen so wohltuend abzuheben schien. Leider wurden die guten Anfänge verschüttet; ich hatte auch genug mit dem Prüfungsfach Englisch und anderen Anforderungen zu tun, als daß ich hätte ausprobieren können, wieviel besser ich mit Französisch zurecht gekommen wäre.

1.10. Ihre Mahnung, worauf bei der Wahl einer Ehefrau zu achten sei, und andere gute Erinnerungen

Mit einer Mahnung war es ihr sehr ernst: Wenn Du Dir eine Frau suchst, achte darauf, daß sie Dir das Haus in Ordnung halten und gut kochen kann etc. Es kommt nicht darauf an, ob sie schön ist, sie kann ruhig eine dicke rote Nase im Gesicht haben, wenn sie nur eine ordentliche Hausfrau ist und: Achte auf ihre Mutter, die Tochter wird später genau so!

Sie sprach auch über ihren Tod und wünschte sich, daß ich sie nicht vergessen möge: Wenn Du später einmal Probleme hast, denke an die Alte dort oben (sie zeigte und schaute gen Himmel), ich schaue dann vom Himmel auf Dich herab. Frage Dich, was die dort oben wohl sagen und raten würde.

Sie schenkte mir ein englisches und französisches Wörterbuch und ihr photographisches Bildnis im schönen goldenen Holzrahmen. Das Bild zeigt sie als etwa Dreißigjährige, ihren Kopf und Brustansatz ganz in kostbare Spitzen gehüllt, mit hervorstrebendem krausen Haar, glanz- und seelenvollen Augen und einem wunderbar geschnittenen Mund. Von all dieser Schönheit waren im Alter nur die Augen geblieben, die strahlend und energisch, lebensklug und gütig, nachdenklich und beweglich ihr mütterliches Wesen und ihren geistigen Rang anzeigten.

Sie »vermachte« mir ihren prachtvollen Eichenschreibtisch, der aber, als sie im September 1953 starb, noch vor ihrer Beerdigung von zuvor nie gesehenen Verwandten mit aufgeladen wurde. Ich nahm an einem Gewerkschaftskursus in der Nähe Bielefelds teil, als ich von ihrem Tod erfuhr, zu spät, um sie auf ihrem letzten Weg zum Grab begleiten zu können. Beim Besuch des Friedhofes habe ich nie versäumt, an ihr Grab zu treten, und dabei ganz besonders an die »Alte« dort oben gedacht. Im letzten Jahr (1985) waren Grabstein und Umrandung verschwunden.

2. Handelsschule als optimale Förderstufe (1948 – 1950)

2.1. Mein gutes Glück, in die Handelsschule zu kommen (1948 – 1950)

Es war mein gutes Glück, daß ich in die Handelsschule kam und dort von Dipl. Handelslehrer Willi Schmitz, einer ungewöhnlichen Erzieherpersönlichkeit, ausgebildet und geprägt wurde. Er war meines Wissens wegen einer gewissen Parteizugehörigkeit erst ab 1948 wieder aktiviert und von Gummersbach aus als Lehrer für alle Fächer an die neugegründete Zweigstelle Waldbröl berufen worden.

Als wir uns an einem frühen Morgen im April 1948 vor den Toren der »Winterschule« versammelten (so genannt, weil sie die Fortbildungsstätte der landwirtschaftlichen Lehrlinge war, die nur im Winterhalbjahr genutzt wurde), waren wir Jungens klar in der Minderheit. Wir stellten auch bald die beispiellose Spannweite der Altersklassen der Mitschüler fest: Bei den Jungens reichte sie von knapp 14 – 19, bei den Mädchen von knapp 14 – 23 Jahren.

Täglich von 8.00 bis 13.00 Uhr unterrichtete Lehrer Schmitz, der am ersten Tag vom Gesamtdirektor, einem graubärtigen, mächtigen Professor-Unrat-Typ, eingeführt worden war und uns mahnend zu unserer Bildungschance gratuliert hatte, alles was anfiel: Englisch, Deutsch, Rechnen, BWK, Buchhaltung, Erdkunde, Kurzschrift, Maschinenschreiben, Staatsbürgerkunde. Mir fiel Englisch zeitweise schwer und in einer wichtigen Phase begriff ich grundlegende Zusammenhänge in der doppelten Buch führung erst, als mein Freund Hollaender mir half.

2.2. Lehrer Willi Schmitz war nur äußerlich ein kleiner Mann ...

Schmitz war ein kleiner Mann (er wurde später ganz schön rundlich), war ziemlich ernst, voll natür licher Autorität, väterlich verständnisvoll und in einer reservierten Weise auch hilfsbereit. Er schien alles zu beherrschen, was wir erst mühselig lernen mußten. Wir hatten Vertrauen von Anfang an in seine fürsorgliche Gerechtigkeit, auch in seine Notengebung. Uns beeindruckte seine Nähe zur Wirtschaftswelt, seine Praxisbezogenheit. Wir erfuhren, daß er eine Reihe von Firmen in kaufmännischen Dingen beriet. Auf zum Teil sehr alten Schreibmaschinen lernten wir »tippen«, als ob wir Sekretärinnen werden sollten. Auf

Kurzschrift (120 Silben in der Minute) wurde ebenfalls außerordentlich viel Wert gelegt. Wir überboten uns in der Schönheit unserer Plakatschriftübungen.

2.3. Die »gute« Abschlußprüfung und der Anteil des Schulfreundes Dieter Hollaender

Nach den Sommermonaten 1948 zogen wir in ein frisch hergerichtetes Gebäude im Niemandsland der Bahnanlagen am Rande des Städtchens, erhielten zusätzlich eine Lehrerin, zogen nach einem Jahr erneut um in ein ehemaliges, für uns und andere Berufsschulklassen hergerichtetes Krankenhausgebäude und erhielten einen dritten Lehrer. Die Abschlußprüfung im Frühjahr 1950 dauerte im schriftlichen Teil 6 Tage; im mündlichen Teil wurde ich nur noch in Englisch geprüft.

Von 28 übriggebliebenen Prüflingen (etwa acht von uns waren hauptsächlich wegen erheblicher Leistungsschwächen allmählich ausgeschieden) bestanden vier mit »gut« (drei Jungens und ein Mädchen). Ich gehörte auch dazu, war aber nicht der Beste. Die »Spitze« bildete gerechterweise mein Schulfreund D. Hollaender aus dem Nachbardorf, mit dem ich konfirmiert worden war, danach über fünf Jahre in einer Mannschaft Fußball spielte und auch sonst meine Freizeit verbrachte und in der Handelsschule in fruchtbarem Wettbewerb stand. Er arbeitete etwas ordentlicher oder gewissenhafter, noch etwas fleißiger und mit mehr Konzentration als ich. Es ergab sich ein leichtes »Mitziehen« und »Antreiben«, das mich stabilisierte und die spezifischen Nachteile des Elternhauses ein wenig ausglich. Insofern war unser Zusammensein, unser Zusammenspiel für meine

Mit Dieter Hollaender, Handelsschule 1949

Entwicklung, für das Erreichen einer weit überdurchschnittlichen Leistung nicht unwesentlich.

In der Zeit danach, d.h. in der Lehrzeit, in Köln und im Studium in Hamburg war es anders: ich behauptete mich gänzlich ohne eine ähnliche Anlehnung und zog D. »mit« bzw. »nach«: Im Herbst 1954 erst nach Köln zur Verwaltungs- und Wirtschaftsakademie, dann ab 1957 nach Hamburg zur Akademie für Gemeinwirtschaft und zur Universität. Auch die sozialdemokratische und gewerkschaftliche Orientierung (sie führte für ihn zu einem Stipendium der Stiftung Mitbestimmung) dürfte nicht zuletzt von mir ausgegangen sein. Nach der Diplomprüfung war es allerdings mit meiner Prägekraft im Wesentlichen vorbei. Wir verstehen uns aber seit vielen Jahren besser als je zuvor.

2.4. Die Handelsschule als optimale »Förderstufe«

Daß die Handelsschule eine optimale Förderstufe war, ist mir heute sehr viel klarer als damals. Zum einen brauchte man sich beruflich noch nicht so früh festzulegen, was damals für die meisten Altersgenossen eher die Regel war. Zum anderen enthielt der kompakte und fordernde Unterricht eine ausgewogene Mischung aus weiterführenden, theoretisch-schulischen Elementen und praxisbezogenen Fertigkeiten. Ich könnte mir auch heute keine inhaltlich bessere Verlängerung der allgemeinen Schulpflicht und generelle Vorbereitung auf das Arbeitsleben vorstellen, als den Kanon der damaligen Handelsschulzeit.

Während ich die Leistungen meiner beiden Älteren in den Oberklassen der Gesamtschule verfolgte, wurde ich manchmal daran erinnert, was wir mit knapp 16½ Jahren schon Wesentliches »beherrschten«: im Rechnen, in der Buchhaltung und im kaufmännischen Rechnungswesen und Schriftverkehr, im Deutschen sowohl in der Grammatik als auch in der Literatur; aber auch in Erdkunde, Gesellschafts- und Handelsrecht sowie in Staatsbürgerkunde waren schöne Grundlagen gelegt worden, von den Fertigkeiten des Tippens, schnellen und schönen Schreibens ganz zu schweigen, daß alle Kinder mich seit langem mit ihren Computer-Kentnissen weit hinter sich lassen, soll schon hier erwähnt werden.

Weil es nicht für alle Fächer Lehrbücher gab, diktierte der Klassenlehrer häufig Texte, die wir zu Hause ins Reine schrieben und danach mehr oder weniger für Klausuren (Klassenarbeiten) auswendig lernten. Ich habe jetzt im Frühjahr 1991 die Idee gehabt, kleinere Teile dieser noch vorhandenen »Mitschriften« zu kopieren. Man sieht einmal, wie »schön« wir schrieben (schreiben mußten) und zum anderen gewinnt man einen Eindruck von den Sachverhalten. Es sollte nicht verwundern, daß ich die Textwiedergaben aus den »BWK«-Heften mit dem Stoff über »Die Reichsbank« beginnen lasse. Die anderen Texte stammen aus »Wirtschafts-Erdkunde«, »Rechnen« und »Buchführung« (s. Anhang III, S. 234 ff.).

2.5. Besuch des entstehenden Plenarsaals in Bonn

Wir hatten im Frühsommer 1949 einen Schulausflug an den Rhein unternommen und erhielten die einmalige Gelegenheit, den im Bau befindlichen Plenarsaal zu durchwandern – »wo in Zukunft über unsere Politik beraten und entschieden werden sollte«.

Kurz danach fertigte ich ein paar Notizen an. Ich fand sie vor einiger Zeit zufällig wieder und drucke sie ab, verwundert darüber, daß ich auf diese Weise daran erinnert wurde, aber besonders darüber, daß

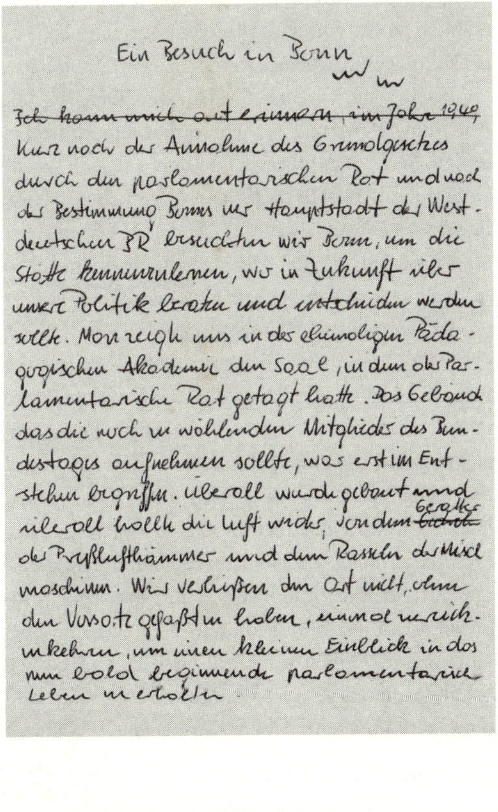

Ein Besuch in Bonn

~~Ich kann mich gut erinnern, im Jahre 1949~~

Kurz nach der Annahme des Grundgesetzes durch den parlamentarischen Rat und nach der Bestimmung Bonns zur Hauptstadt der Westdeutschen BR besuchten wir Bonn, um die Stadt kennenzulernen, wo in Zukunft über unsere Politik beraten und entschieden werden sollte. Man zeigte uns in der ehemaligen Pädagogischen Akademie den Saal, in dem der Parlamentarische Rat getagt hatte. Das Gebäude, das die noch zu wählenden Mitglieder des Bundestags aufnehmen sollte, war erst im Entstehen begriffen. Überall wurde gebaut und überall hallte die Luft wider, von dem Geratter ~~Gedröhn~~ der Preßlufthämmer und dem Rasseln der Mischmaschinen. Wir verließen den Ort nicht, ohne den Vorsatz gefaßt zu haben, einmal zurückzukehren, um einen kleinen Einblick in das nun bald beginnende parlamentarische Leben zu erhalten.

ich den »Vorsatz« faßte, »einmal zurückzukehren, um einen kleinen Einblick in das nun bald beginnende parlamentarische Leben zu erhalten«.

Daß ich fast genau 20 Jahre später einmal im Plenarsaal einen festen Platz haben würde, hatte ich mit diesem Vorsatz so allerdings nicht gemeint.

2.6. Der Zufall führt mich 1956 wieder mit Lehrer Schmitz in Hamburg zusammen – er schenkt mir in der Rathausdiele DM 20,–! Wie wenig gehört doch dazu, sich Menschen durch eine gute Tat nachhaltig zu verpflichten

Fast 10 Jahre nach Verlassen der Handelsschule im März 1959 besuchte ich Lehrer Schmitz, der inzwischen Direktor des gesamten kaufmännischen Schulbetriebes des Kreises Gummersbach geworden war. Ich berichtete ihm vom Bestehen der Diplom-Prüfung und von meinen Absichten zu promovieren und konnte an eine zufällige Begegnung in Hamburg im Sommer 1956 anknüpfen: Mittags sah ich damals beim Umsteigen in eine andere Straßenbahn vor dem Rathaus einen großen Bus mit Gummersbacher Kennzeichen. In der Rathausdiele fragte ich nach der Gruppe, dem Leiter etc. und erfuhr, daß Schüler der kaufmännischen Schulen unter der Leitung von Herrn Schmitz herumgeführt würden, den ich seit dem Verlassen der Handelsschule nur einmal in Gummersbach beim Besuch einer Wahlversammlung mit Gustav Heinemann und Helene Wessel (sie hatten gerade die Gesamtdeutsche Volkspartei gegründet) wiedergesehen hatte.

Ich wartete auf ihn; er erinnerte sich an mich. Ich erzählte von der gerade begonnenen Prüfungszeit, an deren Ende ich im Herbst die Hochschulreife zu erreichen hoffte. Er fragte nach meinem Vater und meinen wirtschaftlichen Umständen und zog mich dann unauffällig hinter einen der massigen Rundpfeiler neben dem Ausgang zum Ehrenhof, an dem ich 18 Jahre später so oft vorübergehen sollte, holte die Brieftasche raus und drückte mir DM 20,– in die Hand. Da ich überhaupt nicht geklagt hatte, war ich sehr verblüfft, traute mich aber nicht, das Geld abzulehnen. Wie sollte ich auch, da ich den Schein doch schon in der Hand hatte. Schließlich bedankte ich mich gerne, weil ich die noble Absicht spürte, mir eine Anerkennung nicht nur durch gute Worte zuteil werden zu lassen.

Photo nach Handelsschul-Abschluß im Frühjahr 1950; W. N. ob. R. 7. v. li. (neben Lehrer Willi Schmitz)

Wie wenig gehört doch dazu, sich Menschen durch eine gute Tat nachhaltig zu verpflichten und in Erinnerung zu halten, wie es hier geschah. W. Schmitz starb im Sommer 1983, 82 Jahre alt, wahrscheinlich an seinem Mundkrebs, auf den er bei unserer letzten Begegnung ein Jahr zuvor im Rahmen eines Klassentreffens so nebenbei hingewiesen hatte.

3. Lehrzeit als Angestellten-Lehrling im Arbeitsamt Gummersbach (1950 – 1953)

3.1. Die Putzfrauen wollen mich nicht ins Arbeitsamt Gummersbach lassen, als ich meine Lehrzeit beginnen wollte – schöne Erinnerungen an Adolf Kohl

Meine dreijährige Lehrzeit als Angestelltenlehrling im Arbeitsamt Gummersbach begann am 1. April 1953. Weil ich wegen der frühen Ankunft des Bahnbusses weit vor Dienstbeginn in das Gebäude in der Talstraße eindringen wollte, bekam ich es mit den Putzfrauen zu tun, die eimerscheppernd den Weg versperrten und mich nicht reinlassen wollten. Ich deutete dies als gutes Omen, ließ mich auch nicht aufhalten.

Die Lehre war eine ausbildungsintensive und damit segensreiche Zeit. Ich lernte eine öffentliche Verwaltung gründlich kennen, die noch weit in den Kategorien des obrigkeitlichen Denkens, des Arbeitseinsatzes, also des Genehmigens, Gewährens oder des Ablehnens von Einstellungen und Entlassungen oder sonstigen Ansprüchen befangen war und sich erst allmählich an die vom Grundgesetz garantierte Freiheit der Berufs- und Arbeitsplatzwahl zu gewöhnen hatte.

Nach einem genauen Plan durchlief ich alle Abteilungen zweimal, »arbeitete« nur, um zu lernen, fertigte Berichte darüber an und besuchte jede Woche einmal die Berufsschule für den öffentlichen Dienst, in der sich Lehrlinge aus den Gemeinde-, Kreis- bzw. Stadtverwaltungen, der Allgemeinen Ortskrankenkasse und der Arbeits verwaltung zusammenfanden.

Ich erinnere mich insbesondere an Adolf Kohl, den Verwaltungsleiter. Die ersten fünf Monate der drei Jahre dauernden Ausbildung verbrachte ich mit ihm, seiner ihm gegenüber sitzenden Sekretärin, einem gleichfalls eingestellten Anlernling (Ilse Koch) und einige Wochen später auch noch einen Monat lang mit Karlfried Müller im selben etwa 20 qm großen Raum. Kohl war ein kleiner, blatternnarbig aussehender, trockenhumoriger Mann, mit einer köstlichen Erzählgabe ausgestattet. Während der 30er Jahre, als die Arbeitslosenzahl rasch und in großen Schüben abnahm, war die Arbeitsverwaltung bald ohne herkömmliche Arbeit. Der personelle Rahmen wurde beibehalten und ja auch bald für den Arbeitseinsatz gebraucht. Für einige Jahre mußte die Arbeitslosigkeit des Personals jedoch groteske Züge angenommen haben. Nur die Jagd nach Fliegen mit einem großen Lineal habe wenigstens im Sommer für ein bißchen Bewegung und Abwechslung gesorgt. So Adolf Kohl. Dieser Mann, der sich große Mühe um uns gab, vollführte auch hin und wieder vor unser aller Augen leichte Ringkämpfe mit seiner Sekretärin. Das war dann lustig und kam uns unkonventionell vor. Das Gekreische der Sekretärin lockte außen Vorbeigehende an und wir grinsten verlegen, weil wir uns eine öffentliche Verwaltung so nicht vorgestellt hatten. Meine ersten Aufzeichnungen auf liniertem DIN A4 Papier vom 31.12.1950 »Rückblick über das Jahr 1950« (leider nur 1½ Seiten) beginnen:

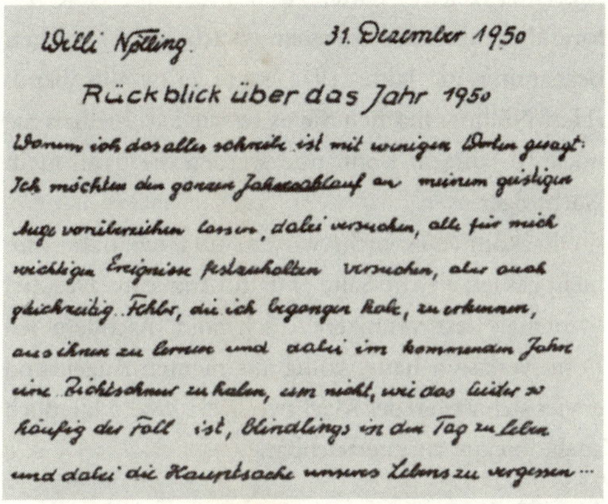
Willi Nölling 31. Dezember 1950

Rückblick über das Jahr 1950

Warum ich das alles schreibe ist mit wenigen Worten gesagt:
Ich möchte den ganzen Jahresablauf an meinem geistigen
Auge vorüberziehen lassen, dabei versuchen, alle für mich
wichtigen Ereignisse festzuhalten versuchen, aber auch
gleichzeitig Fehler, die ich begangen habe, zu erkennen,
aus ihnen zu lernen und dabei im kommenden Jahre
eine Richtschnur zu haben, um nicht, wie das leider so
häufig der Fall ist, blindlings in den Tag zu leben
und dabei die Hauptsache unseres Lebens zu vergessen ...

Mittagsspaziergang mit Kollegen AA Gummersbach 1952

3.2. Wer im Arbeitsamt tätig war, kam täglich mit den Folgen der aus den Fugen geratenen deutschen Gesellschaft in Berührung – die bedrückenden Arbeitsschicksale, vor allem der Älteren

Vor allem in den nach »außen« gerichteten Abteilungen »Arbeitsvermittlung«, »Berufsberatung« und »Arbeitslosenversicherung«, also den Abteilungen mit Publikumsverkehr, kam jeder von uns täglich mit der Misere einer durcheinandergerüttelten, unterbeschäftigen, aus den Fugen geratenen Wirtschaft und Gesellschaft in Berührung.

Für die vielen jungen Menschen gab es zu wenig Ausbildungsplätze, von freier Berufswahl konnte nicht ernsthaft gesprochen werden. Am einprägsamsten erwiesen sich für mich die Arbeitsschicksale der Älteren, die lückenlos auf den obligatorischen Beschäftigungskarten verzeichnet waren wie Massenarbeitslosigkeit der Ausgangsjahre der Weimarer Zeit, Notstandsmaßnahmen, Zeiten des Rüstungseinsatzes, des Kriegsdienstes und der Gefangenschaft, der Vertreibung und der Relokationsversuche in der Bundesrepublik von Norddeutschland zum Westen und zum Süden. Ja, sie waren alle so richtig »von dem Strudel der Zeit ergriffen,« wie Dorothea es 1797 schilderte.

Zerrissene und bizarre Lebensläufe waren das Normale und zeigten an, wie wenig sich das Individuum in diesen Zeitläufen hatte behaupten bzw. nach eigenen Vorstellungen entwickeln können.

Die wie von gewaltiger Hand durcheinandergewirbelten Schicksale von Gutsbesitzern, Akademikern, Selbständigen, hohen Offizieren, Angestellten und Arbeitern aller Kategorien und aus allen Gegenden Deutschlands konnten nicht nur auf fast jeder Beschäftigungskarte studiert werden, sondern saßen mir jungem Menschen häufig leibhaftig gegenüber, mußten Auskunft geben, wenn sie eine neue Chance wollten, die sich nur mit einem Arbeitsplatz erreichen ließ.

Wieviel Not sprach auch aus den Unterstützungsakten, in denen die oftmals miserablen Wohnungs- und Familienverhältnisse dokumentiert waren. Kärgliche Nebenverdienste, Einkommen der Kinder und Ehepartner mußten angegeben werden und wurden unter Umständen angerechnet.

3.3. »Stempeln gehen« – damals und im Zeichen der EDV – der politische Sprengstoff unübersehbarer Arbeitslosenschlangen ist entschärft

Wer mit dem Arbeitsamt zu tun hatte, ging im allgemeinen »stempeln«. Unterstützungssuchende mußten sich zweimal wöchentlich persönlich melden und erhielten als Nachweis einen »Stempel« in ihr »Meldebuch«. Wer unentschuldigt nicht »gestempelt« hatte, wurde mit Abzug von 50 bzw. 100 % der wöchentlichen Unterstützung bestraft. »Ermittler« kontrollierten Angaben über Wohnungs-, Familien- und Einkommens- bzw. Vermögensverhältnisse der Antragsteller vor Ort. Das System der Meldekontrollen setzte die persönliche Anwesenheit als Zeichen der Verfügbarkeit für den Arbeitsmarkt voraus. Lange Reihen von Arbeitssuchenden vor den Arbeitsämtern und Zahlstellen zeigten über das ganze Land verstreut das jeweilige Ausmaß der Arbeitslosigkeit an, die im Jahre 1950 im Jahresdurchschnitt 1,9 Millionen oder 11,5 % betrug und 1953 immer noch bei jahresdurchschnittlich 1,5 Millionen bzw. 8,3 Prozentpunkten verharrte. Im Februar 1950 waren 2,3 Millionen oder 14,2 % arbeitslos (Höchststand).

Erst von 1956 ab bürgerte sich mit einer Entspannung auf dem Arbeitsmarkt der Begriff der Vollbeschäftigung ein und es begann eine Zeit, in der die Arbeitsämter nicht nur ihr Personal, sondern auch ihren Kontrollapparat drastisch verringern konnten. Die Umstellung auf elektronische Datenverarbeitung führte über die Zentralisierung der Abrechnungen und Unterstützungszahlen nach Nürnberg zur völligen Abschaffung der »Stempelei« alter Ordnung. Als die Arbeitslosenzahlen wieder anstiegen, schließlich sogar dauerhaft über dem Niveau der frühen fünfziger Jahre lagen, hatte das »Verschwinden« bzw. »Nichtwiederauftauchen« der Riesenschlangen von Arbeitssuchenden vor den Arbeitsämtern für die Regierenden den unbezahlbaren Vorteil der Unsichtbarkeit und politisch-psychologisch wirkungslosen Atomisierung potentieller Massenunruheherde.

3.4. Die Präsidentschaft der Bundesanstalt als Krönung meines Berufslebens?

Die Arbeitsverwaltung war 1927 als Reichsanstalt für Arbeitsvermittlung und Arbeitslosenversicherung gegründet worden. Sie wurde von einem Präsidenten Dr. Syrup geleitet. Im Rahmen meiner Studien zur historischen Entwicklung der Reichsanstalt lernte ich auch sein richtunggebendes, schriftstellerisches Wirken als Arbeitsmarktpolitiker unter demokratischen Verhältnissen, auch noch in den ersten Jahren des Nationalsozialismus kennen und sah in ihm bald eine verehrungswürdige, ja vorbildhafte Führungsgestalt.

Obwohl ich mich schließlich von der Arbeitsverwaltung abrupt löste, blieb ich doch mit Studium und der beruflichen und politischen Arbeit immer in der Nähe zu den früheren Aufgabenfeldern, wodurch es nicht ausblieb, in der Präsidentschaft zu Nürnberg die Krönung meines Lebens zu sehen. Als Obmann der SPD-Fraktion im Ausschuß für Arbeit und Sozialordnung des Bundestages kam ich mit dem Präsidenten J. Stingl, der im Bundestag lange Jahre den Ausschuß geleitet hatte, zusammen, um Gesetzesformulierungen zu beraten. Nach einer solchen Begegnung im Jahre 1972 sagte er wohlwollend: »Herr Nölling, machen Sie es so wie ich. Bleiben Sie noch 10 Jahre in Bonn und werden Sie dann mein Nachfolger.«

Er konnte es nicht wissen, und ich habe ihm nicht gesagt, welche Saite er damit anzupfte. Das Ziel – niemals fest verankert – schwand, nachdem ich Bonn verlassen hatte, völlig aus meinen Augen und erwies sich wegen des Machtwechsels 1982 schließlich auch objektiv als unerreichbar.

3.5. Mehr über die Lehrausbildung und den »ungewöhnlichen« Berufsberater B. Krüger

Im Arbeitsamt hatte ich viel Zeit zu lernen und nutzte sie. Ich stopfte all das riesige Fachwissen in mich hinein, weil ich den Sinn einsah: Das allermeiste war direkt umsetz- und verwendbar, bildete also eine Voraussetzung für die Arbeit an den zum Teil völlig verschiedenen Arbeitsplätzen dieser differenzierten Verwaltung.

Als Ergänzung betrieb Berufsberater Krüger, meistens 1 Stunde wöchentlich, Unterricht in Allgemeinbildung, vor allem in Geschichte und Staatsbürgerkunde und brachte uns (wir waren anfangs zu dritt, dann nur noch zu zweit) auch noch anständiges Benehmen bei. Er war ein ungewöhnlicher Mann, vielleicht der Auffälligste unter den gebildeten Intellektuellen, die ich je kennenlernte. Irgendwie schien ihn das nicht abgeschlossene Studium zu hindern; es

Berufsschulklasse Gummersbach 1951, W.N. 2. v. li. untere Reihe

Lehrgang der Arbeitsämter in NRW in Münster-Mecklenbeck, 1952; W. N. unt. R. mittig

schien ihn etwas bescheidener zu machen, aber trotzdem spürte jeder seine geistige Überlegenheit, seinen weiten Horizont, seine Wortgewandtheit, sein sicheres Auftreten, seine Anpassungsfähigkeit, vielleicht war es schon Wendigkeit. Er war sehr witzig, geistreich, also ein souveräner Mann und paßte nicht so richtig in ein Amt von etwa 80 Leuten, das von einem ehemaligen Werkzeugmacher als Direktor geleitet wurde und in dem sein Stellvertreter, ein Diplom-Landwirt, der einzige Akademiker war.

B. Krüger war für ganz große Führungsaufgaben geeignet. Warum sie ihm versagt blieben, kann ich heute vielleicht besser erklären. Er war zunächstmal ein Opfer der Wirren des Krieges. Ihm fehlte (deshalb?) der für den höheren Dienst notwendige Universitätsabschluß. Als eher künstlerischer Mensch mangelte es ihm an Organisationstalent. Seine besonderen Anlagen und Fähigkeiten mochten Vorgesetzte dazu verführen, ihn zu unterdrücken und seine Schwächen zu sehr zu betonen. Ich verdanke ihm alle meine frühen Ausbildungschancen. Als ich es ihm nach der Diplomprüfung im Jahre 1959 ausdrücklich sagen wollte, traf ich ihn im alten Amt nicht mehr an; er war nach Gelsenkirchen versetzt worden. Während unseres Amerikaaufenthaltes ist er an einer Herzgeschichte viel zu früh verstorben.

3.6. Wie soll es nach der Lehrzeit weitergehen? Ich weiß jetzt, was ich will, fürchte vor allem die Unterbrechung meiner Ausbildungsphase

Monate vor dem Ende meiner Lehrzeit tauchte die alte Frage wieder auf: Wie soll es nach einem klar abgegrenzten Abschnitt meines Lebens diesmal weitergehen? Anders als in der Endphase der Volks- und Handelsschule hatte ich jetzt eigene Vorstellungen: Mir machte das harte, entbehrungs- aber auch erfolgreiche Lernen Spaß. Ich fühlte die Kraft in mir, mehr erreichen zu können, vor allem aber fürchtete ich nichts mehr als eine Unterbrechung meiner Lern- und Ausbildungsphase. Ich war doch so schön in Schwung!

Zum Glück hatte ich von der Verwaltungs- und Wirtschaftsakademie an der Universität Köln gehört. Nach drei Jahren Abendstudium ließe sich dort eine Art Diplom erwerben. Daß es mir laufbahnmäßig, d.h. in einem formalen Sinne, in der Verwaltung nicht weiterhelfen würde, war gänzlich nebensächlich. Der Personalchef Kohl wollte mich halten und schlug vor, im Amt in Gummersbach zu verbleiben und abends mit der Bahn nach Köln zu reisen, um die Vorlesungen mitzumachen (60km hin und zurück, ein Fahrkostenzuschuß könne gewährt werden!). Ich beriet mich mit Krüger, der spürte, wie ernst es mir war. Ihm allein verdanke ich den Arbeitsplatz im Arbeitsamt Köln, der dann die Grundlage für ein Abendstudium bildete. Als er alles vorbereitet hatte, wurde ich eines Tages (lange vor Ende der Lehrzeit und der Prüfungen) in den Volkswagen des Amtes gequetscht und mit nach Köln genommen, um mich dem Direktor des Arbeitsamtes zu zeigen.

Ich fand mich pünktlich im Vorzimmer ein, setzte mich erstmal hin, war aufgeregt, wurde hereingerufen, sprach etwas mit dem sehr distanziert und wohlgefällig wirkenden Direktor A. und bemerkte ein Mißfallen auf der Stirn meines väterlichen Helfers. Als wir uns nach der Audienz irgendwo in Köln am vereinbarten Platz in einer Kneipe trafen, fuhr er mich an: »Warum hast Du Deinen Mantel nicht im

Vorzimmer abgelegt? Du kannst doch zu einem Vorstellungsgespräch von dieser Bedeutung nicht im Mantel erscheinen. Unmöglich!« Ich schämte mich aufrichtig und verfluchte die Vorzimmerdame. Soviel zum Erfolg des kostenlosen Unterrichts im »richtigen Benehmen«.

3.7. Um die Ergebnisse meines Lerneifers zu zeigen, nehme ich noch eine freiwillige Lehrabschlußprüfung auf mich

Die Lehre ging mit Prüfungen zu Ende. Zweimal wurden alle Lehrlinge des Landesarbeitsamtsbezirks zu wochenlangen Kursen nach Münster-Mecklenbeck gezogen. Obwohl ich mündlich und schriftlich immer besonders hervortrat, bestand ich die Prüfung in Düsseldorf nur mit »gut«. Das war auch deshalb enttäuschend, weil ich einige Wochen zuvor die freiwillige, d.h. zusätzlich übernommene Abschlußprüfung an der Verwaltungsschule in Gummersbach als einziger mit »sehr gut« bestanden hatte. Das war dort nach dem Kriege noch nicht passiert und ich fühlte mich entsprechend »prädisponiert«.

Noch heute wundere ich mich nicht wenig, daß ich damals ohne Not und ohne irgendeinen Vorteil erwarten zu können, eine weitere Lehrabschlußprüfung auf mich nahm. Im Vergleich zu anderen hatte ich geradezu irrsinnig viel gelesen und gelernt und wo immer ich zeigen konnte was ich »drauf« hatte, (z.B. auch abends in Volkshochschulkursen in Gummersbach) tat ich mich hervor.

4. Vom Einfluß des Religiösen

4.1. Die Rolle des Schuhmachers Paul Dürhager

Während ich mich gedanklich genau auf der Grenze zur abschließenden Betrachtung der Nümbrechter Jahre mit dem Faktor Religiosität befaßte (14. Dezember 1986), fiel mir gestern beim Büchersortieren die kleine Festschrift zum 150. Geburtstag von Jakob Engels, Pfarrer zu Nümbrecht (1976), in die Hände. Zufällig? Ich wußte nichts mehr von diesem Heftchen. Verklammernd zu einem vorangegangenen Kapitelchen finde ich den Namen des Dr. Krumm verzeichnet, der von 1960 – 1964 »Kirchmeister« war. Auf ihn folgte bis 1969 Paul Dürhager, den ich schon seit längerem ausgewählt hatte, um ihn in den Mittelpunkt dieser Betrachtungen zu stellen.

P. D. war unser Schuhmachermeister. Er stammte aus Wuppertal, war verheiratet, hatte drei Kinder und betrieb sein Reparaturgeschäft im weit außerhalb des Dorfes gelegenen, für uns prachtvollen großen Jugendstilhaus (das wahrscheinlich seiner Frau gehörte). Sie hatten auch eine Fremdenpension, »Waldhaus-Friede« genannt. Das Haus liegt in einem sehr großen waldreichen Park an der Straße. Wenn unsere Rechnungen zu sehr aufgelaufen waren, erlaubte er uns nicht selten, mit Holzfällen, Durchforsten der Tannenschonungen, Pflanzen und Zaunarbeiten, die erneuerten Absätze und Sohlen zu bezahlen.

P. D. war klein, beweglich und fröhlich, sah immer etwas leidend und weißbläßlich aus, hatte nur noch ganz wenige dünne Haare, eine rundliche kleine Nase; er trug eine schmaleingefaßte Nickelbrille. Er war ein durch und durch freundlicher, höflicher, rücksichtsvoller, vor allem aber ein nach den Lehren Jesus Christi lebender gläubiger Mensch. Er war in diesem Glauben selbstsicher, unerschütterlich und versuchte – ohne ein Eiferer sein zu wollen – junge Menschen zu unterweisen und in diesem Glauben zu stärken.

4.2. Im CVJM von 1948 – 1953; wie konnte ich bekennen, daß ich »nur« auf der Suche war? Der zentrale Spruch Martin Luthers

Ich war in den Jahren 1948 – 53 recht viel mit ihm im CVJM zusammen, den er leitete. Dort wurde – meistens war er dabei – gesungen, gebetet, mit Hilfe von Losungsbüchlein und Sprüchen die Bibel durchfurcht, deren Verse auf unsere Lebenssituation übertragen und immer wieder im gemeinsamen Gebet um die Seele eines jeden Einzelnen gerungen.

Für mich waren die Aufforderungen zu lautem bekennendem Gebet, zur Stärkung des Glaubens durch gemeinsames Zweifeln, Schuldbekennen, Anrufen Gottes und Jesus Christus' schwierigste seelische Marterungen. Nicht selten schwitzte ich vor Unvermögen und Verlegenheit und mochte nicht offenbaren, wie heillos und unverbindlich es in mir aussah.

Einerseits fühlte ich mich zugehörig, suchte mit, war offen und erkannte den Stellenwert der Religion für mich und mein Leben; andererseits war ich nicht frei, nicht überzeugt, nicht gepackt, nicht ergriffen und insofern nur »lauwarm«. Ich konnte nicht be-

CVJM-Freizeit mit Paul Dürhager, Herbst 1952
W. N. unt. R. 2. v. li.

kennen, daß ich »nur« auf der Suche war, vielleicht nicht einmal ernsthaft genug, daß mir der Schritt zum befreienden, mich ganz verändernden, vertrauensvollen Glauben nicht gelungen war.

Im Grunde bin ich auch heute nicht viel weiter. Ich suche in der gräßlichen Unordnung meines Schreibtisches nach dem vergilbten Lutherbild und finde es schließlich mit dem Spruch: »Es ist ein köstlich Ding, daß das Herz fest werde, welches geschieht durch Gnade.« (Der Brief an die Hebräer, 13/1)

Seither habe ich natürlich nicht aufgehört, mich mit diesen Fragen zu beschäftigen. Eher ist das Gegen teil richtig! Immer schon hatte mich der Apostel Paulus – eigentlich ganz unauffällig und selbstverständlich – begleitet und es bildete sich irgend wann – ganz langsam und allmählich – der Wunsch aus, mehr über ihn zu wissen! Deshalb kaufte ich das Buch »Paulus« aus dem Herder-Verlag (1980), das aber lange herumlag, bis ich schließlich im Jahre 1990 dazu kam, einige Kapitel zu lesen. Schon im Vorwort fand ich den Satz Pascals, der sofort hellstes Licht bedeutete: »Du würdest mich nicht suchen, wenn Du mich nicht gefunden hättest.«

4.3. Die unaufhörliche Berührung und Befassung mit der Religiosität hat meine Ehrfurcht vor dem Göttlichen und vor dem Leben gestärkt; meine Bewunderung für die einzigartige Lehre Christi

Die Berührung mit der christlichen Lehre von klein an – in der Schule, im Konfirmationsunterricht, im CVJM, in der Kirchenzugehörigkeit in Nümbrecht, Köln, Hamburg, USA (First Presbyterian Church) und wieder in Hamburg, in meiner Dozententätigkeit am Rauhen Haus, als Mitglied der Hamburger Synode (mit schweren Anwesenheitsversäumnissen), jetzt wieder im Verwaltungsrat des Rauhen Hauses, mit der katholischen Kirche und ihren guten Vertretern – hat mich zwar im Bann der Kirche und des Religiösen gehalten, aber nicht zu einem wirklich gläubigen Christen gemacht.

Einen wesentlichen Erfolg des ununterbrochenen »Dabeigewesenseins« dort, wo Gottes Wort verkündet und so gut es geht, vorgelebt wird und meines beständigen Suchens sehe ich darin, daß meine Ehrfurcht vor dem Göttlichen und vor dem Leben gestärkt und meine Bewunderung für die einzigartigen Inhalte der Lehre Christi vollkommen geworden ist. Jesus sollte als Bruder, nicht als religiöser Vorgesetzter, begriffen werden.

Wenn ein Mensch erfahren will, wie schwer und wie großartig diese Lehre ist, wie segens- und hilfreich sie sein könnte – wenn sie angewandt würde oder werden könnte –, um das Leben des Einzelnen und der Völker zu verwandeln, der sollte das Matthäus-Evangelium lesen und immer wieder lesen. Eine jeden Menschen besser verstehende und gleichzeitig anspruchsvollere religiöse Lehre kann ich mir nicht vorstellen.

In »Briefe an eine Katholikin« hat Kurt Tucholsky auf dieses Anspruchsniveau verwiesen: »Wir ... lachen nur über die, die versuchen, die Lehre eines (großen Revolutionärs) und reinen Menschen mit den Bedürfnissen spießiger (Kleinbürger) in Einklang zu bringen.«

Es ist so einfach, nicht zu glauben und so schwierig, zu glauben! Deshalb (also nicht paradoxerweise) sind oft die intelligentesten Menschen nichtgläubige Menschen. Nach meinem Eindruck spielt heutzutage aber der Intelligenz(etc.)grad für die religiöse Dimension eines Menschenlebens keine wesentliche Rolle mehr.

4.4. Erinnerungen an Pastor Hans Nieden, den radfahrenden Seelenhirten aus dem Elsaß

Wir wurden konfirmiert von Pastor Hans Nieden, der im Jahre 1948 ungefähr 57 Jahre alt war. Er kam aus dem Elsaß, war ein großer schwerer Mann, hatte einen schön gepflegten Spitzbart und Probleme mit einem Auge. Im Konfirmationsunterricht war er einigermaßen streng, liebenswürdig und verständnisvoll, aber, wie mir schien, immer weit von den wirklichen Problemen eines heranwachsendenjungen Menschen entfernt. Dies wurde noch deutlicher in seinen sonntäglichen Predigten, die so sehr von meinen damaligen Sorgen und Nöten abstrahierten, daß ich manchmal schier verzweifelte und in diesen Gottesdienststunden überhaupt keinen Sinn mehr sah.

N. hatte eine tiefe dunkle Stimme, sang gerne und schaute genauso gerne in solchen Augenblicken mit verdrehten Augen salbungsvoll gegen den Himmel. Eine unvergeßliche Erinnerung habe ich an seine Hausbesuche, die er mit dem Fahrrad erledigte. Der schwergewichtige, schon ältere Mensch schob das Fahrrad den Berg rauf, mühselig und schwerkeuchend und brachte dann sein Rad in Schwung, um sich bergab wieder zu erholen. Zu seinen relativ häufigen Hausbesuchen erschien er unangemeldet zu irgendeinem Zeitpunkt, sprach mit uns, betete mit uns gemeinsam, um uns schon bald wieder zu verlassen.

Ich habe mich manchmal gefragt, ob die evangelischen Pastoren heute noch in ähnlicher Weise in ihren Gemeinden anwesend sind. Da ich mir kein Urteil erlauben kann, jedenfalls nie einen Besuch bekommen habe, will ich auch nicht weiter vermuten, daß sie diese Aufgabe nicht so ernst nehmen, wie der alte Pastor Nieden. Daß sie diese Aufgabe aber erfüllen müßten, um ihre Gläubigen wieder etwas stärker an die Kirche zu binden, scheint mir als erster Schritt dringend notwendig zu sein.

4.5. Pastor H. Conrad und einziger Hinweis auf Vaters politische Haltung und Gefährdung in der Nazizeit

Ein anderer Pastor, den ich nicht vergessen kann, ist Pastor Conrad. Er war wesentlich älter als Pastor Nieden und zur damaligen Zeit schon pensioniert, tat aber noch hin und wieder Dienst als zweiter oder dritter Pfarrer in der Gemeinde, vor allem im Krankenhaus. Er war ein energischer, elastischer, mit einem weißen Spitzbart versehener, auch intelligenter Mensch, den wir allerdings nicht gerne im Konfirmationsunterricht hatten. Mein ältester Bruder war von Pastor Conrad konfirmiert worden und erzählte, daß es dort nicht so schön sei, wie bei Pator Nieden vermutet.

Ich kann mich an eine Begegnung erinnern, die ein erkenntnismäßiges Licht auch auf meinen Vater wirft. Im Oktober 1946 oder 1947 standen wir nach der Kartoffelernte auf der Straße am Berg, hatten den Wagen vollgeschüttelt und wollten mit dem Kuhgespann losfahren (es war mondhelle Abendstunde), als Pastor Conrad, ebenfalls mit dem Fahrrad vorbei wollte. Er blieb stehen und verwickelte meinen Vater in ein interessantes Gespräch, dem wir Kinder zeitweise folgten. Dabei erinnerte er meinen Vater daran, daß er ihn während des ersten Kriegsjahres vor der Verhaftung oder dem Konzentrationslager bewahrt habe. Der Vater muß damals kritische, aufrührerische oder welche Reden auch immer geführt haben, die zur Aufmerksamkeit der NSDAP gebracht worden waren. Ich weiß noch genau, daß mein Vater nicht viel entgegnete, aber sehr ernst dreinblickte, als er an dieses Ereignis erinnert wurde. Ob dies erklärt, warum er trotz der elf Kinder und im Alter von weit über 40 Jahren für lange Jahre Soldat werden mußte?

V. Orientierungszeit

Erste Selbständigkeiten – Prägung durch Arbeit – Berührung mit der Wissenschaft und dem Geist der Stadt Köln – Grundlegungen für Hamburg (1953 – 1954)

1. Mit dem selbstverdienten Fahrrad nach Köln – Unterkunft und Verpflegung bei Berti und Stefan Collin in Nippes

Am 31. März 1953 fuhr ich, einen Koffer auf den Rücksitz meines Fahrrades mit Dreigangschaltung geschnallt, nach dem etwa 60 km entfernten Köln. Das prächtige Fahrrad (mein erstes) hatte ich mir im Jahr zuvor dadurch »verdient«, daß ich von Mai bis September jeden Arbeitstag nach Gummersbach gefahren war. Mit einem Freund aus dem CVJM in Nümbrecht war ein Kaufpreis von DM 75,–, zahlbar in fünf Monatsraten, vereinbart worden. Genau DM 15,– ließen sich durch das Nichtbenutzen des Bahnbusses sparen. Bei 26 Fahrradtagen im Monat machte das rund 60 Pfennig täglich aus, und zwar für 40 km mühevolles, jedem Wind und Wetter ausgesetztes Berg- und Talfahren.

Jedenfalls hatte ich ein Fortbewegungsmittel, ohne das ich in Köln nicht zurechtgekommen wäre.

GEHALTSABRECHNUNG
für Herrn Nölling, Wilh.

Dienstbezüge Monat Februar 54		
Brutto		265,75 DM
Dazu: Arbeitgeberanteile		
z.Zus./Übervers		12,00 DM
Gesamtsozialversicherung		25,96 DM
		303,71 DM
Abzüge:		
Lohnsteuer I/11	12,55 DM	
Überversicherung	18,00 DM	
Gesamtsoz. Vers.		
(mit Arbeitgeberanteil)	54,80 DM	
Zeitschrift	2,45 DM	
Notopfer Berlin	2,00 DM	
Ev. Kirchensteuer	1,25 DM	
		91,05 DM
		212,66 DM
Dazu Lohnst. Erst. für 1953		42,82 DM

Arbeitsamt Köln
I.A. Heyden

Dort gab es Unterkunft und Verpflegung bei den Collins für DM 120,–. Mein Gehalt in Vergütungsgruppe VIII machte (z.B. im Februar 1954) DM 265,75 brutto und etwa DM 212,66 netto aus.

Somit verblieben DM 3,– täglich. Das bereitgestellte Kinderzimmer war klein (keine 10 qm), ein Tisch fehlte, den mir schließlich das Arbeitsamt lieh. Ab Oktober wurde noch ein Klappbett reingeschoben und Dieter H. wohnte schließlich ebenfalls dort bis zum nächsten Frühjahr.

Geburtstagsfeier in der AA-Nebenstelle Köln-Mülheim, Herbst 1953

2. Die schikanöse Abschiebung nach Mühlheim – wie soll ich zur Uni nach Lindenthal kommen?

Am 1. April meldete ich mich erwartungsvoll beim Arbeitsamt in der Lindenstraße und erfuhr, daß ich in der Nebenstelle Mühlheim als Hilfssachbearbeiter in der Abteilung Arbeitslosenversicherung gebraucht würde. Ich protestierte: Mühlheim war auf der anderen Rheinseite und vom Platz der abendlichen Vorlesungen in der Universität wirklich »meilen weit« entfernt (während ich vom Hauptamt 5 – 6 Minuten zu Fuß gebraucht hätte). So was von Schikane! Mir blieb aber nichts übrig: ich schwang mich auf das Fahrrad und fuhr »um Köln herum«, am Zoo vorbei, über die Mühlheimer Brücke, um mich dort beim Leiter der Dienststelle zu melden.

Gewiß, ich war »in Übung« und Köln ist im Verhältnis zum Oberbergischen flach wie eine Flunder. Doch durch die Abschiebung nach Mühlheim mußte ich während der Vorlesungszeit etwa viermal wöchentlich je 12 km mehr »strampeln«, was ca. 40 zusätzliche und unnötige Minuten auf der Straße bedeutete. Natürlich ließ ich mich nicht von meinem Hauptziel, abends zu studieren, abbringen.

3. Zusammenarbeit mit »Naturkölnern« – Teilnahme am kulturellen Leben der Rheinstadt – prägungsreiche, glückliche Zeit

Die Nebenstelle befand sich in einem ehemaligen Lagerhaus, alles war eng, trist und aus Beton, auch die Fußböden. Die »Sachbearbeitung« bestand aus drei Zweiergruppen und zwei Prüfern und war in einem etwa 70 qm großen Raum untergebracht, der an einer Seite schmale, hochliegende Fenster hatte und in den zwei Toiletten, nach oben offen, nachträglich eingebaut worden waren. Hier blieb ich genau ein Jahr, inmitten einer Arbeitseinheit, die überwiegend aus Naturkölnern bestand. Es gab sehr viel Arbeit, viel Kameradschaft und auch eine Menge Spaß. Unvergessen bleibt mir in Erinnerung, daß wir am 17. Juni 1953 alle gemeinsam am Radio live den Volksaufstand der Arbeiter in Ost-Berlin und der DDR erlebten.

Die Begegnung mit »Kölnern« am Arbeitsplatz, in der Familie und mit deren Verwandten, mit Mitgliedern der Kolpingfamilie und mit einer großen Zahl von Mitgliedern einer ÖTV-Jugendgruppe, in der ich sehr aktiv war, schließlich mit den Arbeitern auf dem Bau im Sommerhalbjahr 1954 war meistens erfreulich, locker, durchsetzt mit Kölner Humor, mit Lachen und mit Kameradschaft.

Per Abonnement geriet ich ein Jahr lang alle paar Wochen in Berührung mit dem kulturellen Leben Kölns. Ich ging ins Theater, in die Oper, in Konzerte. Die Oper spielte damals noch im Auditorium Maximum der Universität. Ich erinnere mich noch sehr genau an meine erste Oper, an die Aufführung von »Boris Godunow« und an die weniger denkwürdige, aber lustigere des Zigeunerbaron. In den Kammerspielen erlebte ich den »Maulkorb« von Spörl.

Die Kölner Art kam meiner noch nicht weit entwickelten Veranlagung, mich freuen zu können und zu wollen, mitzulachen, auf andere Menschen zugehen zu können, auch nicht alles tierisch ernst zu nehmen (Erbstück meiner Mutter), sehr entgegen. Deshalb glaube ich auch, daß diese 1½ Jahre meiner Kölner Zeit mich nachhaltig positiv geprägt haben und deshalb auch für meine weitere Entwicklung nicht hoch genug veranschlagt werden können. Jedenfalls kann ich rückblickend nicht anders, als mit Freude und Dankbarkeit an eine arbeits- und begegnungsreiche, glückliche Zeit in Köln zu denken, in der ich zum ersten Mal außerhalb des Elternhauses lebte und in der Auseinandersetzung mit unerwarteten Schwierigkeiten neue Perspektiven gewann, die mich ganz gegen meine ursprünglichen Absichten von meinem hohen Zwischenziel abbrachten und überraschend schnell aus Köln wegführten.

4. An der Verwaltungs- und Wirtschaftsakademie: wir Praktiker werden fast nur von »ausgewachsenen« Professoren unterrichtet

Die Vorlesungen an der Verwaltungs- und Wirtschaftsakademie fanden – parallel zu den Universitätssemestern – im Sommer von Mai bis Juli und im Winter von Ende Oktober bis Anfang März statt, und zwar nur abends, in der Regel ab 18.00 Uhr, in den Hörsälen der Uni. Mir imponierten die großen, hellen, meistens aufsteigend angelegten, eng beieinander liegenden Hörsäle dieser modernen, ruhig gelegenen, im Krieg unzerstörten Universität, in die Abend für Abend Hunderte von Berufstätigen drängten. In sechs bis acht Semestern mußte der »Vollhörer wenigstens 75 Stunden belegen«, wenn er »sich einer Abschlußprüfung unterziehen« wollte, wozu ich fest entschlossen war. Ich belegte erheblich mehr, als das Mindestpensum, nämlich 130 Stunden im ersten Semester und erhielt An- und Abtestate für 120 Stunden. Von elf Dozenten für 13 Veranstaltungen waren zehn ordentliche Professoren. Ich hörte Familienrecht (Roehrbein), Handelsrecht (Lehmann), Zivilprozeßrecht (Bohne) und Arbeitsrecht mit Übungen (Bulla), allgemeine Volkswirtschaftslehre mit Übungen (Wessels), Soziologie (von Wiese), Sozialpolitik (Heyde), Die öffentlichen Unternehmen und der Dienst in ihnen (Weisser), Wirtschaftsgeschichte (L. Beutin) und statistische Methoden.

Diese (ausgewachsenen) ordentlichen Professoren mit bekannten Namen waren sich nicht zu schade, uns Praktiker zu unterrichten. Ob sie es des »Vorlesungsgeldes« wegen taten, wußten wir nicht; die Frage kam uns auch gar nicht in den Sinn. (Wir fügen hinzu, daß wir in der Nachbarschaft das Wissenschaftler-Paar Heidi und Wolfgang Beutin, s. Ludwig Beutin, als Freunde gewonnen haben.)

Im darauffolgenden Wintersemester belegte ich 14 Veranstaltungen mit 148 Stunden, von denen 124 voll testiert wurden. An sehr bekannten Professoren kamen Hefermehl, Jahreiß und Schieder hinzu.

5. Professor Hermann Jahreiß und Max Stirner »Der Einzige und sein Eigentum« – »Fanatismus« und Interesse für »Geistiges«

Jahrreiß lehrte Allgemeine Staatslehre. Er war Pflichtverteidiger bei den Nürnberger Prozessen gewesen. Im Hörsaal wirkte er sehr professoral, souverän und imponierend auf mich und wahrscheinlich auf uns alle. Rund 33 Jahre lang erinnerte ich mich an seine eindringlichste Buchempfehlung, bevor ich das empfohlene Buch kaufte und teilweise las: Max Stirner »Der Einzige und sein Eigentum«, in dem so wichtige Sätze stehen wie:

»... wollt ihr nicht lernen, daß der Egoist am besten fährt? Fort denn mit jeder Sache, die nicht ganz und gar Meine Sache ist! Ihr meint, Meine Sache müsse wenigstens die ›gute Sache‹ sein? Was gut, was böse! Ich bin ja selber Meine Sache und Ich bin weder gut noch böse. Meine Sache ist weder das Göttliche noch das Menschliche, ist nicht das Wahre, Gute, Rechte, Freie usw., sondern allein das Meinige, und sie ist keine allgemeine, sondern ist – einzig, weil Ich einzig bin. Mir geht nichts über Mich!«

Diese Philosophie hätte mich zu keiner Zeit bannen oder verführen oder leiten können und deshalb ist es nicht zu bedauern, daß ich der Empfehlung solange nicht gefolgt bin. Wer Stirner verstehen will, d.h. seine Bedeutung, seine Einwirkung in der deutschen Philosophie und politischen Geschichte, muß ihn in die Entwicklung dieses philosophischen Denkens einordnen können, muß aus meiner Sicht also Philosophie fast hauptberuflich studiert haben. Viele einzelne geglückte Aussagen machen für mich noch keine attraktive und verständnisvolle Philosophie aus. Einen Satz will ich aber noch wiedergeben, weil er besonders einsichtsvoll erscheint:

»Der Fanatismus ist gerade bei den Gebildeten zu Hause; denn gebildet ist der Mensch, soweit er sich für Geistiges interessiert und Interesse für Geistiges ist eben, wenn es lebendig ist, Fanatismus und muß es sein.«

6. Erinnerungen an einige Professoren

Privatdozent Dr. Hefermehl, der 1986 im Herbst 80 Jahre wurde, war eine große, sportliche, glänzende, intellektuelle Erscheinung, begabt mit einem mich beeindruckenden juristischen Scharfsinn. Der etwas rötlich-farbene Heyde blieb vor allem in Erinnerung, weil er immer wieder die soundsovielte letzte Auflage seines bekannten Buches »Sozialpolitik« mit Bestellkarten und Rabatten in der Vorlesung anpries. An den Volkswirt Wessels, groß und eher schwammig wirkend, denke ich u.a. gern zurück, weil er so nachhaltig und bildhaft über den armen, beklagenswerten Bonner Privatgelehrten Goossen und seine beiden Gesetze zu reden wußte. Der schon sehr alte Professor Lehmann kletterte zu Beginn der Vorlesung lebendig und beweglich auf einen drehbaren, runden Stuhl und dozierte lebhaft und mit originellen Beispielen; Altsoziologiepapst Leopold von Wiese wirkte ruhig, langatmig, überanstrengt und war in der Regel in 30 statt in 45 Minuten mit seiner Vorlesung zu Ende. Er war damals schon weit über 80 Jahre alt. Ich mochte den leicht pausbäckigen, sehr freundlichen Professor Bulla auch wegen seiner sozialpolitisch engagierten und seiner ganz und gar unprätentiösen Art von allen am liebsten. Er ist früh gestorben. Leider sind meine Mitschriften aus dieser Zeit verlorengegangen und es geht mir wie den meisten Menschen, die sich viel eher an Eigenheiten eines Vortragenden, als an inhaltliche Aussagen zu erinnern vermögen.

7. Auf einem ÖTV-Seminar im Bunten-Haus bei Bielefeld werden mir im September 1953 meine Grenzen besonders bewußt – entscheidende Hinweise auf weitere Studienwege

Am Arbeitsplatz kam ich gut und in sachverständiger Weise zurecht. Schon für den September 1953 hatte ich allerdings beantragt, unter Anrechnung des Jahresurlaubs drei Wochen zu einem Lehrgang der ÖTV ins Bunte-Haus bei Bielefeld zu dürfen. Der Antrag wurde genehmigt, ich reiste hin und machte wichtige, zum Teil aufrüttelnde, desillusionierende, aber auch wegweisende Erfahrungen: obwohl ich viel, wirklich sehr viel wußte, stieß ich an Grenzen meines Wissensstandes im politischen, soziologischen, volkswirtschaftlichen, auch im arbeits- und sozialrechtlichen Bereich.

Anstatt dies als etwas Normales, etwas zu Erwartendes anzusehen, war ich niedergeschlagen und unzufrieden, sehr unzufrieden. Wo ich konnte, glänzte ich kompensierend mit meinem erstklassigen Fachwissen, vor allem im Verhältnis zu meinem über vier Jahre älteren Zimmerkameraden, der in der Ausbildung der Arbeitsverwaltung weit zurücklag, aber erhebliche politisch-praktische Erfahrungen aufwies, die er auch recht geschickt einzusetzen wußte.

Als wirklich neue Wege weisend, erwies sich ein Vortrag des damals sehr bekannten Professors der Sozialakademie Dortmund H. Lutz. Er sprach eines Abends über gewerkschaftlich orientierte Fortbildungsmöglichkeiten des zweiten Bildungsweges, d.h. über seine eigene Akademie, die Akademie der Arbeit in Frankfurt und die Akademie für Gemeinwirtschaft in Hamburg. Ich erkannte sofort, daß für mich, wenn überhaupt eine Neuorientierung geboten oder wünschenswert erscheinen sollte, nur die Hamburger Institution in Frage kommen würde, denn nur dort – und nur dort – ließ sich mit einem qualifizierten Studienabschluß auch die Hochschulreife erlangen. Das ergab faszinierende neue Aussichten, denen ich aber zunächst wegen meiner Kölner Akademiepläne nicht weiter nachhing.

8. Eine »kalte Dusche« erledigt meine unrealistischen, wenn auch sehr bescheidenen Hoffnungen auf Höhergruppierung von Vergütungsgruppe VIII nach VII

Ich muß nämlich meine Zukunft auch weiterhin auf den begonnenen Bahnen gesucht haben, denn im Oktober ließ ich mir einen Termin beim Leiter meiner Abteilung, einem Regierungsrat Dr. W., geben, um herauszufinden, wann ich eine Stufe höhergruppiert werden könnte. Er war reserviert bis unzugänglich und fragte schließlich: »Glauben Sie denn, daß Sie das schon verdient haben?« Das wirkte wie eine kalte Dusche. Ich war schnell wieder draußen und ganz schön beleidigt.

9. Mißhelligkeiten am Arbeitsplatz wegen meiner Abendvorlesungen

Der Winter brachte mit vielen neuen Arbeitslosen sehr viel mehr Arbeit als im Sommer und die ersten Mißhelligkeiten am Arbeitsplatz: während ich mich nach offiziellem Dienstschluß auf das Rad schwang, um Vorlesungen zu hören, machten die Kollegen Überstunden. Manchmal war es so, daß ich nach Vorlesungen abends noch einmal zurückkehrte, um die Kollegen nicht ganz im Stich zu lassen. Wir arbeiteten dann manchmal bis Mitternacht. Oder ich ließ Vorlesungen ausfallen, weil mein Weggehen die Kollegialität so verletzte, daß die Stimmung darunter litt. Wie sollte ich auf Verständnis für meine Privatstudien hoffen können, wenn nicht mal sicher war, daß meine Kollegen die auch für mich geleisteten Überstunden bezahlt bekommen würden?

10. Ich will schneller vorankommen und als Alternative zum Abendstudium vorzeitig die 2. Fachprüfung machen – zwei sehr wichtige Ablehnungen!

Ich spürte allmählich, wie schwer es bleiben würde, »nebenher« zu studieren und sann auf einen schnelleren Weg weiterzukommen. Zu Anfang des Jahres 1954 stellte ich deshalb den Antrag, mich zur zweiten Fachprüfung zuzulassen. Nach drei Jahren weiterer Ausbildung und anschließender Prüfung hätte ich in den gehobenen Dienst aufsteigen können (das war das Äquivalent der Inspektorprüfung). Mir war nicht nur bewußt geworden, daß ich in meinem Abendstudium wegen der voraussichtlich dauernd hohen Arbeitsbelastungen nicht recht vorankommen würde, sondern daß selbst eine schnell und erfolgreich abgeschlossene Studienzeit laufbahnmäßig, d.h. formal zu nichts berechtigte (dies war mir zwar schon vorher bekannt, aber ich hatte das nicht für wichtig erachtet).

Mit Schreiben vom 24. Februar 1954 schrieb dann das Landesarbeitsamt Düsseldorf:

»Ihrem Antrag vom 14.01.1954 auf Zulassung zur zweiten Fachprüfung kann nicht stattgegeben werden, da die Voraussetzungen gemäß § 4 Abs. 2c PO nicht erfüllt sind. Der Antrag kann erst dann wiederholt werden, wenn der Angestellte vier Jahre ununterbrochen als Angestellter bei einem Arbeitsamt oder Landesarbeitsamt tätig ist. Ich stelle Ihnen anheim, die Zulassung zur zweiten Fachprüfung 1957 erneut zu beantragen.«

(Als ich nach diesem Bescheid berechtigt war, mich erneut zur Prüfung zu melden, studierte ich bereits im zweiten Semester Volkswirtschaftslehre an der Universität Hamburg.)

Der Ablehnung zur Prüfungszulassung war eine andere vom 17.02.1954 vorangegangen:

»Infolge der augenblicklichen besonderen Belastung durch die winterliche Arbeitslosigkeit, bin ich nicht in der Lage, Ihrem Antrag auf Urlaub ohne Fortzahlung der Dienstbezüge für die Zeit vom 24.02. bis 10.03.1954 zu entsprechen.«

(Ich hatte erneut an einem ÖTV-Lehrgang teilnehmen wollen.) Auch eine Fühlungnahme im Personalamt der Stadt Köln Ende Januar hatte keine besseren beruflichen Aussichten für mich gebracht.

11. Kopfschütteln über soviel unruhigen, rastlosen Ehrgeiz?

Wer diese streberischen Aktivitäten im Zusammenhang liest, wird vielleicht mit dem Kopf schütteln über so viel unruhigen Ehrgeiz, so wenig Geduld, so viel Rastlosigkeit eines gerade Zwanzigjährigen. Ja, ich war rastlos, weil ich glaubte, schon viel zuviel Zeit versäumt zu haben und weil ich mir vorstellen konnte, wie langwierig und mühselig die Etappen auf dem Weg nach vorn oder nach oben, jedenfalls weg von Tätigkeiten bisheriger Art, sein würden, die mich nicht weiterbrachten, bei denen ich nichts mehr lernen konnte. Es galt also, keine Zeit zu verlieren.

12. Eine gute und die sehr viel wichtigere schlechte Nachricht: »... versetze ich Sie zur U-Stelle 2 ... (als) Zahlbogenrechner« (ab 1. April 1954)

Kann man sich nun vorstellen, welche Wirkungen ausgelöst wurden, als der Leiter der Nebenstelle, Herr Schupbach, mir am 31. März 1954 im Auftrag des Abteilungsleiters eröffnete, daß ich ab 1. April zum Hauptamt versetzt würde? Das war zwar eine gute Nachricht, denn nun war es nicht mehr so weit zu den abendlichen Vorlesungen, vorausgesetzt, ich war noch daran interessiert. Die schlechte Nachricht aber lautete: »... versetze ich Sie zur U-Stelle 2 und übertrage Ihnen die Aufgaben eines Zahlbogenrechners.« Das war das gerade Gegenteil einer sehnlich erwarteten Beförderung, nämlich eine mich beschämende Degradierung. Zahlbogen zu rechnen, ließ sich in kurzer Zeit lernen und ausführen. Die Infamie bestand nun darin, daß einerseits meine niedrige Vergütungsgruppe erstmal festgeschrieben war, andererseits der Unterstützungsstellenleiter schon am ersten Tag mit mir an einen großen, mit Akten gefüllten Stahlschrank trat und erklärte: das sind alles zum Teil sehr schwierige Rückzahlungsfälle. Wenn Sie mit dem Zahlbogenrechnen fertig sind, beschäftigen Sie sich mal damit. Arbeiten Sie die mal weg.

Die Bearbeitung von Rückzahlungsfällen erforderte eine sehr hohe Qualifikation, weil es sich im allgemeinen um komplizierte, jahrelang zurückragende Betrugsfälle handelte, auf die immer wieder geänderte Rechtsvorschriften und Unterstützungssätze, Kinderzuschläge, Nebenverdienstgrenzen und was nicht alles anzuwenden waren. Am Ende mußten Ordnungsstrafverfahren eingeleitet werden, die auch vor Gericht standzuhalten hatten.

13. Welche Auswege stehen offen? – Studium in Hamburg und die Vision einer Promotion

In kurzer Zeit erwiesen sich auf einmal Abendstudium, Fortbildungs- und Aufstiegsmöglichkeiten am Arbeitsplatz sowie die Arbeit selbst in aussichtsloser Weise problematisiert. Das war zuviel auf einmal. Ich war gekränkt, vor den Kopf gestoßen und tat erstmal, was verlangt wurde. Gleichzeitig überlegte ich, welche Auswege offenstanden. Am Arbeitsplatz zu bleiben, erschien mir unmöglich. Monate früher war mal der Gedanke an einen längeren Sommeraufenthalt in England aufgetaucht. Ich hatte ihm aber wenig Raum gegeben.

Mit größter Macht wurde statt dessen der Wunsch lebendig und immer stärker, nach Hamburg zu gehen. Ja, das war die totale Herausforderung und die absolute Chance. Wenn ich dort zurechtkommen, wenn ich dort die Hochschulreife erlangen würde, könnte und würde ich studieren. Selbst eine Promotion war dann nicht ausgeschlossen! Diese Idee, oder besser Vision, hatte ich eines Spätnachmittags auf dem Rad, als ich am Zoo vorbeifuhr. Ich wurde ganz berauscht, trat noch kräftiger in die Pedalen und vergaß den Gedanken nie.

14. Belastung und Erleichterung durch das Moped »Quickly«

Aber wie sollte ich vorgehen? Ich wußte, daß ich im ersten Semester in Hamburg Studiengebühren bezahlen müßte und Hoffnung auf finanzielle Unterstützung unbegründet waren. Dummerweise hatte ich mir im Februar ein Moped gekauft (für ca. DM 650,–) und lange Raten vereinbaren müssen. Ich war es satt gewesen, fast ein Jahr lang jede Woche am Samstag mittag die 60 km Nachhauseweg – in der Mitte den Heiligenhauserberg – überwinden zu müssen und sonntags dieselbe Quälerei zurück. Immer drei Stunden hin und zurück und wie früher Berge rauf und runter, bei Sonnenschein, Wind, Regen und Schnee. Nun war es zwar leichter, nach Hause zu fahren, aber ich hatte keinerlei Reserven, nur höhere Schulden (fast das Dreifache meines Nettogehaltes) und keinerlei Aussichten, bis zum Herbst auch nur das Fahrgeld nach Hamburg ersparen zu können.

15. Ich entscheide mich innerhalb weniger Tage für ein halbes Jahr »Arbeit auf dem Bau« und habe große Schwierigkeiten, mich sofort aus dem Arbeitsamt zu lösen. Dem Antrag vom 12. April wird erst am 12. Mai entsprochen; ab 20. April arbeite ich schon auf dem Bau in Ehrenfeld

Nun beriet ich mich mit Freund Stefan, bei dem ich wohnte, und der durch seine Arbeit bei der Stadtverwaltung mit Baufirmen zu tun hatte und auf den Gedanken verfiel (oder hatte ich ihn selbst?), »auf den Bau zu gehen«. Einer der in der Nähe wohnenden Inhaber von »Steffens & Kremeier« wurde gefragt, ob ich als ungelernter Hilfsarbeiter anfangen könnte. So um den 10./12. April rum klärten sich Einzelheiten und ich sagte zu. Nun mußte ich mich nur noch aus der anfangs so sehr gesuchten Lebensgrundlage beim Arbeitsamt lösen, was überraschenderweise gar nicht so einfach war.

Dem Verwaltungsleiter Weissweiler war gänzlich unverständlich, daß ich abhauen wollte. Feige oder klug wie ich war, hatte ich ihm den wahren Grund nicht genannt, sondern erklärt, einen Sommer in England verbringen zu wollen, um die Sprache zu lernen etc. Er wollte mich partout nicht gehen lassen, bot mir sogar an, schon bald in die Inspektorenlaufbahn eingeschleust werden zu können. Dann drohte er damit, die Einhaltung der Kündigungsfrist zu verlangen. Das hätte mich sehr getroffen. Nach vielem Hin und Her (auch mit Düsseldorf) wurde ich beurlaubt.

»Der Herr Präsident des LAA NRW hat sich mit Ihrer Beurlaubung unter Fortfall der Dienstbezüge für die Zeit vom 1.5.1954 bis 30.9.1954 ausnahmsweise einverstanden erklärt. Ich bitte um Überweisung der Bezugsgebühr für die Zeitschrift »Arbeit, Beruf...« in Höhe von DM 2,45 sowie um Rückgabe der entliehenen Bücher.«

Mein Antrag war am 12. April gestellt worden; die Antwort ist vom 12. Mai, die ich aber nicht abwartete, denn am 20. April (Hitlers Geburtstag, unvergessen!), direkt nach Ostern, hatte ich schon auf dem Bau in Ehrenfeld begonnen, also während der Resturlaubszeit die höher bezahlte Arbeit angefangen, um mit der Ersparnisbildung voranzukommen.

16. Hohe Anfangsinvestitionen, relativ niedrige Lohnhöhe und die Schwere des Betonfahrens und -stemmens

Leider war hierzu eine nicht unerhebliche Anfangsinvestition in Form von neuen Arbeitsschuhen, einem neuen Drillichanzug und Arbeitshemden erforderlich, was mich erst einmal zurückwarf. Ich begann mit einem Stundenlohn von DM 1,51 (ein Maurergeselle erhielt DM 2,10), der sich bis DM 1,75 steigerte. Als ich Ende Oktober in Hamburg eintraf, hatte ich nach Abzug der Reisekosten eine Barschaft von genau DM 380,– zur Verfügung. Mit höherem Stundenlohn und häufigem Akkord verdiente der Hilfsarbeiter auf dem Bau etwa DM 100,– bis DM 120,– monatlich netto mehr, als die Fachkraft im öffentlichen Dienst.

An die harte körperliche Arbeit mußte ich mich erst wieder gewöhnen. Der erste Tag war fürchterlich: blaß und wie frisch aus dem Konfektionsladen eingekleidet aussehend, meldete ich mich morgens um 7.00 Uhr beim Polier. Der »musterte« mich von oben bis unten, kratzte sich am Kopf und teilte mich schließlich zum Betonfahren mit der Schubkarre ein.

Mit Dieter Hollaender in Königswinter, 1954

Die Waschküchentreppenausgänge von etwa zehn Mietwohnungsblocks waren eingeschalt und mußten nun betoniert werden.

Tagelang fuhr ich Beton von der Mischmaschine zu den 30, 50 oder 100 m entfernten Treppeneingängen, kippte den Inhalt in die Öffnungen, wozu erstaunlich viel Kraft, Augenmaß und Geschicklichkeit gehörten. Blasen an Händen und Füßen und schreckliche Muskelschmerzen zeigten an, wie schwer dieser Anfang war. Als wir nach einer Woche mit den Treppenausgängen fertig waren, ich mich an diese Arbeit fast schon gewöhnt hatte, wurde ich, mit Schlegel und Meißel ausgerüstet, zum »Betonstemmen« abgezweigt: in fünf Betondecken war beim Einschalen versäumt worden, eine weitere Öffnung für Leitungen vorzuhalten. Nun mußten sie nachträglich etwa 12 cm tief hineingestemmt werden. Auch dies kann man lernen, auch daran kann man sich gewöhnen, aber die Einarbeitung war fürchterlich. Neue Blasen, verstärkt durch Verletzungen beim gelegentlichen und unvermeidbaren »auf die haltende Hand hauen«. Die bei jedem Schlag immer große Kraftaufwendung bei geringen Fortschritten, machen diese Arbeit zur »schlimmsten« auf dem Bau überhaupt. Es schien, als ob ein nicht zum Bau passender Neuling zerbrochen und zum Aufgeben gebracht werden sollte. An Arbeitskräften war damals sowieso kein Mangel. Eine halbwegs schonende Einarbeitung, die mit dem Anfängerlohn korrespondiert hätte, war wohl so ziemlich das letzte, woran Vorgesetzte denken mochten.

17. Zerstiebende Illusionen und weitere Lehren über Arbeitsmoral und Solidarität

Auf dem Bau zerstoben bald Illusionen, wenn sie sich überhaupt gebildet hatten, über Humanität am Arbeitsplatz, Kameradschaft und die Haltung dieser Arbeiterschaft zu gewerkschaftlichen und politischen Fragen. Als angemessen anzusehende Leistungen waren nach meinen Beobachtungen nur durch Akkord und beständige Aufsicht zu erreichen. Sobald der Aufseher außer Sichtweite war, sackte unsere Arbeitsbereitschaft auf ein Anstandsminimum herab. Gab es dagegen beim großflächigen Betonieren, Ausschalen oder Ausladen von Hunderten von Säcken noch heißen Zements bei sommerlichen Temperaturen attraktiv erscheinende Akkordvorgaben, dann gaben sich alle einen Ruck und die Anstrengungen nahmen sichtbar zu. An einer Baustelle in der Universitätsklinik Lindental nützte mir das aber nichts. Obwohl ein Hilfsarbeiterkollege und ich tagelang an der Mischmaschine auch schon vor allgemeinem Arbeitsbeginn mit aller Kraft arbeiteten, hieß es am Wochenschluß: Wir haben im Akkord nichts verdient. So kriegten wir nur den Stundenlohn, für den wir uns nie so ins Zeug gelegt hätten. Es war nicht möglich herauszufinden, ob wir beide und gegebenenfalls von wem betrogen worden waren.

In den immer viel zu kurzen Arbeitspausen kam die Rede nicht selten auf gewerkschaftliche und SPD-Vorstellungen, die im Tagesgeschehen ihren Ursprung hatten. Ich war überrascht, wie ablehnend, haß-, vielleicht wuterfüllt manche der einfachsten Kollegen auf Forderungen dieser Arbeitnehmervertretungen reagierten. Keiner bekannte sich je offen zur Mitgliedschaft oder zur Arbeitnehmersolidarität oder verwahrte sich gegen solche Ausbrüche von Kollegen.

Auch bei den vielen späteren Kontakten an den unterschiedlichsten Arbeitsplätzen zeigte sich immer wieder, wie schwierig es war, für den Gewerkschaftsgedanken zu werben. Mein Eindruck war damals, daß die egoistischsten Arbeiter oft besonders kritisch waren, weil sie eine Rechtfertigung für ihr Abseitsstehen, für ihr den Gewerkschaftsbeitrag-nicht-zahlenwollen suchten. Natürlich gab es zusätzlich schwunglose Gleichgültigkeit, Desinteresse, Konzentration auf das rein Private zuhauf.

Ich konnte aber auch, besonders an den Gewerkschaftsschulen und in der ÖTV-Jugendgruppe viele überzeugte, engagierte, solidarische Menschen aus vielen Wirtschaftszweigen und Berufen kennenlernen. Alles in allem lernte ich so ein buntes Gemisch von Mitgliedern der arbeitenden Bevölkerung kennen, an das ich später immer wieder denken mußte, wenn das Menschenbild von Marx dargelegt, dabei die Träger einer neuen Ordnung glorifiziert und die allein führende Rolle des Proletariats für eine wahrhaft humane Wirtschafts- und Gesellschaftsordnung betont wurden. Ich vermochte in der arbeitenden Klasse sowenig einen Träger von größeren, revolutionären, ethischen und besseren Vorstellungen zu sehen, als etwa in der Gruppe der Rechtsanwälte oder Ärzte oder Steuerberater oder sonstiger klar abgegrenzter Berufe oder sozialer Schichten.

DGB-Jugend mit Sönke Hansen o. Reihe, 5. v. li.; W. N. 2. Reihe v. o. mit sehr kariertem Hemd, 1954

18. Welch' ein Glück, daß ich Sönke Hansen aus Hamburg in Oberursel kennenlernte – die Angst vor der alles entscheidenden Aufnahmeprüfung – Hamburg empfängt mich mit einem »stattlichen Regenbogen«

Die Arbeit auf dem Bau, an die ich mich zunehmend gewöhnte, die mir schließlich nicht mehr schwerfiel und zudem eine ganz unbeschwerte Freizeit erlaubte, wurde im Sommer durch Schulungskurse der ÖTV und des DGB in Oberursel für zwei Wochen unterbrochen. Dort traf ich den Elektrikerlehrling Sönke Hansen aus Hamburg. Da mein Antrag auf Zulassung zur Aufnahmeprüfung an der Akademie in Hamburg, die Ende Juli zu bestehen war, schon positiv beantwortet worden war, lud Sönke mich ein, während der Prüfungszeit bei ihm und seiner Mutter zu wohnen. So kam eine ungewöhnlich segensreiche Verbindung nach Hamburg zustande, für die ich immer dankbar sein werde. Es lohnt sich, auf sie zurückzukommen.

Diese Aufnahmeprüfung hing den ganzen Sommer über wie das gefürchtete Damoklesschwert über mir. Was sollte ich tun, wenn ich sie nicht bestehen würde? fragte ich mich häufig. Auf dem Bau weitermachen? Völlig ausgeschlossen! Am 1. Oktober zum Arbeitsamt zurückkehren? Nicht ganz so ausgeschlossen, aber gänzlich unbefriedigend, ja, einer persönlichen Niederlage gleichkommend. Schließlich reiste ich mit dem Zug nach Hamburg.

»Unterwegs erlebte ich 50 km vor Hamburg ein seltsames Naturschauspiel. Während heftiger, gewitterartiger Regen an die Fensterscheiben klatschte, schien die Nachmittagssonne grell ins Abteil. Sofort bildete sich ein stattlicher Regenbogen« (Notiz vom 04.08.54).

An zwei Tagen leistete ich vier schriftliche Prüfungen und saß mit zwei anderen Kandidaten am

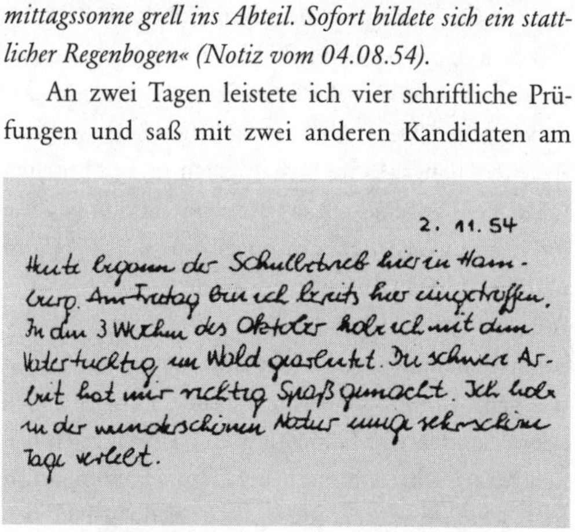

2. 11. 54

Heute begann der Schulbetrieb hier in Hamburg. Am Freitag bin ich bereits hier eingetroffen. In den 3 Wochen des Oktober habe ich mit dem Vater tüchtig im Wald geschuftet. Die schwere Arbeit hat mir richtig Spaß gemacht. Ich habe in der wunderschönen Natur einige sehr schöne Tage verlebt.

dritten Tag in der belanglosen mündlichen Prüfung dem Dozenten Dr. G. Hummel, einer noblen, verehrungswürdigen, großen Gestalt von annähernd 54 Jahren gegenüber, der in meinem Leben über 15 Jahre eine sehr wichtige Rolle spielen sollte. Ich war überzeugt, daß ich alle schriftlichen Arbeiten gut und besser geschafft hatte.

19. Besuch beim Arbeitsamt Hamburg – eine düstere Prophezeiung und die frühe Bekanntgabe des positiven Prüfungsergebnisses

Ich konnte mir im Juli ausrechnen, daß meine Mittel kaum oder überhaupt nicht ausreichen würden, ein Semester zu finanzieren. Deshalb dachte ich an eine Nebenbeschäftigung und hatte schriftlich einen Termin bei einem Kollegen von der Arbeitsvermittlung des Arbeitsamtes Hamburg erhalten. Das Gespräch mit dem Arbeitsamtskollegen war ergebnislos, was die Vermittlung einer Nebenerwerbsquelle betraf, brachte aber eine Beziehung zu einem Absolventen der Akademie und Gewerkschaftssekretär in Hamburg zustande.

Ein im Arbeitsamt hinzugezogener älterer magen- und bitterkrank aussehender, Ärmelschoner tragender Mitarbeiter erging sich in düsteren Prophezeiungen, Es sei noch niemals gutgegangen, wenn ein Angehöriger der Unterschicht so nach oben strebte. Früher oder später seien sie alle mehr oder weniger schrecklich gescheitert. Welch ein Omen zu Beginn eines völlig neuen Lebensabschnittes. Ich habe diesen Typen und seine komischen Prophezeiungen nie vergessen und immer etwas gefürchtet.

Den Gewerkschaftssekretär suchte ich nach der mündlichen Prüfung auf. Ich war nur wenige Minuten bei diesem freundlich-hilfsbereiten Mann, als er schon zum Telefonhörer griff und den geschäftsführenden Dozenten der Akademie anrief, um nach meinen Prüfungsleistungen zu fragen.

Er erfuhr von meinem guten Abschneiden und damit erfuhr auch ich es (natürlich vertraulich) und zusätzlich, daß man mir die DM 120,-- Semestergebühren erlassen würde. Ich war selig, glücklich und stolz in einem. Schon in Hamburg zu wissen, daß ich bald in diese großartige Stadt würde zurückkehren können, um ein »wirkliches« Studium mit phantastischen Aussichten beginnen zu können, war überwältigend und gewaltig anspornend.

20. Wohnenkönnen auf der »Goldkoppel« bei Frau Elly Hansen und Kuddel Möller; für Tante Hansens gütige Fürsorge werde ich immer dankbar sein und sie nie vergessen

Die Problematik eines Nebenerwerbs hatte sich etwas verringert, weil Frau Hansen, verwitwet und mit Postfacharbeiter Kuddel Möller zusammenlebend, anbot, bei ihnen für zwei Jahre wohnen zu können, und zwar zu einem Festpreis von DM 80,-- monatlich (für Verpflegung, Wäsche, Heizung). Frau Hansen erhoffte sich von mir einen positiven, stabilisierenden Einfluß auf ihren zwei Jahre jüngeren Sohn, mit dem ich mich glänzend verstand. Die drei bewohnten in Billstedt auf der »Goldkoppel« auf angrenzenden Grundstücken zwei kleine Gartenhäuschen als sogenannte »Butenhamburger«. 1943 hatte die Familie Hansen in Hamm in dem verheerenden Feuersturm nur überlebt, weil sie in den riesigen Kühlraum einer Schlachterei im selben Haus aufgenommen worden waren. Mit Omi und Opi (die nicht mehr lebten), Sönke und seinen Eltern lebten sie dann in ihrer Gartenkolonie in den besagten Gartenhäuschen. Das eine etwa 25, das andere etwa 30 qm groß. Sönkes Vater, Techniker bei der Post, ein schwermütiger Mann, hatte sich 1949 in einem der Häuschen das Leben genommen.

Die schrecklichen Kriegserfahrungen, eine entbehrungsreiche Nachkriegszeit und das unheimliche Ende des Familienvaters lasteten auf Frau Hansen,

Tante Hansen mit Sönke, 1954

Wohnung der beiden auf der Goldkoppel zu meiner Zeit dort, 1954 – 1956

wie auch die Erinnerungen an ihr Leben als ausgebeutete Landarbeiterin. Sie war Waisenkind auf einem Dithmarscher Bauernhof gewesen, wo sie bis zu ihrer Verheiratung mit etwa 25 Jahren geblieben war. Über ihr Leben auf dem Lande konnte sie sowohl Mitleid erregend als auch erschütternd, aber oft auch sehr humorvoll und unendlich anschaulich erzählen. Sie war eine wundervolle, hilfs-, ja aufopferungsbereite, tapfere und verständnisvolle Frau. Ihre gütige Fürsorge war uneigennützig und für mich von nicht abschätzbarem Wert.

Ich war glücklich, daß ich ihr viele Jahre nach meinem Auszug im Jahre 1956, so Anfang der 70er Jahre nicht nur von Herzen dankbar sein, sondern auch helfen konnte, indem ich ihr in der Nähe ihrer geliebten Goldkoppel eine moderne 2½ Zimmerwohnung beschaffte, die ohne meine Fürsprache nicht zu bekommen war. In dieser Wohnung lebte sie dann noch über 10 Jahre mit Kuddel Möller. Etwa um die gleiche Zeit konnte ich Sönke, der seit 1955 in Stuttgart wohnte, eine ihm sehr zusagende Arbeit und zugleich eine schöne Wohnung besorgen, so daß er mit seiner Familie zu seiner Mutter und in seine Vaterstadt zurückkehren konnte.

Das alles greift der Schilderung meines Beginns in Hamburg weit voraus. Nach der Aufnahmeprüfung waren ja auch noch über drei Monate Zeit auszufüllen, die ich weiter auf dem Bau in Köln, dann im Oktober zwei Wochen auf der ÖTV-Schule in Mosbach und in den letzten drei Wochen zu Hause mit meinem Vater im Wald arbeitend verbrachte.

21. »Mädchenmäßig« fest gebundene Kollegen bestätigen meinen Vorsatz, mich auf so etwas nicht einzulassen – ich konnte nicht wissen, wie bald ich »umfallen« würde

In Mosbach in Baden lernte ich einen vier Jahre älteren Kollegen aus dem Arbeitsamt Deggendorf kennen, der dort schon Vergütungsgruppe V b hatte und mir sehr sympathisch wurde. Er beschäftigte sich gerade ausführlich mit Rainer Maria Rilke, was für mich etwas Neues war, also jemanden zu treffen, der ihn auch tatsächlich las.

(Es handelt sich um Manfred Rademacher, der inzwischen das Arbeitsamt München leitet. In diesen Tagen der Überarbeitung – Mitte Febr. 1989 – bemühe ich mich darum, ihn dort Anfang März zu besuchen.) Ich ergänze die neueste Entwicklung. M. besuchte mich nach kurzer Voranmeldung am 22. Februar 1989 in der Bank. Wir hatten ein ausführliches, sehr kameradschaftliches Gespräch. Bis heute, 15. September 1989, habe ich leider nichts mehr von ihm gehört. (Auch bis März 2005 nicht)

Über M. ergab sich damals eine interessante Parallele zu meinen persönlichen Erfahrungen ein

Besuch der beiden »Alten« als Senator, 1980

Jahr früher im Bunten-Haus, wo ich ebenfalls einen etwa vier Jahre älteren Kollegen aus dem Arbeitsamtsbereich getroffen und Kontakt behalten hatte. Beide Kollegen hatten sich »mädchenmäßig« fest gebunden, was auf mich abschreckend wirkte. Ich »philosophierte« darüber am 1. Oktober 1954 und faßte dann einen wichtigen Entschluß:

»Dieter und auch Manfred sind gut vier Jahre älter als ich. Eine Zeitlang hatte ich angenommen, D. würde sich ebenfalls ernstlich darum bemühen, auch zu einer Akademie zu kommen. Das scheint mir ein Fehlschluß gewesen zu sein. Hier scheinen verschiedene Gründe maßgebend zu sein. Ich will nur einen untersuchen. Im letzten Brief teilte D. mit, daß er ein Mädchen kennengelernt habe, das für ihn die einzig Richtige sei. Nun kommen schnell wirtschaftliche Überlegungen, die natürlich verständlich sind, aber praktisch den Abschluß des Vorwärtsstrebens bedeuten müssen, hinzu. Er wird also schnell danach trachten müssen, eine einigermaßen lukrative Beschäftigung zu bekommen. Bei M. ist das Problem ähnlicher Natur. Er sagte mir gestern, daß er, obwohl gänzlich unabhängig und alleinstehend, wohl nie seine Stellung, seine zweifellos gute Stellung aufgeben würde. Auch er hat eine Mädchenfreundschaft, die er nicht mehr lösen kann.«

Und die Nutzanwendung bzw. Resolution: *»Für mich darf es eine Mädchenbekanntschaft nicht geben, wenn ich mein Ziel erreichen will. Das zeigen mir die beiden Beispiele in aller Deutlichkeit.«*

Abgesehen von ungezählten kleinen, meist einseitig von mir ausgehenden, deshalb kaum je erwiderten Flirts hatte ich um Mädchen immer einen weiten Bogen gemacht. Je mehr ich mich auf größere, lange Realisierungszeiträume erfordernde Ziele einstellte, desto mehr sah ich in »Mädchen« die Feinde allen Vorwartsstrebens schlechthin. Die zwei »Beispiele« genügten zur Verifizierung meines Vorurteils. Ich bedauerte diese armen, gefangenen, um ihre Aussichten, d.h. um die Realisierung ihrer großen Potentiale gebrachten Freunde etwa so, wie ich starke Zigarettenraucher innerlich kritisierte und auf das heftigste bedauerte. Solche weiblichen »Hemmschuhe« würde ich bewußt und mit aller Kraft vermeiden und mir nie anziehen. Ich war damals sehr stark, dachte einseitig konsequent und gab doch schon bald ein Bilderbuchbeispiel ab für monumentale Inkonsequenz, für nicht mehr Dazustehen-können oder -wollen, also für ein Umfallen in dieser für mich so existenziell wichtig gehaltenen Frage.

Wie »fehlerhaft« es war, so negativ zu denken, gedanklich so gar nichts Positives in einer Mädchenbekanntschaft für einen Entwicklungsverlauf, wenigstens theoretisch zu unterstellen, zeigte sich dann an mir selbst, auch an einer Reihe weiterer Beispiele, nicht zuletzt am Beispiel des erwähnten Kameraden, der Leiter des zweitgrößten Arbeitsamtes der Bundesrepublik in München wurde.

VI. Verwandlungszeit

Qualifizierung für mehr als den »Höheren Dienst« - Studien (1954 - 1959)

1. Akademie für Gemeinwirtschaft – Studium und viel körperliche Arbeit – Inkonsequenz und Begründung des Glücks mit Maria – Verliebtsein, auch in Großbritannien? – Hochschulreife! – Dokumentation meiner »Seelenlagen«

1.1. Zur Vorbereitung des Studiums entwickele ich Vorsätze und schreibe sie ins Tagebuch

In dieser Zeit der Vorbereitung auf mein Studium schrieb ich zwar nicht viel, aber häufiger auf, was mich grundsätzlich bewegte. Am 2. September 1954:

»Das will ich befolgen: eine Sache immer ganz zu tun, nie auf dem einmal eingeschlagenen Weg einhalten oder zurückgehen. Eine Maßnahme soll entweder so oder so, aber nicht so und so sein.«

Im Anschluß an eine Vorlesung über das Betriebsverfassungsgesetz in Mosbach meinte ich (27. September 1954):

»Wenn ich schon mal zum Studium kommen sollte,« (ich dachte schon mutig über das noch nicht einmal begonnene AkademieStudium hinaus) »dann werde ich Jura studieren; auf ein paar Jahre kommt es dann nicht mehr an. Wahrscheinlich werde ich dann gut 30 Jahre alt sein. Es wird eine schwierige Zeit werden, aber wie herrlich, wie stolz kann ich dann sein. Hoffentlich, hoffentlich gelingt mir dieses Wagnis. Was ich hierzu an Mut, Ausdauer und Entbehrungen brauche? Es soll mir an den beiden erstgenannten nicht mangeln und über das letzte werde ich lachen und spotten.«

Gleichzeitig dachte ich, nachdem ich mir in einer Vorlesung gedemütigt vorkam und generell zu wenig aus mir rausgegangen war:

»... leicht vergißt man als junger Mensch, der in den Augen der Zeit (!) nichts anderes darstellen kann, daß man auch gegenüber einem erfolgreichen Mann sich nicht zu ducken braucht.

Wenn es auch nicht l00prozentig richtig ist zu sagen, was sich im Innersten formt und bildet, so glaube ich doch, daß ich viel mehr meinem Inneren Ausdruck verleihen muß und daß ich das sagen soll, was ich im Grunde meines Herzens für richtig halte. Die Reaktion ist nicht mehr entscheidend, sondern die Gewißheit, richtig gehandelt zu haben.«

Fast wie im Widerspruch dazu nur eine Woche später (2. Oktober 54): *»Ich muß mir ernstlich vornehmen, mir ein Urteil in schwierigen Fragen und zu umfangreichen Problemen erst dann zu bilden, wenn ich auch die sachlichen Voraussetzungen hierzu besitze. Es ist tausendmal besser, überhaupt ganz zu schweigen als stümperhaften Unsinn zu reden. Deshalb will ich ja lernen und mich fortbilden. Es ist natürlich bei meinem jetzigen Bildungsstand ein trostloser Zustand. Ich will Probleme zunächst kennenlernen und mir ein ungeheueres großes Wissen aneignen und dann muß ich in der Lage sein, mir ein fundiertes Urteil zu bilden.«*

Es dauerte aber nur wenige Tage (bis zum 5.10.) bis ich starke Zeichen von Unsicherheit über die Möglichkeit der Ansammlung eines ungeheuer großen Wissens verspürte:

»Wenn ich doch manchmal hier während des Unterrichts feststellen muß, wieviel ich von dem vergessen habe, was ich noch voriges Jahr so gut gewußt habe, dann erscheint mir der Vorteil des Lernenkönnens in einem fragwürdigen Licht. Deshalb bin ich nun etwas unsicher geworden. Ich weiß und fühle es ganz genau, daß die zwei Jahre an der Akademie für meinen bisherigen Beruf gar nicht notwendig sind. Deshalb wird es kein Zurück geben. Ich muß ganz einfach studieren, anschließend.«

Photo im Studentenausweis der Akademie für Gemeinwirtschaft 1954 – 56

1.2. Ich treffe in Hamburg ein und erfahre, daß der Bundestagspräsident Hermann Ehlers gestorben ist – Erinnerungen an eine Wahlversammlung mit Konrad Adenauer in Köln

Das Akademiestudium begann am 2. November. Ich war am 31. Oktober spätnachmittags im Hauptbahnhof ausgestiegen und sah an den Zeitungskiosken die Schlagzeile über den plötzlichen Tod des Bundestagspräsidenten Ehlers. Dieser evangelische Politiker war einer der bekannten, glaubwürdigen Repräsentanten des neues Staatswesens.

Irgendwie berührte mich dieser Tod sehr und ich glaubte, die Bedeutung des Verlustes für unser Gemeinwesen ermessen zu können. Damals war Adenauer schon über fünf Jahre Kanzler. Niemand konnte sich vorstellen, daß der fast 80jährige es noch lange »machen« würde und in Ehlers sahen viele, auch ich, einen Mann, der die Statur hatte, ihm folgen zu können, ohne die Polarisierung, die scharfe Konfrontation zur SPD und zu den Gewerkschaften fortzusetzen.

Von dieser Adenauerschen Grundhaltung hatte ich eine deftige Kostprobe anläßlich einer Wahlversammlung im Jahr zuvor im Kölner Eisstadion erhalten. Ich war überhaupt nur mit Hilfe von mir bekannten Kolpingsöhnen eingelassen worden und hatte in der ersten Reihe ziemlich nahe am Rednerpult einen Platz erhalten, von dem aus ich Adenauer, aber auch die sehr zahlreichen regelrecht in Anbetung versunkenen älteren Damen gut sehen konnte. Mich empörten nicht nur Adenauers scharfe Angriffe auf SPD und Gewerkschaften zutiefst, sondern auch die begeisternd johlende Versammlung, in der es um so mehr Zustimmung gab, je primitiver der wahlkämpfende Kanzler austeilte.

1.3. Enttäuschende politische Verhältnisse in Hamburg

Die politischen Verhältnisse in Hamburg waren fast gleichermaßen enttäuschend. Über die Nachkriegszeit hinweg war mir der Name des Hamburger SPD-Bürgermeisters Max Brauer vor allem aus Nachrichtensendungen, natürlich auch aus Zeitungsmeldungen sehr vertraut. Unglücklicherweise war er aber ein Jahr vor meiner Ankunft abgewählt worden; er hatte einer Mitte-Rechts Koalition unter Bürgermeister Sieveking Platz machen müssen und das Amt des Oppositionsführers Paul Nevermann überlassen. Dieser Bürgersenat interessierte mich nicht sonderlich; er machte schon früh und immer wieder in auffälliger Weise negativ von sich reden und galt ziemlich allgemein als ein vorübergehender Unglücksfall für die Stadt, die bei der nächsten Wahl zur Normalität der SPD-Führung unter Brauer zurückfinden würde. Bis dahin ging von der politischen Bühne keine Faszination aus. Ich hatte auch genug mit meinem Studium zu tun, über das ich schon bald notierte: »Ich bin so nervös geworden, schon eine Woche hat hierzu gereicht.«

1.4. Die einzigartig einfache Unterbringung auf der »Goldkoppel« – zuletzt regnete es, bis auf die Stelle, wo mein Bett stand, überall durch

Auf der Goldkoppel wurde ich wie ein älterer Sohn ganz und gar in die Familie aufgenommen, was große Vor-, aber auch Nachteile hatte. Während Sönke mit im winzigen Schlafzimmer seiner Mutter schlief, wohnte ich nebenan mit Kuddel Möller in einem Raum zusammen.

Links vom Eingang der etwa 16 qm großen Wohnstube war Kuddels Bett. Davor ein kleiner Gang und eine Bücherwand, zur Abtrennung gedacht. Der Raum hatte an der rechten Seite zwei Fenster, gegenüber an der Längsseite stand mein Bett. Daneben der Schornstein mit dem Bullerofen; am Kopfende ein Schrank und in der Mitte befanden sich ein schöner runder Tisch und zwei dicke, bequeme Plüschsessel.

Waschgelegenheit war im Vorraum (Waschschüssel und Kanne), die Toilette (Plumpsklosett mit Torfbehandlungsmöglichkeiten) auf dem Hof; fließendes Wasser ebenfalls nur auf dem Hof. Die Dächer der Häuschen waren leichte Bretterkonstruktionen, mit Teerdachpappe überzogen.

Bis zum Prüfungsherbst 1956 war das mich beschützende Dach so morsch und durchlässig geworden, daß ich das überall in den Raum tropfende Wasser zeitweise nicht schnell genug mit einer ausreichenden Zahl von Eimern auffangen konnte. In einer über Wochen dauernden Regenperiode war es immer wieder verwunderlich zu sehen, daß nur mein Bett vom durchlassenden Regen verschont wurde. Solange das Dach naß war, konnten wir es auch nicht reparieren.

1.5. Gründung und Ziele der Akademie für Gemeinwirtschaft – Ich gehörte (leider) zu den sogenannten »Freistudierenden«

Die Akademie für Gemeinwirtschaft war 1948 durch Landesgesetz der Freien und Hansestadt Hamburg gegründet worden. Sie begann ihre Tätigkeit am 1. November mit 80 Studenten. Alleiniger Träger war der Hamburger Staat. Im § 1 des Gesetzes vom 12. Juli 1948 hieß es:

»Sie ist eine selbständige und unabhängige Forschungs- und Lehrstätte, die die deutsche Gemeinwirtschaft fördern und einen mit dem notwendigen Fachwissen ausgestatteten Nachwuchs durch ein besonderes Hochschulstudium heranbilden soll.«

§ 12: *»Die Studierenden werden von den Gewerkschaften, Genossenschaften und anderen an der Gemeinwirtschaft interessierten Organisationen vorgeschlagen. Daneben sollen auch Freistudierende aufgenommen werden.«*

Ich gehörte zu den sogenannten »Freistudierenden«, deren Anteil schon bis zu meinem 7. Lehrgang stetig größer geworden war, wodurch die ursprüngliche Dominanz der gewerkschaflich-genossenschaftlichen Zusammensetzung der Studierenden völlig verändert wurde. Gerne wäre ich auf der Gewerkschaftsliste »gelaufen«, fand aber trotz vielfältiger Berührungen mit den Gewerkschaften im ganzen Jahr 1954 keinen Fürsprecher, betrieb die Angelegenheit auch dilettantisch und nicht ernsthaft genug. Ich merkte in Hamburg bald, wieviel »leichter« es sich studieren ließ, wenn man Gewerkschafts- oder Genossenschaftsstipendiat war: »die« hatten keine finanziellen Sorgen wegen des Lebensunterhalts, der Wohnung, der Schulgebühren, der Bücher und Schreibmittel und waren vor allem auch während der Ferienmonate finanziell gesichert. Soweit sich das ehrlicherweise rückblickend sagen läßt, wurde ich keineswegs neidisch auf sie, einmal, weil ich mit dieser Schwäche Gott sei Dank generell nicht »geschlagen« bin, und zweitens, weil ich ja auch durch die glückliche Fügung der Unterbringung auf der »Goldkoppel« zurechtkam und dafür zutiefst dankbar war.

Akademiegebäude 1954 – 1956

1.6. Begriff der »Gemeinwirtschaft«: »Mitarbeit an einer sozialen Synthese«

Wo immer man sich als Student der Akademie vorstellte, erwartete man eine Erklärung des Begriffes »Gemeinwirtschaft« und damit auch des Inhalts des Studiums. Die Gründer hatten damit keine Probleme gehabt:

»Unter Gemeinwirtschaft fallen die verschiedensten staatlichen, kommunalen, kirchlichen, karitativen, sonstigen gemeinnützigen und genossenschaftlichen Wirtschaftsformen, die zum vielfarbigen Bild unseres Wirtschaftslebens beitragen. Gemeinwirtschaft ist dabei kein starrer Begriff. Mit den wechselnden Erscheinungen des Wirtschaftslebens wandeln sich sein Inhalt und seine Bedeutung.«

Die Akademie sollte auch eine klärende und geistig mitbestimmende Rolle bei der Weiterentwicklung unserer Wirtschaftsordnung spielen:

»In dem Ringen um eine gerechte Wirtschaftsverfassung wird vielfach ein kollektivistischer Standpunkt vertreten, während gleichzeitig von anderer Seite stark liberale Gedankengänge entwickelt werden. In diesen Auseinandersetzungen, die sich besonders auf deutschem Boden vollziehen, sieht die Akademie für Gemeinwirtschaft ihre Aufgabe darin, an einer sozialen Synthese mitzuarbeiten, die den Menschen in eine neue Beziehung zu Wirtschaft und Gesellschaft bringt.«

Es konnte schließlich nicht verwundern, daß zu Anfang der 60er Jahre auch die interne Auseinandersetzung über die Richtigkeit oder die Berechtigung des Namens Gemeinwirtschaft intensiv geführt wurde und schließlich zu einer Namensänderung führte. Ab 1961 hieß die Institution Akademie für Wirtschaft und Politik. In der Begründung zu der Namensänderung wurde ausgeführt (Gesetz vom 26. September 1961), daß die »Aufgaben« der Akademie

»durch den Namen ... nicht zureichend wiedergegeben« wurden. Frühzeitig sei der Name »Anlaß zu Mißverständnissen« gewesen und man habe ihn »umständlich erklären müssen.« Die Akademie sei sogar »für eine ›weltanschaulich‹ einseitig gebundene Bildungseinrichtung gehalten« worden. Man wolle aber doch das gerade Gegenteil, nämlich »dogmatischen Verhärtungen in allen politischen Lagern« entgegentreten.

Für mich war das damals nicht überzeugend, erst recht nicht das ebenfalls verwandte Argument, junge Menschen seien wegen »all dieser Mißverständnisse sogar »häufig« von einem Studium »abgehalten« worden. Ich hing sehr an diesem alten Namen und die Änderung schien mir ziemlich reinem Opportunismus zu entspringen. Im nachhinein, Jahre später, hat mir die Änderung des Namens eher eingeleuchtet, nicht zuletzt, weil der noch zu erwähnende Linkstrend in Verbindung mit dem Namen »Gemeinwirtschaft« wahrscheinlich noch zusätzlich geschadet hätte.

1.7. »Wirtschaftsordnung und Wirtschaftspolitik ohne Dogma« – Heinz-Dietrich Ortliebs Thesen, Persönliches und studentische Kritik – was ist »normal«? (Dank an den Maurer Herbert Höpfner) – des Menschen Fehlerhaftigkeit ist seine Normalität

Als ich mit dem Studium im Herbst 1954 begann, war im Selbstverlag der Akademie gerade eine Sammlung von Vorträgen und Aufsätzen erschienen, die als ein Ergebnis dieser »Ausrichtung« von 1948 angesehen werden konnte und deshalb den Titel »Wirtschaftsordnung und Wirtschaftpolitik ohne Dogma« erhalten hatte. Darin wurde u.a. das Verhältnis von »Freiheit und Zwang in der Wirtschaft«, »Die Krise des Marxismus«, »Der neuliberale Interventionismus« beschrieben und weiterhin auf Lohnpolitik, Gewinnbeteiligung, Genossenschaften, wirtschaftspolitischen Dogmatismus, Wirtschaftsdemagogie und »Marxistische Restbestände« eingegangen.

In einem immer wieder lesenswerten Schlußkapitel hatte H.-D. Ortlieb, der eigentliche und unermüdliche Motor der erfolgreichen ersten 15 Jahre dieser Institution »Die menschlichen Voraussetzungen einer besseren Sozialordnung« aufzuzeigen versucht und sich ausführlich mit den unübersehbaren »Kennzeichen der Restauration« befaßt. Mir gefielen, oder besser, mir sagten Sätze zu wie:

»Weder Privateigentum noch Gemeineigentum kann man heute noch mit gutem Gewissen zu Dogmen erheben«, oder »Machtmißbrauch, Überheblichkeit und Irrtum sind keine ›Privilegien‹ bestimmter Klassen oder Parteien. Sie passieren allen immer wieder«, oder »Geistige Bescheidenheit, sachliche Klarheit und Vertrauen sind die Voraussetzungen eines jeden fortschrittlichen Bemühens auch auf institutionellem Gebiet ... Der Satz von Karl Marx, daß, wenn der Mensch von den Umständen gebildet wird, man die Umstände menschlich bilden muß, hat für uns alle (!) auch heute noch seine volle Gültigkeit. Wir dürfen bei seiner Interpretation nur nicht vergessen, daß der Mensch mehr ist als ein bloßes Produkt seiner sozialen und wirtschaftlichen Verhältnisse und daß er zuwenig ist, um immer zu wissen, was es heißt, diese Verhältnisse menschlich zu bilden. Der Mensch, das heißt: jeder von uns.«

Um auf das Studium vorzubereiten, waren derlei Veröffentlichungen an die Bewerber verschickt worden. Ich hatte vor allem die Ortliebschen Äußerungen gerne und vielfach zustimmend gelesen und freute mich auf die persönliche Begegnung mit ihm. Im Hörsaal und im Umgang war O., wie ihn das wissenschaftliche Personal nannte, kühl, eher ein bißchen abweisend und meistens langweilig, also enttäuschend.

Über Jahre hinweg war auch zu bemerken, daß sich vieles von dem, was er zu unseren wirtschaftlichen und gesellschaftlichen Verhältnissen berechtigterweise kritisch sagte, in ziemlich variationsloser Weise wiederholte und sich mit dem einen oder anderen Aspekt des zutagetretenden persönlichen Verhaltens nicht immer zu vertragen schien.

Als wir nach zwei Jahren, kurz vor der Abschlußprüfung, mit dem Lehrkörper zur Diskussion über die Bewertung von Reformen, die in unserem Lehrgang begonnen wurden, zusammentrafen, war die Kritik an O., von den »entsandten« Studenten der Gemeinwirtschaft ausgehend, so erbarmungslos hart und offen, daß er einem sehr leid tun konnte und sein Kollege Hummel mir später sagte: Wenn mir das passiert wäre, hätte ich mir einen Strick genommen und mich zu Hause aufgehängt. An meiner grundsätzlich positiv-anerkennenden Haltung zu O. hat sich bis in sein hohes Alter nichts geändert. Ich wäre nicht auf die Idee gekommen, einen anderen als ihn zum Doktorvater zu wählen.

Als O. im Januar 1990 80 Jahre alt wurde, gab ich in der Bank ein Mittagessen für ihn, zu dem er etwa 20 Weggefährten einlud. Ich ließ ihn abholen und er kam etwas früher als zum Mittagessen notwendig, mit seiner Frau in mein Arbeitszimmer! Wir saßen noch nicht, als er mich plötzlich mit »Du« anredete, dabei sich fragend versichern wollend, ob wir das nicht früher schon so praktiziert hätten und ob ich – W. N. – jetzt auch dabei bleiben wolle. So ähnlich erging es später am Tisch auch Maria, während seine Frau sich ruhigst zurückhielt.

Während der sehr angeregten Unterhaltung in meinem Arbeitszimmer, in der ich nolens volens mit dem Du auch nicht sehr sparsam war, zeigte ich ihm das Inhalts-Verzeichnis zum »Gänsespiel« und überließ es ihm auf seinen Wunsch! Nach dem Essen machte ich beide auch mit »Hohe Leuchten« bekannt – ich wollte wohl auch damit angeben oder mich als seinen »guten« Schüler darstellen (welche Motive mich auch immer bewegt hatten).

Er hat mir dann zweimal mit der Maschine selbst geschrieben und gedankt, wobei er das 1. Schreiben vergessen haben mußte und beim zweiten Mal nach meinen kritischen Ausführungen zu seiner Amtsführung fragte (siehe vorher), die natürlich im Inhaltsverzeichnis nur angedeutet wurden. Ich hatte keinen weiteren Anlaß zu antworten und habe bis zum Frühjahr 1991 keine eigenständige Reaktion mehr erhalten.

Sein Verhalten über Jahrzehnte hinweg, stimmt so gar nicht mit meinen Vorstellungen über eine »gute« oder sagen wir einfach »normale« Lehrer-Schüler-Beziehung überein. Aber ich bin nicht enttäuscht – dies ist deutsche Normalität!

Es wurde dann bis zu seinem Tode im Herbst 2001 besser, weil ich ihn häufiger, vor allem in meinem Büro am Neuen Jungfernstieg in Hamburg sah.

Aber was ist eigentlich »normal«? Maurer Herbert, mit dem ich auf Hohe Leuchte auf das Glücklichste viele Hunderte von Stunden zusammengearbeitet habe, pflegte oft in Verzweiflung auszurufen: »Das ist nicht normal!«

Ich hatte – weil mir sein Ausspruch so kräftig und vielsagend erschien – und von weiteren Überlegungen ausgehend schon mal überlegt, meine Aufzeichnungen so zu überschreiben (was aber zum Glück unterblieb).

Ist »normal«, was mit der (menschlichen) Natur übereinstimmt oder ist es ein Zustand, der die Natur ist? Ist nicht das, was wir gemeinhin als »nicht normal« ansehen oder bezeichnen, das Normale, weil Häufigerere? Wenn man die Dinge (oder Verhalten) so sieht, versteht man vieles besser. Also: Normal ist, wenn Menschen sich nicht bedanken, nicht hilfsbereit, nicht großzügig, nicht besonders fleißig sind, nicht gern vergeben und nicht an den anderen denken! Also des Menschen Fehlerhaftigkeit ist seine Normalität.

Mit der offiziellen Einladung zu Ortliebs 80. Geburtstag hatte ich auch meine Dankbarkeit und Referenz ausdrücken wollen, die sich auf Studium, Diplom- und Doktorarbeit bei und mit ihm bezogen.

1.8. Einzelheiten des Studiums – meine große soziologische Arbeit über »Wacker 04« – Eintritt in den SDS und meine erste politische Niederlage. Sprecher des 7. Lehrgangs im 3. Semester

Das Studium umfaßte die vier Fächer VWL, BWL, Recht und Soziologie (und propädeutische Fächer), die im Durchschnitt in 32 Wochenstunden gelehrt wurden. Die ersten 3 Semester wurden durch einen sogenannten Arbeitsmonat verlängert, in denen vertieft und wiederholt werden mußte. Jeder Student hatte zwischen dem 2. und 3. Semester eine größere empirisch-soziologische Hausarbeit zu schreiben. Mit unserem Lehrgang beginnend, wurde vom 3. Semester an eine Schwerpunktbildung ermöglicht, die zu einer sinnvollen Konzentration des ungeheuren Wissensstoffes führte. Ich wählte die arbeitsreichste Kombination VWL/BWL und schrieb die soziologische Arbeit über den Fußballverein Wacker 04 in Billstedt, in den ich zum Jahresende 1954 eingetreten war, und 2 Jahre in der 4. (!) Herrenmannschaft spielte. Es war eine rein hamburgische Arbeitermannschaft, rekrutiert aus den Arbeiterbezirken Billstedts, wo damals auch die Kommunisten in Hamburg sehr stark waren. Ich fühlte mich unter den Ballkameraden sehr wohl.

Um zu den Vorlesungen in der Mollerstr. 10 in Harvestehude zu gelangen, brauchte ich eine gute Stunde: etwa 20 Minuten zu Fuß über den Schiffbeker Weg bis zur Straßenbahn und dann mit der Linie 1 oder 7 über den Rathausmarkt bis zur Milch-

Exkursion 7. Lehrgang und Weinprobe in der GEG-Kellerei in Rüdesheim, mit Eberhard Kanter – der Große, im Mai 1956; vorne rechts Helmut Schlüter, später bis 1968 MdB

oder Hallerstraße. Die Vorlesungen begannen in der Regel um 8.00 Uhr, fanden in einem schlauchartigen Klassenraum statt, in dem zu beiden Seiten eines Ganges 10 Tisch- und Bankreihen je 4 Studenten mit festen Plätzen aufnahmen.

Wir studierten also in einer richtigen Schule, zu der auch Anwesenheitskontrollen und Entschuldigungserfordernisse bei Abwesenheiten gehörten. Wir schrieben immer wieder Klausuren, fertigten Referate und Hausarbeiten an und waren so fast ununterbrochen Leistungskontrollen unterworfen. Jeder Student wurde einem »Vertrauensdozenten« zugeordnet, der sich auch persönlich um ihn zu kümmern hatte. Ich kam zu Dr. Hummel.

Neben einer gewerkschaftlichen Studentengruppe gab es den SDS, den RCDS und den Liberalen Stu-

Exkursion 7. Lehrgang an den Rhein, W. N. 3. v. li., Prof. Hummel re. außen, Eberhard Kanter 5. v. re., 1956

dentenbund. Ich trat nach dem 1. Semester in den SDS ein und blieb bis 1961 Mitglied. Schon nach dem 2. Semester kandidierte ich unvorbereitet, sozusagen auf Zuruf für den Gruppenvorsitz, unterlag aber mit 6 : 16 ziemlich klar. Nach der ersten Niederlage meines politischen Lebens wurde ich anstandshalber und einstimmig zum 2. Vorsitzenden gewählt.

Später an der Uni war ich 1957 auch für wenige Wochen Vorsitzender der SDS-Gruppe. Ich trat aber ein paar Wochen nach meiner Wahl zurück, wodurch mir eine ziemlich sichere Blamage in der Ausübung des mir aufgedrängten Amtes erspart blieb (ich trat zurück, weil ich eine Hilfsassistentenstelle erhalten hatte). Das ganze 3. Semester an der Akademie war ich gewählter Sprecher des vierköpfigen Studentenausschusses.

1.9. Arbeit bei Eis und Schnee im Sägewerk – ich studiere nicht richtig

Das Studium fiel mir nicht schwer, weil ich – vielleicht wie nur wenige andere – außerordentlich gut vorbereitet war. Trotzdem waren meine Leistungen zunächst nicht dementsprechend überragend. Die Einbindung in die Familie auf der Goldkoppel kostete Zeit, wie auch das Fußballspielen. In den Weihnachtsferien arbeitete ich 10 Tage bei Eis und Schnee im über 5 km entfernten Sägewerk zu Hause, weil ich das Geld dringend brauchte. Während wir im kalten Winterwetter meistens sehr schwere Stämme bewegten und zum Einschneiden transportierten, Bretter und Balken stapelten und Kisten nagelten, riet mir ein Arbeiter, ein Flüchtling aus Pommern: Mach' bloß mit Deinem Studium weiter, damit Du nie auf so eine Arbeit wie diese hier angewiesen bleibst.

Durch diese harte, aber aus finanziellen Gründen notwendige Arbeit wurden wichtige Vorbereitungsstunden für die Klausuren Mitte Januar versäumt. Sie gelangen dann noch einigermaßen, so daß die Grundlage für finanzielle Unterstützung auch von meiner Leistungseite her gelegt war. Allerdings war die Note in VWL (3-) sehr unbefriedigend. Ich hatte mich nicht richtig auf Rhythmus und Zwänge des neuen Studienlebens eingestellt, studierte mehr oder weniger, wozu ich Lust hatte, nämlich Geschichte und vor allem Zeitungswissenschaften in Büchern der Staatsbibliothek und achtete nicht genug auf die täglichen Erfordernisse eines sehr verschulten und integrierten Studienganges. Das besserte sich zwar und es kann sein, daß ich mich rückblickend zu kritisch sehe. Allerdings blieb ich bei allem Fleiß ablenkbar, schrieb nicht mit größter Geduld und Ordnungsliebe in Vorlesungen mit und arbeitete auch nicht systematisch und gründlich genug zu Hause.

Meine Arbeitsweise war (und blieb lange Zeit) eher erratisch, ruckweise oder besser, glich mehr einem Hauruck-Verfahren, das nur unter dem herannahenden Druck von Klausuren zu großer, konzentrierter Arbeit führte, aber in der Antizipation von Prüfungsfragen und Schwerpunkten instinktiv Beachtliches leistete.

»Bei meiner jetzigen Lernmethode ist die Gefahr groß, daß ich mich in erster Linie mit Wissensgebieten beschäftige, die mir großes Vergnügen bereiten, aber nicht im Mittelpunkt des Studiums stehen. Ich muß zu einer geregelten, systematischen Anlage meines Studiums kommen und zunächst das lernen, was unmittelbar wichtig ist. Hierzu gehört intensives Nacharbeiten dessen, was gelehrt wurde« (10. Februar 55).

1.10. Nach 4 Monaten war ich Ende Februar 1955 pleite, lieh mir DM 20,– und begann neben dem Studium Arbeit am »Hühnerposten« – mein erstes Stipendium

Als das Semester Ende Februar zu Ende ging, war ich pleite, d.h. zum ersten Mal bis auf 25 Pfennig völlig ohne Geld. Ich mußte meiner Wirtin das Logisgeld für März schuldig bleiben und konnte die Fahrtkosten nicht bezahlen. Ich lieh mir von Kuddel Möller DM 20,- und überlegte, ob ich am Arbeitsmonat in der Akademie teilnehmen oder nach Hause fahren sollte, um dort wieder zu arbeiten. Mein Gläubiger, Kuddel Möller, hatte bei seiner Post nachgefragt, ob sie Arbeit für mich hätten und ich erhielt mitten in meinem Entscheidungsprozeß am 3. März die Zusage, sofort als Postfacharbeiter in der Päckchenstelle am Hühnerposten anfangen zu können. Ab 4. März arbeitete ich bis zum 26. März wöchentlich 36 Stunden parallel zu den Übungen in der Akademie. Die Arbeitszeit lag günstig: ich arbeitete von 13.30 bis 21.00 Uhr und am nächsten Tag von 21.00 bis 06.00 Uhr, so daß ich keine Studienzeit zu versäumen brauchte. Aber: »... mir wurde sehr schnell klar, daß das auf keinen Fall längere Zeit möglich ist. Mein Leben bestand nur noch aus Vorlesungen, Arbeit und etwas Schlaf.« Ich verdiente sehr beachtliche DM 190,- netto und zu meiner allergrößten Freude und Überraschung zahlte man mir in der Akademie am vorletzten Tag rückwirkend für den Monat März DM 170,- Stipendium bar auf die Hand.

1.11. Fünf Wochen herrliche Arbeit in den Semesterferien im Wald – Sparen für England und Unfall beim Fußballspielen

Bei aller Unsicherheit und Belastung erfreute ich mich an meiner Freiheit und den damit möglich gewordenen Optionen. »Ich kann zwischen vielen Möglichkeiten auswählen, entscheiden, und zwar immer so, wie es für mich für die Verwirklichung meiner Ziele am zweckmäßigsten ist.« (3. März 1955) Ich hatte keinen »Mangel an Ziel« (Nietzsche) und plante rastlos voraus. In den Sommerferien sollte es endlich zum ersten Mal ins Ausland gehen, und zwar nach England. Dort wollte ich in der vorlesungs- und unterstützungslosen Zeit meinen Lebensunterhalt verdienen, Land und Leute sehen und vor allem natürlich Englisch lernen.

Arbeitsmonat und Postdienst waren eben vorbei, als ich am 28. März für volle fünf Wochen als »Werkstudent«, wie es dann in meiner Arbeitsbescheinigung hieß, d.h. als Waldarbeiter, bei der Sayn-Wittgensteinschen Forstverwaltung begann, und zwar mit meinem Bruder Jürgen zusammen. Ich mußte das Reisegeld für England zusammenbringen. Vater war gerade aus dem Krankenhaus entlassen worden und lange nicht in der Lage zu arbeiten. An diese fünf Wochen selbständiger Arbeit in der freien Natur bei meistens schönem Frühlingswetter mit meinem Bruder (manchmal half auch in rührender Weise der Jüngste von uns allen, Gerhard, damals erst 8 Jahre alt) erinnere ich mich besonders gerne. Wir pflanzten »Wälder«, durchforsteten große Eschen- und Ahornsowie Tannenbestände, arbeiteten an Wirtschaftswegen und schon in den Gärten. Insgesamt fühlte ich mich unermeßlich wohl bei dieser Tätigkeit.

Für die drei Monate des Sommersemesters gab es insgesamt DM 450,- Stipendium, also mehr, als ich in fünf Monaten durch harte Arbeit auf dem Bau hatte sparen können. Ich betrieb die Vorbereitungen für die Reise nach Großbritannien, verbrachte Pfingsten mit der Fußballmannschaft im ländlichsten Mecklenburg, schrieb ganz gute Klausuren und brach mir beim Fußballspielen in Billstedt genau vier Wochen vor der beabsichtigten Arbeitsaufnahme in Großbritannien das linke Handgelenk, nachdem ich mit dem gegnerischen Torwart zusammengeprallt war.

1.12. Mit meiner 4. Herrenmannschaft zu Pfingsten in die DDR; der Bericht vom 5. Juni 1955

Normalerweise wird jeder denken, »eine Fußballmannschaft ist eine Fußballmannschaft, nicht mehr und nicht weniger«. Ich merkte erst später, daß meine 4. Herrenmannschaft doch mehr gewesen war, nämlich als Ziel oder Ansatzpunkt ostzonaler, d.h. kommunistisch-ideologischer Infiltration gedient haben mußte. Wir sprachen in der Mannschaft nicht über Politik, aber eines Tages wurde, von unserem Kapitän Hubert ausgehend, eine Einladung zu Pfingsten in die DDR angenommen. Ich war sofort bereit mitzufahren und schrieb eine Woche nach der Rückkehr am 5. Juni 1955 einen ausführlichen Bericht darüber, den ich wegen seiner Beobachtungen und Informationen hier nachstehend abdrucke.

»Wir waren zu 24 Teilnehmern, von denen einer sämtliche Papiere vergessen hatte. In Lauenburg marschierten wir bis zur Zonengrenze. An der westdeutschen Kontrollstelle zeigten wir unsere Personalausweise vor und schmuggelten den einen durch. Eine halbe Stunde Fußmarsch und wir standen vor bewaffneten Volkspolizisten, die von uns wegen ihres kindlich-jugendlichen Aussehens nicht recht ernstgenommen wurden. Unser LKW wartete bereits mit den Aufenthaltsgenehmigungen. Irgendwie kontrolliert wurden wir nicht, hatten jedoch fast zwei Stunden Zeit, um uns die ersten Schlagwortersprüche einzuprägen… Dieses Warten… machte mich fast verrückt. In der Hauptsache mußten wir länger warten, weil unser Sorgenkind keine Papiere besaß. Nach unseren Befragungen, Telefonaten »nein«. Wir fuhren ohne ihn

Fußballmannschaft IV. Herren Wacker 04 Billstedt 1955 in der DDR Nossentiner Hütte , W.N. 4. v. re.

weiter. Am anderen Morgen war er doch am Bestimmungsort. Nachts um 2.00 Uhr war die unangenehm unbequeme Fahrt zu Ende. Wir waren in der Nossentiner Hütte und wurden alsgleich bewirtet und von unseren Quartiersleuten in Empfang genommen. Der 26jährige Bürgermeister hatte aufgeregt ein paar begrüßende Worte gesprochen …

Ich wohnte bei einem kleinen Handwerker, der jetzt bei der Reichsbahn arbeitet. Er hatte noch eine kleine Tochter und bewohnte drei Zimmer in einem einstöckigen, langgestreckten Haus an der Dorfstraße. Mit ihm und seiner Frau habe ich mich viel unterhalten, um wenigstens einen kleinen Einblick in die Lebensverhältnisse zu bekommen. Dieser Mann sagte mir fast wörtlich, daß es in der DDR der Arbeiter zu nichts bringen könnte. Er erhielt einen Stundenlohn von DM 1,41. Wenn er eine größere Anschaffung vornehmen will, muß er monate-, wenn nicht sogar jahrelang arbeiten und sparen. Es muß bei hohen Preisen für Anschaffungsgüter alles gleich bar bezahlt werden. (Fahrrad DM 300,–, Couch mit zwei Sesseln DM 1.200,– usw.) …

Fleisch, Zucker, Fett als wichtigste Nahrungsmittel, sind noch rationiert. Allerdings kann in den HO-Läden alles erstanden werden, wenn man in der Lage ist, die unverschämt hohen Preise zu bezahlen, 1 Pfd. Zucker DM 1,40, 1 Pfd. Fleisch DM 6,– bis DM 8,–. 1 Pfd. Butter DM 8,–; 1l Milch DM –,80. Für den Ostzonenbewohner sind die Preise so unerschwinglich, wie für den Westdeutschen, wenn er sie bei uns bezahlen müßte. Obwohl die Ostmark nur ein Fünftel des Wertes der Westmark besitzt, ist sie doch in der Zone so voll gültig wie bei uns die Westmark. Die Diskrepanz wäre nicht so schreiend, wenn der Lohn entsprechend höher wäre. Er ist aber noch niedriger als bei uns. Der Arbeiter wird ausgebeutet, wie nie zuvor. Daran ändert sich auch nichts, wenn man die ›besseren‹ sozialen Leistungen des einheitlichen Versicherungsträgers würdigt und berücksichtigt. Den Bauern soll es ja verhältnismäßig am besten gehen. Er erhält von der MTS-Station landwirtschaftliche Maschinen, die ihm seine Arbeit wesentlich erleichtern. Sein Abgabesoll ist hoch und nur bei harter Arbeit zu erfüllen. Wenn der Bauer aber über das Soll hinaus abliefert, wird er sehr gut bezahlt. Diese Übersollablieferungen werden … in den HO frei verkauft.

Die Menschen sind nicht fanatisch. Sie versuchen nicht, irgendetwas zu beschönigen. Sie sagen es so, wie die Verhältnisse sind. Ich glaube, daß die Bevölkerung eine

Maria mit Geschwistern Franz, Regina u. Robert v. li.

Wiedervereinigung wünscht. Wenn sie in einem geeinigten Deutschland so arbeiten, wie sie es jetzt müssen, dann würden sie sich gut stehen. Man muß auch versuchen, die Verhältnisse, insbesondere die wirtschaftl., zu verstehen. Die Zone ist ein rohstoffarmes Land. Es wird sich auch dort bestimmt noch manches bessern und normalisieren, wie sich schon einiges gebessert hat.

Man verschonte uns ziemlich von Politik, auch von offizieller Seite. Unsere Begegnung sollte dem gegenseitigen Kennenlernen dienen und die Wiedervereinigung vorbereiten oder erleichtern. Das kehrte in allen kurzen Ansprachen wieder. Auf dem Spielfeld begrüßten uns junge FDJlerinnen mit Tulpen und ihre stramme Führerin leistete sich dann noch den Witz zu sagen, daß unsere Begegnung auch dazu dienen möge, ›daß die Pariser Verträge fallen‹. Ich studierte die kleinformatige SED-Tageszeitung ›Freie Erde‹. Von den Beziehungen zur Sowjetunion ist darin immer viel die Rede. So las ich einen Artikel über den Mathematiker Gauß. …

Unsere Wirtsleute gaben sich wirklich Mühe, um uns den Aufenthalt angenehm zu gestalten. Das Essen war gut. Es war viel Fleisch da. Wir waren ja schließlich auf dem Lande. Bier, Liköre und Zigaretten waren frei in beliebiger Höhe erhältlich (also nicht rationiert). Unser Hubert hat in angetrunkenem Zustand fast eine ganze Stunde zur Unterhaltung der Tanzgäste beigetragen. Am Montag ist er kurz vor unserer Abreise wie der Rattenfänger von Hameln mit einer dicken Trommel durch die Dorfstraße gezogen. Der Dorfnachwuchs laut schreiend und singend hinterher. Es war ein großes Gaudi, für die Dorfbewohner sogar ein Erlebnis.«

17-Jahr-wunderbar; Maria mit Bruder Franz

Mein »Hauptanker« – Maria (1955)

1.13. Im Übergang vom »Hühnerposten« zur »Waldarbeit« trifft mich am 26. März 1955 abends um 23.00 Uhr im Hauptbahnhof ein Blitz oder besser »Pfeil« – die wunderbarglücklichen Auswirkungen der Segnung durch Maria Straube
Neben (?) diesen Ereignissen im Sommer erlebte ich in der beglückendsten Weise, was gar nicht passieren durfte, nämlich den Beginn der ersten und einzigen und dauerhaften Liebesbeziehung und das kam so: Am 26. März waren vormittags die Vorlesungen und abends gegen 21.00 Uhr die Arbeitsstunden bei der Post zu Ende gegangen. Ich nehme an, daß ich den Koffer für die Heimfahrt schon morgens mitgenommen hatte, denn ich plante, nach der Arbeit mit dem Nachtzug zu den Eltern zu fahren.

Gegen 23.00 Uhr, im ziemlich leeren Hauptbahnhof, ich hatte gerade die Fahrkarte gekauft, traf mich der Blitz oder der Pfeil oder was immer, als ich sie dort stehen sah: ganz jung, klein, zierlich, in grauer Pudelmütze mit Bommelchen und grauschwarz quergestreiftem Wintermantel, frisch, etwas keck und mit strahlenden blauen Augen. Ganz allein, abwartend stand sie dort, war aber auf einmal weg, ja, völlig verschwunden. Mir blieb nur wenig Zeit bis zur Abfahrt des Zuges. Ich mußte zum Bahnsteig runter und zu meiner größten Freude und Überraschung sah' ich sie dort wieder. Dort stand sie tatsächlich und wartete auf den Zug, mit dem auch ich fahren wollte. Schon kommt der Zug, ich drängele mich in ihre Nähe und steige (unglücklicherweise) vor ihr ein, warte aber, bis sie einen Platz – leider, leider schräg links gegenüber – gefunden hat und, und ... traue mich nicht.

Ich setzte mich also so, daß ich die Unbekannte sehen konnte. Meinem Gegenüber, einem jungen Mann, etwas älter als ich, mit dem ich ein paar Worte gewechselt hatte, fiel schon bald meine Nervosität, mein Rumrutschen und Hinschielen so sehr auf, daß er mich fragte, was denn eigentlich los sei. Vielfältige Augenkontakte waren da, ich konnte auch annehmen, daß das junge Mädchen etwas »merkte«, traute mich aber nicht, sie anzusprechen. Mein Gegenüber, von meiner verzweifelten Not erfahrend, bot sich, etwa eine halbe Stunde mochte vergangen sein, an zu »vermitteln«. Wie er das genau machte, weiß ich wegen der Aufregung nicht mehr. Jedenfalls verließ ich anschließend meinen Platz und setzte mich »ihr« gegenüber.

Wir kamen leicht ins Gespräch, aber worüber wir dann sprachen, habe ich bis auf den einen Punkt, nämlich, daß sie zur Beerdigung ihres sehr alten

Großvaters fuhr, vergessen. Sie mußte schon in Osnabrück aussteigen, stand, auch im Eisenbahnfahren unerfahren, viel zu früh auf und ich begleitete sie an die Tür, wo wir uns weiter unterhielten, ich aber lange nicht die »Traute« hatte, sie um ihre Adresse zu bitten. In wirklich letzter Minute kam es dann doch zur Äußerung dieses Wunsches und an der Wand, auf ein Blatt gekritzelt, sah ich ihren Namen Maria usw. zum erstenmal und verwahrte das kleine Stückchen Papier an sicherer Stelle. Nach fünf Wochen Abwesenheit und einem kurzen brieflichen Austausch während meiner Arbeit im Wald, holte sie mich dann am Hauptbahnhof ab. Ich lud sie sofort zu Eis und Coca Cola vor das Lokal am ZOB ein und war von da ab glücklich, beschwingt, euphorisch, kurzum verliebt und nicht mehr zu retten. Warum der Mai auch »Wonnemonat« heißt, erfuhr ich nun und hatte am Ende den glücklichsten Frühling meines Lebens erlebt.

Jetzt am März 2005 bin ich bei der (wievielten?) Überarbeitung 2 Tage vor dem 50-jährigen Jubiläum am 26. März – glückliche Jahrzehnte liegen hinter mir …

1.14. Problematisierung dieser Beziehung – was ist meine Pflicht?

Dieser Monat war soeben vorbei, als ich schon, – erwartungsgemäß – die neue und ungewohnte Beziehung problematisierend, weiterdachte:

»01.06.55: Aus der flüchtigen Zugbekanntschaft entstand ein Verhältnis, von dem ich nicht weiß, ob es für mich gut oder schädlich ist oder wird ... Welche Möglichkeiten gibt es: 1. Ich behalte den jetzigen Zustand bei... Diese Koexistenz ist vielleicht ideal..., aber für mich nicht gangbar. 2. Ich heirate dieses Mädchen in absehbarer Zeit ... daß ich mich dazu noch nicht in der Lage fühle ... ich bin menschlich noch nicht reif genug ... von diesen Erwägungen ganz abgesehen... wie will ich es machen? Ich habe und bin doch nichts, gar nichts, überhaupt nichts. 3. Ich gebe das Mädchen auf. Das ist hart, zu hart. Aber ich will nie vergessen, was meine Pflicht ist..., daß ich zum Studium komme. Am Montag werde ich mit Mia darüber sprechen.«

Habe ich mit ihr darüber gesprochen? Natürlich nicht, nein! Mein konsequentes Denken war eine Sache, meine Verliebtheit die andere. Und so blieb es bei der ›nicht gangbaren‹, aber ›idealen‹ Alternative 1.

1.15. Meine weinerliche, aber echte Selbstkritik

Schließlich überwältigte mich fast – wie schon früher – eine weinerliche, aber echte Selbstkritik, die auch auf die vielen »versäumten« Stunden der schönen Frühlingszeit zurückzuführen waren.

18.06.55: *»Manchmal werde ich unglücklich, unzufrieden, wenn ich feststelle, daß ich nicht vorankomme, daß ich nicht wachse. Wenn ich nicht täglich etwas dazulerne, etwas Neues erfahre, irgendetwas mir bisher Unbekanntes entdecke, dann bin ich unglücklich und auch nicht ruhig. So muß ich viel mehr als bisher für interessante Abwechslung bei meinen Studien sorgen. Immer etwas Neues, Anspruchsvolles, neue Perspektiven Eröffnendes lesen. Viel, viel lesen bedeutet erst richtig leben.*

Wie furchtbar unzulänglich und klein und kümmerlich muß ich mir oft vorkommen. Wie sehr schlecht und unzureichend ist meine Allgemeinbildung. Auf keinem einzigen Gebiet könnte ich Beachtenswertes vorweisen. Es ist manchmal fast zum Verzagen.«

1.16. Klausuren – vorher und nachher – ich rücke zu den Besseren im Lehrgang auf und muß mich »bei den finanziellen Ohren packen«

Am 20. Juni begannen Klausuren und ich dachte mir vorweg ein Schema aus, um mich zu beurteilen und vergleichen zu können.

»Ich habe einmal eine Aufstellung angefertigt, die sich auf die Ergebnisse der Klausuren bezieht. In der ersten Spalte habe ich die Noten vor der Klausur eingetragen. Das sind die Zensuren, mit denen ich aufgrund meines Vorbereitungsstandes rechnete. In der zweiten Spalte stehen die Noten, die ich meinen Arbeiten nach Beendigung der Klausur erteilt haben würde. In der dritten Spalte die tatsächlichen Zensuren.«

Ich finde im nachhinein interessant, zu welchen Einschätzungen ich jeweils kam und welche Noten dann tatsächlich gegeben wurden. Die Abweichungen sind gering. Wichtig war vor allem, daß ich im

Fach	V	N	T
BWL	3-	2-	2+
Recht	3+	3-	3+
Volkswirtschaft	2	2+	2
Geld und Kredit	2	2	2-
Soziologie	3	2	2-
Statistik			2+

Durchschnitt fast eine »Zwei« erzielte, womit ich zu den Besseren des Lehrgangs aufrückte und deshalb ab Herbst fest mit einem weiteren Stipendium rechnen konnte.

Obwohl ich im Sommer etwas besser bei Kasse war und zusätzlich erforderliche Ausgaben nicht vermieden werden sollten oder konnten, meinte ich doch eines Tages, mich besinnen und bei den finanziellen Ohren packen zu müssen.

11. Juli 55: *»In den letzten Monaten habe ich etwas viel Geld ausgegeben. Mir ist jetzt ein glücklicher Gedanke gekommen. Ich nehme mir fest vor, täglich nicht mehr als DM 1,– auszugeben. An einigen Tagen werde ich noch etwas sparen können, an anderen werden meine Ausgaben etwas höher sein. Die DM 1,– muß die Neutralitätsgrenze darstellen.«*

1.17. Mein Ausgabenverhalten (graphisch) vom 10. – 30. Juli 1955 – meine Verschwendungssucht muß begrenzt werden

Die »Zeichnung« (siehe u.) offenbart große tägliche Schwankungen in meinem Ausgabeverhalten und einen gewaltigen »Ausreißer«. Immerhin gelang es aber, in 9 von 21 Tagen 30 Pfg. oder weniger auszugeben. Überschläglich gerechnet bin ich aber nicht mit der DM 1,– täglich ausgekommen, denn bei annähernd DM 26,– Ausgaben insgesamt in 21 Tagen stellt sich der Durchschnitt auf etwa DM 1,25 täglich. Wahrscheinlich hat die Kassenführung doch ausgabenreduzierende Wirkung gehabt, denn von den DM 150,– Monatsstipendium verblieben mir immerhin

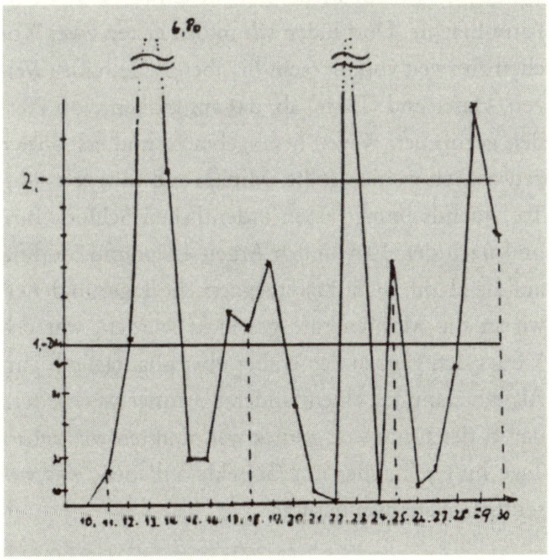

rund DM 60,–, also etwa DM 2,– täglich und wenn ich vor dem 10. Juli einen Schnitt von DM 1,25 erreicht hätte, wäre ich wohl kaum auf den »glücklichen Gedanken« gekommen, mich mit Hilfe von Aufzeichnungen und einer Graphik von meiner Verschwendungssucht zu befreien.

1.18. Wegen des Sportunfalls kann ich nicht arbeiten – mir fehlen mindestens die erhofften DM 100,–

Das Semester war Ende Juli zu Ende. Mit dem Vorsitzenden des Fußballvereins hatte ich nicht nur vereinbart, alle Unterlagen des Vereins zu meiner Information für die geplante soziologische Arbeit verwenden und Interviews veranstalten zu können, sondern auch ab 1.August, einem Montag, halbtags zwei Wochen lang in seiner Installationsfirma als Hilfsarbeiter anzufangen. Am Sonntag prallte ich beim Fußballspielen mit dem gegnerischen Torwart zusammen, brach mir dabei (wie schon erwähnt) und wie sich in Eppendorf herausstellte, das linke Handgelenk und mußte die Arbeit, die mir etwa DM 100,– einbringen sollte, absagen. Das war sehr bitter und warf meine Kalkulation über den Haufen, denn ich wollte mit einem Bestand von mindestens DM 120,– nach England fahren. Ein Stipendium für die zehn Wochen, bis Mitte Oktober, gab es nicht; ich saß auf dem Trockenen.

1.19. Bevor ich am 26. August 1955 nach England fliege, widerstehe ich der Versuchung einer Einladung nach Moskau

Irgendwie kam ich trotzdem zurecht und flog am 26. August zum ersten Mal in meinem Leben überhaupt mit einem Flugzeug von Düsseldorf zu einem Flugplatz in die Nähe Londons, nicht ohne kurz zuvor noch einer mich gewaltig aufwühlenden Versuchung widerstanden zu haben. Diese war sehr stark. Auch rückwirkend betrachtet, halte ich die innere Auseinandersetzung für nicht übertrieben und deren Ausklang, wie damals, für meine Entwicklung für bedeutungsvoll. Am besten verfahre ich, wenn ich wiedergebe, was ich damals aufschrieb (mit dem »Länderspiel« ist die erste Begegnung der Fußballmannschaften der Bundesrepublik und der Sowjetunion nach dem Kriege gemeint):

»Am 21. August findet in Moskau das Länderspiel statt. Am Donnerstag abend erhielt ich ein Angebot, fast

kostenlos mitfahren zu können. Zunächst kam mir nicht in den Sinn, daß ich mitmachen könnte, weil ich ja am 26. nach England fliegen will. Aber dann kam meine Phantasie in Bewegung und ich entschloß mich mitzufahren, wenn ich früh genug zurück wäre. Gestern morgen traf ich mich mit der Vermittlerin aus der OZ. und erhielt auch die Fragebogen. Die Fahrt sollte vom FDGB der Ostzone finanziert werden, ›weil sich ja der Arbeiter oder der kleine Mann in Westdeutschland eine solche Reise nicht leisten kann.‹ In mir aufkommende Bedenken versuchte ich niederzukämpfen. Eine solche Gelegenheit würde mir nie wieder geboten werden und es ist doch egal, wer das bezahlt. Wenn ich nicht mitfahre, fährt gewiß ein anderer für mich.

Obwohl mein Drang zum Abenteuer sehr stark war, habe ich mich gestern abend nach wirklich qualvollen Gewissenskonflikten entschlossen, dieses ›einmalige Angebot‹ abzulehnen. Ich sagte mir, daß ich an der Fahrt keine Freude haben würde, weil ich nichts dazugetan habe. Dann wäre es ein Zeichen schlechter charakterlicher Haltung, wenn ich nur, um eine materielle Vergünstigung zu erhalten, von den Beitragsgeldern der ostzonalen Arbeiter einige interessante Erlebnisse haben wurde. Ich würde auch unserem westdeutschen Gemeinwesen, von dem ich ein Stipendium erhalte, Unrecht tun, wenn ich ein Angebot der OZ annehme, das doch nur deshalb erfolgte, weil man glaubt, hier wird für den Arbeiter nichts getan. Auch hasse ich die Unwahrheit; ich würde nach meiner Rückkehr nicht gut sagen können, wer die Reise bezahlt hat, ohne in den schärfsten Verdacht zu kommen, Anhänger der Kommunisten zu sein.

Nicht zuletzt waren es ja auch persönliche Gründe, die mich bestimmten, nicht zu fahren. Es ist nicht gut, daß ich immer nur an mich denke, wie das bisher so oft geschehen ist. Zu Hause habe ich einen schwerkranken Vater, bei dem ich gern oft sein möchte. Die Geschwister und die Mutter sehe ich ja kaum noch. Es muß mir genügen, in diesem Jahr nach London und England zu kommen. Vielleicht ergibt sich später einmal die Möglichkeit, Rußland und Moskau zu besuchen und wenn ich es dann aus eigener Kraft vermag, werde ich auch Freude an einer solchen Reise haben. Ich bin sehr froh, daß ich mich selbst bezwungen habe und daß ich einer gefährlichen Versuchung nicht erlegen bin.«

Mit der 1. Reise wurde es vor Mai 1985 (!) allerdings nichts.

1.20. Mein erster Flug von Düsseldorf nach Blackbush mit Studienfreund Eberhard Kanter, Zugfahrt nach York und die Landarbeit im POW-Camp, in Pocklington near Melbourne

Mit Studienfreund E. Kanter, der in der Akademiebank neben mir saß, Vorsitzender der CDU-Jungen Union in Uetersen und gut einen Kopf größer war als ich (ich hatte ihn mit meinen England-Plänen angesteckt), flogen wir am 26. August spätnachmittags in einer zweimotorigen Maschine mit über 3 Stunden Verspätung nach Blackbush in England.

»Einige Sekunden nur konnten wir die herrliche untergehende Sonne bewundern. Sie zeigte sich als glühendroter Ball über einer mächtigen rötlich-braunen Dunstschicht und färbte die vor uns liegenden Wolkenfelder mit einem zarten Rosé, welches an hauchdünne und zarte ebenso gefärbte Wäsche erinnern mochte.«

In der Bakerstreet fanden wir ein teures Nachtlager für 6 Shilling (etwa DM 3,60), wanderten am nächsten Tag buchstäblich stundenlang mit unseren schweren Koffern, bis wir in Kings Cross Station getrennte Züge bestiegen. Mein Bestimmungs- und Einsatzort war das ehemalige deutsche Kriegsgefangenenlager in Pocklington near Melbourne bei York, fast trostlos einsam gelegen, eine Ansammlung von langen Reihen von Nissenhütten für jeweils etwa 30 Bewohner, Studenten aus ganz Europa.

Schon am 28. August, einem Montag, begann die Landarbeit. Wir wurden in Bussen viele Kilometer weit bis an die Punkte gefahren, wo uns der jeweilige Auftraggeber, d. h. der Landlord mit dem Privat-Pkw abholte und dann wieder zur meilenweit entfernten Farm brachte. Dort luden wir in den ersten zwei Wochen zu zweit von morgens bis abends Getreide (Weizen, Hafer und Gerste) ab, das auf großen, von Pferden gezogenen Wagen herangebracht und erst später gedroschen werden sollte. Mittags gab es regelmäßig Tee, abends immer einen ordentlichen Schluck Bier und nach den 10 Stunden Arbeit 1½ pound Sterling auf die Hand. Bis auf zwei regnerische Tage, an denen wir in die Möhrenernte geschickt wurden, war das Wetter den ganzen September über phantastisch gut. Als wir dann zu einem anderen Farmer wechselten, der in der Ernte weit zurück war, mußten wir sieben Tage hintereinander nur Getreide aufladen, was wesentlich anstrengender war.

1.21. Bis zum 24. September hatte ich 23 £ gespart und versuchte, am ersten Tag der Ferien per Anhalter Edinburgh zu erreichen, was aber schließlich nur mit dem Bus gelang

Insgesamt blieb ich fast vier Wochen im Camp, machte zum Teil sehr weite Sonntagsausflüge und brach am 24. September mit ersparten 23 Pfund (damals etwa DM 280,–; eine ungeheuere Menge Geld für vier Wochen Arbeit nach Abzug der Unterbringungskosten) auf, um am selben Tag per hitch-hiking Edinburgh zu erreichen. Dieses Ziel war sehr ehrgeizig, denn Edinburgh war ungefähr 550 km entfernt. Mit einer Reihe von Lkw, Pkw, einem kleinen Bus und einem Motorrad kam ich schrittweise voran, wanderte viel, auch mal 1½ Stunden in einem durch, weil niemand anhielt, und entschied mich gegen 18.00 Uhr, 70 Meilen vor Edinburgh, ganz gegen meine feste Absicht und erst in letzter Minute, den Bus nach Edinburgh zu nehmen. Ich konnte offensichtlich nicht beides haben: ohne Kosten und am selben Tag nach Edinburgh zu gelangen. »Ich glaube, es wäre sehr kleinlich gewesen, den Bus nicht zu benutzen, und es sollte sich herausstellen, daß ich richtig gehandelt hatte.« Leider weiß ich nicht mehr, wieviel ich bezahlen mußte, aber es war schmerzhaft viel.

1.22. Besuch und Beschreibung der Durham Cathedral – in Edinburgh komme ich kostenlos unter, weil das »Fräulein dort einen guten Eindruck von mir bekommen hatte?«

Unterwegs war mir von einem freundlichen Pkw-Fahrer die Besichtigung der Durham Cathedral (einer »sehr schönen normannischen Kathedrale«) empfohlen worden, wohin er mich auch fuhr:

»Ein herrliches Bauwerk, von kolossalen Ausmaßen, mit mächtigen Säulen, wie ich sie mächtiger nie sah. Einer vielfältigen, bezaubernden Farbenpracht der Fenster mit einer Rosette, die wohl fünf Meter im Durchmesser maß. Ein anderer wollte von mir erfahren, wo Hitler sei. Er glaube nicht, daß er tot sei. Dazu sei er zu clever gewesen. Hitler lebe heute in Rußland.«

Leider hielt der Bus recht häufig und wir kamen erst um 21.30 Uhr in Edinburgh an. Im überfüllten YMCA-Hostel fand ich keinen Platz mehr. Wo sollte ich hin? Ich war sehr müde und sehr ratlos.

»Vielleicht hatte das Fräulein dort einen guten Eindruck von mir bekommen, jedenfalls nach einem kurzen Telefongespräch sagte sie mir, ich könne kostenlos irgendwo anders unterkommen.«

Ich erhielt die Adresse eines Lehrlingsheimes, fuhr eine halbe Stunde mit der Straßenbahn, traf den Leiter, der Kriegsgefangener in Deutschland gewesen war, und wohnte und frühstückte dort auf seine Einladung hin kostenlos.

1.23. In den Highlands – Dundee, Aberdeen, Castle Balmoral – Inverness, Rückreise über Glasgow, Pocklington nach London, wo ich u.a. einen Anzug für DM 90,– kaufe

Nach einem wunderschönen Sonntag und zwei Übernachtungen in E. machte ich mich auf den Weg in die Highlands. Auf dem Ferryboat, das mich über den Firth of Forth brachte, kam ich mit einem sehr sympathischen Mann von etwa 35 Jahren ins Gespräch. Er nahm mich in seinem Wagen mit, lud mich in Dundee zum Mittagessen ein, war enttäuscht, daß ich seine Lieblingsmelodie »Trink, trink, Brüderlein trink« aus dem Prinzen von Heidelberg nicht kannte und fuhr in Aberdeen direkt zum Fußballplatz, wo wir der 2. Halbzeit von Aberdeen gegen Chelsea (4:3) zusahen. Ich bezahlte das Eintrittsgeld, um mich für das Mittagessen zu revanchieren.

Anderntags trampte ich mit nicht weniger als 7 Autos zum Castle Balmoral, wo ich gegen 13.00 Uhr im Angesicht des mir zu Füßen liegenden Schlosses meine Sandwiches verzehrte. Nach stundenlangem Wandern auf der engen Straße nach Inverness durch eine einsame, herbstlich schöne, ziemlich kahle, mich begeisternde Landschaft stoppte das bis dahin einzige Auto und nahm mich bis Inverness mit. So kam ich nicht nur am selben Tage noch hin, was ich schon für unmöglich gehalten hatte, sondern wurde auch vor den bald einsetzenden starken Regenfällen beschützt.

In Inverness, einer nicht sehr einladenden Stadt, hatte ich den nördlichsten Punkt meiner Großbritannienreise erreicht. Ich kehrte, fast ausschließlich auf das »Anhaltergewerbe« vertrauend, um und an Glasgow vorbei über Edinburgh nach Pocklington zurück, wo ich meinen Koffer stehengelassen hatte. Mit viel Glück brauchte ich für die Weiterreise nach London mit relativ wenigen »Wechseln« nur einen ganzen Tag. Über diesen Teil der Rückreise und den Aufenthalt in London habe ich keinerlei Aufzeichnungen, aber an die knapp eine Woche Aufenthalt in London nur schöne und unvergeßliche Erinnerungen. Ich hatte ausreichend Geld für den trotz aller Sparsamkeit keineswegs billigen Aufenthalt in London, kaufte einige Geschenke und einen – wie sich herausstellte – sehr haltbaren neuen Anzug für etwa DM 90,–.

1.24. Meine Eindrücke – eine dauerhafte, liebevolle Zuneigung zu Großbritannien wird begründet – 3½ Jahre später will es der Zufall, daß ich meine Diplom-Arbeit über Großbritanniens Wirtschaftsentwicklung nach dem Kriege schreiben muß

England wirkte damals irgendwie altmodisch, unversehrt und intakt. Der Lebensstandard war höher als bei uns, vor allem der reale Gegenwert meines Landarbeiterlohnes begeisterte mich, wenn ich verglich, was ich auf dem Bau in Köln ein Jahr zuvor hatte leisten müssen und dabei erübrigen konnte (auch, wenn man berücksichtigt, daß ich in England keine Steuern oder Sozialversicherungsbeiträge zu zahlen hatte). Die Menschen in England waren fast immer freundlich und hilfsbereit und schienen Ressentiments gegen mich jungen Deutschen nicht zu haben. Einblicke in Wohnungen, z.B. in die Landarbeiterhäuschen auf den zwei Farmen, die verschiedensten Übernachtungsgelegenheiten, billige Restaurants etc. offenbarten Vorstellungen über »Ordentlichkeit«, die mir fremd waren und mich sogar abstießen. Manches erschien dann unaufgeräumt, etwas schmuddelig, nicht auf dem letzten Stand der deutschen Aufräumungs- und Konservierungstechnik.

Andererseits war ich von der englischen Tradition, den vielen Denkmälern, Kathedralen und alten Friedhöfen, den demokratischen Gewohnheiten, der Internationalität der Metropole London und vor allem den immer höflichen, zuvorkommenden und »diszipliniert« erscheinenden Menschen sehr angetan.

Damals wurde eine dauerhafte, liebevolle Zuneigung zu Großbritannien begründet, die auf allen diesen Eindrücken beruhte. Nicht zuletzt auch darauf, daß Großbritannien mein »erstes« fremdes Land war.

Nur wenige Jahre später (1959 wollte es der Zufall?), daß ich als Thema für meine Diplom-Arbeit »Die wirtschaftliche Expansion Großbritanniens nach dem Kriege« zog und bei der Abfassung nicht nur auf meine in Großbritannien vertieften Englischkenntnisse zurückgreifen konnte, sondern auch mehr über die strukturellen Schwächen des Landes erfuhr und darstellte, Schwächen, an denen das Land bis heute zu kranken scheint.

1.25. Reisen und Vorträge seit 1971

Mehr als 15 Jahre vergingen, bis ich Großbritannien im November 1970 wiedersah. Zu weiteren Besuchen kam es dann 1972, 1975 und zweimal im Jahre 1979; Reise mit Maria auf den Spuren von 1955 bis zu den übriggebliebenen Resten von Pocklington und Vortrag im Oktober 1979 an der London School of Economics. An diesem Institut habe ich 1985 wieder gesprochen und im Jahre 1986 auch einen Vortrag vor dem Royal Institut of International Affairs gehalten. Einen weiteren Vortrag hielt ich im Mai 1988 und für die HWF werde ich in diesem Jahr – wieder im Mai 1989 – in London sein.

Die wirtschaftlichen Probleme des Landes und die Zusammenarbeit Großbritanniens mit dem Kontinent und umgekehrt werden uns auch aus der Sicht deutscher Interessen noch viel enger zusammenführen. Bei den Bemühungen um Verständnis, um die Lösung schwierigster Fragen mögen sich früherworbene und erweiterte Kenntnisse und Sympathien auswirken. Aus heutiger Sicht muß man allerdings trotz aller wirtschaftlichen Erfolge der konservativen Regierung erhebliche Vorbehalte hinsichtlich der Selbstbehauptungskraft des Landes und – dementsprechend – Angst um seine Zukunft haben.

Mitte Mai 1991 erhielt ich durch Sir Peter Petrie eine Einladung zum Lunch mit dem Governor der Bank of England, der ich im Juni / Juli folgte.

1.26. Zurück nach Hamburg zum Studium: »Meine eigentliche Zeit kommt erst in der zweiten Hälfte«? – Die »Posten an der Akademie nehmen zu«

Bei der Rückkehr aus London am 6. Oktober hatte der Übungsmonat in der Akademie begonnen, d.h. ich war eine Woche in Rückstand geraten; auch mit der umfänglichen soziologischen Arbeit hinkte ich hinter den Zwischenterminen her. Zum Glück konnte sie Ende November im wesentlichen abgeschlossen werden. Das annähernd 6 Monate umfassende 3. Semester war gespickt mit Arbeiten und Prüfungen und für meine Aussichten in der Abschlußphase von größter Bedeutung. Trotzdem dachte ich nicht nur ans Studium.

04.11.55: *»Wahrscheinlich werde ich in der SDS-Gruppe etwas aktiv werden. Ich war mir zu Beginn des Studiums klar, daß meine eigentliche Zeit erst in der zweiten Hälfte kommen würde. Das scheint sich je länger je mehr zu bewahrheiten.«*

Wie bei vielen anderen Menschen auch, trifft für mich zu, daß ich ein ziemlich schlechter Starter bin und immer etwas länger brauche, bis ich mich neuen Gegebenheiten erfolgreich anzupassen in der Lage bin.

Aus welcher Konstellation und Gemütsverfassung heraus ich Anfang Dezember für den Vorsitz des Sprecherausschusses kandidierte, weiß ich nicht mehr genau. Solche Ämter waren mit viel ablenkender Arbeit verbunden, aber zu Beginn des Studiums begehrt.

Als das Studium in die zweite Hälfte ging, es also richtig Ernst wurde, nahm die Bereitschaft der sowieso geringen Zahl in Fragekommender erheblich ab. Ich wurde von den SDS-Gruppeninteressen getragen und erlag den »schmeichelhaften« Bitten zu kandidieren ziemlich schnell.

07.12.55: *»Meine Posten an der Akademie nehmen zu. Durch die Wahl vom 2. Dezember bin ich erster Sprecher geworden. Das hätte ich auch nie für möglich gehalten. Diese Würde ist eine Bürde« (es handelt sich um ein Wortspiel, das ich der Biographie Hendrik de Mans entnommen hatte), »die mich Zeit kosten wird. Trotzdem will ich mein Bestes tun.«*

Von den Erlebnissen und Erfahrungen des Auslandsaufenthaltes gestärkt und beflügelt, traute ich mir eine Menge zu. Gleichzeitig beklagte ich die enorme Arbeitsbelastung.

»Heute bin ich nun mit der soziologischen Arbeit endgültig fertig geworden.« (die etwa 100 Seiten Text wurden selbst getippt) »Schon gilt es, sich auf zwei Klausuren vor Weihnachten vorzubereiten. So wird Wühlen und Arbeiten bis zur Abschlußprüfung kein Ende nehmen.«

1.27. Meine schweren Geldsorgen und »Es geschehen noch Zeichen und Wunder Gottes«

Nur wenige Tage nach dieser Eintragung geschah etwas ganz und gar Unerwartetes:

11.11.55: *»Es geschehen noch Zeichen und Wunder Gottes. Ich hatte letzten Sonntag zum zweiten Mal getippt, den Schein aber am Montag noch nicht kontrolliert. Als ich gestern mittag, von schweren Geldsorgen geplagt (man hatte mir nur DM 100,– Stipendium pro Monat bewilligt), nach Hause kam, empfängt mich Frau Hansen mit der freudigen Nachricht, daß ich genau DM 748,50 im Toto gewonnen hätte. Ich wollte und konnte es zunächst nicht glauben. Meine Freude war riesengroß und an eine Arbeit war nicht zu denken. Es stimmt immer wieder, wenn die Not am größten, ist Gottes Hilfe am nächsten. Nun hoffe ich, bis zum Ende der Akademiezeit einigermaßen zurechtzukommen.«*

Ich kaufte mir als erstes bei C & A einen dringend erforderlichen Wintermantel. Mein Spruch: »Es macht mir immer wieder Spaß zu sehen, wie viel Geld ich nicht mehr habe«, war angesichts des heraufziehenden Winters und meiner »Entblößtheit« überhaupt nicht mehr hilfreich gewesen.

1.28. Reflexion über die »Wohltat körperlich anstrengender Arbeit« und der Arbeits-Unfall in den Semesterferien in der Billbrauerei, durch den ich allerdings kaum finanzielle Einbußen erleide

Ich blieb trotzdem wie immer knapp bei Kasse und um dem etwas abzuhelfen, begann ich am 29.03.56 *»wieder als Bauarbeiter, und zwar in der Billbrauerei. Körperlich anstrengende Arbeit ist eine Wohltat. Wie ist es wunderbar, abends zurückzukehren, ermüdet und hungrig, noch etwas zu lesen, Radio zu hören usw. Im Gegensatz zum geistig arbeitenden Menschen befindet sich der einfache Handarbeiter nicht in einer schlechteren Lage. Er hat einen Vorteil: ›Ist die Arbeit getan, dann geht sie ihn nichts mehr an.‹ Der Vorteil besteht darin, daß es eine wirkliche Freizeit gibt.«*

So reflektierte ich, bevor es zu dem Unfall kam. Die Arbeit auf dem Bau in der Billbrauerei war auf 14 Tage angelegt. Wir erhielten zu den Pausen kostenlos unbegrenzte Mengen Bier und tranken ordentlich. Jeden Abend konnten wir ein Deputat in Form eines halben Dutzend Flaschen Bier mit nach Hause nehmen. Unter den Einwirkungen des völlig ungewohnten Biertrinkens war die Arbeit manchmal weniger mühselig und anstrengend. Soweit ich erinnere, war es keine Folge meines Biertrinkens, sondern der Unachtsamkeit eines Kollegen, der mir am 29.03. morgens, kurz nach Arbeitsbeginn in der Baugrube das Rohr einer Wasserpumpe von oben herab auf die linke Hand fallen ließ, wodurch im Handteller eine scharfschmerzende Hautabschürfung von der Größe eines 5-Mark-Stückes entstand. Die entsprechende Handfläche war wie abgepellt und blutete leicht. Zusätzlich bildete sich ein Bluterguß. Schon nach 4 Tagen war es also aus mit meiner Semesterferien-Arbeit. Ich erhielt für etwa 35 Stunden auf dem Bau DM 77,– und hatte finanzielles Glück im Unglück, denn der »Arbeitsunfall« berechtigte trotz meiner studentischen Versicherungsfreiheit zum Bezug von Krankengeld. Soweit ich erinnere, gab's über DM 100,–, wodurch der Verdienstausfall stark gemindert wurde.

1.29. Schwierigkeiten bei der Wahl des Themas für die 6-Wochen-Prüfungsarbeit; ich wollte ein »ehrliches« Examen schreiben

An der Akademie hatte ich Probleme mit der Wahl der 6-Wochen-Prüfungsarbeit. Ich entschied mich, bei Dr. Hummel zu schreiben, der vorschlug, Schwedens Vollbeschäftigungspolitik abzuhandeln. Aus dem Generalkonsulat dieses Landes am Alsterufer holte ich mir stapelweise Bücher zu diesem Thema, alle in Englisch. Ich merkte bald, daß ich scheitern mußte, verlor bis zu dieser Erkenntnis viel Zeit, gab das Thema zurück und schrieb dann über die Organisation des Kohlenverkaufs. Zum Tippen der über 100 Seiten Examensarbeit mit einer Reihe von Tabellen im Anhang brauchte ich eine ganze Woche.

In der fünfwöchigen »Anfertigungszeit« geriet ich in eine nicht leicht zu bestehende Versuchung: wo immer ich mich nach Literatur umsah, stieß ich bei den Ausleihungen auf einen bestimmten Namen. Schließlich erfuhr ich, daß ein Betriebswirt der Universität sich ebenfalls mit dem Thema befaßte. Ich erhielt seine Telefon-Nr., rief ihn an und hörte, daß er in Kürze abgeben könne und bereit sei, mir eine Kopie seiner Arbeit zu überlassen. In tagelangen, mich belastenden inneren Auseinandersetzungen über das »Für und Wider« einer solchen Hilfestellung lehnte ich das Angebot ab. Vielleicht hätte mich die vornehmlich unter betriebswirtschaftlichen Aspekten geschriebene Arbeit mehr verwirrt als mir weitergeholfen, aber das war nicht der Grund für meine Ablehnung: ich wollte ein »ehrliches« Examen schreiben und fühlte mich erst wieder gut, als ich mich klar entschieden hatte.

1.30. Ein gelungener »Bindungsversuch«: Verlobung auf der Goldkoppel am 7. Oktober 1956

Wenige Tage vor Beginn der mündlichen Prüfung, die mit der Hochschulreife etc. endete, entschlossen wir uns – altmodisch wie wir waren – und bis zur Hochzeit am 7. September 1958 blieben – uns zu verloben.

Wie später am Hochzeitstag, erfreuten wir uns am herrlichen, sonnigen, freundlichen, milden Herbstwetter. Vor das Küchenfenster von Tante Hansens Häuschen hatte sie eine kleine Bank für die Blumen gestellt.

Auf »Geschenke« war kein Verlaß gewesen, mit Ausnahme der schönen »Suppenkelle« von Tante Hansen. Wir hatten keine Vorstellung, wie lange die Verlobungszeit dauern würde, waren uns aber einig, daß wir uns für den nächsten Lebensabschnitt aneinander binden wollten, noch bevor ich ganz sicher sein konnte, die Hochschulreife zu erhalten.

Verlobung mit Blumen vor Gartenhaus auf der Goldkoppel am 7. Oktober 1956

Mit Kuddel Möller und zwei »Häschen«

Im Hintergrund meine Studierstube für 2 Jahre

1.31. Ich erreiche mein Studienziel: die »Hochschulreife« und denke über die Schwere und Mühsal des Studiums nach: Prediger Salomo: »Viel Studieren macht den Leib müde.«
Das Studium ging erfolgreich weiter und zu Ende. Ich bestand die Abschlußprüfung mit »gut« (für VWL, BWL und Soziologie steht im Zeugnis ein gut, für Rechtswissenschaft ein sehr gut) und erhielt die »Hochschulreife«. Von den vier Akademie-Semestern wurde mir das höchste Maß von drei Semestern auf das Uni-Studium angerechnet, so daß ich rein rechnerisch betrachtet nur ein Semester »verloren« hatte.

In diesem Ergebnis – so sehr gewünscht – steckten so viel mühselige Arbeit und vor allem Anspannungen und seelische Nöte, daß ich am Ende bei allem Stolz und aller Freude gar nicht recht froh werden konnte. Über diese Spannungen – auch im Verhältnis zu Maria, die ich aber nur immer stärker liebte, und mit der ich mich noch vor der mündlichen Prüfung am 7. Oktober verlobte – habe ich immer wieder Aufzeichnungen verfaßt, um meinen Gefühlen Ausdruck zu geben, mir Klarheit zu verschaffen und mich zu entlasten und auch zu beruhigen. Soweit es diese persönlichste Beziehung angeht, werde ich nichts weiter wiedergeben. Einiges andere aus dem Jahre 1956 mag dagegen noch verzeichnet werden, vor allem auch einige der Gedanken- oder Gefühlssplitter, die dabei so abfielen.

Nach allem Gesagten kann es nicht wundernehmen, daß die zwei Jahre an der Akademie die bis dahin stärkste Herausforderung an mein Durchhalte- und Leistungsvermögen und einen Test ohnegleichen für die Ernsthaftigkeit meines Bildungs- und Aufstiegswillens darstellten. Unter diesem Druck spürte ich immer wieder, wie schwach, disziplinlos und ungefestigt ich noch war. Im Grunde lag das Problem in einer Kombination von übermäßiger Unsicherheit und Selbstkritik auf der einen und mangelndem Arbeitsethos auf der anderen Seite, wofür es in meinen Aufzeichnungen viele Hinweise gibt. Auf der anderen Seite erklärt diese »Schwere« eines Studiums, warum das Studieren nicht jedermanns Sache sein kann, eine Weisheit, die schon der Prediger Salomo kannte:

1/18: *»Denn wo viel Weisheit ist, da ist viel Grämens; und wer viel lernt, der muß viel leiden«* oder

12/12: *»Viel Studieren macht den Leib müde«.*
Generell sagt Salomo in den Sprüchen:

15/33: *»Ehe man zu Ehren kommt, muß man zuvor leiden.«*

Als glücklich »Verlobter« auf der Goldkoppel am 7. Oktober 1956

Mein bescheidener Beitrag: *»Ein Nagel muß viel auf den Kopf kriegen, bevor er richtig tief sitzt. Je größer der Nagel, desto mehr Schläge.«*

Daß gelegentliche Anfechtungen, Schwierigkeiten, Verzweiflungen, Niederlagen das »Normale«, das in einem langwierigen, komplizierten Studium zu »Erwartende« sind, ist dem »Erfahrenen« klar. Wie gut ist es doch, daß hier wie auf anderen Feldern ein Schleier über unserer Zukunft liegt und nicht jeder Mensch gleichermaßen selbstquälerisch veranlagt ist. Mir hat zu diesem Problemkreis immer eine Stelle aus den Tischgesprächen von Martin Luther gut gefallen:

»Und sagte der Doctor darauf, daß selten ein gut Werk aus Weisheit oder Fürsichtigkeit fürgenommen werde oder geschehe, sondern es müsse alles in einem Irreal oder Unwissenheit geschehen. Also bin ich zur Lehre und Predigtamt mit den Haaren gezogen, hätte ich aber gewußt, daß ich itzt weiß, so hätten mich kaum zehn Ross dazu ziehen sollen.«

Wie ehrlich Luther war? Wer weiß das schon! Ohne die »Irrsale« vergleichen zu wollen, galt für mich jedenfalls, daß ich mein Studium an der Akademie noch einmal unternehmen würde. Beweis? Sonst hätte ich nicht weitergemacht. In dieser Absicht jedenfalls habe ich nie ernsthaft geschwankt.

2. Studium an der Universität Hamburg – Ablenkungen – »Reiniger unter Deck« – Polen-Reise – Hochzeit an zwei Terminen und – Reise zu Dritt – das »gute« Ergebnis

2.1. Ich kann weiterstudieren, bekomme ein Stipendium der Stiftung Mitbestimmung und arbeite trotzdem »nebenher« – am 23. Februar 1957 bietet Dr. Hummel mir eine Hilfsassistentenstelle an!

Theoretisch hätte ich in Volkswirtschaftslehre in 2½ Jahren oder 5 Semestern den Diplom-Abschluß erreichen können. Ich brauchte 6 Semester. Zu meinem großen Glück erhielt ich ab November 1956 ein Stipendium der Stiftung Mitbestimmung von monatlich DM 175,--. Anstatt ruhig und konzentriert mit dem Studium zu beginnen, arbeitete ich Ende Oktober / Anfang November noch einmal zwei volle Wochen als Bauarbeiter in der kleinen Firma von Willi Alberts in Niederbreunfeld und begann Ende

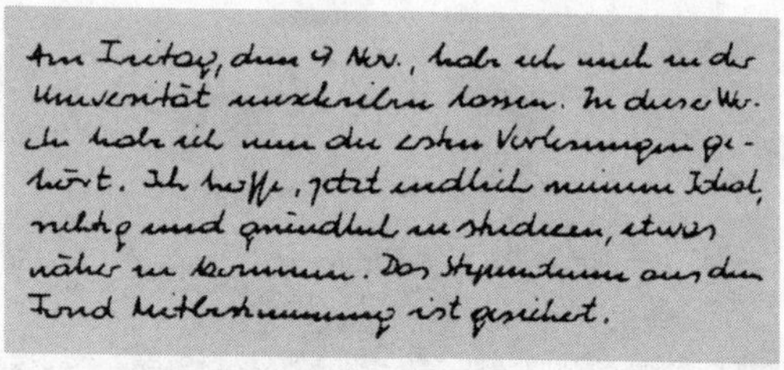
Am Freitag, dem 9 Nov., habe ich mich an der Universität einschreiben lassen. In dieser Woche habe ich nun die ersten Vorlesungen gehört. Ich hoffe, jetzt endlich meinem Ideal, richtig und gründlich zu studieren, etwas näher zu kommen. Das Stipendium aus dem Fond Mitbestimmung ist gesichert.

November am Hühnerposten mit der schon fast gewohnten 36-Stunden-Arbeitswoche. Gegen meine ursprünglichen Absichten blieb ich dort bis Ende Februar.

Ich »erledigte« einen Schein für mittlere Semester über Mindestreserven mit der Note »1« und studierte so nebenher noch das, wozu ich Zeit hatte. Zum 23. Februar war ich von Dr. Hummel, inzwischen Professor, in die Akademie eingeladen worden. Zu meiner größten Überraschung bot er mir die zum 1. April freiwerdende Hilfsassistentenstelle an. Das stieg mir in den Kopf und ich akzeptierte sein Angebot sofort. Ich war furchtbar stolz und erinnerte mich an die nur 3 Jahre zurückliegende Degradierung im Arbeitsamt Köln. Nun war ich fast schon auf der Höhe des »höheren« Dienstes.

2.2. Umzug von der Goldkoppel zum Immanuel Stieg auf der Veddel und zum 1. April 1957 ins Christophorus-Haus, wo die langjährige Bekanntschaft mit Frau Maria Kamps und Rudolf Illigens beginnt

Von der Goldkoppel war ich schon Ende Oktober auf die Veddel in den Immanuelstieg gezogen; das kleine, ganz nach innen liegende Zimmer war sehr ruhig. Ich möblierte es mit Leihgaben von Kuddel Möller. Schon bald gab es Ärger mit der Wirtin, der mir den Aufenthalt dort sehr verleidete.

Etwa zeitgleich mit der Assistentenstelle erhielt ich einen Platz im Christophorus-Haus. Leider nur in einem Doppelzimmer, das ich mir mit dem Studenten des Schiffbaugewerbes, Rudolf Illigens, teilte. R., mit dem wir bis heute freundschaftlich verbunden sind, war von morgens früh bis abends spät in seiner Ingenieur-Schule. So hatte ich das Zimmer bis auf das Wochenende mehr oder weniger für mich allein.

Im Christophorus-Haus begann auch die langjährige, freundschaftliche Bekanntschaft mit Frau Maria Kamps, die erst durch ihren Tod vor knapp 2

Mit Frau Maria Kamps, 98 Jahre (1988)

Monaten, am 21. Dezember 1988, gelöst wurde. Sie ist fast 98 Jahre alt geworden.

Etwa seit Anfang der 70er Jahre wurde unsere Beziehung belebt und je länger wir uns kannten, desto häufiger und erfreulicher wurden die Begegnungen.

Frau Kamps war eine scharfsinnige, gütig-humor volle Frau mit viel Lebenserfahrung und Geschmack. Ihr Rat, ihre Urteilsfähigkeit, ihre Freude am Leben, ihre Großzügigkeit und ihre herrliche Fähigkeit zu genießen, bleiben unvergeßlich. So gut und so oft es ging, versuchte ich, ihr bei ihren altersbedingten Problemen beizustehen. Ich bin ihr für ihre Freundschaft und Dankbarkeit für immer dankbar, vor allem für die wunderschönen »Erbstücke«, die wir in Ehren halten.

Wie häufig war ich mit ihr zusammen und wie beklagenswert schnell vergeht die Zeit seit ihrem Tod in Braunlage, wo sie für eine ruhige Weihnachtszeit schon zum zweiten Mal Erholung und Ruhe finden wollte.

2.3. Die Assistentenstelle wird zur Arbeitshölle und überfordert mich maßlos; ich bin stark genug, mich zu lösen

Zwar hatte ich wegen der Assistentenstelle den besten Grund, von meinem ungeliebten SDS-Vor sitzendenposten zurücktreten zu können, aber glücklich oder halbwegs zufrieden wurde ich nicht. Im Gegenteil! Die arbeitsmäßigen und psychischen Belastungen dieser Überforderung wurden zeitweise unerträglich groß. Ich studierte »nebenher«, machte nur eine betriebswirtschaftliche Hausarbeit und verbrachte die restliche Zeit im gemeinsamen Arbeitszimmer des Professors, wo nicht nur die üblichen Assistenzarbeiten anfielen, sondern auch viele Stunden lang an der Letztfassung der Übersetzung von Alvin H. Hansen's »A Guide to Keynes« gearbeitet werden mußte. Ich konnte mich nicht verweigern, ich konnte nicht abseits stehen, denn der Professor war in größter Not, mit der Arbeit rechtzeitig fertig zu werden. Natürlich lernte ich dabei auch sehr viel, aber um welchen Preis?

Nach 10 Wochen, etwa Mitte Juni, kam es zur ersten Auseinandersetzung über meinen Wunsch, zum Herbst auszuscheiden. H. war sehr ungehalten, schimpfte mich einen »Egoisten«, nannte mich dann wieder ein »nettes Kerlchen«, wohl, um mir zu schmeicheln und verstand es, mir Mut zu machen und mich hinzuhalten. Ich setzte mich schließlich durch und schwor mir,

»während der restlichen Studienzeit keinen Posten und keine Arbeit mehr aufschwatzen zu lassen. Auch will ich mir vornehmen, wichtige Entscheidungen erst sehr reiflich zu überlegen, damit ich nicht wieder nachher zum Rückzug gezwungen bin«.

Wäre es mir hauptsächlich ums Finanzielle gegangen, hätte ich die Stelle behalten müssen, denn ich bezog immerhin noch DM 145,– Reststipendium zuzüglich Assistentengehalt von DM 200,–. Aber es zeigte sich zum Glück erneut, daß ich stark genug motiviert war, mich um höherer Ziele willen lösen zu können, eine der zentralen Voraussetzungen für jegliches Vorwärtskommen.

2.4. Karl Schiller als »Magnifizenz« und politischer Ökonom – Universitätsreformen – das Arsenal der Ökonomischen Wissenschaft wird für zwei gegensätzliche Typen bereitgestellt: den »dynamischen Wirtschaftspraktiker« und den »Ökonomen«

Wahrscheinlich sah ich Karl Schiller zum ersten Mal bei der »Feier des Rektorwechsels« am 20. November 1956. Sie fand im Großen Saal der Musikhalle statt. Gerade an der Uni eingeschrieben, ging ich voller Stolz und Erwartungen hin. Die meisten Studenten usw. freuten sich über den freien Tag und blieben zu Hause. Das war auch gut so, denn der Saal war für die Universitätsgemeinde, sollten sich ihre Angehörigen je so verstanden haben, viel zu klein. Der amerikanische Botschafter, Harvard-Professor James B. Conant, erhielt von der mathematisch-naturwissenschaftlichen Fakultät den Ehrendoktor und sprach über »Zwei Denkweisen. Ein Beitrag zur Deutsch-Amerikanischen Verständigung.«

Schiller sprach über »Universitäten heute« und meinte, daß trotz aller Anpassungen »eine Reform unserer Universitäten allenthalben als notwendig, ja als fällig empfunden« werde. »Wir durcheilen in der Tat ein Zeitalter der Reformversuche, in dem so ziemlich jeder soziale Bereich zum Gegenstand des endlosen Reformgesprächs geworden ist.« Er beschwor nicht nur für die Unireform die Grundsätze von Freiheit und Autonomie und als zweites Leitmotiv das »Wohlfahrtsprinzip«, d.h. den »Gedanken der gerechten Wohlfahrtsverteilung«, sondern meinte, diese beiden Prinzipien müßten generell gelten und klar miteinander verbunden werden:

»die wirkliche Synthese von Freiheit und sozialer Wohlfahrt als Ordnungsbild (sei) dasjenige irdische Konzept, das unsere freie Welt am ehesten der übrigen als wirklich überlegen zu bieten vermag.«

Das war auch die Philosophie der Akademie für Gemeinwirtschaft, der ich gerade entwachsen war. Professor Ortlieb und Schiller trafen häufig zusammen. Sie waren befreundet. Beide waren Hamburger Sozialdemokraten. Sie wirkten als pragmatische, vernünftige, vertrauenswürdige Vordenker und gesellschaftspolitische Gestalter. Schiller's Ausführungen zur Unireform waren knapp; vielleicht hätten sie wegweisend sein können, hätte die Universität überhaupt neue Wege gehen wollen. Für ihn ging es damals um

»Förderung der Wissenschaft schlechthin und die Erziehung zu intellektueller Redlichkeit überhaupt. Vor allem aber ist die Neugestaltung der Lehre ein Gebiet, auf dem auch die Selbstkritik der Universitäten ein reiches Betätigungsfeld hat.«

Über 20 Jahre später legte der FDP-Senator D. Biallas dem Senat einen Bericht über die Reform der Lehre und der Lehrpläne an der Universität insgesamt vor. Dutzende Kommissionen hatten viele Jahre an den Reformen gearbeitet. Sein Bericht vermeldete ausdrücklich »Fehlanzeige« für den Bereich der Wirtschafts- und Sozialwissenschaften!

Als ich studierte, war es noch üblich, bei hohen Anlässen wie einem Rektoratswechsel auch an »unsere Brüder jenseits der Elbe« zu denken. Schiller bezog sich am Schluß auf den Titel des neuesten Buches von Conant: »Gleichheit der Chancen« und meinte:

»Ich glaube, gerade diese schlichte, freiheitliche und soziale Losung sollten wir beherzigen, wenn wir an unsere eigenen Vorbereitungen für die Zukunft der Wiedervereinigung herangehen.«

»Gleichheit der Chancen« mußte mir naturgemäß besonders gut gefallen. Wie reformbedürftig die Universität auch immer war, konnte ich noch nicht wissen bzw. beurteilen. Ich wußte aber, daß ich meine Chancen erkennen und nutzen würde, gerade auch in der Volkswirtschaftslehre bei Schiller.

Erst gut 10 Jahre später zeigte sich, daß die Studenten nunmehr von anderem Holz geschnitzt waren: Hinnerk Behlmer und Detlev Albers, aktive Jungsozialisten in Eimsbüttel und lange Jahre ideologisch und parteipolitisch in Eimsbüttel auf der »anderen« Seite, malten zum feierlichen Rektoratswechsel im Auditorium Maximum ein großes Transparent und trugen es beim Einzug der Magnifizenzen und Spektabilitäten einer insgesamt größer gewordenen Schar der traditionell bekleideten Professoren wie die Anführer vor diesen her: »Unter Talaren – der Muff von tausend Jahren«, so stand da groß zu lesen.

Die Provokation war eine Sensation, die weit über Hamburg hinaus gewirkt hat und wahrscheinlich mehr Änderungen hervorrief als so manche Gesetzgebung oder Kommissionsarbeit. Im Jahr danach wurden die Talare nicht mehr getragen. So traditionsschwach und feige reagierte das Universitäts-Establishment sich das schlechte Gewissen ab. Wo die Talare wohl geblieben sind?

Nach den Senatoren gaben nun auch die Professoren ihre »Amtstracht« auf und diese spanische Amtstracht wird heute in Hamburg nur noch von den evangelischen Pastoren getragen. Sehr schade! Man vergleiche diese Entwicklung mit den prachtvollen Aufmärschen der farbenfreudigen Heerscharen der Lehrenden an amerikanischen Universitäten insbesondere in Berkeley. In den USA ist dieses überall so und wird wohl auch so bleiben.

Während ich an der Akademie studierte, war Karl Schiller zum Herbst 1955 neuer Rektor = Magnifizenz geworden (so wurden sie während ihrer Amtszeit alle angeredet). Er hielt am 9. November 1955 eine Art Antrittsrede: »Der Ökonom und die Gesellschaft.« Mit dem Abdruck dieser Rede leitete Ortlieb im Sommer 1956 den ersten Band des »Hamburger Jahrbuch für Wirtschafts- und Gesellschaftspolitik« ein.

Ich las diesen Vortrag, der eine außerordentlich eindrucksvolle Standorterläuterung und Rechtfertigung des Ökonomen in der Gesellschaft gibt, noch als Student an der Akademie. Diese elf Seiten sollte jeder lesen, der Ökonomie gewählt hat, am besten zu Anfang und gegen Ende des Studiums. Heute sehe ich deutlich, daß Schiller seine praktische, d.h. politische Erfahrung mit seinem theoretischen Wissen und seinen Erkenntnissen mischte, d.h. ohne seine politische und administrative Praxis den zeitüberdauernden Vortrag (dessen Titel und Inhalt er später in einem Sammelband mit verarbeitete) schwerlich hätte entwickeln können:

»Der dynamische Wirtschaftspraktiker empfindet und handelt ›naiv‹ der Ökonom als solcher dagegen ›sentimentalisch‹. Jeder von uns, dem daran liegt, daß unser Gesellschaftsleben ständig frische Impulse erhält, sollte wünschen, daß in dieser produktiven, heilsamen und notwendigen Gegensätzlichkeit die Führung und das letzte Wort bei dem naiv – natürlich – sicheren Typus liegen!«

Schiller sprach von einer »schöpferischen Konfliktslage« und zitierte aus Keynes' Alfred-Marshall-Biographie, warum Max Planck es aufgegeben habe, Ökonomie zu studieren: »daß er es zu schwierig befunden habe!« In dieser Marshall-Biographie beschreibt Keynes die Anforderungen an den Ökonomen, wie es niemand besser vermag. Schiller hat davon einige Kernsätze zitiert. Ich wurde dadurch schon früh angeregt, die Biographie insgesamt zu lesen und bringe hier Marshalls Gesamtaussage zu dem Gegenstand.

»The study of economics does not seem to require any specialised gifts of an unusually high order. Is it not, intellectually regarded, a very easy subject compared with the higher branches of philosophy and pure science? Yet good. or even competent. economists are the rarest of birds. An easy subject. at which very few excel! (meine Unterstreichung) The paradox finds its explanation, perhaps, in that the master-economist must possess a rare combination of gifts. He must reach a high Standard in several different directions and must combine talents not often found together. He must be mathematician, historian, statesman, philosopher – in some degree. He must understand symbols and speak in words. He must contemplate the particular in terms of the general, and touch abstract and concrete in the same flight of thought. He must study the present in the light of the past for the purposes of the future. No part of man's nature or his institutions must lie entirely outside his regard. He must be purposeful and disinterested in a simultaneous mood; as aloof and incorruptible as an artist, yet sometimes as near the earth as a politician.«

Schiller legt Gewicht auf eine Zweiteilung, eine Typisierung der Ökonomie-Studenten. Unter diesen »Universitätsbesuchern gebe es« nicht allein künftige Finanzminister..., Notenbankdirektoren ...«

(Ich schreibe heute am 23. Januar 1988, ebenfalls ausgestattet mit einzigartigen Erfahrungen in der Welt der Politik und der Bürokratie: Wenn wenigstens die Mehrheit von diesen genannten Ministern und Direktoren überhaupt jemals Volkswirtschaftslehre studiert und irgendwo praktiziert hätte!!! Am Montag, dem 25. Januar 1988 erscheint mein Interview in »Il Mondo«, in dem ich diese Geringschätzung ausdrücke. Der Text ist schon am 20. Januar in der Bundesbank eingetroffen. Ich erhielt ihn heute übersetzt von Claus Köhler geschickt: »Wir brauchten hochqualifizierte Personen, die auf Regierungsebene die internationalen wirtschaftspolitischen Bestrebungen koordinieren, Können Sie mir in den Regierungen, die gegenwärtig im Amt sind, solch eine Person nennen?«)

Nach Schiller werden die gleichen Waffen für die beiden Typen der Ökonomie-Studenten aus dem Arsenal der Wissenschaft »in weit größerem Umfange an künftige Verbandssyndizi, Gruppenfunktionäre..., Steuerberater ausgeteilt.« Was immer sie auch mit ihrem Wissen anfingen, er hoffe, daß sie »später die Unruhe des »gesamtwirtschaftlichen Zweifels« immer noch mahnt, wenn auch noch so leise und wenn auch schließlich nur in ein paar Erinnerungen.«

Wie schwierig es bleiben würde, richtige wirtschaftspolitische Analysen und Entscheidungen zu treffen, betonte er besonders stark:

»Gerade er (der Ökonom) muß immer wieder darauf hinweisen, daß eben bei weitern nicht alles quantifizierbar und berechenbar ist und daß viel Unwägbares und damit Raum für die freie und spontan naive Entscheidung bleiben muß.«

2.5. Das Wintersemester 57/58 ist ziemlich erfolgreich – weil wir heiraten wollen und dazu Geld brauchen, Entschluß, nochmal nebenher zu arbeiten: Hilfsarbeiter in der Homburger Papierfabrik

Nach einem selbstverschuldet-fürchterlichen 1. Jahr an der Universität freute ich mich auf ein unbeschwerteres Studium. Ein wichtiges Referat im Wintersemester 57/58 über J. M. Keynes bei K. Schiller erbrachte eine 1–2, ein anderes über das Sozialbudget bei Ortlieb eine 2+. In den Frühjahrsferien 1958 war es dann wieder soweit: ich brauchte Geld und deshalb Arbeit. Wir wollten im Herbst heiraten. Es fiel mir schwer, den Konflikt widerstreitender Prioritäten zu lösen.

13.02.58: *»Der Wunsch, ungestört zu studieren, ist unheimlich stark in mir wach. Es ist eine Schande, daß ich wegen der paar Hunderter, die ich nun mal im Herbst brauche, jetzt in die Fron einer mich ganz ausfüllenden körperlichen Arbeit für 6 Wochen hinein muß. Ich sehe keinen Weg, daran vorbeizukommen.«*

Am Aschermittwoch war ich nach Hause gefahren und schon am nächsten Tag begann der 3-Schichten-Rhythmus als Hilfsarbeiter bei der Homburger Papierfabrik, die eine halbe Stunde Fußmarsch vom Hause der Eltern entfernt lag. An 7 Tagen arbeitete ich 9 Schichten und verdiente dabei ganze DM 118,–.

2.6. Ab 1. März 1958: »Reiniger unter Deck« – nach Guayaquil hin und zurück

Diese Arbeit ging gegen alle meine Erwartungen schnell zu Ende. Ich wurde eines Morgens ins Büro gerufen und telefonisch mit Hamburg verbunden. Ich erfuhr zu meiner Verblüffung, daß ich ab 1. März als »Reiniger unter Deck« auf dem MS Portunus der Firma Laeisz[1] anheuern könne. Das war ein lange gehegter Wunsch. Ich hatte mich schon mal vor 3 Jahren, im Februar wiederum, sehr um diese Gelegenheit bemüht, aber jede Hoffnung auf eine Zusage in mir begraben.

Der Inhaber der Papierfabrik schien zu bedauern, daß ich so schnell aufhörte. Ich kehrte am 28. Februar (nach Hamburg) zurück, wurde am Samstag ärztlich untersucht und angemustert und betrat am nächsten Tag das schöne weiße leere Kühlschiff, mit dem eine Ladung Bananen aus Guayaquil in Ecuador geholt werden sollte, wozu knapp 6 Wochen gebraucht werden würden. Die kleine Kammer teilte ich mit einem etwa 19jährigen Reinigerkollegen, einem Scheusal ohnegleichen. Die tägliche Arbeitszeit – auch samstags – (sonntags nur 5 Stunden) betrug 10 Stunden: Beginn 6 Uhr, Frühstück 8.00 – 8.30 Uhr, Mittag 12 – 13 Uhr, Kaffeepause 15.00 – 15.20 Uhr. Da Reiniger fast immer sehr ölig-dreckig werden, dauerte auch mein tägliches Reinigen und Umziehen recht lange. Dementsprechend verblieb nur wenig freie Zeit.

»Reinigen unter Deck« war bei dauernd über 40° Hitze und einem entsetzlichen Lärmpegel der 5000

Portunus, vor meiner Anmusterung im Hamburger Hafen, Frühjahr 1958

»Reiniger unter Deck«, aufgetaucht im Ärmelkanal: dreckig und nur noch »Haut und Knochen« (Ostern 1958)

1 Das Kühlschiff war 1955 in Kiel gebaut worden, hatte 5140 PS und lief 17 Knoten. Nachdem es drei Jahre auf der Route Ecuador – New Orleans eingesetzt worden war (dabei einen Rekord von 103 Panama-Passagen aufgestellt hatte), setzte Laeiz es ab 1958 auf der Route Hamburg – Guayaquil ein.

PS-Hauptmaschine, verstärkt, wenn die Hilfsdiesel für die Kühlung auf relativ kleinem Raum ebenfalls liefen, die härteste körperliche Arbeit meines Lebens, zu der zusätzlich auch gute Nerven gehörten. Viele Tage lang krochen wir auf hoher See weit unter die vielleicht 50 cm Raumhöhe abdeckenden Flurplatten des Maschinenraums, neben und unter der Hauptmaschine rum, kratzten und schrubbten Rost ab und strichen Mennige und Farbe.

Daß ich keine Platzangst bekam, wenn man 4,5 oder 6 m von der Einstiegluke entfernt, irgendwo, mit einer Lampe sich selber leuchtend, rumschrubbte, ist mir heute noch ein Rätsel. Natürlich gab es auch im Maschinenraum oberirdisch außerordentlich viel zu putzen, zu säubern, zu schmirgeln, einzufetten und zu streichen. Vieles davon oder wenigstens ein Teil der Arbeit mußte einem überflüssig oder übertrieben »pütscherig« vorkommen. Jedenfalls war immer für Arbeit und damit für ablenkende Beanspruchung gesorgt.

Auf dieser Fahrt nahm der Reeder den Schriftsteller Hans Grimm (Volk ohne Raum), der damals schon 84 Jahre alt war, bis zum Panama-Kanal mit. Er wurde von zwei Damen begleitet. Ich wußte nur von der Tendenz seines Buches, sah den sehr alt und wakkelig wirkenden Mann gelegentlich oben auf dem Deck aus meiner dreckigen Reinigerperspektive und versäumte eine Begegnung, die ich nachträglich für möglich hielt aus einer Reihe von Gründen.

2.7. Am schönsten waren die Sonnenuntergänge

Am schönsten waren die Sonnenuntergänge. Gewaltige Panoramen schienen den halben Himmel im Süd-Westen zu umfassen. Sie waren mal bunt und grell, mal zart und pastell gefärbt; fast immer von phantastischen Wolkenkonfigurationen belebt und konnten kitschig wie ein Schlafzimmerbild aus der Großelternzeit erscheinen. Mein Wunsch, diese unvergeßlichen Naturereignisse unter bequemeren Umständen noch mal zu beobachten, hat sich leider in fast 30 Jahren nicht erfüllen lassen. Vielleicht 1988? (Ja, im März 1988 fuhren wir von Le Havre mit der Inco-Trans nach Panama, sahen wenig vom Kanal, dafür um so mehr von Central-America: Panama, Costa Rica, Guatemala. Maria war vom Maschinenraum beeindruckt; ich konnte die Unterschiede zu damals vor 30 Jahren am besten beurteilen.)

2.8. In Curacao und Guayaquil – vom Panama-Kanal sehe ich fast nichts, weil ich unter Deck arbeiten muß

Wir liefen Curacao an, bunkerten dort und ich ging für einige Stunden an Land. Dort grub ich Kakteen aus und brachte sie nach Hamburg. Ich konnte leider nichts dagegen tun: Vom Panama-Kanal sah ich von dem wenigen, was ich erblickte, das meiste nur durch die Bullaugen. Wir wurden unter Deck gehalten und beschäftigt. Spätnachmittags erreichten wir schließlich den Golf von Guayaquil und brauchten Stunden, um gegen den mit Rasenstücken, Bäumen, Sträuchern und toten Tieren beladenen, gelbdreckigen Strom (wahrscheinlich der Rio Babahojo) angehend, die Hafenstadt zu erreichen.

Wir ankerten gegen 23.00 Uhr mitten im Fluß. Ich hätte nicht für möglich gehalten, wie gutaussehend, braungebrannte, nun auch noch frischgewaschene und meist in Weiß gekleidete Decksleute aussehen können, wenn sie an Land wollen. Mit der Aufforderung »komm' Student, geh' mit in 'nen Puff« erklärten sie auch, was sie vorhatten. Ich schaute lieber noch eine Weile in die sternenreiche Nacht und dachte an meine Maria.

Am nächsten Tag begannen sehr früh, ich weiß nicht wie viele, Träger, Bananenstauden auf den Schultern, mit dem Beladen des Schiffes. Wir waren aufgefordert worden, alles, aber auch alles zu sichern, was geklaut werden könnte. Bis auf die Wäscheleinen, an die wir nicht gedacht hatten, gab es auch nichts zu klauen, aber die Wäscheleinen wurden vor unseren Augen blitzschnell abgeschnitten, eingesteckt und davongerettet.

Im Maschinenraum sollte, weil nur in der Ruhestellung möglich, einer der 8 Zylinder repariert werden und ich sollte dabei helfen. Das hätte den Verzicht auf das erstmalige Betreten südamerikanischen Bodens bedeutet, wozu ich unter keinen Umständen bereit war. So gelangte ich mit einer kleinen Barkasse privat an Land, wanderte bei großer Hitze ziellos stundenlang in der Stadt herum, mal im Zentrum, mal auf dem mit Geiervögeln übersetzten Schlachthof, mal in den Anblick der archaisch anmutenden Baustellen versunken, mal dem Verkehrsgewühl in engen Straßen zuschauend, das aus heutiger Sicht wohl eher wie eine Idylle gewirkt haben muß.

Rückkehr mit Mitbringseln von Ecuador, Ostern 1958

2.9. Lebensgefährlicher Orkan auf der Rückreise in der Höhe der Azoren

Auf der Rückreise gerieten wir in der Höhe der Azoren in einen Orkan, in dem sich das Meer in eine nicht vorstellbare und nicht für möglich gehaltene dynamische Landschaft von turmhohen, grausigkalten, einzigartig imposanten Wellenbergen und den abgründigsten Tälern verwandelte. An Deck waren Festhaltetaue gespannt, die mir mit Sicherheit das Leben retteten, als ich abends alleine von der Mannschaftsmesse in meine auf dem Hinterdeck liegende Kajüte wollte, und das gewaltige Schlingern und Stampfen des Schiffes und damit des Decks und meine Standfestigkeit falsch einschätzte.

2.10. Wir werfen viele Tonnen Bananen über Bord und ich muß an einem Vortrag über die entstehende Europäische Wirtschaftsgemeinschaft für die anschließende Reise nach Polen arbeiten

Bevor wir den Kanal erreichten, warfen wir erst einmal alle auf dem Deck aufgebauten und festgezurrten Bananenstauden (es müssen viele Tonnen gewesen sein, denn wir brauchten lange dazu) über Bord. Sie waren verdorben oder zu reif oder was auch immer und ich wunderte mich, warum wir sie überhaupt mitgenommen hatten.

Ich hatte mir in Hamburg eine größere Menge Informationsmaterial über die entstehende Europäische Gemeinschaft eingepackt und verbrachte jede freie Zeit nach den Azoren damit, einen Vortrag zu schreiben, der anschließend in Warschau gehalten werden sollte. Ich hatte schrecklich viel Mühe und verfluchte die zusätzliche Anspannung, war auch erst kurz vor dem Einlaufen in Hamburg fertig. Meinen Vortrag konnte ich nur deshalb zu Ende schreiben, weil eine etwas geringere Arbeitsbelastung am Samstag und Sonntag vorher mich begünstigte.

2.11. Stolz auf mein »Seefahrtbuch« und annähernd DM 600,- Entgelt für 38 Arbeitstage

Irgendwo auf der Elbe verabschiedete ich mich beim »Chief«, den ich auf der Reise kaum zu sehen bekommen hatte. Neben einem Schnaps teilte er ein großes Lob aus: ich hätte durch meine verläßliche Arbeitsleistung sein Vorurteil gegen Studenten und seine Befürchtung, daß die anderen für einen »Versager« mitarbeiten müßten, widerlegt. Er würde mich bei Bedarf wieder nehmen. Mein Bedarf war voll gedeckt. Eine solche Arbeit würde und brauchte ich zum

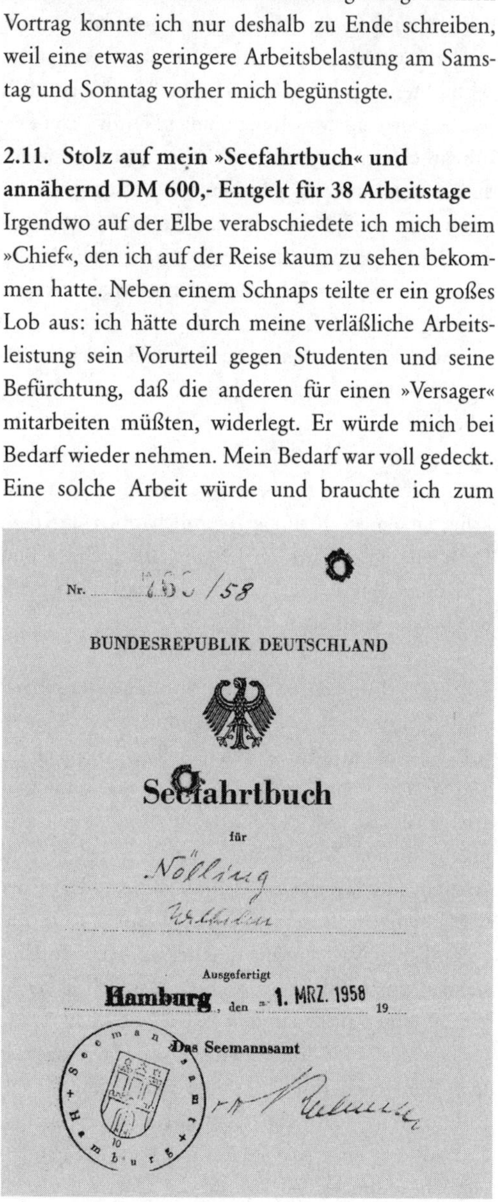

Nr. ....../58

BUNDESREPUBLIK DEUTSCHLAND

Seefahrtbuch

für

Nölling

Wilhelm

Ausgefertigt

Hamburg, den 1. MRZ. 1958 19....

Das Seemannsamt

Mein Seefahrtbuch

Glück nie wieder anzunehmen. Ich freute mich, daß ich genau DM 420,60 netto verdient hatte (einschließlich 4 x Schmutzgeld insgesamt DM 16,--) und sie sparen konnte. Die Verpflegung war »frei« und wurde mit DM 2,80 pro Tag angesetzt (DM 106,40). Außerdem waren DM 64,15 an Lohnsteuer abgezogen worden, die ich mir im Lohnsteuer-Jahresausgleich erstatten ließ, so daß ich auf einen DM-Gegenwert für 38 Arbeitstage von fast DM 600,– kam.

Bis heute bin ich stolz darauf, ein Seefahrtbuch zu besitzen. Als Hafensenator habe ich gute 18 Jahre später kaum eine Gelegenheit verstreichen lassen, um so unauffällig wie es gehen mochte, auf diese meine Qualifikation hinzuweisen.

2.12. Bericht über die Polenreise vom 2. Mai 1958 und ein paar Anmerkungen aus heutiger Sicht

Über die Polenreise, die sich nahtlos anschloß, habe ich nach der Rückkehr am 02. Mai einen Bericht gefertigt, den ich anfüge. Leider bin ich aus Zeitgründen damals nicht fertig geworden und werde – natürlich aus jetziger Sicht – ein paar Bemerkungen dazuschreiben.

»Die Polenreise liegt hinter mir. Damit waren diese beiden Ferienmonate in einer Weise ausgenutzt, wie man sie sich bunter, interessanter und intensiver schwerlich vorstellen kann. Es waren so viele Eindrücke aufzunehmen und zu verarbeiten, daß ich im Moment gar nicht recht weiß, wo ich anfangen soll. Da empfiehlt sich der Weg der chronologischen Beschreibung, Wenn ich demnächst in diesem Heim einen Vortrag über Polen halten werde, will ich anders vorgehen. Die weiteren Ereignisse meiner Seereise ab 5.März sollen nach und nach aufgezeichnet werden.

Ich kam Ostersonntag zurück. Rudolf holte mich ab. Es war ein sonniger Nachmittag. Mit Alligator, Palme, Kakteen und Bananenstauden müssen wir überall, wo man uns gesehen hat, einen malerischen Anblick geboten haben. Es war notwendig, schon am Montag nach Berlin weiterzureisen. Da sich unsere Reise um einen vollen Tag verzögerte, hatte ich in Berlin zwei Tage Zeit. Mit Kurt Arndt Museen besichtigt. Etwas herumgelaufen. Die Zeit war schnell vorbei. Abends, vor der Weiterreise, mußten wir auf der Fahrt zum Bahnhof Zoo zum drastischen Mittel der Notbremse greifen, um einen »Durchläufer« nach dem Ostsektor zu stoppen. Sonst wären wir nicht pünktlich im Ostbahnhof gewesen. Wir waren gegen 4.00 Uhr früh in Posen und wurden von unseren ständigen Reisebegleitern mit einem Bus abgeholt. Es war kalt und hatte noch etwas geschneit. Wir bekamen Schlafgelegenheiten in einem Studentenwohnheim. Diese »neuen« Wohnheime sollten wir noch des öfteren kennenlernen. Sie sind Hauptbestandteil einer aktiven Förderungspolitik für Studenten des poln. Staates. In vieler Hinsicht ähneln sie Kasernen. 4 bis 6 Blocks gehören zu einem Komplex. Die Gebäude sind in den letzten Jahren gebaut und meistens nicht verputzt. Die Studenten leben meistens zu viert in einem Bau, welcher keineswegs komfortabel ausgestattet ist. Es ist ein Schlafraum und kann kaum zum Studium dienen.

Wir haben in Posen nur die Stadt besichtigt. Unverkennbar der starke deutsche Einfluß. Wir machten schon hier die Erfahrung, daß, wie wir auch später immer wieder sehen sollten, systematisch auf eine Restaurierung hin gearbeitet wird, und zwar hinsichtlich des ganzen äußeren Stadtbildes. Es wird überall versucht, alte und zerstörte Teile so wieder aufzubauen, wie sie vor der Zerstörung ausgesehen haben mögen. Man will traditionsbewußt erscheinen und merkt gar nicht, wie sehr man rückwärts, statt nach vorne schaut. Diesen Hang zum Alten, Überlebten muß man einordnen in das Bemühen des poln. Staates, seine Ansprüche auf ehemals deutsche Gebiete rein historisch zu begründen. Fast möchte man aber glauben, daß sich hier ein bedenklicher Mangel an Mut zum Experiment und an Phantasie zeigt; denn eines kommt hinzu: man restauriert ja in den deutschen Gebieten keine polnische Kultur, sondern deutsche aus den letzten vier Jahrhunderten. Man denke an Danzig, die Marienburg usw. Diese Meinung wird bestärkt, wenn man sieht, daß auch die vielen neuen Bauten in den größeren Städten kaum modern und fortschrittlich sind. Man darf die ungeheueren Schwierigkeiten nicht übersehen. Aber man fragt sich unwillkürlich, wie wohl all diese Städte heute aussehen würden, wenn man die Energien, die bei der Rekonstruktion zum Teufel gehen, in moderne Bauten gesteckt hätte? Es hat den Anschein – und dies soll mit als Entschuldigung oder als Ursache angesehen werden – als ob die Abschnürung vom Ausland zu dieser Entwicklung auch beigetragen hat. Ich weiß allerdings nicht, ob ich dies richtig sehe.

Am Freitag (11.April) sind wir über Bromberg nach Zoppot gefahren. Die Landschaft war wenig abwechslungsreich, eher ärmlich. Wir konnten sehen, daß in dieser

Agrargegend eine einigermaßen ordentliche Bebauung betrieben wird. Etwas außerhalb Zoppots haben wir direkt am Meer gewohnt. Die beiden Tage dort gehören mit zu den schönsten der ganzen Fahrt. Wir hatten wunderschönes Wetter. Am Meer war es ganz herrlich. Zoppot selbst schien mir ein arg verschlafenes Nest zu sein. Dagegen war Danzig schon interessanter, wenn auch nicht schön, so doch wert, angesehen zu werden. Die Stadt muß fürchterlich zerstört gewesen sein. Es ist vieles angeblich wieder so aus den Trümmern erstanden, wie es früher war. Aber damit hat man nur eine Hülle geschaffen, hinter der sich nichts verbirgt, was an die großen Zeiten dieser Stadt erinnern könnte. Man kann mit den dort zusammengewürfelten Menschen auch kaum jenen Geist und jene Atmosphäre wiederaufleben lassen, die mit dem Stadtbild einstmals übereingestimmt und harmonisiert haben muß. In der Barockkirche von Oliwa ein ergreifend schönes Orgelkonzert gehört. Die Orgel ist sicher ein seltenes Kunstwerk.

Wir sind montags weitergefahren und haben die Marienburg besichtigt. Ich habe noch nie ein mächtigeres Bauwerk gesehen. Unsere Fahrt durch Ostpreußen bis nach Allenstein führte uns durch ein landschaftlich sehr reizvolles Gebiet, in dem noch manches zerstört und verwüstet ist und hin und wieder auch einmal ein renoviertes, selten ein neues Haus zu sehen war. In Allenstein ist heute eine landw. Hochschule. Auch hier wieder riesige Wohnkomplexe f. Studenten, von denen bis zu 600 in einem Block wohnen. In der Stadt sollen noch sehr viele Deutsche leben. Irgendwie machen alle Städte einen verschlampten Eindruck. Sie sind nicht so sauber. Das trifft f. Straßen und Häuser zu, die kaum Farbe kennen und wenn sie neu sind oder renoviert worden sind, immer noch nach gar nichts aussehen. Eigentlich sind es tote Städte. Man vermißt warmes u. pulsierendes Leben.

Am nächsten Tag kamen wir abends in Warschau an. Unser Studentenheim war zwar kaum ein Jahr bezugsfertig, aber doch unfreundlich. Man konnte sich nicht besonders wohl dort fühlen. Von 6 Tagen unseres Aufenthalts waren drei ziemlich verregnet. In Warschau fand am Mittwoch abends ein Empfang statt, und zwar in der Hochschule f. Planung und Statistik, Rakowiecka. Die nächsten Tage waren ausgefüllt mit Referaten und Diskussionen innerhalb eines deutsch-polnischen Seminars. Es war uns schon immer und überall auf unserer Fahrt aufgefallen, wie stark und ausgeprägt das Interesse sowohl der Studenten als auch der Bevölkerung an den Verhältnissen in Deutschland ist. Dies kam im Seminar mehr als einmal deutlich zum Ausdruck. Man will etwas über unser Leben und vor allem unsere Einstellung (der Bevölkerung, die offizielle kennen sie ohnehin) zu Polen wissen. Sie wissen nicht, was unsere Absichten sind, ob wir bereit sind, mit Polen friedlich zusammenzuarbeiten usw. Der Wille zum offenen und freimütigen Gespräch war immer vorhanden. Ich glaube, daß die Mehrheit aller Teilnehmer kaum mit einem anderen Land enger und intensiver zusammenarbeiten würde, als mit der Bundesrepublik. Dieser Eindruck war u. ist eigentlich das große positive Ergebnis dieser Reise, zu dem man noch die bemerkenswerte Offenheit in der Diskussion und in persönlichen Gesprächen zählen muß. Überall erlebten wir als Deutsche NRF freundl. Aufnahme. Es mag auch daran liegen, daß eben Fremde in Polen selten anzutreffen sind, daß wir uns mit sehr vielen in der dtschen Sprache unterhalten konnten. Es ist nun einmal ein Faktum, daß zwischen Polen u. Dtschl. durch eine lange Geschichte hindurch dauernd Kontakte und Beziehungen stattgefunden haben. Ich glaube, daß ein Engländer oder Franzose unmöglich soviel echtes Interesse erwecken kann, wie ein Deutscher aus der BR; nicht aus der DDR.«

Mich überrascht beim Nachlesen, daß ich kein Wort über meinen Vortrag fand. Dabei hatte ich meine Aufgabe souverän erledigt, war, wie man so sagt, ganz gut »angekommen«. Ein mir wohlgesonnener, ansonsten kritischer SDS-Genosse meinte sogar, ich hätte souverän wie ein Bundestags-Abgeordneter gesprochen.

Nach Warschau besuchten wir Krakau, Nova Huta, Auschwitz-Birkenau, Oppeln und Breslau. Ich werde mich immer »rühmen«, als einer der ersten »Westdeutschen« Auschwitz mit eigenen Augen gese-

Abschlußabend in Warschau mit Kurt Arndt und seiner Eroberung (April 1958)

hen zu haben. Sicher sind noch lange nicht genug von uns dagewesen! In Oppeln verließ ich die Gruppe und fuhr mit der Bummelbahn in den Geburts- und wohnort meiner Maria, nämlich Seitenberg in Niederschlesien, wo ich mich ungehindert bewegen konnte und eine Menge Aufnahmen machte, von denen ich unberechtigterweise vermutete, daß sie alle nichts geworden wären.

Der Besuch in Polen begründete Bekanntschaften (die eine oder andere dauert an) und ein stark nachwirkendes Interesse, das mich seither wiederholt zurückführte (1973, 1977 und 1985). Fast scheint es heute so zu sein, daß der Lebensstandard (sieht man von mehr Autos und mehr und besseren Wohnungen ab) schlechter ist, als sogar zur Zeit meines ersten Besuches. Vielleicht läßt sich darüber im Detail streiten, aber m.E. läßt sich nicht bestreiten, daß das Land durch ein nicht passendes, also falsches wirtschaftliches und politisches System, durch inkompetente und häufig korrupte Führer, durch unrealistische Vorstellungen aller Bevölkerungskreise, insbesondere aber auch der Solidaritäts-Bewegung wirtschaftlich und technisch hoffnungslos zurückgeworfen worden ist. Rückständige Technik, Produktivität, Infrastruktur, Arbeitsmoral, Umweltverschmutzung, Auslandsverschuldung sind Stichworte, die Lage und Ausmaß der Herausforderung an die polnische Regierung und Gesellschaft bezeichnen mögen, die sie alleine, d. h. vor allem ohne Hilfe des Westens, also vor allem von uns, nicht werden lösen können.

In meinem Heft 5 »Festung Europa?« vom Dezember 1988 habe ich unter Hinweis auf die hoffnungslose Außenverschuldung Polens Vorschläge zur Zusammenarbeit mit der EG entwickelt und zur Entlastung Polens angedeutet. Ein Exemplar ging an den mir seit vielen Jahren bekannten Dr. Bogumil Kròl von der polnischen Botschaft in Köln. Am 31. Januar 1991 meldete sich Bogumil als Reaktion auf meine Weihnachtswünsche. Er berichtete, daß er seine Kollegen aus den Regierungskreisen informiert habe über die von mir geäußerten Meinungen oder Auffassungen zu den Reformproblemen auch in seinem Land. Dann schreibt er:

»Ich warte auf die von mir einprogrammierte Resonanz. Es wird mir hoffentlich gelungen sein, mich mit meinem Konzept durchzusetzen. Die Aussichten dafür sind so gut wie nie vorher. Vielleicht werde ich bald imstande sein, Dir, lieber Wilhelm, eine von mir erwünschte Botschaft vermitteln zu können.«

Bogumil hat danach noch einige Male so grenzenlos optimistisch geschrieben. Leider hat er mit seinen Bemühungen, eine beratende Aufgabe in Polen für mich zu veranlassen, auch in den neunziger Jahren keinen Erfolg gehabt, was unserer sehr freundschaftlichen Beziehung nicht geschadet hat.

Seit etwa 15 Jahren hat Polen sich in Freiheit entwickeln können und sucht vor allem seit dem EU-Beitritt im Jahre 2004 den ihm zustehenden Platz in Europa.

2.13. Nach dem Sommersemester wurde am 22. Juli und 7. September 1958, wenn auch ohne Aussichten auf eine Wohnung, geheiratet. Konnte es auf der ganzen Welt ein glücklicheres Paar geben?

Nach der langen Abwesenheit von Hamburg durch die Schiffs- und Polenreise begann ein Sommersemester 1958, das bis auf zwei Entwicklungen ruhig und ziemlich ereignislos verlief: zum einen erhielt ich ab Mitte Juni Gelegenheit, an der DGB-Schule Hochkamp zu unterrichten (2 Tage für DM 100,–). Diese gelegentliche Tätigkeit brachte auch schon im Oktober Nebeneinnahmen und ich behielt sie bis zu unserer USA-Reise im September 1961 bei.

Ich war mit meinen Fortschritten am Ende des Semesters sehr unzufrieden.

17.07.58: *»In diesem Sommersemester habe ich fast nichts geschafft. Das ist schlimm. Ich werde in den Ferien auf keinen Fall arbeiten dürfen.«*

Zum anderen planten wir unsere Hochzeit. Am 17. Juli notierte ich hierzu:

»Am Montag dieser Woche habe ich das Aufgebot für unsere standesamtliche Trauung am Dienstag, dem 22. Juli 1958 bestellt. Die Wohnungsfrage bereitet mir die größten Sorgen. Meine Auslagen für Bekleidung betragen rund DM 240,–. Ich hatte ursprünglich mit über DM 300,– gerechnet. Den schwarzen Anzug habe ich bei Müller-Wipperfürth sehr günstig bekommen.«

Unsere Trauung fand am Beseler Platz statt. Wir hatten schönes Wetter. Rudolf machte Aufnahmen, wollte aber partout am Essen im »Blockhaus« nicht teilnehmen. Dort aßen und tranken wir zu siebt für insgesamt DM 85,–. Wir waren die einzigen Gäste um die Mittagszeit und Essen, Trinken und Stim-

Vor der Ziviltrauung

Nach der Ziviltrauung
Beselerplatz, links Tante
Hansen und Dieter
Hollaender, 22. Juli 1958

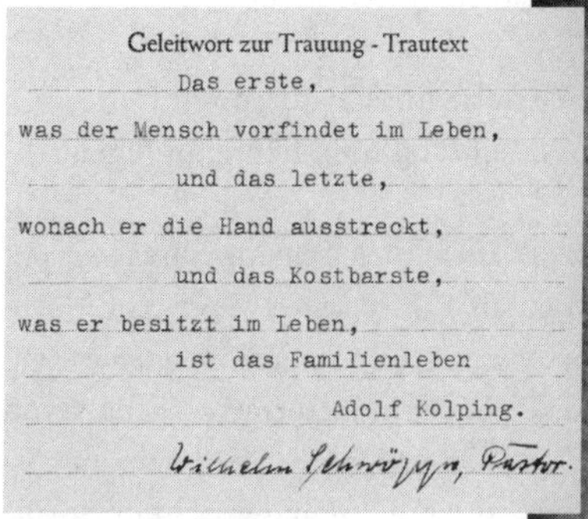

Geleitwort zur Trauung - Trautext

Das erste,
was der Mensch vorfindet im Leben,
und das letzte,
wonach er die Hand ausstreckt,
und das Kostbarste,
was er besitzt im Leben,
ist das Familienleben
Adolf Kolping.

Wilhelm Schwöppe, Pastor.

Geleitwort zur Trauung von Pastor Wilhelm Schwöppe

Vor der kirchlichen Trauung, 7. September 1958

Nach der kirchlichen Trauung

mung waren wunderbar. Am 7. September sollte die kirchliche Trauung in Eggermühlen sein. Wir hatten keine Wohnung in Aussicht, was uns beunruhigte, aber nicht beirrte. Ich würde zur Not im Studentenhaus bleiben können, aber ob Maria im Zimmer bei Frl. Berlin, 10 Minuten entfernt in der Seestraße, weiterwohnen könnte, war mehr als fraglich geworden.

Nach Schluß des Semesters fuhr ich bis Mitte August nach Hause, arbeitete etwas im Garten und im Wald, wo mir beim Holzspalten mit den leicht splitternden Eisenkeilen ein Splitter, etwa 4 x 2 mm, in die rechte Kniescheibe sauste. Vater drängte mich sehr, zum Arzt zu gehen. Drei Tage Krankenhaus waren die Folge.

Es gelang uns erst Ende August, durch die Zusage eines Hamburger Arztes, Dr. Kukowka, zu erreichen, daß wir zwei leere Zimmerchen in seiner Praxis in der Seestraße, bewohnen konnten, und zwar für DM 40,– Monatsmiete und wöchentlichen zweimaligen Nachhilfeunterricht für die beiden jüngsten Kinder, was mich in der Vorbereitung auf die Diplom-Prüfung im Herbst 1959 ziemlich belastete.

Bei Brandes am Pölchaukamp kauften wir für rund DM 3.000,– Möbel (DM 1.200,– hierfür mußten wir uns leihen). Nachdem wir uns die schönen Kirschenmöbel etc. ausgesucht hatten und zur Alster rüberschlenderten, konnte es auf der ganzen Welt unmöglich ein glücklicheres Paar geben.

Über die kirchliche Trauung und unsere Hochzeitsreise habe ich merkwürdigerweise nichts aufgezeichnet, aber erklärlicherweise präzise Erinnerungen.

Wir hatten am Sonntag, dem 7. September, unvorstellbar schönes Herbstwetter. Mutter und die Geschwister waren gekommen, Vater war aber zu meiner sehr großen Enttäuschung zu Hause geblieben. In Hamburg hatten wir bei Pfarrer Nebelung Brautunterricht erhalten (er ließ uns seine Abneigung gegen die geplante Mischehe spüren) und der Pfarrer Wilhelm Schweppes in Eggermühlen war wohl aus demselben Grunde unpersönlich und stur und ganz formal. Ich schwitzte und litt unter der großen Hitze in der Kirche und dem ungewohnten vielen Knienmüssen. Wir aßen anschließend viel, tranken aber wenig Alkohol und tanzten bis weit in die Nacht.

Als wir am 2. Januar 1987, also vor etwa 3 Wochen, zur katholischen Trauung der jüngsten Tochter meines Vizes, Herrn Gerhard Jennemann, zum ersten Mal wieder in unserer »Brautunterrichtskirche« St. Paulus-Augustinus in Groß-Flottbek waren, trafen wir auf den seit 6 Jahren pensionierten Pastor N. Wir brachten uns – natürlich vergeblich – in Erinnerung. Schließlich fragte er mich: »Was haben Sie mit dieser Trauung zu tun?« Meine Antwort: »Ich bin in der LZB beschäftigt.« Frage: »Was macht denn der große Boss?« »Welcher, der in Frankfurt?« »Nein, der hier in Hamburg?« Meine Antwort: »Ja, äh, äh, das bin ich.« Er war in höchstem Maße überrascht, wußte auch, daß »der« eine katholische Frau hatte.

2.14. Hochzeitsreise mit Chauffeur zu Dritt – wir zelten und übernachten häufig in Jugendherbergen

Am Tag nach der kirchlichen Trauung fuhren wir mit Bruder Siegfried als Fahrer seines Opels auf Hochzeitsreise. Zu unserem Gepäck gehörten eine Zeltausrüstung und ein Jugendherbergsverzeichnis von Deutschland und Österreich. Siegfried kam für die Kosten unseres Transports auf und wir bezahlten alle übrigen Kosten, wobei wir vor allem die der Übernachtungen gering halten wollten. Bis auf Burghausen, wo die Herbergsmutter uns in dem fast leeren Schloß gegen alle Regeln einen gemeinsamen Raum, mehr eine Kemenate mit dicken, knarrenden Fußböden überließ, wurden wir immer getrennt untergebracht. Uns störte das nicht sonderlich, es belustigte uns eher, daß wir eine Hochzeitsreise mit »Chauffeur« machten, aber nachts aus Geldmangel nicht immer zusammen sein konnten.

2.15. Unsere erste Wohnung in der »Seestraße« und die Not des Studiums und Examens – wir müssen mitten im Examen aus der Wohnung raus und finden bei Hermann Lübbing Obdach

Bis zum Beginn des Wintersemesters verblieben nach unserer Rückkehr noch 6 Wochen. Wir gewöhnten uns in der kleinen Wohnung in der Seestr. aneinander, deren schmalen Küche zugleich Schlafzimmer war und wo der Herd zugeklappt als einziger Tisch diente. Ich unterrichtete einige Tage in Hochkamp und erhielt dafür im Oktober DM 190,– (»gerade soviel, wie unser Teppich gekostet hat«). Ich hatte mehr Muße als je zuvor und konnte mich auf das Semester und die Prüfung vorbereiten, gut wissend, daß ab Frühjahr die größte Bewährungsprobe zu bestehen sein würde. Nicht zuletzt war sie deshalb von Bedeutung, weil ich nun auch noch die süßeste Frau der Welt am Hals hatte. Jedenfalls hatte ich nichts zu bereuen. 27.10.58: »Ich habe noch nie schönere Monate als die vergangenen Semesterferien verlebt.« Zum Glück waren alle formalen Voraussetzungen für eine Zulassung zur Prüfung, die Scheine, schon erfüllt und ich hatte keinerlei Grund oder Entschuldigung, mich vom Studium ablenken zu lassen.

Nun würde es ganz auf eine gefestigte Arbeitsmoral ankommen.

08.11.58: *»Obwohl ich bestimmt nicht sehr gerne arbeite, bin ich doch nur dann zufrieden, wenn ich beim besten Willen nicht mehr an Arbeit habe tun können.«*

Diesen Grundsatz übertrug ich schließlich auf alle Vorbereitungen, indem ich mir einen Tages- und Wochenplan mit genauem Arbeitsinhalt machte und mich stur und ziemlich einfallslos daran hielt. Das schloß überhaupt nicht aus (bedingt es vielleicht?), daß ich wie jeder fleißige Prüfling hin und wieder an meinem Ungenügen verzweifelte.

24.06.59: *»Obwohl ich nach Abgabe der Diplom-Arbeit Ende April viel gelesen und getan habe, habe ich das Gefühl, fast nichts zu wissen und so ziemlich alles wieder zu vergessen. Es ist fürchterlich, wenn man immer arbeitet, und doch das Gefühl hat, in diesem unergründlichen See zu ertrinken.«*

Oder am 01.07.59: *»Manchmal habe ich vor der Prüfung Angst und manchmal nicht. Jetzt gerade mal nicht. In den letzten Monaten habe ich noch sehr viel in der Literatur gewühlt.«*

Unglücklicherweise wurden wir im Juli 1959 ultimativ vom Vermieter des Arztes aufgefordert, unverzüglich auszuziehen. Er würde sonst dem Arzt die Praxis kündigen. Mein Studienfreund, Hermann Lübbing, half aus. Ich werde ihm immer dankbar dafür sein, daß er uns ab 1. August Obdach in seinem internationalen Studentenheim in Großborstel gewährte. Nachdem wir umgezogen, d.h. die paar Möbelstücke im gemieteten kleinen Lkw selbst transportiert und die drei Treppen hochgeschleppt hatten, ging die Rackerei für die Anfang September zu leistenden 6 Klausuren weiter. Am 18. August hatte ich wieder einen Grund, schriftlich zu klagen.

»Ich bin oft so verzweifelt über mein schlechtes Gedächtnis. Liegt es daran, daß ich nicht die richtige Lerntechnik entwickelt habe? Für die Klausuren befürchte ich manchmal das Allerschlimmste, wenn ich nicht gerade das weiß, was verlangt wird bzw. was ich vorausgeahnt habe. Hoffentlich habe ich eine Menge Glück. Wenn ich mich nur auf mich verlassen wollte, wäre es sehr schlimm.«

Oder am 26.08.: *»Ich habe nur noch wenig Hoffnung, ein einigermaßen anständiges Examen zu machen. In 2 Wochen werde ich nicht viel mehr als heute wissen.«*

Am Tag vor der ersten Klausur, am 08.09., schrieb ich auf:

»Morgen beginnt der schriftliche Teil des Examens. Nach einigen wüsten Tagen und noch schlimmeren Nächten bin ich heute abend, einem alten Vorschlag meines hochverehrten Handelslehrers Schmitz folgend, mit Examenskollegen P, Schmidt im Film gewesen. Es war eine wundervolle Ablenkung und Beruhigung.«

2.16. Die Diplom-Prüfung im Zeichen von »Streßstabilität«

Wir versammelten uns zu etwa 40 Prüflingen im Hauptgebäude der Universität an der Edmund-Siemers-Allee zum schriftlichen Examen, zu dem nur zugelassen wurde, wer eine ausreichende Diplom-Arbeit geschrieben hatte. Es gehörte zu den verschiedenen Stufen der »Grausamkeit« oder »Unmenschlichkeit« des Prüfungssystems, den Kandidaten frühestens etwa eine Woche vorher zu sagen, ob sie schon in der ersten Runde gestrauchelt waren. Auf 2 Klausurtage folgte ein freier Tag, dann wieder 2 Klausurtage usw. In 8 bzw. manchmal 9 Tagen war dieser Teil der Prüfung zu Ende und gleichermaßen eine ganze Reihe von uns ebenfalls, was auch erst kurz vor der mündlichen Prüfung bekanntgegeben wurde. Die sogenannte »Durchfallsquote« lag insgesamt zwischen 30 und 40%.

Jede Klausur dauerte 5 Stunden. Immer gab es zwei Themen oder Aufgaben zur Auswahl. Es gehört zu den unbezweifelbaren Fortschritten der Reformen seit Ende der 60iger Jahre, daß die zusätzlich belastende, m. E. unsinnige Ballung der Prüfungen abgeschafft wurde. Sicher, wer im alten System durchkam, hatte im allgemeinen bewiesen, daß seine Vorbereitung so schlecht nicht gewesen sein konnte und vor allem, daß er auch mit dem besonderen psychischen Druck fertig geworden war, was als Zeichen von außerordentlicher Streßstabilität verstanden werden konnte. Daß dies die schrecklichen Spannungen und völlig unnötigen Drangsalierungen und menschlich oft zerstörerischen Auswirkungen des Systems nicht aufwog, dürfte schließlich den Ausschlag für eine gewisse Humanisierung des Prüfungsablaufs gegeben haben.

Ich kam schon am ersten Tag völlig ausgepumpt und erschöpft an, denn ich hatte meine Uhr vergessen und einen Umweg machen müssen, um mir Dieters Uhr zu leihen. In den eigentlichen volkswirtschaftlichen Fächern kam ich ganz gut zurecht. Am 12.10., also noch vor der Zulassung zur mündlichen Prüfung, meinte ich dann aber zum weiteren Verlauf:

»Das große Versagen kam mit der betriebswirtschaftlichen Klausur. Ich hatte noch viel gepaukt, war morgens vorher um 4.00 Uhr aufgestanden. Alles umsonst. Es wurde ein Thema gestellt, das ich bei klarem Verstand und ausgeruhtem Körper bestimmt noch befriedigend geschafft hätte (Nachfrageelastizität und unternehmerische Planung). Ich habe sehr viel Unsinn geschrieben. M.E. steckt hier eine glatte Fünf. Auch die Rechtsklausur ist ›danebengegangen‹.«

2.17. Als mich die »Fünf« anlachte – einige Lehren für's Klausurenschreiben – mein »gutes« Gesamtergebnis

Warum meine Befürchtungen völlig unbegründet waren, lag daran, daß es mir doch in meiner Not gelungen war, größere Zusammenhänge aufzuzeigen, und diese so mit meinem mehr oder weniger großen Detailwissen zu verknüpfen, daß schließlich der Nachweis gelang, wissenschaftliches Arbeiten oder wissenschaftliches Vorgehen gelernt zu haben. Das war schließlich der Zweck der Prüfung, an dessen Erfüllung ich nur nicht glauben konnte.

Soweit ich das sagen kann, bin ich nicht abergläubisch, aber meine so negative Einschätzung des Ausgangs der betriebswirtschaftlichen Klausur mochte auch damit zusammenhängen, daß ich, nachdem ich die beiden Themen gesehen hatte, in meiner Ratlosigkeit erst einmal das Taschentuch zog, wobei ein Geldstück auf den Boden fiel: Es war ein 5-Pfennig-Stück. Als ich mich bückte, schaute mich die »Fünf« so frech und vielsagend an, daß ich fast schon alles verloren gab.

Man darf in solchen Situationen nicht verzagen, muß die Augen schließen, sich beruhigen, nachdenken und alle Einfalle, die bestimmt ganz schnell kommen, stichwortartig aufschreiben und nicht eher mit dem Formulieren beginnen (so erst nach etwa 1½ Stunden), bis eine Gliederung als Leitfaden steht. Dann kommt es »nur« noch darauf an, einigermaßen gleichgewichtig zu schreiben, auf jeden Fall zum Schluß zu kommen und in diesem wiederum ein Resümee zu ziehen, das auf Frage- oder Problemstellung und die in der Arbeit gefundenen Antworten, wenn auch nur in wenigen Sätzen, ausdrücklich noch einmal hinweist.

Ja, so einfach ist das! Dabei war ich Mitte Oktober gefühlsmäßig mal wieder überzeugt, nicht durchgekommen zu sein und sagte einen Tag später nur noch »Gott sei Lob und Dank« als Schmidt die gute Nachricht brachte, ich sei mit »angeschlagen« (am schwarzen Brett).

Die mündliche Prüfung war überhaupt nicht mehr aufregend. Von etwa 30 oder 32 Studenten bestanden vier mit »gut«. Ich gehörte zu dieser Spitzengruppe und war natürlich überglücklich. Mit Ausnahme von VWL-Theorie (befriedigend) und Arbeitsrecht als Wahlfach (sehr gut) stehen im Zeugnis nur Zweien.

VII. Promotionszeit

Die »sieben« langen Jahre in Hamburg – Berkeley – Hamburg (2. Nov. 1959 – 2. Nov. 1966)

1. Wirtschaftliche Grundlagen und die Entscheidung für Berkeley

1.1. Wirtschaftliche Grundlagen für die Promotion: Rauhes Haus, Volkshochschule und Rückkehr an die Akademie; die Wohnung, unsere dritte, in der Gärtnerstraße 9

Schon Ende September 1959 hatte ich beim Rauhen Haus nach einigen vorbereitenden Gesprächen mit dem Leiter, Pastor Donndorf, einem verehrungswürdigen und feinsinnigen Geistlichen, der fest an das Gelingen der Prüfung glaubte, als nebenberuflicher Dozent für Sozialpolitik begonnen. Später übernahm ich auch noch Volkswirtschaftslehre. Insgesamt war ich am Rauhen Haus annähernd 7 Jahre außerordentlich gerne tätig und ich fühle mich bis heute mit den dort im guten Geiste tätigen Trägern der Diakonie verbunden (jetzt als Mitglied des Verwaltungsrates).

Auch mein ehemaliger Vertrauensdozent und Arbeitgeber, Prof. Hummel, hatte schon im Laufe des Frühherbstes mehr an mein Examensglück geglaubt als ich und mir die »alte« Hilfsassistentenstelle bei nunmehr etwas besserer Bezahlung angeboten. Ab 1. November (de facto ab 3.) war ich erneut an die Akademie zurückgekehrt. Am 23. Oktober, mitten in den mündlichen Prüfungen, begann ich mit einem Kurs VWL-Theorie an der Volkshochschule.

So war manches vorbereitet und ich kann mich nicht erinnern, auch nur einmal an meinem Willen gezweifelt zu haben weiterzumachen, um zu promovieren. Zum ersten Mal hatten wir auch ein eigenes Zuhause: ab 11. November war eine Zwei-Zimmer-Wohnung frei in einem Neubau in der Gärtnerstraße. Unfähig, die hohe Miete zu zahlen (monatlich etwa DM 240,–; ich verdiente an der Akademie nur brutto DM 360,–), hatten wir Dieter das hintere, ruhige Zimmer mit herrlichem Blick über Hamburg bis zu den Grindelhochhäusern überlassen, während wir vorneraus zur lärmenden Gärtnerstraße wohnten, schliefen und ich meine Schreibtischarbeit verrichtete.

So hatte ich uns, ohne recht Atem holen zu können, in eine Bahn gezwängt, die voller Arbeit war, zeitweiligen Leerlauf und größte Enttäuschungen bereithielt, mich aber schließlich doch nach einem sensationell aufregenden und interessanten USA-Studium auf den Tag genau 7 Jahre später, am 2. November 1966, an das Ziel meines ehrgeizigsten Wunsches brachte, nämlich die Promotion zum Dr. rer. pol. in Hamburg.

1.2. Auf der Suche nach einem Promotionsthema – im September 1960 bewerbe ich mich um ein DAAD-Studium für unser gemeinsames Traumland USA

Wie zu erwarten, dauerte es seine Zeit, bis ich bei den vielfältigen Beschäftigungen Zeit und Ruhe für die Auswahl eines Promotionsthemas fand, Doktorvater sollte Professor Ortlieb sein, der, wie fast alle anderen Professoren, nicht in der Lage war, »machbare« Themen anzubieten, sondern den Doktoranden überließ, sich eins zu suchen. Zunächst dachte ich daran, innerhalb der Sozialversicherung den Zweig der Arbeitslosenversicherung, mit dem ich in Köln in praktischer Arbeit so vertraut wurde, auf sozialpolitische und ökonomische Probleme unter Vollbeschäftigungsbedingungen zu untersuchen.

Es dauerte bis zum Juni, um zu erkennen, daß mir das Thema nicht paßte und ich suchte mir was Neues: die Fluktuation auf dem Arbeitsmarkt, ihre Ursachen und Auswirkungen. Dieser Problemkreis war vor allem in den USA seit langem unter dem Stichwort »Labor Mobility« untersucht worden und ich nahm an, daß es auch in der Bundesrepublik im Zeitalter hoffentlich immerwährender Vollbeschäftigung an Bedeutung und Interesse gewinnen würde.

Nachdem mir durch den Kopf gespukt war, Warschau, Paris oder London als Ort für eine Dissertationsforschung zu wählen (für London wurde ich nach einem Antrag auf ein Stipendium nicht einmal zu einem Vorstellungstermin gebeten, die anderen Plätze verschwanden als Zielorte aus meinem Kopf so schnell wie sie gekommen waren), setzte sich in all unseren Gedanken und Überlegungen Marias Traumland USA durch. Ende September bewarb ich mich um ein DAAD-Stipendium. Ich stellte mir vor, die Zeit bis zur Abreise für alle vorbereitenden und in Hamburg möglichen Forschungsarbeiten zu nutzen, und nach etwa einem Jahr in den USA mit einer fertigen Dissertation zurückkehren zu können.

1.3. Finanzielle Beengungen

Finanziell waren wir trotz unserer beider Arbeitseinkommen und meiner vielen Nebentätigkeiten ziemlich beengt. Jeder Monat verschlang, seit wir Dieter exmittiert hatten, DM 240,– für die Wohnung und DM 220,– an verschiedenen Rückzahlungsraten. 27.11.60: »Es fehlen uns DM 75,– bis DM 100,– monatlich. Dann würde unser Einkommen einigermaßen ausreichen.« Daß etwa ein Auto (oder ein Kühlschrank) gar nicht erst zu unseren wildesten Wunschvorstellungen gehören konnte, soll nur ganz am Rande angedeutet werden.

In dem ziemlich ereignislosen Jahr 1960 verdiente ich an der Akademie DM 5.626,– brutto; Maria hatte genau DM 5.109,– beigesteuert. Für »Nebentätigkeiten« beim Rauhen Haus, in der Volkshochschule und an der DGB-Schule in Hochkamp kamen noch rund DM 2.500,– zusammen, so daß wir rund DM 1.100,– monatlich gemeinsam verdient hatten. Wieviel das netto war, weiß ich nicht, jedenfalls nicht unerheblich weniger. Unsere fixen Kosten für Miete, Rückzahlungsraten, Fahrgeld, Versicherungen usw. verschlangen schon weit mehr als die Hälfte des Bruttobetrages. Ich erinnere mich an den sehr ergiebigen Monat März 1961, in dem ich über DM 600,– an Nebeneinnahmen erzielte. Zum ersten Mal seit unserer Hochzeit planten wir, DM 200,– für eine Reserve zurückzulegen.

Nach monatelangem Suchen und Herantasten an den Kern des Promotionsthemas schrieb ich »versuchsweise« einige Bemerkungen auf und war mit dem Ergebnis überhaupt nicht zufrieden. Ende November 1960 hoffte ich zwar sehr stark, daß ich die Arbeit zu Ende bringen könnte, merkte aber, daß es nur sehr langsam vorangehen würde. Ich empfand mich als furchtbar ungeduldig und bezweifelte, ob ich das Zeug zu einem Wissenschaftler hätte. »Es wird ganz sicher eine große Quälerei werden.« (Wie prophetisch!)

1.4. Die Mühsal der Stipendien-Anträge – erst am 18. März 1961 komme ich in die »engere Wahl«; Verzweiflung nach der Vorstellung in Bonn, Ablehnung durch Yale, Aufnahme in Berkeley und die »drei« Stipendien

Anfang März hatte ich Krach mit meinem »Chef« Hummel, dem es gar nicht recht war, daß ich mich bemühte, ins Ausland zu gelangen. Nur weil er sich für einen aus heiterstem Himmel auf mich herabblitzenden Wutanfall schließlich regelrecht entschuldigte (er müsse wohl um Verzeihung bitten), blieb ich wie ursprünglich vorgesehen. Hummel hatte u.a. gemeint, die Amerikaner wollten mich offenbar auch nicht. Das hatte mich besonders getroffen, denn es konnte ja nicht bezweifelt werden, daß Entscheidungen viel Zeit beanspruchten und daß ich dementsprechend auch selbst kaum noch Hoffnung hatte.

Aber am 18. März wurde ich per Eilbrief eingeladen und informiert, daß ich in die »engere Wahl« gekommen sei. Nach dem Interview, das nur 12 Minuten dauerte, war ich so unglücklich, daß ich unfähig war, den geplanten Bummel durch Bonn zu beginnen, das ich überhaupt noch nicht kannte. Ich zermarterte mein Gehirn, rekonstruierte jede Frage und meine Antworten dazu und hatte das scheußliche Gefühl, versagt zu haben. Vor allem Fragen nach dem Stand meiner Dissertation glaubte ich, nur unzulänglich beantwortet zu haben.

Während der vielen Monate des Wartens auf Antworten, auf mühselig zustande gebrachte Stipendienanträge in Englisch (ich rechnete aus, daß ich wohl volle drei Wochen dazu gebraucht hatte), lehnte die Yale-Universität meine Bewerbung um Zulassung zu einem Studium ab. Danach versuchte ich es in Berkeley und wurde angenommen. Vielleicht auch deshalb, weil ich im Gegensatz zu dem Zeitpunkt der Bewerbung bei Yale nun auf eine gesicherte Finanzierung verweisen konnte.

Am 20. April hatte ich erfahren, daß das DAAD-Aufenthaltsstipendium in Höhe von $ 2.875,– (damals DM 11.500,–) bewilligt worden war. Im Laufe des Sommers kam dann auch ein Bescheid über die Gewährung eines Fulbright-Reisestipendiums, das da-

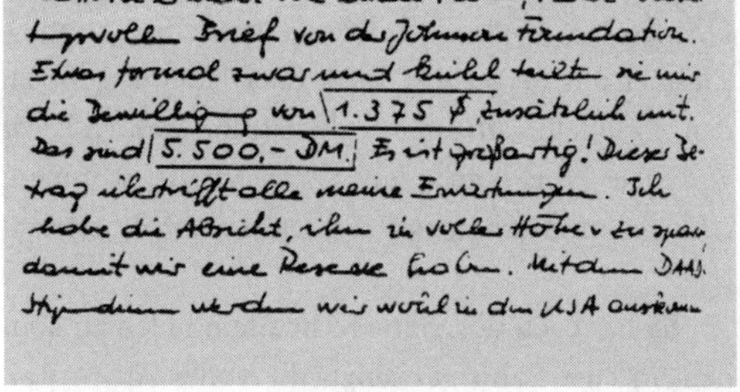
25. VII. 61
Gestern erhielt ich einen recht, recht bedeutungsvollen Brief von der Johnson Foundation. Etwas formal zwar und kühl teilte sie mir die Bewilligung von 1.375 $ zusätzlich mit. Das sind 5.500,– DM! Es ist großartig! Dieser Betrag übertrifft alle meine Erwartungen. Ich habe die Absicht, ihn in voller Höhe zu sparen damit wir eine Reserve haben. Mit dem DAAD-Stipendium werden wir wohl in den USA auskommen

mals einen Wert von ungefähr DM 2.000,– hatte. Das DAAD-Stipendium war nicht nur finanziell großzügig bemessen (immerhin brauchten Maria und ich ein ganzes Jahr, um einen vergleichsweise ähnlich hohen Brutto-Betrag in D-Mark in Deutschland verdienen zu können), sondern war auch eine sehr prestigeträchtige Sache. Gerade für Amerika bewarben sich damals sehr viele Studenten und die Ablehnungsquote war recht hoch.

Um sicherzugehen, hatte ich mich damals auch für ein Stipendium, das von der Johnson Wax Foundation in Deutschland ausgeschrieben worden war, beworben. Diese Firma war in Europa ansässig geworden und hatte für jedes europäische Land, in dem eine Niederlassung war, jeweils ein Stipendium ausgeschrieben.

Auf einen mit Hilfe amerikanischer Bekannter besonders geschickt formulierten Antrag hin gewährte mir diese Stiftung die Hälfte des Vollstipendiums, also $ 1.375,–, hauptsächlich deshalb, weil ich den Antrag auf die Notwendigkeit, meine Frau mitzunehmen, abgestellt hatte.

1.5. Ursachen für den Stipendiensegen

Um diese Stipendien zu gewinnen, mußten eine Reihe von Gründen zusammengewirkt haben: Mein gutes Examen, die Tätigkeit an einer wissenschaftlichen Hochschule, sorgfältig ausgefüllte Anträge, die plausible Begründung, in den USA Literatur für meine wichtige Dissertation auswerten zu müssen und meine inzwischen sicher passablen Englischkenntnisse, die hauptsächlich auf dem England-Aufenthalt und den Übersetzungsarbeiten mit Hummel beruhten.

Die erheblichen Anstrengungen in Form von vielerlei auszufüllenden Anträgen, der Beschaffung von Gutachten und sonstigen Unterlagen, Prüfungsinterviews, eine wichtige Absage (von Yale), dann das lange, d.h. viele Monate lange Warten auf Entscheidungen waren doch letztlich ein nicht zu hoher, übrigens völlig unvermeidbarer und normaler Preis für das große, gewaltige Ziel, das uns in den USA zu völlig neuen Ufern führen sollte. Als es uns im Laufe des Sommers noch gelang, unsere möblierte Wohnung sehr günstig zu vermieten und den Gewinn für eine auf etwa 15 Monate berechnete Vermietung in Höhe von etwa DM 1.500,– im voraus zu kassieren, waren unsere Vorbereitungen glücklich zu Ende gebracht. So wurde 1961 nicht nur zu einem »Jahr des Wartens«, sondern auch zu einem Jahr der völligen Veränderung unserer Lebensumstände.

1.6. Unser, vor allem Marias Traum vom Glück: Kalifornien: »Lass' hinter Dir die Heimat, die Dich quält...«

Wir gingen mit großen Hoffnungen und den freudigsten Erwartungen nach den USA, vor allem nach California, Marias Traum von Glück. Die Lösung von Hamburg, von der Akademie, den drei Nebentätigkeiten, der Wohnung und den Bekannten war federleicht, geradezu ein Vergnügen.

Als ich meine Pläne an der Akademie besprach, versuchten Georg Hummel und Bruno Molitor, besonders letzterer frühzeitig, mir die Sache auszureden, mit der Begründung, ich solle doch erst einmal promovieren und dann ins Ausland gehen. Erst dann würde ich dort etwas darstellen und könne mich dort frei bewegen etc. Wiederum ließ ich mich nicht »beschwatzen« und nicht festhalten. Ich war zutiefst davon überzeugt, richtig zu handeln, überhaupt keine Fehler zu machen, in Deutschland nichts zu versäumen und in den USA nur gewinnen zu können. Risiken mochte es geben und wir würden nicht viel Geld zur Verfügung haben, mit unseren fast 28 Jahren waren wir nicht mehr die Jüngsten, aber fest entschlossen, uns am »Abenteuer USA« zu erfreuen und es gemeinsam zu bestehen.

Als Motto hätte uns ein Gedicht dienen können, das ich mir im Juni 1954 auf dem Gewerkschaftslehrgang in Oberursel auf die Rückseite meiner Arbeitsamts-Gehaltsabrechnung vom Februar 1954 schrieb. Ich weiß nicht mehr, ob der Name des Verfassers genannt war und ich nur vergaß, ihn aufzuschreiben! (Ich habe ihn auch in der Zwischenzeit nicht ausfindig machen können).

»Laß hinter Dir die Heimat, die Dich quält und nicht den Geist begreift, der Dich beseelt. Laß' hinter Dir die Arbeit, die Dich bückt und Deine Frohn, die Dich niederdrückt. Laß' hinter Dir das Dorf, drin Du geweilt, das nichts mit Dir als Irdisches geteilt. Laß' hinter Dir das alles! Rufet stets der Geist in mir und in die Welt mich weht's.«

Ich möchte ein weiteres kleines Gedicht anführen, dessen Verfasser allerdings bekannt ist (Shakespeare) und das ebenfalls so treffend ausdrückt, was uns beide bewegte:

»Such wind as scatters young men
through the world
To seek their fortunes further
than at home
Where small experience grows.«

2. Studium am schönsten »Campus« der Welt: University of California, Berkeley Campus – ich sehe Kennedy, Nixon und Eisenhower

2.1. Wir verlassen Hamburg am Tag des Mauerbaues in Berlin am 13. August 1961 – letzter Urlaub in der von der Kindheit her vertrauten und noch völlig unveränderten Umgebung zu Hause

Am Sonntag, dem 13. August 1961, verließen wir frühmorgens unsere Wohnung im 3. Stock der Gärtnerstraße. Bruder Siegfried holte uns mit dem Wagen ab. Wir trugen ein Kofferradio die Treppe hinunter und hörten in den Nachrichten vom Beginn des uns schockierenden Mauerbaus in Berlin.

Bis Anfang September machten wir sorglosen Urlaub, die meiste Zeit zu Hause, wo der Vater noch die vertraute Landwirtschaft betrieb. Wir halfen ihm beim Weizenmähen. Er mit der Sense vorweg, wir hinter ihm her die Halme aufnehmend und bündelnd. An diesem heißen Nachmittag wurde er hintereinander von zwei Wespen gestochen, was ihm nichts ausmachte, uns aber, vor allem Maria, sehr beunruhigte und die Freude an der Arbeit etwas verdarb.

Schwester Waltraut wollte (bzw. mußte) heiraten. Geld war nicht vorhanden. Ich hatte voller Stolz von meinen Stipendien erzählt und der Vater meinte, ich sollte dem jungen Paar das Geld für das Schlafzimmer »leihen«. Er würde es mir zurückzahlen.

Ich weigerte mich, ohne viele Worte, mit Hinweisen auf die finanziell völlig ungewisse Zukunft in Amerika. Ich spürte aber, wie verstimmt der Vater war und habe immer den Verdacht gehabt, daß er es mir nachtrug und auch deshalb nie eine Zeile oder einen Gruß nach Amerika schickte, obwohl wir keinen Anlaß versäumten, ihm zu schreiben oder ihn zu grüßen.

2.2. Mit der »Berlin« nach New York – Abfahrt von Bremerhaven am 4. September 1961

Am 4. September verließen wir kurz vor Mitternacht mit der »Berlin« von Bremerhaven aus »Old Europe«. Mit uns an Bord waren über 100 DAAD-Stipendiaten. Die Überfahrt dauerte nicht zuletzt wegen sehr starker Westwinde länger als 10 Tage. Wir mußten uns in eine sehr enge Kabine zwängen und hatten zum Glück keine Probleme mit stürmischer See, die Dutzende seekranker Opfer um uns herum forderte. Seit dieser Zeit kenne ich Dr. Theo Sommer und bin ihm freundschaftlich verbunden.

Die Reichhaltigkeit und unerhörte Auswahl des Essens boten einen bisher nicht gekannten und erst recht nicht erwarteten Luxus. Unser Tischkollege, Jurist, der zufällig auch für Berkeley bestimmt war, »took advantage of it«, in einer, wie wir fanden, unverschämten Weise. Er brachte die Kellner gegen sich auf und hatte am Ende 7 kg zugenommen. Bei häufig stürmischem Wetter und wenig, viel zu wenig Sonne erholten wir uns aber gut und je mehr wir uns New York näherten, desto stärker mischten sich Erwartung, Neugierde, Hoffnung und Ängste vor dem unsicheren, unbekannten Neuen in eine recht nervöse Spannung. Vor allem die völlig ungelöste Wohnungsfrage machte uns Sorgen.

Wir hatten vor, in Berkeley in ein empfohlenes Hotel in der Nähe des Campus zu ziehen und uns dann über die Universitätsvermittlung eine Wohnung zu beschaffen, die mit einem Job für Maria gekoppelt sein sollte, besser: müßte. So wollten wir

Auf der Überfahrt mit der BERLIN nach New York, Sept. 1961

Miete etc. sparen und in einem Familienverband besser Englisch lernen und hofften, auch so schneller Kontakte zu Amerikanern zu erhalten.

2.3. Wie vereinbart, trinken wir Cocktails im Rockefeller-Center und übernachten nur wenige Stunden und für den unglaublich hohen Betrag von $ 15,23 im Biltmore Hotel

Nach einer langsam-gemächlichen, sehr schönen Einfahrt in den Hafen von New York an Manhattans Wolkenkratzern und der Freiheitsstatue vorbei, erreichten wir gegen 13.00 Uhr die uns zugewiesene Anlegestelle an irgendeiner Pier. Es war fürchterlich schwül und heiß. Wir brauchten mehr als zwei Stunden, um von Bord zu gehen und die Einwanderungskontrolle zu passieren. In Hamburg kennengelernte amerikanische Studenten holten uns wie vereinbart ab und wie vereinbart tranken wir Cocktails im Rokkefeller Center und bummelten etwas am Times Square entlang.

Als wir uns gegen 23.00 Uhr in der Lobby des Biltmore Hotels von ihnen trennten, fühlte ich mich – wir beide wohl – so todmüde wie noch nie zuvor. Das luxuriöse Zimmer mit TV, einem zugehörigen riesigen Marmorbad kostete die unglaubliche Summe von $ 15,23. Sie war durch Verhandlungen unserer Freunde von $ 20,-- heruntergeschleust worden. Wir bedauerten den hohen Preis auch deshalb, weil wir das Zimmer nur wenige Stunden nutzen konnten und machten die damals übliche Erfahrung relativ minderbemittelter Europäer: dauernd rechneten wir auf der Basis des Wechselkurses von DM 4,– um und fragten uns immer wieder, wie viel wir für den DM-Gegenwert in Deutschland kaufen könnten und wie lange es dauerte, ihn in Deutschland zu verdienen.

2.4. Der Flug über das Land, das nirgendwo zu enden schien

Anderntags, an einem Donnerstag, fuhren wir, um sicherzugehen, in aller Herrgottsfrühe zum sogenannten Eastside Terminal. Mußten $ 25,– für Übergepäck zahlen und flogen dann über New York hinweg – unter uns den Hudson und Manhattan – nach Westen. Der Flug dauerte 5½ Stunden. Wir erfreuten uns an den herrlichen Wolken, dem riesigen Land, das nirgendwo zu enden schien, den Farben des Herbstes, staunten über die Eintönigkeit riesiger Gebiete und die Abwechslung durch Bergketten, Flüsse und Seen.

Wir landeten gegen 14.00 Uhr in San Francisco, wo warmer, ganz heller Sonnenschein alles schon in fast grelles Licht tauchte. Wir holten unsere Koffer, fragten nach der Bushaltestelle Richtung Oakland-Berkeley und standen eine Zeitlang unschlüssig-wartend, etwas verloren und ziemlich müde herum.

2.5. Wir finden in Berkeley genau das, was wir suchten: kleine Wohnung bei Mary and Orr Kelly und zwei Jobs für Maria

In Berkeley übernachteten wir zweimal für je $ 7,–, in dem uns empfohlenen, etwas heruntergekommen aussehenden Carlton Hotel ganz nahe am Campus. In der studentischen Zimmer- und Arbeitsvermittlung erhielt ich am nächsten Tag die Adresse einer Familie, die ziemlich dringend einen Babysitter brauchte und Wohnungsmöglichkeit anbot. Es dauerte eine Zeitlang, bis ich telefonischen Kontakt zu ihr bekam und wir vereinbarten eine Abholzeit zur gegenseitigen Besichtigung.

Wir hatten unbeschreiblich großes Glück, denn schon am Samstag nachmittag konnten wir in die Los Angeles Avenue in eine eher ärmliche Souterrain-Wohnung ziehen. Wir empfanden sehr stark den gewaltigen Unterschied zu unseren sehr komfortablen, großzügigen, gut eingerichteten Lebensbedingungen in der Gärtnerstraße. Aus unserem Zimmerchen konnte ich an einem Redwood-Baum vorbei durch das kleine Wohnzimmerfenster auch ein bißchen von der Bay sehen. (Jetzt, im Oktober 1988, war nur noch der Stumpf dieses Baumes zu sehen.)

Im schönen Wohnzimmer obendrüber, indem die Kellys wohnten, war über die Bedingungen verhandelt worden: Maria saß in ihrem entzückenden Reisekostüm auf dem Sofa und hörte voller Neugier und reizvollster Spannung zu, wie ich sie »verschacherte«. Ich glaube, sie verstand damals so gut wie nichts, war aber mit allem – mir grenzenlos vertrauend – einverstanden. Wir erhielten die kleine Wohnung (die wir kräftig säuberten und neu anstrichen) und volle Verpflegung für eine Gegenleistung von etwa 25 Stunden Arbeitszeit incl. Kinderbeaufsichtigung. Samstags und sonntags waren frei.

Unsere »Landlords« brachten jede Woche einmal die Zeitung »Berkeley Review« heraus und schufteten

Der Campus – mit Blick auf die Bay und die Bridge

Der Vorplatz mit Campanile

erkennbar bis zum Umfallen, schließlich doch ohne Erfolg. Orr recherchierte und schrieb alle Texte, die Mary, seine Frau, auf Zeitungsformat tippte und auslegte. Sie war auch für alles Kaufmännische zuständig. Außerdem beschäftigten sie nur noch Sol, der die Anzeigen zu beschaffen hatte und uns schon bald mit Bruder Herb und Schwägerin Marion zusammenbrachte, die verzweifelt ebenfalls einen Babysitter für ihren einjährigen Sohn Steven suchten.

Ab Anfang Oktober entwickelte sich eine für uns äußerst einträgliche bzw. ausgabenarme Lebensweise: »Meine« Mary beaufsichtigte vormittags »Little Steve« für $ 15.– die Woche und kümmerte sich nachmittags um die Wohnung und die aus der Schule heimkehrenden Kinder Charlie (11) und Barb (8). Ich verließ früh mit dem neuen österreichischen, sehr stabilen Fahrrad ($ 50,–) das Haus, war in etwa 12 Minuten auf dem Unigelände. Wir kauften uns für $ 40,- ein kleines Radio, Fernsehen konnten wir uns bei Kellys leisten. Am 25. November 1961 kauften wir zum erstenmal gleich zwei Kameras: eine zum Filmen ($ 39,95) und eine für »Slides« ($ 49,70). Alles mit Steuer zusammen genau $ 100! Wir brauchen sie schon lange nicht mehr; ich weiß gar nicht, wo sie geblieben sind!

2.6. Der schönste Campus der Welt? Ich glaube, ja!

Der Campus, den ich seither etwa ein halbes dutzendmal wieder besucht habe, (zuletzt im Oktober 1988 als »Regent's Lecturer« sowie 1998 mit Maria anläßlich meines 65. Geburtstages) schmiegt sich wie ein riesengroßes Rechteck, von zwei breiten Längsund Querstraßen begrenzt und für den Autoverkehr fast gänzlich gesperrt an die hier nur leicht ansteigenden Berkeley Hills. Überall hingestreut stehen ausreichend weit auseinander liegende und doch fußläufig nahe, schöne, zum Teil sehr große Hörsaal-, Instituts- und Verwaltungsgebäude. Dazwischen befinden sich große, immer grüne Rasenflächen, Baumgruppen, Blumen, Pflanzen und Sträucherecken. In einem malerischen Redwood-Hain an der Ost-Seite des Geländes entspringt ein kleiner Bach, der sich dann ziemlich unauffällig durch den unteren Teil des Geländes, manchmal in kleinen zerklüfteten Gräben, schlängelt.

Das Gelände dominierend, steht der Campanile im oberen Drittel, weithin sichtbar, rund 70 m hoch. Mittags und abends ertönt aus seiner Höhe eine Art Westminster-Glockengeläut oder auch schon mal »Ännchen von Tharau« und »Ich weiß nicht, was soll es bedeuten ...«. Zu Füßen des Campanile zeigt sich, ganz in grau-weiß das damals größte Hörsaal-Gebäude, Webster Hall, in dem ich aus Neugier eine Zeitlang eine Elementarvorlesung des Atom-Physikers Edward Teller, eine Gastvorlesung von Aldous Huxley über Technik und Zivilisation und einen amüsant-interessanten Vortrag des berühmten schwedischen Volkswirts Gunnar Myrdal hörte.

Viele Jahre später, 1976, hielt ich dort selbst einen Gastvortrag zur 200-Jahr-Feier der USA: Ich war eingeladen worden, in der Tradition von A. de Touqueville als einer von drei Europäern, auf die Vereinigten Staaten zu schauen. Mein Vortrag lautete: »Social Welfare Policy in A Time of Slow Economic Growth.«

Alle drei Reden der »Europäer« wurden in einer sehr schönen Broschüre veröffentlicht.

Das schönste, eindrucksvollste und von mir am meisten besuchte Gebäude war die daneben liegende Main Library. Eingehüllt in den Duft der Eukalyptusbäume, umrandet von Hecken, Blumen, Rasen und Sträuchern verdient diese Bibliothek, wie vielleicht nur selten eine andere, das Klischee »Oase der Ruhe«. Es geht dort – von der Zahl der Benutzer nicht wesentlich berührt – ruhig, leise, geradezu behutsam zu. Ich habe im Hauptsaal und auch an anderen Plätzen wahrscheinlich Tausende von Stunden gesessen und gelesen, zum Fenster rausgeschaut, Notizen und Auszüge angefertigt und hin und wieder den Kopf auf die verschränkten Arme gelegt, eine ganze Zeitlang fest geschlafen (was niemanden störte und mich außerordentlich erquickte). Als wir mit den Kindern im Jahr 1978 auch diese Bibliothek besuchten, die zu den größten in den USA und in der Welt gehört, waren sie nicht wenig beeindruckt, als sie im Katalog eine Reihe meiner wissenschaftlichen Veröffentlichungen verzeichnet sahen.

Haupteingang

2.7. Das Zentrum der Ökonomen: South Hall und Carl Landauer

Zu den wenigen noch aus der Gründungszeit von 1880 stammenden und voll genutzten Gebäuden gehörte damals South Hall. Efeuumwachsene, dunkelbraun verwitterte Ziegelmauern hoben das Gebäude ziemlich stark von den übrigen großflächigen weißgrauen Steinfassaden der moderneren Gebäude ab, die so gut in der Sonne glitzern. South Hall war das Zentrum der »Ökonomen«, wo ich mich schnell bei Professor Landauer meldete, den ich von Besuchen in Hamburg ein wenig kannte und den Ortlieb über meine USA-Reise informiert hatte. Er war von meinem Englisch ziemlich beeindruckt, nahm mich zu einer Diskussion über das Schicksal Berlins im World Affairs Council in San Francisco mit (ich unterschied mich in einem 10 Minuten Vortrag stark von seiner Beurteilung, was ihn enttäuschte) und schrieb mir später eine wohlmeinende Referenz, als es um die Verlängerung meines Stipendiums ging.

Carl Landauer war ein feiner, hilfsbereiter, in der Fakultät und im Lande angesehener Gelehrter. Ich besuchte ihn einmal und war fasziniert von dem vollendeten Blick auf die Bay, den man von seinem Studierzimmer haben konnte. Er hatte damals gerade sein monumentales Buch »The European Socialism« veröffentlicht (1960), das ich nach meiner Rückkehr auf Anregung Ortliebs ins Deutsche übersetzen sollte (woraus zum Glück nichts wurde).

2.8. Eine Rezension bringt mich wieder in Kontakt mit C. L.; der Antwortbrief von Frau L. vom 30. September 83

Durch eine Rezension seines Buches »Sozial- und Wirtschaftsgeschichte der Vereinigten Staaten von Amerika« in der Süddeutschen Zeitung vom 14. September 1983 erfuhr ich, daß C.L., inzwischen 91 Jahre alt, noch immer als Emeritus in Berkeley lebte. Noch am selben Tag schrieb ich einen Brief, der schon am 30. September von Frau Landauer wie folgt in einer ungewöhnlich krakeligen und doch ausgereift schönen Schrift beantwortet wurde.

»Berkeley, 30-9-83
Lieber Herr Nölling,
mein Mann hat sich ganz besonders über Ihren Brief gefreut – ich auch. Für die Besprechung in der Süddeutschen Zeitung dankt er sehr. Dort kennen sie ihn sicher noch aus der Zeit, in der unser Freund Immanuel Birnbaum Redacteur war.
Mein Mann ist seit Monaten leidend mit einer nicht leicht zu controllierenden Anämie. Das zusammen mit unserem Alter von 90 + hat manche Änderungen des Alltags mit sich gebracht. Aber ein Leben in Denken, Beobachten, Lehren und Lesen baut doch eine Vorratskammer, die etwas sichert, und so geht es uns damit nicht schlecht. Dazu kommen Kinder, Enkel, Urenkel und Freunde, das hält schließlich die Waage der Last von Erfahrungen der Vergangenheit und Beängstigungen der Gegenwart. So ein Brief wie Ihrer wiegt auch.
Mit Dank und herzlichen Grüßen
Ihre Carl und Hilde Landauer«

Ich war über diesen Antwortbrief sehr glücklich und hoffte auf weitere Korrespondenz. Leider war diese Hoffnung schnell zu Ende, denn ungefähr Mitte November sah ich rein per Zufall eine Todesanzeige in der ZEIT, wonach Carl Landauer am 16. Oktober 83 verstorben war.

An seinem Beispiel möchte ich einen Eindruck, eine wichtige Erfahrung meines Lebens nennen: Die besten Juden sind auch die besten Menschen.

Wie schrecklich arm sind wir aus der Nazizeit auch deshalb hervorgegangen, weil das jüdische Element ausgerottet wurde. Man muß nur das Buch von G. Schiefler »Eine hamburgische Kulturgeschichte 1890 – 1920« daraufhin lesen, um zu ermessen, was uns heute fehlt. Ich habe in glücklicher Weise in vielen Jahren immer besonders schnell und dauerhaft Kontakt mit jüdischen Menschen, vor allem in den Vereinigten Staaten, bekommen.

2.9. Vier gute Erinnerungen an Charles Gulick und einige weitere Erfahrungen

Ich wollte in Berkeley zwar Vorlesungen hören, mich aber nicht gebührenpflichtig einschreiben lassen, also nur »Gasthörer« sein, was mir von Bonn aus auch auf Antrag erlaubt wurde (Ersparnis rund 2 x $ 300,–). Der obligatorische Englischkursus war anstrengend, meine Prüfungsergebnisse waren nicht optimal. Ich schnupperte in verschiedene Vorlesungen hinein und

Wandphoto des Doktoranden in Berkeley

will etwas ausführlicher über meine Begegnungen etc. mit Charles Gulick schreiben.

Ch. Gulick, weißhaarig, kratzbürstig, sehr emotional, im Deutschen bewandert durch sein jahrzehntelanges Interesse an den Sozialisten in Österreich, gefiel mir am besten. Er erinnerte mich stark an Hummel, schien aber jünger zu sein, obwohl er relativ alt aussah. Er war ein aus Texas stammender politischer Ökonom. An negativ-kritischer Haltung gegenüber dem Kapitalismus und den politischen Zuständen in den USA war er kaum zu übertreffen. Mich störte schließlich sehr, daß er über Kritik an Land, Leuten, den politischen Verhältnissen, auch an Präsident Kennedy, und vor allem Kollegen des Faches eigentlich nicht hinausgekommen war bzw. hinauskam, also keine eigenen aufbauend-weiterführenden konstruktiven Beiträge zu liefern vermochte. An vier Dinge erinnere ich mich besonders gerne:

(1) In bezug auf seine Heimat in Texas sagte er: There grows nothing but blisters;

(2) Psychologie des Menschen: Nach ihm ließen sich drei Kategorien von Menschen unterscheiden; a) die Genies, von denen es nur ganz, ganz wenige gibt,

wie sein geliebter Franzl Schubert, b) die Verbrecher wie Hitler, Stalin etc., von denen es etwa gleich viele wie Genies gibt, man sollte sie sofort oder so frühzeitig wie möglich erschießen und c) den weiten Rest der Menschheit »people like you and me!«;

(3) Stufenweise Entwicklung der wissenschaftlichen Leistungsfähigkeit. Er betonte sehr, daß er seine kritische Auseinandersetzung mit den Theorien über die Arbeiterbewegung von Perlman nicht hätte leisten können, ohne die langjährige Beschäftigung mit der Politökonomie und der Arbeiterbewegung Österreichs und auch Deutschlands.

In einem Artikel »Insight and Illusion in Perlman's Theory of the Labor Movement« aus dem Jahre 1953 (zu Ehren Prof. Gulicks im Jahre 1963 wiederaufgelegt) »zerfetzte« er Perlman's Theorie:

»It is possible that all Perlman wished to do was to debunk the idea that laborers are in some sense by nature embryonic Socialists. If this was his purpose, he went to the other extreme by attempting to show that they are by nature unionists and nothing but unionists. Now the facts are that they are sometimes unionists, sometimes Socialists, sometimes both, and sometimes neither. An adequate theory has to explain the facts.«

»Our chief complaint must be lodged against the most ardent followers of Perlman who, having absorbed without evident discomfiture the ›theory of the psychology of the laboring man‹ and all the non sequiturs committed in its name, the dubious terminology, the argument by definition, and the crucifixion of the ›intellectual‹, continue to endorse, nay, to laud a ›theory‹ which is patently contradicted by almost every labor movement outside the United States. Is it too much to charge that such steadfast allegiance to a logically deficient and empirically discredited theory rest on a species of faith? We think not.«

(4) Seine Definition von Laissez-faire (die nicht von ihm stammt, von wem weiß ich nicht): »You leave everything to God to the certainty that it will go to the devil.«

Charles wurde schon im Frühjahr 1963 vorzeitig aus Krankheitsgründen pensioniert. Er erklärte uns, daß er auf diese Weise mehr Rente erhalten würde, als wenn er bis zum Pensionsalter bliebe. Auf einen noch lebenden Kollegen, dessen Namen ich vergessen habe (es war Sproul, wie mir Esther im Oktober 1988 sagte), war er sehr schlecht zu sprechen, denn der hatte in einer administrativen Führungsposition vor vielen Jahren seine Karriere nicht nur nicht gefördert, sondern geradezu verhindert; er war auf diese Weise niemals »Fullprofessor« geworden, was über die Jahre hin wohl mit größeren Einkommenseinbußen für ihn verbunden gewesen war.

An seinem letzten Seminar als Universitätsprofessor nahmen etwa 8 Studenten teil, unter ihnen ein Engländer und ein Japaner. Auf meine Anregung hin kauften wir ihm einen wunderschönen Bildband über Käthe Kollwitz und schrieben unsere Namen hinein. Charles Gulick war nach der Übergabe des Buches so überrascht und bewegt, daß er abrupt und wortlos den Raum verließ. Seit 1926 hatte er in Berkeley gelehrt!

Ich blieb annähernd 15 Jahre in immer loser werdendem Kontakt mit ihm. Als ich mich im Februar 1964 von ihm in Berkeley verabschiedete, bat er mich, ihn zum Gelände der University of California Press zu fahren. Er ließ mich eine Zeitlang auf dem Parkplatz warten und erschien dann mit den zwei Bänden seines Hauptwerkes »Austria from Habsburg to Hitler«, das, über 1900 Seiten stark, im Jahre 1948 erschienen war. Von 1930 an und dann besonders ab 1936 hatte er sich immerfort mit der Geschichte Österreichs zum Teil vor Ort bis zum Anschluß und dem Versagen vor allem der Sozialisten befaßt. Ich war erschrocken über seine heftige Kritik, auch an den deutschen Sozialdemokraten, die 1918 aus Schwachheit und mangelnder Konsequenz versäumt hätten, die benötigte Revolution zu machen. Diese Einschätzung findet sich leider bei vielen unpraktischen Linksintellektuellen immer wieder.

Ich freute mich, daß er in den ersten Band eine Widmung schrieb: »To Bill Nölling. Excellent Student and True Friend.«

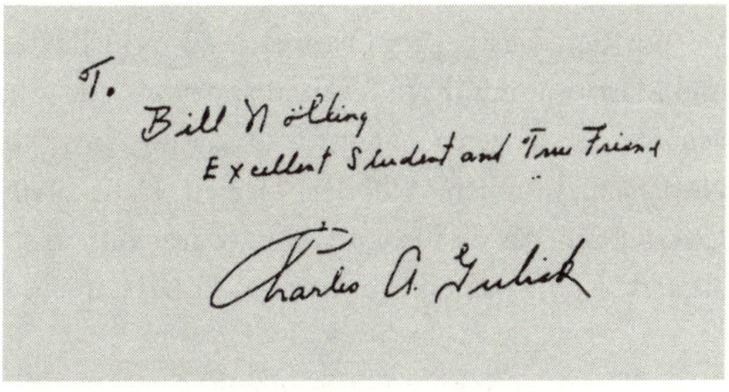

Im Sommer 1972 flogen wir (Maria mit Anna schwanger) von Frankfurt aus nach Wien. Dort trafen sich Fußballmannschaften aus verschiedenen europäischen Parlamenten zu einem Wettbewerb. Während wir uns abends zum Heurigen versammelten, kam ich mit einem sozialistischen Kollegen aus Wien ins Gespräch. Irgendwie erinnerte ich mich an Charles, nannte seinen Namen und erfuhr zu meiner größten Überraschung, daß dieser Kollege ihn gut kannte und daß Charles mit seiner Frau auf Einladung Bruno Kreiskys und der österreichischen Regierung zum Empfang eines der höchsten Orden gerade in Wien weile.

Damals standen wir noch in mehr oder weniger regelmäßigem Briefkontakt und ich war sehr enttäuscht, nichts von seiner Anwesenheit in Europa zu wissen. Wir fuhren so schnell es ging am nächsten Tag zu ihm und freuten uns mit ihm und seiner Frau über alle die ehrenden Aufmerksamkeiten, die ihm im Laufe einiger Wochen in Österreich zuteil wurden.

Wir haben ihn 1978 zuletzt in Berkeley gesehen. Unser Besuch bei ihm endete mit einem leichten Mißklang, der durch ein Mißverständnis entstanden war. Bei meinem Aufenthalt in Berkeley im November 1984 drängte es mich sehr, bei Gulicks anzurufen. Seine Frau Esther war am Telefon und berichtete mit äußerst trauriger Stimme, daß Charles im Frühherbst im Alter von annähernd 84 Jahren verstorben sei. Ich beklage bis heute, daß ich schließlich den Kontakt zu diesem besonders engagierten, warmherzigen, sehr sozialkritischen und leidenschaftlichen Menschen verlor. Solche besonderen menschlichen Beziehungen kommen nicht häufig zustande. Sie sind eher selten und sollten deshalb besonders gepflegt werden. Samuel Johnsons Rat erscheint mir nicht zuletzt aufgrund dieser Lebenserfahrung so außerordentlich wichtig und beachtlich: »A man, Sir, should keep his friendship in a constant repair.«

Wir trafen Esther im Oktober 1988 recht häufig und Maria war mit ihr in S.F. und anderswo. Aus der vereinbarten längeren Aufenthaltsdauer für Kathy ab Nov./Dez. in ihrem schönen kleinen Haus, 490-Grizzly Peak, das sie allein bewohnt, wurde nichts. So alt und so jung paßten überhaupt nicht zusammen.

2.10. Wenig ergiebige Vorlesungen

Ich besuchte ein Seminar »Labor Economics« bei Professor Galenson und setzte mich am selben Tag spätabends in eine Übung, die von dem sehr bekannten Geldtheoretiker H. S. Ellis veranstaltet werden sollte. Der mir natürlich persönlich unbekannte Dozent warf einige Probleme in die Runde von etwa 30 Hörern, worauf gemeinsam darauf herumgebissen wurde, wie auf einem Stück Wagenleder. Mir schien das ganze Verfahren nicht sehr ergiebig zu sein. Wie sich gegen Ende der Übung herausstellte, war der Dozent gar nicht Ellis, was mich dann doch sehr wunderte. Natürlich gelang es mir etwas später, den schon älteren berühmten Ökonomen, der wie ein leicht magenkranker Buchhalter wirkte, zu sehen. Ich blieb schließlich weg, weil mir das alles zu kompliziert war und außerdem außerhalb meiner Interessen lag. Ähnlich erging es mir mit Vorlesungen des auch bei uns sehr bekannten Ökonomen Scitovsky, der ziemlich langweilig und ohne größeren politischen Bezug über sein Spezialgebiet Inflation dozierte.

2.11. Die Eingewöhnung ist doch nicht so einfach; ungewöhnliche Berührung mit dem Lions-Club von Oakland im Tilden Park

Mein Ziel war nicht, in Vorlesungen oder in Übungen möglichst viel zu lernen, sondern mit meinen Studien für die Dissertation voranzukommen. Deshalb konzentrierte ich mich bald aufs Lesen und Zusammentragen von Material und nahm mir vor, mindestens sechs volle Stunden täglich zu arbeiten, d.h. in den Instituten auszuharren. Außerdem wollten wir Land und Leute kennenlernen, also die knappe Zeit von etwa 10 Monaten kräftig nutzen.

Komischerweise war ich sehr unausgeglichen, dachte viel an den genau 6 Jahre zurückliegenden Aufenthalt in Schottland und an zerbrochene Freundschaften zu Hause, über die ich dann längere Notizen anfertigte. Ich schrieb an alle möglichen in Deutschland zurückgebliebenen Leute, Freunde und Bekannte, so etwa an die dreißig, und konnte nicht begreifen, warum niemand antwortete. Dabei war die Erklärung doch so einfach.

Trotz Marias unterstützendem und beglückendem Dabeisein, des sehr fruchtbaren Familienanschlusses und des wunderbaren Landes mit dem herrlichsten Klima war die Eingewöhnung nicht ganz einfach und nicht ganz problemlos. Mein Vertrauen, mit der Arbeit fertig zu werden, war gering. Mit Sprüchen machte ich mir Mut: »Jeder Mensch kann alles, er muß aber auch zu allem bereit sein.« Oder aus L.

Nelson's »Ethischer Realismus« (das kleine Bändchen hatte ich mitgenommen): »Der Realist, der nur den Erfolg für unmöglich hält, für den nicht die genügenden Kräfte eingesetzt werden.«

Ich arbeitete trotzdem fleißig und kam auch voran. Wir trafen viele freundliche Leute, vor allem im Bekanntenkreis der Kelly's und von Marion and Herb Blechman's, aber auch durch Vermittlungen des International House. Die großzügige Bereitschaft amerikanischer Familien, sich mit Ausländern, wenn auch meistens nur vorübergehend, einzulassen und sich um sie zu bemühen, war erstaunlich und sehr, sehr hilfreich. Als wir uns am 1. Oktober bei allerallerbestem Wetter nach einem, laut Orr, »substantial breakfast«, das das Mittagessen mit umfassen sollte, auf eine Wanderung in den Tilden Park aufmachten (wir mußten »Marine Avenue« hoch, eine der steilsten und gleichzeitig längsten Straßen in den Berkeley Hills) gingen wir wie selbstverständlich davon aus, dort ein Restaurant zu finden.

Nach vielen Stunden des Herumwanderns und vergeblichen Suchens – wir waren sehr müde und hungrig – stießen wir auf ein Clubhaus und bekamen durch Fragen nach einem Restaurant in der Nähe leicht Kontakt zu Leuten vom Lions Club aus Oakland, die uns dann einluden, an ihrem köstlichen Lunch teilzunehmen.

(Wie kann ich heute eigentlich noch wissen, daß es Lions waren, ein weltweit verbreiteter Service-Club, dem ich bis zum Sommer 2004 selbst angehörte? Nur deshalb, weil ich es damals aufschrieb, sonst wäre diese Besonderheit vergessen worden.)

2.12. US-Gastfreundschaft und großartige menschliche Begegnungen – meine Bewunderung für John F. Kennedy

Die fast ausnahmslos überall erfahrene Gastfreundschaft und Fremdenfreundlichkeit ist unsere nachhaltigste, positive Erinnerung an die Vereinigten Staaten. Man kann nur hoffen, daß es so geblieben ist, denn über die Jahre hinweg – ganz besonders seit Reagan Präsident ist (Richard M. Nixon scheint im nachhinein im Vergleich mit ihm ein wenig besser, d.h. eine bessere Politik gemacht zu haben), ist mein politisches Amerikabild dunkler und viel kritischer geworden; es bedarf der Rückbesinnung auf großartige menschliche Begegnungen, um die völlig unverständlichen konservativen Exzesse, die das Land zurückwerfen, nicht überzubewerten.

Allerdings verhilft die Rückbesinnung auf die Kennedy-Jahre auch zu einer balancierten Meinung über Amerika, über die vielen guten Menschen, ihre ehrenvollen Absichten und die Potentiale dieses gewaltigen Landes. Kennedy war mit der knappsten. Mehrheit aller Zeiten im November 1960 gegen Vizepräsident Nixon gewählt worden. Von der ausschlaggebenden Fernsehdebatte hatten wir auch in Hamburg erfahren. Mich hatte sehr beeindruckt, daß die systematische, sehr gründliche Vorbereitung Kennedys, die richtige Einstellung auf den Gegner und vor allem auf das Publikum den Ausschlag gegeben hatten. Nach den eher lahmen, wenig inspirierenden Dwight D. Eisenhower-Jahren versprach der 42jährige Präsident eine neue, idealistische schwungvolle Politik. Im November 1961 sah ich anläßlich einer Pressekonferenz im Fernsehen den Präsidenten sehr deutlich und meinte: »Wieder Mut bekommen. Der Mann könnte mir als Vorbild in menschlicher Beziehung dienen.« (Ich sagte nicht in politischer, hätte dies aber bestimmt nicht ausgeschlossen.)

Am 23. März 1962 wurde der 94. Charterday der Universität gefeiert. Präsident Kennedy war eingeladen und sprach bei herrlichem Frühlingswetter vor rund 80.000 Menschen im Memorial Stadion u.a. über die Grundzüge der amerikanischen Außenpolitik. Er wirkte sicher und souverän, war humorvoll, sprach überzeugend vor einem fantastischen Hintergrund an fröhlichen Menschen und Fahnen, Hunderten von farbenprächtigen Talaren der aufmaschierten Fakultätsvertreter und dem angenehmsten, blütenreichsten Frühling Californiens. Seine politische und militärische Verirrung in die Schweinebucht Kubas Mitte April 1961, also in seinem ersten Amtshalbjahr war nicht vergessen, aber uns schien, daß er mit seiner Rede auch darauf Bezug nahm, als er meinte, daß für den American Way of Life nicht überall in der Welt Platz gemacht werden müsse. Schon ein halbes Jahr später hatte er es wieder mit Kuba zu tun, als die Russen dort Atomraketen, also Offensivwaffen, aufstellten und Kennedy zur schwierigsten oder besser riskantesten Reaktion nötigten.

Am 22. Oktober 1962 informierte er die US-Bürger über die Erkenntnisse des Geheimdienstes und die von ihm beabsichtigten Gegenmaßnahmen (Quarantäne oder Blockade statt eines Luftangriffs) in einer Rundfunkrede, die um 19.00 Uhr in Washington, in Californien also 4 Stunden früher gegen 15.00 Uhr, zu hören war. Ich wartete in einer Autoreparaturwerkstatt an der Solano Avenue, wo uns seine Informationen über das Radio erreichten.

Von nun an war alles anders: Das ganze Land wartete ängstlich oder furchtsam von Stunde zu Stunde auf die Antworten Nikita Chruschtschows. Die Krise war erst vorbei, als Chruschtschow in einem 5. Brief schließlich Kennedys Bedingungen annahm, versprach die Raketen abzuziehen und die Inspektionen gestattete.

Theodor Sorensen hat diesem Ereignis nicht weniger als 60 Seiten (von insgesamt 730) seiner Kennedy-Biographie gewidmet und damit die einzigartige Bedeutung dieser Leistung Kennedys für dessen Regierungsbilanz betonen wollen.

Als die Krise nach 13 Tagen intensivster, interner Anspannungen und Vorbereitungen glücklich vorüber war, sei Sorensen an sein Bücherbord gegangen, habe Kennedys Buch »Zivilcourage« (an dem er maßgeblich mitgewirkt hatte) hervorgezogen und aus E. Burke's Huldigung für James Fox zitiert:

»Er kann noch lange leben, er kann noch viel tun. Aber das ist die Vollendung. Mehr als das, was er heute tut, kann er nicht mehr tun.«

2.13. Mein Interesse an der US-Wirtschaftspolitik führt mich zu Walter W. Heller – Übersetzung seines Buches »Das Zeitalter des Ökonomen« (1967/68)

Dieser außenpolitische Erfolg war für die unmittelbare Befestigung der Stellung Kennedys und der Vereinigten Staaten in der Auseinandersetzung mit der Sowjetunion von größter Bedeutung (und natürlich auch für Kennedys geschichtlichen Rang). Mich aber interessierten seine reformistischen expansiven, wirtschafts- und arbeitsmarktpolitischen Konzepte und Maßnahmen viel mehr. Darüber berichtete eines Tages im Herbst 1962 W.W. Heller, Chairman des Board of Economic Advisors des Präsidenten, im Clairemont Hotel in Oakland. Ich erhielt eine Einladung durch das Institute of Industrial Relations, dessen Direktor Arthur M. Ross später meine Masterthesis betreute und glänzend akzeptierte. Als ich mich entschied, wesentlich länger in Berkeley zu bleiben, war mir auch klar, daß es sich sehr lohnen würde, wenn ich mich noch ausführlicher als ursprünglich beabsichtigt vor allem mit den arbeitsmarktpolitischen Fragen der neuen Wirtschaftspolitik beschäftigen würde.

Der persönliche Kontakt mit Walter W. Heller in Berkeley war mit Sicherheit entscheidend dafür, daß ich zu Beginn des Jahres 1967, als ich in einer Zeitung las, daß er ein Buch mit dem Titel »New Dimensions of Political Economy« veröffentlicht hatte, sofort an eine Übersetzung dachte und diese auch innerhalb eines Jahres, wenn auch nur unter größten Mühen, zustande brachte. Ich fand, wie ich glaubte, einen besseren Titel »Das Zeitalter des Ökonomen« und verwendete Hellers Haupttitel als Untertitel »Neue Dimensionen der Wirtschaftspolitik«.

Welche Auswirkungen das wirtschaftspolitisch sehr optimistische Buch auf das Denken und Handeln in Deutschland gehabt hat, habe ich nie feststellen können. Es erschien zu einer Zeit, als mit Schiller eine Wirtschaftspolitik eingeleitet worden war, die auf den selben geistigen Grundlagen beruhte und wie selbstverständlich – also mehr oder weniger unausgesprochen – eine Steuerung der Marktwirtschaft über die Angebots- und Nachfrageseite bei Aufrechterhaltung der marktwirtschaftlichen Funktionselemente vorsah. Die viele Jahre später aufkommende blödsinnige Einseitigkeit der Angebotstheoretiker bzw. -politiker – oder sollte ich besser sagen – -Fanatiker war damals unbekannt. Damit ist nicht gesagt, daß die Kennedy-Hellersche neue Wirtschaftspolitik in den USA leicht in Gang zu bringen war. Darüber gibt Heller sehr interessante taktische und psychologische Hinweise. Als Herausgeber bemerkte ich hierzu in der Einleitung:

»Heller war überzeugt – und die wirtschaftliche Entwicklung hat ihm recht gegeben -, daß die Probleme der amerikanischen Wirtschaft mit Hilfe der Erkenntnisse und Erfahrungen der »Neuen Wirtschaftslehren« gelöst werden könnten. Eine rationale Wirtschaftspolitik mußte aber zunächst erhebliche Schwierigkeiten überwinden. Sie bestanden vor allem darin, daß die Öffentlichkeit und selbst einflußreiche Kreise der Regierung nicht hinreichend informiert und urteilsfähig waren, ja sogar völlig falschen Vorstellungen anhingen.

Heller legt dar, wie unter solchen Bedingungen der Ökonom zur Schlüsselfigur der Politik wird. Da er weiß, was zu tun ist, besteht die Hauptschwierigkeit für ihn nicht in der Aufstellung eines den Problemen adäquaten wirtschaftlichen Programms, sondern darin, die Entscheidungsinstanzen und die Öffentlichkeit von der Notwendigkeit eines solchen Programms zu überzeugen.«

Walter W. Heller schrieb für die deutsche Ausgabe ein besonderes Vorwort:

»Die deutsche Ausgabe meines Buches. »New Dimensions of Political Economy« wird zu einem Zeitpunkt veröffentlicht, der mir besonders angemessen und zweckmäßig zu sein scheint. Im Jahre 1968 wird sich sowohl in der Bundesrepublik Deutschland als auch in den Vereinigten Staaten zeigen müssen, ob eine dynamische Wirtschaftspolitik, die die modernen wirtschaftspolitischen Instrumente zur Sicherung eines stabilen Wachstums einsetzt, den an sie gestellten harten Anforderungen gewachsen ist.

In der Bundesrepublik, wo das Wirtschaftswunder der Nachkriegszeit schließlich einer Überkonjunktur und dann einer Rezession Platz machte, lautet die Frage, ob mit dem Arsenal einer modernen Stabilisierungspolitik – verstärkt durch das Gesetz zur Förderung der Stabilität und des Wachstums der Wirtschaft – ein anhaltendes wirtschaftliches Wachstum ohne erneute Inflation erreicht werden kann.

Überall in der Welt wird die in der Bundesrepublik eingeleitete neue Wirtschaftspolitik mit großem Interesse verfolgt. Deshalb hoffe ich, daß umgekehrt auch mein Bericht über die neuen Dimensionen der Wirtschaftspolitik in den Vereinigten Staaten der 60er Jahre unter den Präsidenten Kennedy und Johnson für den deutschen Leser von Interesse sein wird.«

2.14. Im April 1968 kommt Walter W. Heller auf meine Einladung hin zu einem Vortrag nach Hamburg – stärkste Kontraste zu Reagans Wirtschaftspolitik 15 Jahre später

Im April 1968, das Buch war gerade druckfrisch in meinen Händen, kam W. W. Heller auf meine Einladung hin nach Hamburg. Im Amerika-Haus hielt er einen Vortrag in englischer Sprache über »Economic Policy Dilemmas in America Today«. Über 200 Besucher waren gekommen. Ich begleitete Heller auf dem Wege von seinem Hotel die Rothenbaumchaussee hinunter zum Veranstaltungsort im Amerika-Haus. Er bemerkte unterwegs die Stellschilder, die für seinen Vortrag warben und unter anderem den Hinweis auf seinen Doktortitel brachten. Wie bei Amerikanern so üblich, würzte er die Einleitung zu seinem Vortrag mit einem Witz, wobei er sich auf das Ankündigungsplakat bezog:

Ja, es sei richtig, er sei Doktor wie dort ausgedruckt. Ihm sei hierzu eine schöne Geschichte eingefallen: Nach Abschluß ihrer Studien hätten sich eines Tages vier Amerikaner per Schiff auf eine Europareise begeben. Einer von ihnen sei Doktor der Philosophie (Ph.D.) gewesen. Mitten auf dem Meer, alles döste an Deck vor sich hin, sei per Lautsprecher ausgerufen worden: »Ist ein Doktor an Bord?« Das sei mehrere Male wiederholt worden, schließlich mit dem Zusatz: »Eine Stewardeß hat sich am Bein verletzt.« Einer von den vieren habe den Doktor unter ihnen angestoßen und gesagt, er solle doch mal hingehen. Der sei schließlich auch zu der angegebenen Stelle gegangen. Es habe aber nicht lange gedauert, bis er betrübt und gedemütigt zurückgekehrt sei. Auf Fragen habe er geantwortet: »Alles war vergeblich, stellt Euch vor, als ich dort ankam, war schon ein Doktor der Theologie eingetroffen.«

In seinem Vortrag ging Heller vor allem darauf ein, wie Amerika auf den Frieden hinarbeitete. Er betonte stark, daß die USA darauf vorbereitet seien, unmittelbar nach dem Ende des Vietnam-Krieges Arbeitskräfte und Produktionskapazitäten, die jetzt für militärische Zwecke eingesetzt würden, in Bereiche der Friedenswirtschaft umzulenken. Seit rund einem Jahr befaßten sich nicht weniger als neun Ausschüsse des Kongresses mit Einzelfragen dieses Transformationsprozesses. Heller war sehr bestimmt der Meinung, daß dies eine klare Antwort für alle die bedeute, die glaubten, der Krieg sei für die Aufrechterhaltung der Vollbeschäftigung in den Vereinigten Staaten notwendig. Mit Recht wies Heller darauf hin, daß die Rüstungsproduktion das schlechteste Mittel zur Sicherung der amerikanischen Vollbeschäftigung sei. Zum Glück habe die amerikanische Wirtschaft andere Mittel und Optionen.

Damals verwendeten die Amerikaner aus einem Bruttosozialprodukt von etwa $ 850 Mrd. zwischen 25 bis $ 30 Mrd.. allein für die Finanzierung des Vietnam-Krieges. Mit diesem Geld, eine ungeheuere Summe, würden der Feldzug gegen die Armut, verstärkt das Problem der chronischen Arbeitslosigkeit angepackt und die großen Aufgaben auf den Gebieten der Ausbildung, des Gesundheitswesens, der Städtesanierung, der Reinhaltung des Wassers und der Luft begonnen bzw. intensiviert werden können.

Heller versuchte die Befürchtung zu entkräften, daß ein anderer Präsident sich der wirtschaftlichen Expansion in Zukunft weniger verpflichtet fühlen könnte als der damals amtierende Präsident Lyndon Johnson. Kein Präsident, egal welcher Partei er angehöre, könne auf die Anwendung moderner wirtschaftspolitischer Instrumente der »New Economics« verzichten, mit denen die USA in den 60er Jahren so viel Erfolg hatten. Eine wichtige Voraussetzung, so betonte er, sei allerdings, das Verständnis für die staatlichen Maßnahmen in der Wirtschaft zu wecken und zu stärken. Nach einem geradezu revolutionären Prozeß des Umdenkens habe die Wirtschaft begriffen, daß wirtschaftspolitische Aktivitäten der Bundesregierung die wirtschaftliche Freiheit nicht einschränkten, sondern erst erlaubten.

Wer sich über die Jahrzehnte hinweg stark mit der amerikanischen Wirtschaft und Wirtschaftspolitik befaßt hat, der wird kaum ein größeres Kontrastprogramm zur wirtschaftspolitischen Ausrichtung des Präsidenten Reagan entdecken können. Es hat sich als falsch herausgestellt anzunehmen, in den US sei ein für allemal akzeptiert worden, der Staat müsse eine aktive Rahmenpolitik betreiben, damit sich die Marktwirtschaft voll entfalten könne. Es ist hier nicht der Ort, eine kritische Analyse der Deformationen dieser Reagan'schen Angebotspolitik zu versuchen. Ich wollte nur sehr betont aufzeigen, welche Wandlungen, welches Auf und Ab in den wirtschaftspolitischen Ansichten und herrschenden Konzeptionen in Amerika über die Jahre hinweg stattfanden. Eine solche Unausgeglichenheit muß ihre negativen Auswirkungen auf Wirtschaftsniveau, Wirtschaftsstruktur und wirtschaftliches Ergebnis haben.

Ich brachte Heller in meinem Dienstzimmer in der Akademie mit Rudolf Herlt zusammen, der damals bei der WELT arbeitete und später lange Jahre als Wirtschaftsjournalist bei der ZEIT beschäftigt war. Er wollte den Vortrag ganzseitig abdrucken, was auch geschah. In meinem Beisein wurde ein Honorar von DM 1.000,- angeboten und schnell akzeptiert (das war eine sehr beträchtliche Summe, mehr als 2/3 meines damaligen Nettogehaltes).

Nachdem ich diese Erinnerungen an W.W. Heller Anfang Mai 1987 geschrieben hatte, lese ich unter dem 13. Juni in der FAZ, daß er, über 70jährig, gestorben war.

2.15. Kelly's machen bankrott und wir brauchen eine neue Bleibe, die wir ab Juli bei Millerons, hoch unterm Dach in der Spruce Street finden

Das neue Jahr 1962 brachte eine Fülle von Veränderungen. Anfang Mai zogen die Kelly's, nachdem sie mit ihrem Blättchen Bankrott gemacht und $50.000 verloren hatten, nach Washington. Ich brachte mit erheblichen Mühen und unter großem Zeitdruck schließlich eine Gliederung zustande und schickte sie zum Doktor-Vater nach Hamburg. Am 19. April bezog ich positiven Bescheid auf meinen Stipendium-Verlängerungs-Antrag und erhielt auf diese Weise $ 750,- zusätzlich, um unseren Aufenthalt bis zum Herbst ausdehnen zu können.

Weil die Kelly's ihr Haus in Los Angeles Avenue aufgaben, mußten wir natürlich ebenfalls räumen. Da wir sowieso um diese Frühjahrszeit herum eine lange Reise u.a. nach Mexiko beginnen wollten, brauchten wir erst wieder ab Anfang Juli eine feste Wohnung und fanden sie im Haus des Tischlers Milleron, eines älteren, prächtigen und geschickten Handwerkers, an der Spruce Street hoch unter dem Dach mit freiem Blick auf die Bay. Der Gewinner des »ugly man contests« der Universität, ein Vietnamesischer Jurastudent, den wir sehr mochten, überließ uns das großräumige holzgetäfelte Zimmer für die Sommermonate.

2.16. Eine Frühlingsfahrt auf Kosten der »Quick« in den Yosemite Park; die Bildergeschichte erscheint am 3. Juni 1962

Am 26. April erhielt ich durch Vermittlung des Generalkonsulats einen Anruf zweier deutscher Journalisten von der QUICK. Sie suchten ein Ehepaar für Aufnahmen im Yosemite Park. Ihre Absicht war, die USA als Reiseland vorzustellen. Wir trafen uns mit dem bekannten Photographen Hilmar Pabel und einem Reporter in San Francisco und vereinbarten die Reise zum Wochenende. Auf der Hinreise in den Park im gemieteten knallroten Ford Gallaxie regnete es in Strömen. Obwohl der Park wegen des normal langen Winters, der bis in den Frühling hinein zu dauern pflegte, in den hohen Bereichen noch gesperrt war, verlebten wir zwei unvergleichlich schöne, schließlich sehr sonnige Tage auf Kosten der QUICK (Die Illustrierte kostete damals 60 Pfg. Der in diesen Mai-Tagen 1987 aus dem Springer-Verlag ausgeschie-

Maria im Yosemite-Park, Frühjahr 1962

dene stellvertr. Vorsitzende Günter Prinz hatte damals die, wie es hieß, »Leitung«. Er schrieb in dem Exemplar, das die Amerika- Urlaubs-Story brachte, einen Kommentar zu dem damals sehr umstrittenen Mordfall Vera Brühne.)

Die Illustrierte berichtete am 3. Juni 1962 ausführlich und mit schönen Bildern (auch von uns) über den Urlaub der unbegrenzten Möglichkeiten. Die Reporter kamen zu dem Ergebnis:

»Es lohnt sich, für einen Urlaub in Amerika zu sparen. Wer sich aber einmal im Leben von allem losreißen will, wer keine Durchschnittsferien sucht, sondern ganz neue Eindrücke und Erlebnisse, um Jahre davon zu zehren, für den sind die USA das richtige Reiseland.«

2.17. Einen Tag vor Beginn unseres »Abenteurerurlaubs« am 6. Mai 1962 redet der ehemalige US-Vizepräsident, Kandidat für den Gouverneursposten in Kalifornien und spätere Präsident Richard M. Nixon auf dem Campus

Wir hatten allen Anlaß, die Fahrt in den Yosemite Park als märchenhafte Einstimmung auf unseren eigenen Abenteuerurlaub zu verstehen, in den wir schon kurz danach am 7. Mai aufbrachen. Am Tag zuvor sah und horte ich Richard Nixon, ehemaliger US-Vizepräsident, Kandidat für den Gouverneursposten in Kalifornien und späterer US-Präsident, zum erstenmal. Er hatte ausgerechnet mit der Hilfe von Al. Moscow (!) seine Biographie »Six Crises« geschrieben und wenige Wochen zuvor veröffentlicht. Nixon bewarb sich damals um den Posten des Gouverneurs seines Heimatstaates Kalifornien, verlor aber im Herbst ziemlich eindeutig gegen Pat Brown.

Einen Tag vor unserer Urlaubsreise, also gegen 12 Uhr mittags, sollte Nixon zum Abschluß des Semesters auf dem Universitätsgelände sprechen. Das Wetter war phantastisch. Im Freien versammelten sich Tausende von Studenten usw. Nixon sprach sehr klar, sehr eindrucksvoll. Mitten in seiner vielleicht 20 Minuten dauernden Rede lief einer der zahlreichen, auf dem Campus immer anzutreffenden, halbgroßen Mischlingshunde hinter dem Podium vorbei, worauf ein großes Gelächter einsetzte und Nixon – ich wußte nicht warum sagte: »Ihr wißt doch seit langem, daß ich Hunde mag«

2.18. Nixon's »most scarring personal crisis«: »People in political life have to live in a fish bowl«

Nach der Rückkehr ins Haus erklärte Orr Kelly mir den »Checkers«-Hintergrund, auf den sich Nixon und die Zuhörerschaft bezogen hatten. Ich will ihn hier nicht weiter ausmalen. Nur so viel: Nixon mußte sich wegen des Vorwurfes, einen Wahlkampffonds in Form eines »supplementary salary« in Höhe von $ 20.000 akzeptiert zu haben, wehren. »It never occurred to me that from such an innocent beginning would grow the most scarring personal crisis of my life.«

In seinem Buch umfaßt die Beschreibung der bis dahin schwersten Krise seines Lebens aus dem Jahre 1952 unter dem Titel »The Fund« immerhin spannende, sehr lesenswerte 62 Seiten von insgesamt 461. Nixon war im Jahr 1952 als Senator Kandidat für die Vizepräsidentschaft neben Eisenhower geworden. Er mußte sich gewaltig strecken, um den Vorwurf zu entkräften, er sei bestechlich. Dies gelang ihm soweit, daß er Kandidat bleiben konnte, nicht zuletzt durch die Checkers-Rede. Nixon berichtet, daß er sich entschloß, alle notwendigen persönlichen und finanziellen Daten bekanntzugeben und zitierte in seinem Buch die Frage seiner Frau: »Why do you have to tell people how little we have and how much we owe?«

Die Antwort an seine Frau soll gelautet haben: »People in political life have to live in a fish bowl.« Die Idee, den Hund Checkers in einer sehr emotionalen Weise ins Spiel zu bringen, hatte er von Präsident Roosevelt (F.D.R. »and now they are attacking poor Fala«). In der bis dahin größten Fernsehveranstaltung in Amerika soll die Geschichte von dem geschenkten Hund den Ausschlag zugunsten Nixons gegeben haben.

2.19. Ich treffe auf Dwight D. Eisenhower und Richard M. Nixon als Wahlkämpfer in Down Town San Francisco – Helmut Schmidt interviewt Nixon im Jahre 1986 im Deutschen Fernsehen

Um seine Erfolgsaussichten im Kampf um die Governorship in Kalifornien zu erhöhen, brachte Nixon nicht nur sein erstes Memoirenwerk rechtzeitig auf den Markt, sondern gewann auch den Expräsidenten Eisenhower dazu, sich mit ihm in Down-Town San Francisco in einer großen Parade zu zeigen. Ich fuhr hin und erlebte das ungewöhnlich laute und bunte Spektakel und konnte, wie andere auch, ungehindert auf die beiden zugehen und ihnen die Hände schütteln, was ich hier ganz gerne berichte: denn der eine war ein auch in Europa sehr bekannter Präsident gewesen und der andere sollte es trotz der Niederlage gegen Kennedy schließlich im Jahre 1968 werden, was damals und Jahre danach für mehr als unwahrscheinlich, ja unmöglich gehalten wurde und schließlich im Ausspruch eines Beobachters mündete: Daß Nixon Präsident geworden sei, müsse man als die spektakulärste Wiederauferstehung seit Lazarus bezeichnen. Zu Nixon will ich nur noch sagen, daß mir sein Kämpfertum imponierte; zwei von dreien seiner Zentralsprüche habe ich behalten: » Work hard and never give up.«

Im Gespräch mit Helmut Schmidt in der Bank am 2. November 1987 sprach er mit Verständnis und Respekt von diesem »Großen« der Politik, der aber nichts mehr zu sagen und in den USA keinen Nachfolger gefunden habe. Daß H. Schmidt ihn sehr schätzte (trotz Watergate) zeigte sich auch daran, daß er ihn irgendwann im vorigen Jahr (1986) im Deutschen Fernsehen interviewte. Ich sah die Sendung und fand, daß Helmut Schmidt sich glänzend vorbereitet hatte.

3. Zwischenstandsbericht vom 5. Mai 1987

Ich meine, am 5. Mai 1987 einen Zwischenstandsbericht schreiben zu müssen, um ein bißchen Abstand zu gewinnen und darüber zu berichten, was mich beim Schreiben dieser Aufzeichnungen gerade bewegt – über Schwalben und andere Vögel und Haustiere, Bericht über den Beginn der Maurerarbeiten an der Westseite mit Philip, meine »kalten Füße«, Diskussionsbeitrag zur Überprüfung der Rolle des IMF, Begründung für Unterbrechung und »Voraus-eilen der Aufzeichnungen« ab Ende Januar 1987 und Befassung mit dem Zentralbankrat, Vorsitz des Vereins Weltweite Partnerschaft zur Erinnerung an Peter Blachstein – der Stand meiner Nebenämter

Heute am 5. Mai 1987 ist es wieder sonnig, überraschenderweise. Habe diesen freien Dienstag zu ausführlichem, ungestörtem Lesen geldpolitischer Artikel verwandt, nachmittags etwas Schnittsalat und Rote Beete gesät und ich will nun an den »Aufzeichnungen« weiterschreiben.

Ich habe hier in meiner zweiten Studierstube den »Norweger« angeheizt, weil es sonst mit etwa 12° im Zimmer doch viel zu kalt geblieben wäre. Die Eiche vor meinem Fenster ist überdeckt mit grüngelben Knospenblättern. Nun heben sich die toten Äste besonders deutlich heraus. Im Eingang zur Diele war eben lebhaftestes Schwalbengezwitscher zu hören. Es scheint so, als ob eine Nachhut, von mir so sehr sehnsüchtig erwartet, eingetroffen ist und hoffentlich, hoffentlich in der Diele brütet (bis heute am 13., an dem ich diese Zeilen diktiere, sind sie leider immer noch nicht da). Die Diele erschien mir so ruhig-tot. Seit gut zwei Wochen haben wir ein Schwalbenpärchen in der Tenne. Es wäre ein Jammer, wenn die ganze Schwalbenpracht dieses Jahres nicht viel größer würde.

Philip hat um den Teich einen niedrigen Steinwall gezogen und einiges an den Wasserrand gepflanzt. Anna ließ eben die eingesperrten Enten raus und die kregelen, unternehmungslustigen Mädchen waren schnell im Wasser und durch Anna allein unmöglich zu vertreiben. Morgen sollen sie geschlachtet werden.

Chippi, die Mutter, brütet schon wieder neue aus (sie sitzt auf 18 Eiern). Wir haben seit 6 Wochen weitere 10 Gänsegössel, die schon sehr groß sind. Mindestens zwei, wahrscheinlich aber drei, Zwerghühner brüten im Freien. Wir müssen eigentlich in diesen Tagen die ersten Küken bekommen, nachdem schon zwei Versuche »tödlich« endeten. In dem einen Fall hatte die junge Mutter ihre drei Kleinen vom Heuboden gescheucht. Sie waren metertief auf den Brennholzhaufen gestürzt und schließlich alle verendet.

Wir haben wieder ein Schweinepärchen und rechnen etwa Mitte August mit Nachwuchs. Die Eulen sind auch wieder da und scheinen brüten zu wollen, außerdem, laut Andy, so viele Fledermäuse wie noch nie. Um das Haus herum gibt es trotz des sehr harten Winters viel Vogelfliegen und -gezwitscher. Der Garten ist fast gänzlich bestellt. Seit Samstag vor Ostern (18.04.87) arbeiten wir an der Erneuerung der westlichen Hauswand. Philip und ich haben die Onduline-Verkleidung und das Dachlattengerüst abgenommen sowie die Steine herausgebrochen, was bei den vor Jahrzehnten zugemauerten zwei Fenstern mehr als mühselig war und von Philip fast allein bewältigt wurde. Von den alten Steinen retten wir so viele wie möglich. Samstag vor einer Woche waren die gelieferten neuen Steine braun statt rot und mußten zurückgehen. Als Herbert dann kam, hat er statt des Fachwerks die Schweinebucht im Stall hochgemauert, was ebenfalls dringend getan werden mußte.

Erst am 2. Mai konnten wir mit der Ausmauerung des Fachwerks beginnen und kamen bis zum späten Nachmittag gut voran, als es immer kälter wurde und der Regen einsetzte. Wenn wir weiterhin jeden Samstag arbeiten können, müßten wir in 6 Wochen, so um die Mitte Juli herum, fertig sein. Dann sind bis auf die Vorderseite alle Wände des Hauses neu gemauert. Wir werden diese wohl über kurz oder lang auch »anpassen« müssen. So zieht eine Verschönerung oder Verbesserung die andere nach sich und die Arbeit höret nimmer auf.

Gestern, auch schon vorher, fühlte ich mich elenddepressiv und sehr lustlos. Diese Stimmung scheint also nicht nur etwas Vorübergehendes zu sein (wenn auch etwas sehr ungewohnt Neues). Ich empfinde seit Wochen lästige Herzbeschwerden, auch Schulter und linker Arm schmerzen muskelkaterhaft noch mehr als die anderen körperlich stark beanspruchten oder geplagten Körperteile. Habe immer wieder so ungewöhnlich kalte Füße. Jede größere Temperaturschwankung spüre ich in den Füßen auf die unangenehmste Weise. Was »kalte Füße kriegen« bedeutet, beispielsweise an Verlust des Wohlbefindens, spüre ich täglich eigentlich immer stärker.

Den ganzen Sonntag über war ich nicht recht zur Arbeit an einem Berichtsentwurf für den Zentralbankrat zu bewegen, bis ich schließlich nach kurzen Anläufen doch von 19.00 Uhr bis fast 23.00 Uhr recht gute Gedanken hatte und dafür treffende Formulierungen fand. Mein Diskussionsbeitrag zur Überprüfung der Rolle des IWF (fast zehn Seiten mit einem Anhang) ist dann gestern spätabends an alle Kollegen des ZBR gesandt worden. Das Quengeln und Bohren in dieser Frage über die Jahre hin hat insofern Erfolg gehabt, als sich das Gremium endlich einmal damit befassen wird. Die Direktoriumsvorlage ist steril und nicht sehr weiterführend, meine dagegen sehr politisch, mutig, auch idealistisch und... hoffnungslos unrealistisch. Sie soll im (zufälligen) Beisein von Bundesfinanzminister Gerhard Stoltenberg diskutiert werden.

Mit dem Beschreiben dieses Umfeldes wollte ich zurücklenken von der monatelangen Befassung (seit 29.01.87) mit meiner fast fünfjährigen Tätigkeit in der LZB und im ZBR, und zwar auf den Punkt, an dem ich meine chronologischen Aufzeichnungen im Januar unterbrochen hatte, nämlich auf die Vorbereitungen für einen Studienaufenthalt in den USA im Herbst 1961. Als ich diese Station erreicht hatte, entschied ich mich für ein Vorauseilen der Aufzeichnungen, weil ich so näher an meinem gegenwärtigen Erfahrungsobjekt sein könnte. Vieles würde in frischerer Erinnerung sein und vor allem, ich hoffte, mit dem Beschreiben zur Reflexion und über die Reflexion meiner Tätigkeit zu einem besseren, vertieften Verständnis meiner Rolle im Zentralbankrat gelangen zu können. Ich habe vieles über die Reichsbank- und Bundesbankgeschichte gelernt, einiges an ökonomischem Wissen aufgefrischt und erweitert und bei der sehr kritischen Analyse der Arbeit des Gremiums auch meine eigenen Versäumnisse ziemlich stark empfunden.

Ich will diesen »Zustandsbericht« abschließen, indem ich über eine Bitte aus der vorigen Woche berichte, den Vorsitz des Vereins »Weltweite Partnerschaft« zu übernehmen. Ole Heidenreich, dort seit Gründung des Vereins im Jahre 1962 Geschäftsführer, rief mich an, schickte dann kärgliche Unterlagen.

DGB-Chef Hans Saalfeld bat telefonisch eine Woche später, ihm persönlich die so wichtige Bitte nicht abzuschlagen und den Vorsitz von dem amtsmüden, fast 75jährigen Helmut Kalbitzer zu übernehmen. Ich hatte mich so halb und halb mit dem Gedanken befreundet und als H. S. so inständig in mich drang, habe ich ihm schon am Telefon zugesagt.

Warum? Dieser Verein ist von Peter Blachstein gegründet worden. Ich bin schon sehr lange Mitglied und mit monatlich DM 30,– dabei, ohne mich je um die Arbeit gekümmert zu haben. Ich sagte Hans, daß ich es in erster Linie wegen der Erinnerung an Peter Blachstein tun würde, dem ich vor nunmehr fast 19 Jahren, ab Sommer 1968, schließlich mit Erfolg das Bundestagsmandat streitig gemacht hatte. Hans erinnerte sich genau an den Parteitag vom 8. März 1969 und meinte, die Auseinandersetzung sei heute vergessen, jedenfalls kein Hinderungsgrund für den Vorstand des Vereins gewesen, mich vorzuschlagen. Wie mir einen Tag später die »Linke« Christa Randzio-Plath sagte, sei ich von rechten und linken Mitgliedern des Vorstandes einstimmig als der in Hamburg Besterreichbare bezeichnet und als Kandidat akzeptiert worden, was schon einiges bedeute.

Der Stand meiner Nebenämter ist danach wie folgt: Verwaltungsrat des Rauhen Hauses, Aufsichtsrat Thalia Theater, Vorsitzender Freundeskreis Kammerspiele (an letzterem habe ich keine Freude mehr und muß mir überlegen, wie es weitergehen soll). Nun kommt der Vorsitz eines entwicklungspolitisch nur in Hamburg engagierten Vereins hinzu und ich denke, daß ich damit am Ende der Abrundung meiner hauptberuflichen Arbeit durch Nebentätigkeiten angelangt bin. Mein Drang herauszufinden, wie diese Arbeit erfolgreicher betrieben werden kann und dann zu handeln, also die Voraussetzungen zu verbessern, ist ungebrochen. Es wird sich zeigen, wie packend die Aufgabe ist, ob sie mich ablenkt und wie stark die Widerstände in der kleinen Bürokratie sind, die mich bei den Kammerspielen so sehr frustriert haben.

Nachtrag Ende 2005: Weil der CDU-Senat uns alle Mittel sperrte, mußten wir die WWP ab 1. Januar 2005 aufgeben – schweren Herzens!

Anfang November 2004, während ich diese Aufzeichnung erneut lese, beschließen Vorstand und Mitgliedsversammlung der WWP, unseren Verein zum 31. Dezember 2004 aufzulösen. Der neue Senat unter der Führung der CDU verweigert die Finanzierung (nach über 42 Jahren!), wodurch unserer Arbeit jede Grundlage entzogen wurde. Wir sind alle nicht betrübt, sondern traurig, vor allem Hans Saalfeld und Günter Quast, mit denen ich in besonders freundschaftlicher Weise zusammengearbeitet habe; mit Günter auch befreundet bin bis auf den heutigen Tag.

Ich habe die Liquidation der WWP auch besonders deshalb bedauert, weil unsere hochqualifizierte Geschäftsführerin Diplom-Volkswirtin Renate Kuhlmann-Wetter bisher keinen Wiedereinstieg in eine adäquate berufliche Position gefunden hat.

Soviel zum »Zwischenstands-Bericht« über die Arbeit mittendrin im Mai 1987! Die im Text anschließende Schilderung der größten Reise unseres Lebens innerhalb der USA, nach Mexiko und Kanada war wegen der »Chronologie« ursprünglich für Band I vorgesehen; ich entschloß mich jetzt, diese langen Ausführungen als Material in den Anhang zu verweisen. Deshalb folgt jetzt Kapitel 5! (Anhang V, S. 245)

5. Niederlage und neue Chance – »Hinfallen ist nicht schlimm, aber Liegenbleiben« (Kuddel Möller)

5.1. Nach zwei Monaten zermürbender Selbstpeinigung der Entschluß: Ich höre mit der Dissertation auf – die Vision meines Lebens zerbricht – Maria weinte und wollte es nicht glauben, was mir fast das Herz zerschnitt

Obwohl ich ziemlich ununterbrochen an der Dissertation – Thema: »Labor Mobility...« – gearbeitet hatte, war ich mir gelegentlich überhaupt nicht sicher, ob ich es je schaffen würde. Solche Gefühle sind (sollen) ziemlich normal (sein). Ich überwand sie jedesmal, indem ich mich dazu zwang zu exzerpieren, an der Gliederung zu arbeiten usw. Als es nun auf der Grundlage eines umfänglichen Grobkonzepts ans Formulieren ging, war ich mit den mühselig errungenen Fortschritten nicht nur nicht zufrieden, sondern streckenweise verzweifelt.

Rückblickend auf das Jahr 1962 erscheint mir vor allem das etappenweise Aufgeben und Wiederanfangen, das Aufbäumen gegen die drohende Katastrophe so bemerkenswert. Bei aller deutlichen Erinnerung an die am entsetzlichsten empfundene Niederlage meines Lebens stand mir diese »Entwicklung« jetzt nicht mehr so deutlich vor Augen. Es war aber ein längerer Weg, an dessen Ende erst am 28. August, also zwei Monate nach unserer Rückkehr und nachdem ich etwa 70 Seiten formuliert hatte, das endgültige »Aus« stand.

Ich hatte mich immer wieder an den Schreibtisch gezwungen, war mit dem Geschriebenen nie zufrieden, machte aber trotzdem unter Depressionen und zermürbenden Selbstzweifeln weiter, lief – wenn es unerträglich wurde – um den Block herum und als alles nichts half, überwältigte mich der Gedanke an die absolute Undurchführbarkeit. In einem fast heroischen Anfall von Selbsterkenntnis, Ehrlichkeit mir gegenüber und letzter Verzweiflung beschloß ich: Ich höre mit der Dissertation auf, ich mache Schluß mit dieser Selbstpeinigung, die mich fast umbrachte.

Ich verschnürte die als zu unvollkommen empfundenen Anfänge der Arbeit. Irgendwo ist das Paketchen verlorengegangen, was ich immer sehr bedauert habe, denn später hätte ich mit klarerem, weniger neurotischem Kopf, also mit Abstand, vielleicht besser beurteilen können, ob ich zu früh aufgegeben hatte.

Mit dieser Aufgabe der Dissertation war eine große Hoffnung, ja, die Vision meines Lebens zerbrochen. Ich hatte es bis zur »Vollendung« im Ausbildungssystem bringen wollen, alle, äußeren Voraussetzungen waren in nicht wegzuleugnender idealer Weise erfüllt und nun erwies ich mich als zu schwach, sie im Sinne meines ehrgeizigsten Zieles zu nutzen. Ich wußte, daß ich gescheitert war – zum ersten Mal – und akzeptierte mein Scheitern, was mich doch erheblich ruhiger machte. Als ich dies meiner Maria – sie kam von einer neuen Beschäftigung zurück – mit entschlossener, ziemlich tonloser Stimme sagte, weinte sie, was mir fast das Herz zerschnitt. Sie hat damals und später immer wieder gesagt, daß sie es nicht hat glauben können und mögen, weil sie wußte, wie stark mein Herz an dieser Aufgabe hing.

Von nun ab war ich in jeder Hinsicht frei. Ich fuhr Maria zu ihren zwei Arbeitsstätten: morgens zum Babysitting bei den Blechmans und nachmittags zu unserem Millionär Frank Nelson, der eine deutsche Haushälterin – Gloria Fisher – beschäftigte, die glücklich über den durch Maria gewonnenen Beistand war. Bis heute dauert die damals geschlossene Freundschaft an. Frank Nelson müßte inzwischen

Mit Gloria in Berkeley, 1963

bald 100 Jahre alt sein. (Wir besuchten ihn im Oktober 1988 in dem nicht sehr attraktiven Haus in S.F., das ich schon kannte. Er konnte nicht mehr laufen, war aber geistig noch in leidlich guter Verfassung. Man bot uns nicht mal eine Tasse Kaffee an.)

Er ist im Frühjahr 1990, nicht ganz »hundertjährig«, gestorben. Man hat uns nicht informiert.

Schon vorher, im September 1989, starb Gloria an einem Gehirnschlag. Mit ihrem Tod haben wir nicht nur unsere beste, hilfsbereiteste Freundin, sondern auch eine der beiden übrig gebliebenen, wirklich menschlich-freundschaftlichen Verankerungen in den USA verloren. Nicht zuletzt ihretwegen hatte ich mich im Frühjahr 1988 um Berkeley bemüht; wir ahnten, daß ihr Leben sehr begrenzt war.

Die andere Verankerung besteht in Inge und Jochen Granzow aus Santa Monica, die ich seit 1972 kenne. Sie waren im Mai 1991 hier bei uns und wir haben die schönsten Stunden miteinander verlebt. Uns beherrscht eine ganz ungewöhnliche, herzliche Vertrautheit, die auf Freundlichkeit, größtem Verständnis füreinander, gegenseitigem Interesse und vorbehaltloser Wertschätzung beruht.

5.2. Wie ich mir die Zeit vertrieb und eine wichtige Nebentätigkeit als Gartenarbeiter fand

Tagsüber las ich viel in amerikanischen Tageszeitungen, im »Spiegel« und in der »Zeit«, vor allem aber las ich Bücher über die amerikanische Geschichte, insbesondere die Bücher Thomas Jeffersons, dessen politisches Denken mir sehr zusagte und mich sicher beeinflußt hat (z.B. die Priorisierung humanitärer und freiheitlicher Elemente in der Staatsverfassung, Gewaltenteilung, die Bedeutung einer freien Presse, einer soliden Erziehung usw.).

Zum Glück konnten wir die USA so schnell nicht verlassen. Unsere Wohnung in Hamburg war bis April des nächsten Jahres gewinnbringend vermietet, also blockiert; die Rückreise war für Januar gebucht und ließ sich nicht ohne weiteres vorziehen. Mir war es recht, denn ich traute mich sowieso nicht gern unter die Augen all derer, die mich kannten und die mich gefördert hatten.

Als Gloria in der 2. Hälfte September ihren japanischen Gärtner rausgeschmissen hatte, fragte sie mich (oder ich bot mich als Ersatz an, ich weiß es nicht mehr ganz genau), ob ich den Job haben wollte. Ich begann sofort und von nun an konnte ich bis zur Abreise monatlich $ 60 verdienen (für 2x3 Stunden wöchentliche Beschäftigung im ziemlich großen, von Bäumen, Sträuchern, schönen Pflanzen und Blumen durchsetzten parkähnlichen Garten). Wir waren Mitte September in die von einem deutschen Ehepaar aufgegebene ruhige Wohnung an Berryman gezogen, für die $ 85 Miete aufgebracht werden mußten. Maria verdiente wöchentlich rund $ 60, so daß wir ein Einkommen von monatlich etwa $ 300 hatten.

5.3. Ich träumte jede Nacht von meinem Versagen; wir beschließen auf einer Fahrt ins »Goldgräberland«, unseren Aufenthalt zu verlängern und den »Master of Arts« als Ersatz anzustreben

So hatte ich mit Studieren und Zeitungslesen, Maria zur Arbeit fahren und wieder abholen, Einkaufen, die Wohnung aufräumen und dem bißchen Gartenarbeit immer »was um die Ohren«. Aber ich träumte fast jede Nacht von meiner Dissertationsmisere und fragte mich, wie ich wohl in 10 Jahren über mein Versagen denken würde. Eine lähmende »Rentnerpsychologie« hatte mich fest im Griff.

Wir waren zwar viel von Berkeley aus herumgefahren, aber noch nicht in der alten Goldgräbergegend in der Sierra Nevada gewesen. Diese Reise nahmen wir uns für Anfang Oktober vor. Bei einem wirklich »goldenen Oktoberwochenende«, an dem wir die übriggebliebenen, sehr geheimnisvollen Ghosttowns, Marshalls Sägemühle etc., in der Sierra besuchten und uns am Wetter, den herrlichen Herbstfarben einer insgesamt unvergleichlich schönen Natur erfreut hatten, brachte mein dauerndes inneres Rumoren schließlich »Gold« zutage: Wir diskutierten im Auto den hin und wieder aufgetauchten Gedanken einer Verlängerung unseres Aufenthaltes, um ein »richtiges« Studium zu betreiben und mit dem M.A. abzuschließen, was ich als »Ersatz« für den Doktortitel betrachtete und auch zu brauchen schien. Finanziell war eine Verlängerung durchaus möglich, wenn wir unsere beiden Arbeitsstellen behielten (meine 60-$-Stelle war möglicherweise ausschlaggebend) und unsere Reserven voll einsetzten.

5.4. Unser »kleines« Problem: wir kriegen ein Kind und bleiben doch bei unseren Plänen

Es deutete sich »nur« ein kleines Problem an, Maria glaubte und hoffte, sie wäre schwanger. (Sie war sich keineswegs sicher.) Wir sprachen auf dieser Reise nur über meine Studienpläne und ein zu erwartendes Kind im nächsten Sommer und wie wir das alles miteinander vereinbaren zu können glaubten. Großer und guter Hoffnung kehrten wir zurück. Meine Lebensgeister schienen wie mit Elektroschocks behandelt zu sein. Am 10. Oktober sprach ich mit zwei Professoren, die »ja« sagen mußten. Ich beantragte die Zulassung ab Januar 1963 und den sehr, sehr wichtigen Gebührenerlaß, der erst einmal abgelehnt wurde. Ich erfuhr den Grund der Ablehnung: meine Note »gut« der Diplomprüfung in Hamburg sei mit einem »B«, nicht mit dem geforderten »A« zu vergleichen. Ich erklärte mündlich und schließlich schriftlich, daß meine Note vergleichbare »Spitze« bedeutet habe und die großzügige Universitätsverwaltung akzeptierte diese Interpretation, wodurch wir etwa $ 350 sparten.

5.5. Wir erhalten eine »billige« Wohnung im University Village in Albany und ich bekomme eine Arbeit als Hausmeister bei der First Presbytarian Church

Wir bemühten uns nun um eine um die Hälfte billigere Wohnung ab Februar im University-Village in Albany und erhielten sie. (Wir mußten die knapp 40 qm große Wohnung selbst möblieren, was unglaublich viel Spaß machte.) Dann wurden alle Rückreiseverabredungen gelöst, unsere Wohnung in Hamburg wurde bis zum April 1964 weitervermietet und ich fand ab Anfang November in der First Presbytarian Church eine Arbeit als Janitor für $ 1,65 die Stunde. An meinem Geburtstag im November staubsaugerte ich volle 8 Stunden in der Kirche und in angrenzenden Gebäuden und fegte umständlich die sidewalks um das weitläufige Gebäude herum.

5.6. Ich nehme »probeweise« am Seminar von John M. Letiche teil und schreibe innerhalb von 6 Tagen eine »excellent presentation« über die Physiokraten

Probeweise nahm ich am Seminar »History of Economic Thought« von Prof. Letiche teil. Als er einen Redner für den Abschnitt über die Physiokraten brauchte, schaute er mich an, niemand sonst meldete sich und in 6 Tagen schrieb ich die Arbeit und trug sie im Seminar vor. Dies war ein für mich wichtiger Test. Letiche sprach von einer »excellent presentation« und in der Pause kamen nicht weniger als 5 Studenten zu mir, um mir ihre Anerkennung zu sagen.

5.7. Mein gutes Verhältnis zu J. Letiche bis auf den heutigen Tag

Es war dann Prof. Letiche, der mich 1976 mit sehr herzlichen und anerkennenden Worten vorstellte, als ich meinen schon erwähnten Vortrag in Webster Hall hielt und er war es wiederum, der als Chairman des Committee on Regent's Lecturers im Frühjahr 1988 dazu beitrug, daß ich die ehrenvolle Berufung für den Monat Oktober erhielt. Am 11. November 1988 wurde er 70 Jahre alt. Ich wußte damals nicht, daß L. in Kiew geboren war. Wir haben uns im Oktober oft unterhalten, wunderbar verstanden und ich hoffe, diese einmalig schöne und langanhaltende Beziehung noch lange lebendig halten zu können.

5.8. Die Vorlesungen im 1. Semester – aus einer Seminararbeit erwächst meine erste wissenschaftliche Veröffentlichung im Juni 1963

Die Vorlesungen begannen Ende Januar 1963. Ich belegte vier Pflichtveranstaltungen und arbeitete nebenher weiter in der Kirche, wo ich monatlich etwa $ 100 netto verdiente. Die Vorlesungen und Übungen waren mit Serien von schriftlichen Prüfungen verbunden. Beispiel: Im Kurs »Basic Factors in American Politics« mußten in etwa vierwöchigen Abständen drei Klausuren und eine Hausarbeit geschrieben werden. Für das Seminar über Arbeitsmarktpolitik in den USA bei Prof. Garbarino verfaßte ich eine längere Hausarbeit, die ich übersetzte und erweiterte und dann dem Wirtschaftsdienst in Hamburg anbot. Unter dem Titel »Arbeitslosigkeit und Wirtschaftswachstum in den USA« erschien der Aufsatz im Juni-Heft 1963 und stellt damit meine erste wissenschaftliche Veröffentlichung dar (siehe Auswahl aus meinen Veröffentlichungen, Bd. I, S. 3 – 10) Anfang August überwies mir der Verlag zu meiner größten Überraschung und Freude ein Honorar von genau $ 62,13.

Ich besuchte das letzte Seminar von Prof. Charles Gulick (Advanced Labor Economics: an intensive reading course covering classic and current material) und schrieb in diesem Zusammenhang eine längere kritische Besprechung des Hauptwerkes von Götz Briefs (Jahre später, 1979, entdeckten Maria und ich auf dem deutschen Friedhof im Vatikan Götz Briefs' Grab).

5.9. Eine aufwühlende, richtungsweisende, ja visionäre Stunde während der Arbeit in der Kirche – nach tagelangem Abwägen entschließe ich mich Ende Februar 1963 zu einem gänzlich neuen Promotionsanlauf

Ich muß in diesen Wochen des neuen Jahres 1963 außerordentlich fleißig gewesen sein und merkte dementsprechend bald, daß es zuviel wurde. Die 20 Wochenstunden Reinigungsarbeit in der Kirche ließen sich nicht durchhalten. Bevor ich sie Ende Februar aufgab, erlebte ich in der Kirche eine aufwühlende, richtungweisende, ja visionäre Stunde: Während ich eines Abends (es war nach dem 22. Februar, denn in einem Brief mit diesem Datum an den einzigen Freund Karl Supprian hatte ich von meiner Konversion noch nichts geschrieben) in dem Kirchenbüro allein meine stumpfsinnige Arbeit tat, wie Papierkörbe leeren, Staubsaugen und Flure reinigen, hatte ich ganz plötzlich ohne Vorwarnung eine Eingebung, eine »Erleuchtung«, die mich zittern ließ. Wäre es nicht möglich, so schoß es mir durch den Kopf, aus der gerade in Arbeit befindlichen Hausaufgabe über amerikanische Arbeitsmarktpolitik die Master-Thesis und gut abgegrenzt, aber darauf aufbauend eine neue Doktorarbeit über Jugendarbeitslosigkeit in den Vereinigten Staaten zu fertigen? Könnte ich nicht auf diese Weise die immer noch blutende Wunde stillen, meinen ehrgeizigsten Traum doch noch verwirklichen?

Meine normale Arbeitszeit war gegen 22.00 Uhr zu Ende. Ich fuhr die 10 Minuten bis zur Wohnung in ziemlich starrer Verwunderung über mich selbst und besprach die Idee mit meiner lieben Frau fast die ganze Nacht durch. Nach tagelangem Abwägen entschied ich mich, es erneut zu wagen, dabei genau wissend, daß wir uns auf weitere Jahre geringen, unsicheren Einkommensstatus' und existentieller Unsicherheit einließen.

Maria mit Kathy – Madonna mit Kind, Sommer 1963 in Albany

5.10. Wir ziehen am 2. März um und kaufen im Mai ein Kinderbettchen dazu – wegen der Geburt von Kathy am 1. Juni muß ich eine Klausur ausfallen lassen und ein paar Tage später nachholen – Kathys und Sharons Geburt am selben Tag und fast zur selben Stunde – welch' ein unglaublicher Zufall

Schon wenige Tage später, am 2. März, zogen wir in die neue, herrlich weiß gemachte kleine Wohnung im University Village ein. Wir hatten tagelang geschuftet, um sie zu säubern und zu streichen. Betten, Tisch und Stühle kauften wir gebraucht in Oakland. Die winzige Küche im Wohnzimmer war eingerichtet; den Riesenkühlschrank übernahmen wir für wenige Dollars von den Vorgängern. Wir wohnten dort sehr ruhig und bescheiden fast ein ganzes Jahr, besorgten uns im Mai ein Kinderbettchen, das gerade noch ins Schlafzimmer paßte, und waren ab Juni zu dritt die glücklichste Familie auf der Welt.

Als alle Prüfungen des ersten Semesters vorüber waren, hatte ich einen Semesterreport mit vier strahlenden »A's«. Viel besser gings nicht! Gebührenerlaßsorgen brauchte ich mir nun nicht mehr zu machen, aber Sorgen wegen der herannahenden Geburt? Ja! Unter anderem auch, weil die letzte Klausur Anfang Juni sein sollte. Das Baby war zu diesem Zeitpunkt überfällig. Ich wünschte mir so sehr ein kleines Mädchen. Ob und während der Finals des 1. Semesters hofften wir, daß die zu erwartende kleine Amerikanerin gesund und wohlbehalten im Arme-Leute-Trakt des Merrick Hospitals zur Welt kommen möge. Alles ging auch problem- und umstandslos vorüber. Kathy wurde an einem Samstag, dem 1. Juni, geboren und schon am Dienstag danach hatte ich die beiden Mädchen zu Hause.

Mit Kathy in Albany

Maria mit Kathy vor der Wohnung, Juni 1963

Als ich Kathy zum erstenmal sah, lag sie inmitten einer Schar von Negerbabys. Ihr weißes Fellchen hob sich entsprechend deutlich ab. Alles zusammengerechnet hatten ärztliche Betreuung und Krankenhaus rund $ 1.000 gekostet. Das waren etwa 1/4 der Kosten für die »normale« Geburt einer normal situierten amerikanischen Familie. Wir armen ausländischen Studenten galten als »welfare cases«. Hätten wir die üblichen Beträge zu zahlen gehabt, wir hätten einen Kredit aufnehmen müssen. Da Kathys Ankunft auf den Tag der letzten Klausur fiel, konnte ich nicht mitschreiben. Der Professor akzeptierte anstandslos die Entschuldigung und ich konnte alleine am Montag nachmittag nachschreiben.

Am selben Tag, dem 1. Juni, nur eine Stunde auseinander, kam Sharon, die Tochter der Blechmanns, in einem feinen Maternity Ward in Oakland zur Welt. Welch' ein unglaublicher Zufall!

5.11. Die Master Thesis – begonnen am 10. Juni 1963 – und das Urteil von Arthur M. Ross

Bis zum 10. Juni sorgte ich so gut es gehen mochte für die Familie. Danach begann ich mit der Master Thesis, für die ich formell bis zum 13. Dezember Zeit hatte, die aber nach drei Monaten bis zum Beginn des 2. Semesters fertig sein sollte. Die drei Professoren Letiche, Ross und Lloyd Ulman hatten sich als »Committee in Charge« bereit erklärt, die Arbeit zu betreuen und zu zensieren. Sie erhielt den umständlichen Titel »Federal Programs to Provide Work and Training Experience for Unemployed Youth: A Comparative Analysis of the Civilian Conservation Corps and the National Youth Administration and Related Legislative Proposals for the 1960's«,

Nach knapp 2 Monaten, am 9. August, war ich mit den 130 Seiten Manuskript fertig, tippte es selbst und mußte es nach Washington schicken, wo A. M. Ross inzwischen Commissioner of Labor Statistics geworden war. Es dauerte nicht lange bis er antwortete. Ich habe sein Urteil noch, das er mit Bleistift auf ein liniertes Blatt geschrieben hatte:

»Mr. Nölling. This is an excellent thesis and I will be glad to approve it. On the whole it is excellently written but there are a few European Usages which might be eliminated or corrected.«

Mit der Unterschrift von Prof. Ross auf der Titelseite ging ich dann zu Prof. Letiche, um seine zu erhalten. Unvergeßlich blieb mir in Erinnerung, wie er mich in dem Großbüro der Ökonomen in South Hall empfing, seinen Füllhalter herausschraubte und unterschrieb, bevor er die Arbeit durchblätterte und einige Fragen stellte. Irgend jemand schlug vor, die Arbeit an Lawrence Klein vom Monthly Labor Review zu schicken. Die könnten vielleicht eine Zusammenfassung bringen. Leider lehnte Klein ab.

5.12. Im Anschluß an die Lektüre von Benjamin Franklins Autobiographie schreibe ich zur Eindämmung meiner größten Schwächen fünf Grund- und Erfahrungssätze nieder

Vor Beginn des letzten Semesters las ich Benjamin Franklins Autobiographie in Englisch. Ich hatte die deutsche Version lange Jahre vorher gelesen und seither eine beständige Sympathie für diesen Amerikaner bewahrt, der mir als ein nach Verbesserung und Vollendung strebender Mensch so stark in Erinnerung geblieben war. Mich hatten seine Bemühungen beeindruckt, Verhaltensregeln zu finden und danach zu leben. Meine Mängel und Unebenheiten empfand ich in dieser Zeit oft als besonders schmerzliche Schwächen. Sie schienen mir in zuviel Spontaneität, ja Unbeherrschtheit, einem Mangel an Voraussicht und Takt oder Einfühlungsvermögen zu liegen. Eine Gartenhecke, so meinte ich zu mir selbst, sehe auch erst schön aus und erfreue, wenn sie Konturen habe, also in Grenzen gehalten werde. »Persönlichkeit haben« bedeute, Konturen zu besitzen, die dem Menschen Individualität und Verläßlichkeit zu geben vermöchten.

Um meine größten Schwächen einzudämmen, legte ich fünf Grund- oder Erfahrungssätze nieder:

(1) Zurückhaltung und Reserve in allen Bekanntschaften;

(2) Keine ungefragten Ratschläge geben, auch wenn sie dem anderen noch so nützlich oder dienlich sein könnten;

(3) Tabus zu beachten, die hundertprozentig nicht in ein Gespräch gehören wie Sex, Money, Own Achievements;

(4) Geduldiger werden und aufrichtig sein, immer und unter allen Umständen;

(5) Dinge, die nicht mehr zu ändern sind, vollkommen gelassen zu ertragen.

5.13. Die sehr lehrreiche Enttäuschung mit dem Artikel über die Rassendiskriminierung

Als ich plötzlich viel Material zur Rassendiskriminierung beisammen hatte, beschloß ich, von einer Minute zur anderen, einen Artikel darüber zu schreiben. Dazu brauchte ich einen Tag harter Arbeit. Der Artikel, auf den ich zunächst sehr stolz war, ist weder in den gewerkschaftlichen Monatsheften noch in der ZEIT erschienen (die mir versprochen hatte, ihn zu drucken, dann aber einen eigenen Reporter losschickte). Als ich – wer den Anstoß gab, weiß ich nicht mehr – den Beitrag, wie ich glaubte, gut überarbeitet an die Neue Gesellschaft geschickt hatte, war ich sicher, daß er akzeptiert würde. Ulrich Lohmar lehnte statt dessen ab und kritisierte ihn heftig. Nun erst merkte ich, welch dünnes Brett ich gebohrt und wie wenig ich investiert hatte. Mir wurde klar, wie eng Schufterei, Quälerei und unermüdliches Dranbleiben mit der Qualität des Endproduktes zu tun haben und daß nicht viel wert ist, was einem in der Wissenschaft leichtgefallen ist.

5.14. Ab Mitte September 1963 betreibe ich das Studium auf Sparflamme und konzentriere mich auf die Dissertation über »Jugendarbeitslosigkeit in den USA«

Am 16. September begann das 2. Semester. Ich besuchte eine Vorlesung über amerikanische Geschichte und schrieb eine längere Arbeit über Thomas Jefferson. Außerdem nahm ich an einem Seminar des Labor Economisten Prof. Galenson und an einer Vorlesung über History of Economic Thought von Prof. Haley teil. Ich machte es mir jetzt so leicht wie möglich, um Zeit für die Dissertation zum Thema »Jugendarbeitslosigkeit in den USA« zu haben. Am Ende des 2. Semesters und damit des Studiums überhaupt, war dementsprechend mein Semesterreport auch weniger eindrucksvoll als ein Semester zuvor: nur einmal »A«, aber zweimal »B« als Endnoten.

Bei meiner Arbeit an der neuen Dissertation konnte ich auf die vielen Vorarbeiten zurückgreifen (ein bißchen auch auf den ersten schiefgegangenen Versuch). Im Unterschied zu diesem war ich mir aber jetzt von Anfang an sicher, daß ich mit dem Thema fertig werden würde. Es war sozusagen von Anfang an gefühlsmäßig »within my reach«. Dies scheint mir die wichtigste Voraussetzung für jede Dissertation zu sein. Darüber hinaus handelte es sich bei meinem Thema um ein bedeutendes und dementsprechend sehr interessantes Problem, zu dem genügend viel, zu viel, Literatur vorhanden und auszuwerten war. Es war also ein sozial, wirtschaftlich und politisch äußerst brisantes Thema, mit dem sich nach meiner Übersicht zusammenhängend in den Vereinigten Staaten noch niemand befaßt hatte.

5.15. Wie ich vom unfaßbaren Mord an Präsident Kennedy am 22. November 1963 erfuhr

Den Vormittag des 22. November hatte ich in der Tolman Hall verbracht und dort eine Hausarbeit mit der Maschine zu Ende geschrieben. Ich unterbrach meine Arbeit für den Besuch eines Vortrages. Auf dem Wege dahin erfuhr ich vor der California Hall von einem tiefbekümmerten, weinenden Studenten, daß Präsident Kennedy ermordet worden sei. Das erschien mir so unglaublich, als wenn jemand behauptet hätte, die Welt sei eingestürzt. Ich konnte mir kaum etwas Unglaublicheres, Unfaßbareres vorstellen.

Wir waren von nun an unfähig, mehr als das Allernötigste zu tun. Unsere Erschütterung war nachhaltig und klang erst nach vielen Tagen merklich ab.

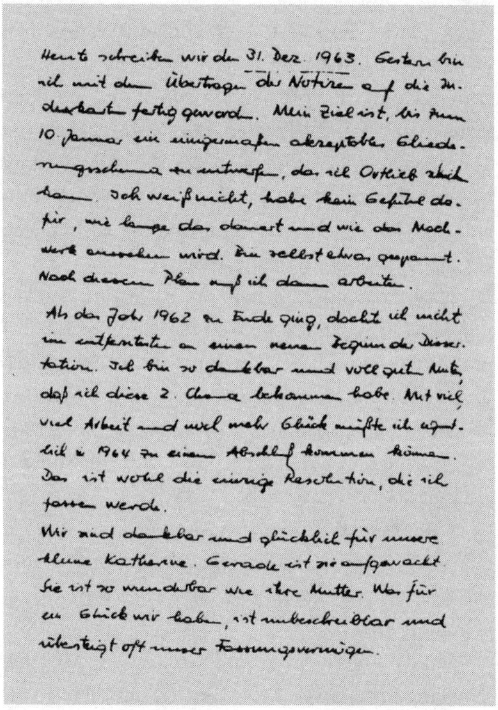
Heute schreiben wir den 31. Dez. 1963. Gestern bin ich mit dem Übertragen der Notizen auf die Indexkarten fertig geworden. Mein Ziel ist, bis zum 10. Januar ein einigermaßen akzeptables Gliederungsschema zu entwerfen, das ich Ortlieb zeigen kann. Ich weiß nicht, habe kein Gefühl dafür, wie lange das dauert und wie das Machwerk aussehen wird. Bin selbst etwas gespannt. Nach diesem Plan muß ich dann arbeiten.

Als das Jahr 1962 zu Ende ging, dachte ich nicht im entferntesten an einen neuen Beginn der Dissertation. Ich bin so dankbar und voll guten Mutes, daß ich diese 2. Chance bekommen habe. Mit viel viel Arbeit und viel mehr Glück müßte ich eigentlich in 1964 zu einem Abschluß kommen können. Das ist wohl die einzige Resolution, die ich fassen werde.

Wir sind dankbar und glücklich für unsere kleine Katharina. Gerade ist sie aufgewacht. Sie ist so wunderbar wie ihre Mutter. Was für ein Glück wir haben, ist unbeschreiblich und übersteigt oft unser Fassungsvermögen.

Für's Photoalbum: M.A. in Economics, Berkeley

Gemeinsam geschafft: Februar 1964

Mit uns befand sich das ganze Land von einer Stunde zur anderen in einem Schockzustand und trauerte tief und aufrichtig. Bis drei Tage nach der Ermordung wurden in den Fernsehprogrammen alle Commercials und Unterhaltungsprogramme ausgesetzt.

5.16. Was war an Kennedy so bemerkenswert?

Ich mochte Präsident Kennedy sehr. Irgendwoher hatte ich das von Norman Rockwell gemalte Porträt erhalten und über meinem Schreibtisch befestigt. Ich versuchte, mir jetzt besonders klar zu werden, was an Kennedy so bemerkenswert war. Das Gesicht faszinierte mich wegen der zum Ausdruck kommenden tiefen Ernsthaftigkeit, der Sorge und dem Willen zur Verantwortung. Dies berührte mich besonders. Ich glaubte an Kennedy vor allem Vitalität zu spüren, Ehrgeiz – humanitär und religiös gezügelt –, Vernunft, Geschichtsbewußtsein, Verständnis für große Entwicklungslinien, Anstand und Demut, Zurückhaltung und Humor, Interesse an vielen Dingen, ein gewisses Maß an Bildung, menschliche Wärme und Sympathie. Ich freute mich, in einem Land studieren zu können, in dem ein solcher Mensch Präsident werden konnte. Wie schrecklich und entsetzlich erschien es uns gleichermaßen, daß in diesem Land auch das Potential war, ihn zu ermorden.

In den vielen Jahren seither ist an Kennedys Bild gekratzt worden. Vor allem die sexuellen Eskapaden wurden erwähnt, von denen damals nichts, aber auch gar nichts bekannt war oder von uns vermutet werden konnte. Vielleicht war mein Bild, das ich oben aus Aufzeichnungen rekonstruiert habe »overly idealistic«, aber ich empfand damals so und ich empfinde heute nicht anders. Mir scheint, daß der Schlußsatz in Theodor Sorensens Buch immer richtig bleiben wird:

»Er war ein großer Mann – viel größer als irgend jemand glaubte –, und wir alle können dankbar sein, daß wir in der Zeit Kennedys gelebt haben.«

5.17. Am 29. Januar 1964 wird mir schriftlich der Titel »Master of Arts in Economics« verliehen – Auflösung des Haushalts und Abschied von Kalifornien

Am 29. Januar wurde mir schriftlich der Titel »Master of Arts in Economics« verliehen. Wir beide waren sehr stolz und glücklich – wir hatten es zusammen geschafft. Ich besorgte mir eine Tracht (gown) und ließ ein Farbphoto machen. Meine Maria beschenkte mich mit einen sehr schönen Siegelring der Universität des Jahres 1964.

Bis zum 20. Februar, dem vorgesehenen Abreisetag, hatten wir noch Zeit, aber ich nutzte sie nicht richtig, bummelte eher herum. Uns verblieb also Zeit genug, Abschied zu nehmen von unseren Freunden, von dem herrlichen Land, das sich in diesen letzten 10 Tagen in einer Frühlingspracht ohnegleichen zeigte, den Haushalt aufzulösen, das Auto zu verkaufen (wir bekamen noch $ 190). Die verbleibenden Gesamtkosten des Wagens von mehr als $ 1.000 waren hoch und wenn ich so sagen soll, die einzige Enttäuschung des ganzen Aufenthaltes.

Nachtrag: Ich überlese diese Aufzeichnung am 6. November 2004. Am 2. November hat Amerika gewählt, erneut George M. Bush.

Schon seit dem Attentat vom 11. September 2001, d.h., seit dem Repressionen in diesem Land und erst recht seit dem Beginn des Irakkrieges im März 2003 haben wir uns eine Reise in die USA nicht mehr vorstellen können. Einen für September 2004 schwach angedachten Wunsch haben wir schnell wieder vergessen. Jetzt ist der m. E. abscheulichste Präsident aller US-Zeiten wiedergewählt worden. Welch' ein Kontrast zu Kennedy, welch' eine Schande, welch' eine Verirrung von gut der Hälfte der Wähler!

6. Mit der Eisenbahn (plus Kathy) verlassen wir Kalifornien am 20. Feb. 1964 – die Zeit in Washington und »Bilanz unseres US-Aufenthaltes«

6.1. Wir fahren am 20. Februar mit dem Zug nach Washington und brauchen dazu etwa eine Woche. Wir reisen über Sacramento, Feather Canyon, Salt Lake City, Denver, Dallas, New Orleans, Birmingham, Bristol, durch Virginia nach Washington

Am Vormittag des 20. Februar brachte uns Gloria mit dem großen Chrysler zum Bahnhof nach Oakland. Vern Beck, von dem schon lange jede Spur verlorengegangen ist, und Marion Blechman kamen mit. Wir waren viel zu früh. Schwer mit Gepäck beladen, warteten wir unter freiem Himmel auf den Western Pacific California Zephyr. Der Abschied von diesen Freunden wurde schwerer als wir uns das je vorgestellt hatten. Wir hatten aber nie erwogen, im Land zu bleiben.

Mit dem sehr bequemen Zug verließen wir Oakland um 11 Uhr und fuhren über Stockton, Sacramento in den Feather Canyon. Nach vielen Stunden erreichten wir am anderen Morgen Salt Lake City. Dort war es im Gegensatz zu California kalt und ungemütlich. Denver war von den Rockies herab gut anzuschauen gewesen, aber auch unwirtlich und sah um den Bahnhof herum, wo wir im billigen Oxford Hotel übernachteten, deprimierend heruntergekommen aus. Bis nach Texas kam uns die Landschaft über weiteste Strecken eher enttäuschend eintönig vor. Um nach New Orleans zu gelangen, mußten wir in Fort Worth den Zug wechseln, was mit Kinderkarre und faltbarem Bettchen und den schweren Koffern immer sehr mühselig war.

Uns gefiel die Landschaft in Louisiana, wo uns die vielen moosbehangenen Bäume in den Wäldern faszinierten, vor allem aber die überall entlang der Schienen lebenden vielen Negerfamilien, die in unvorstellbar primitiven, oft verfallenden Hütten lebten.

Wir kamen spät, müde und hungrig in New Orleans an. Das Hotel – wiederum ganz nahe am Bahnhof – war substandard. Aus einem kleinen Restaurant holte ich ein gegrilltes Chicken, das kaum genießbar war. Am nächsten Tag entschieden wir uns für die große Besichtigungstour, die $ 7 pro Person kostete. Das Wetter war wundervoll. Die Stadt kam uns – nicht nur in ihren französischen und spanischen Quarters – so anders, richtig unamerikanisch vor. Abends gingen wir aus und mußten Kathy mit einer ganz schwarzen, beleibten, aber vertrauenerweckenden Negermammy allein lassen, die uns stattliche $ 4 abverlangte. Als Kathy sie sah, wäre sie vor Überraschung fast aus der Karre gekippt. (Kathy war bis zum 4. Juni 1989 in New Orleans und fragte mich doch tatsächlich am Telefon, ob wir schon mal in dieser ungewöhnlich reizvollen Stadt gewesen wären. Ich habe ihr dann die Geschichte von der Negermammy erzählt.)

Obwohl es leicht regnete, verbrachten wir einen unvergeßlichen Abend in New Orleans, zogen von einer Hall zur anderen und amüsierten uns vor allem in der Dixieland Hall of Jazz, wo wir eine Schallplatte der hauptsächlich musizierenden Band kauften.

Soweit ich erinnere, brachte die Fahrt durch Mississippi und Alabama keine besonderen Erlebnisse oder Eindrücke. Das Land erinnerte uns streckenweise an Teile des Münster- oder Osnabrücker Landes: flach, Wälder, Wiesen, Felder. Natürlich fehlten die eindrucksvollen deutschen Bauernhäuser. Als ich in Alabama ein Taxi holen wollte, sah ich erst ganz zuletzt, daß an den Wagentüren »for coloured only« stand. Wir sahen auch eins der »separate-but-equal-Hotels, die nur für Neger bestimmt waren. Scheußlich! Wir fuhren am nächsten Tag nach Bristol weiter. Im Zug kam ich mit einem älteren, sehr großen, großväterlich wirkenden Schaffner ins Gespräch. Was er von den Negern hielt, kriegte ich bald zu hören und schrieb es mir auf:

»A few have got brains, but most of them have a hole there instead, they sheet on you when you deal with them. I would not employ one of them under any circumstances, they're all diseased, that's why we're against admitting them to our hotels etc.«

Was wir bei der schnellen Durchfahrt von Virginia sahen, war eher – vielleicht auch jahreszeitlich bedingt – enttäuschend. Selten sahen wir ein halbwegs gut gepflegtes Haus. Von Industrie war nichts oder so gut wie nichts zu sehen und die Landwirtschaft wirkte ärmlich. Immer wieder dieser traurige Anblick verlassener und verfallender Häuser.

Ungefähr 150 Meilen westlich von Washington schien sich alles in gutem Sinne zu ändern. Die Gegend wirkte »ausgeglichener«, ordentlicher, irgendwie europäischer. Wir freuten uns über herrliche, ja entzückende Ausblicke auf Wälder und hügeliges Land.

6.2. In Washington schienen wir nicht nur räumlich, sondern auch geistig näher an Europa gerückt zu sein

Unsere Kontinentalreise hatte eine Woche gedauert. Obwohl durch das viele Um- und Aussteigen mühselig und umständlich, hatten wir uns an das Reisen schließlich gewöhnt. Mit Kathy klappte alles vorzüglich. Sie war nicht quakig, im wachen Zustand meistens sehr interessiert und erhielt viel Aufmerksamkeit von ausnahmslos freundlichen Mitreisenden. Als wir mit nur dreiviertel Stunde Verspätung in Washington ankamen, lag dort Schnee. Es war frisch. Wir hatten das Gefühl nicht nur räumlich, sondern auch geistig näher an Europa gerückt zu sein.

In Washington, v. li. n. re.: Me, Mary Kelly, Kathy, Charlie, Barb, Maria und Orr K., April 1964

6.3. In zwei Monaten besuchten wir alle Sehenswürdigkeiten und ich sammelte Unmengen an Material, das in einem großen Seekoffer nachgeschickt werden mußte

Von nun an wohnten wir zwei Monate lang im Basement der Kelly's in 3225 Oliver Street. Diese großartigen Freunde nahmen uns für $ 25 Verpflegungsgeld pro Woche auf. Wir reisten viel mit ihnen: nach Colonial Williamsburg, Washington's Birthplace, Gettysburg, auf meinen besonderen Wunsch hin auch nach Monticello. Im übrigen sahen wir uns in Washington um, wo mich vor allem die Gebäude des Kongresses und die Library of Congress interessierten. Ich war sehr häufig dort. Ansonsten sahen wir so ziemlich alle Sehenswürdigkeiten, nicht zuletzt auch das Grab Kennedy's in Arlington. Mit Kathy im Arm und begleitet von den Kelly's wurden wir durch's Weiße Haus geschleust. Unvergeßlich sind die herrlichsten Frühlingstage, die wir inmitten blühender Kirschbäume am Lincoln Memorial verbrachten.

Was ich an Material für meine Dissertation kriegen konnte, schleppte ich zusammen, vor allem aus dem Arbeits- und dem Handelsministerium. Am Ende mußte ich einen riesigen Trunk kaufen, um alles verstauen und zur Verschiffung bringen zu können. Wo immer ich an den vielen Stellen in Washington vorsprach, um Unterlagen und Informationen zu erhalten, war ich über die uneingeschränkte Bereitwilligkeit, großzügig zu helfen, auf das Angenehmste berührt. Nicht wenig wurde auch – wie zugesagt – nachgeschickt.

6.4. In Philadelphia lernt Kathy Anfang Mai das Laufen – wir erleben zum Abschluß noch eine hochinteressante, unvergeßliche Woche in New York

Wir verließen Washington mit dem Zug am 2. Mai in Richtung Philadelphia, wo wir kurze Zeit bei Marias engster Freundin aus Hamburger Tagen blieben. Dort lernte Kathy das Laufen. Daran schloß sich die eine letzte Woche in New York an. Wir wohnten in der Bronx bei Herb Blechmans Eltern in einem kleinen Reihenhaus in einem kleinen Zimmer. Für New York wurden wir erst reisefertig, als wir ein Transportgerät für Kathy hatten. Opa Blechman half aus, indem er eine alte Puppenschiebekarre reaktivierte. Wir sind dann jeden Tag von morgens bis abends mit Kathy unterwegs gewesen. Daran erinnern schöne Photos aus dem Empire State Building mit Blick auf das Chrysler Building oder von der Battery an der Spitze Manhattans. Ohne Kathy verbrachten wir den letzten Tag auf der Weltausstellung, ein irrsinnig anstrengendes Unternehmen.

Maria hatte in New York ein neues Kleid bekommen. Schwarz mit gelber Schleife, sehr schön, eng anliegend. Sie trug es im Flugzeug der Icelandic Airlines und bekam gänzlich ungewohnte allergische rötliche Schwellungen über den ganzen Körper. Verursacht durch die Aufregungen, Anstrengungen, das Kunststoffkleid oder alles zusammen? Jedenfalls litt sie sehr und. seitdem hat sie mit dieser verfluchten Allergie zu tun.

6.5. »Bilanz unseres Aufenthaltes«: Arbeit, Enttäuschungen, riesige Erfahrungen, Sprachkenntnisse, ein Titel und neue Hoffnung – ich fühle mich immer noch so unfertig – einzige Therapie: unermüdliche Arbeit!

Natürlich versuchten wir, Bilanz zu ziehen: Wir waren gut 1½ Jahre länger geblieben, als ursprünglich geplant war. Wir hatten in Amerika Zuwachs bekommen, ein schon fast einjähriges beglückendes Mädchen, Ich den akademischen Grad MA. von Berkeley, den ich überhaupt nicht im Sinn hatte, als wir uns für Amerika entschieden. Wir hatten beide unsere Sprachkenntnisse außerordentlich verbessert; die Vorteile dauern an. Mit meiner Hauptabsicht war ich gescheitert, aber auf wunderbare Weise wieder in die Ursprungsbahn zurückgeworfen worden. Nun war ich sicher, die Doktorarbeit fertigzukriegen. Ich schätzte allerdings die benötigte Zeit um 1½ Jahre zu kurz ein. Wir hatten uns mit viel Arbeit durchgeschlagen, jede Chance genutzt, um zu sparen und zu verdienen und konnten deshalb in Hamburg auf »Erspartes« von etwa DM 4.000,– zurückgreifen.

Obwohl ich durch Arbeit, Enttäuschungen, Erfolge und die unglaublich fruchtbaren Berührungen mit Land und Leuten, ihren Problemen, ihrer Geschichte, den Schönheiten des Landes viel, ungeheuer viel, lernte, kam ich mir immer noch jung und unfertig, noch gar nicht richtig wie ein Erwachsener vor. Mein Lern- und Fortbildungsdrang erschienen mir ungebrochen. Auch betrieb ich meine kritische, auf persönliche Verbesserungen gerichtete Dauerselbstanalyse weiter, war mit den Ergebnissen nie zufrieden. So meinte ich immer wieder, ich müßte bescheidener und ernsthafter werden, beklagte, daß ich meine Vorurteile und Emotionen nicht unter Kontrolle hatte, wollte aber gleichzeitig eine gewisse Spontaneität nicht verlieren. Solche Betrachtungen stellte ich vor allem in depressiven Phasen häufiger an. Ich wußte, daß ich nur weiterkommen würde, wenn ich mich zur Arbeit zwang, was ab Mitte Juni nach Rückkehr und Wiedereinrichtung in der Wohnung in der Gärtnerstraße auch gelang.

7. Zurück in Hamburg – neben die Arbeiten an der Promotion tritt Mitarbeit in der SPD – Vollassistent – Tod des Vaters und Karl Supprians – Philip wird geboren – Dozent und Freizeitpolitiker vor Abschluß der Promotion – Bedeutung von Freundschaft

7.1. Rückkehr nach Hamburg, Vater renoviert die Wohnung, freut sich an Kathy und an Hamburg – Schlaganfall

Vater hatte die Woche vom 6. – 13. Juni bei uns verbracht, das Wohnzimmer tapeziert und den Flur gestrichen. Daneben machte er Urlaub und war so ausgeglichen und zufrieden, wie ich ihn nie zuvor erlebt hatte. An einem unglaublich heißen Samstagnachmittag war er mit Kathy, in die er regelrecht vernarrt schien, aus gewesen, zum Weiher, hatte sie geschaukelt, mit Eis und Schokolade verwöhnt und längere Strecken getragen. Das hatte ihn erkennbar sehr angestrengt.

Besuch der Eltern in der Gärtnerstr. 9, 1960

Vater (letztes Photo von ihm) mit Kathy, Mai 1964, vor der Gärtnerstr. 9

Nach der Rückreise in der Nacht zum Sonntag oder zu Hause erlitt er einen Schlaganfall, von dem er sich nicht erholte. Ob er an diesen Folgen oder an einem Magenleiden starb, ist nicht bekannt geworden.

Jedenfalls wurde er ein sehr schwerer Pflegefall und starb am 5. Dezember 1965 unmittelbar, nachdem ich in Eimsbüttel zum Kandidaten für die Bezirksversammlung nominiert worden war. Vater hat weder von meinem politischen Weg etwas erfahren noch den Abschluß der Promotion erlebt.

Mai 1964: Rückkehr aus den USA, Eltern, u.a. 5 Geschwister in Schloß Homburg; Bruder Siegfried »vergreift« sich an dem Sohn von Waltraut, Paul-Gerhard

7.2. Arbeit für Maria und Tagesmutter für Kathy, 5-Monats-Promotions-Stipendium

Ab Mitte Juni waren wir wieder eingerichtet. Maria konnte an ihren alten Arbeitsplatz zurück; für Kathy fanden wir eine Tagesmutter, zu der Maria sie jeden morgen mit der Straßenbahn brachte und nach dem 6-Stunden-Arbeitstag wieder abholte und nach Hause fuhr. Die Fahrerei und Umsteigerei mit der Straßenbahn, das Schleppen des Kindes, die Arbeit im Büro und dem Haushalt waren große Belastungen für sie. Ab August erhielt ich für endgültig nur 5 Monate ein Promotions-Stipendium der Stiftung Mitbestimmung in Höhe von DM 450,– monatlich.

Omi (Anni) Stut, die die heranwachsenden Kinder so großartig betreute, wenn wir mal ausgehen wollten (sie starb 1990 über 90 Jahre alt), bleibt als hilfreiche Freundin unvergessen!

Es dauerte nicht lange, bis ich die Ruhe für die Konzentration auf die Schreibtischarbeit fand und stetige Fortschritte bei der Dissertation machte. Einen ersten Entwurf bis zum Jahresende fertigzubekommen, gelang trotzdem nicht. Dazu brauchte ich fast ein weiteres Jahr.

7.3. Eintritt in die SPD am 2. Juni 1964

Noch bevor ich wieder an den Schreibtisch zurückkehrte, holte ich mir im Kurt-Schumacher-Haus ein Aufnahmeformular und trat am 2. Juni 1964 der SPD bei. Ich war »stärkstens motiviert«: vor allem durch meine Begeisterung für den ermordeten Präsidenten und seine Art, Politik zu betreiben, aber auch im besonderen, weil ich seit langem politisiert war, d.h. schon immer größtes Interesse an unseren öffentlichen Angelegenheiten hatte und nun die Zeit für gekommen glaubte, nicht mehr nur beobachtend, sondern auch aktiv gestaltend mitzumachen.

7.4. Erinnerungen an den damaligen SPD-Landesgeschäftsführer und Studienfreund Dieter Blötz – sein schlimmes Ende

Das ist heute, wo ich diese Zeilen schreibe (02.06.87), auf den Tag genau 23 Jahre her. Damals war im Kurt-Schumacher-Haus ein SDS-Studienfreund, Dieter Blötz, als Landesgeschäftsführer tätig. Er hatte mit mir im November 1954 an der Akademie begonnen und war auch 1956 mit dem Ziel zur Uni gegangen, so schnell wie möglich ein betriebswirtschaftliches Diplom zu erlangen. Während ich im Sommer 1957 als Assistent an der Akademie vor Arbeits- und seelischen Belastungen manchmal nicht mehr ein noch aus wußte, sagte er mir eines Tages auf der Treppe, er habe sich schon ein Diplomthema geben lassen und werde in zwei, spätestens 3 Semestern fertig sein. Mir kam das zu ehrgeizig, zu überstürzt vor.

Dieter wurde nie fertig, weil er sich wie andere auch, zu früh von der Politik ablenken ließ, damit schnell einen beruflichen Einstieg verknüpfte, aber schon bald so festgelegt war, auch so abhängig wurde, daß ein Studienabschluß schließlich unmöglich und unnötig erscheinen mußte. Er hat trotzdem oder deswegen politisch und beruflich schnell viel erreicht: 11 Jahre war er einflußreicher politischer Administrator auf Landesebene, Bürgerschaftsabgeordneter und Vorsitzender des Innenausschusses, bis ihn die SPD-Bundesfreunde für fähig hielten und dazu überredeten, ab 1970 Vizepräsident des BND in München zu werden. Man (mindestens der Landesvorsitzende) sicherte ihm eine Rückfahrkarte in den Senat zu. Das Versprechen wurde nicht eingehalten. Als beispielsweise der Posten des Innensenators im September 1973 frei wurde, bot man mir und nicht ihm dieses Amt an, das er hätte meistern können, für das ich aber überhaupt keine Voraussetzungen mitbrachte.

1971 besuchte ich Dieter Blötz in München. Ich verstand damals nicht, warum er seine Familie in Hamburg gelassen hatte. Deshalb vielleicht zwangsläufig folgende Probleme mit der Sekretärin, kosteten ihn 1979 seinen Job und drückten ihn schwer nieder. Ein beruflicher Neuanfang bei der Volksfürsorge gelang. Ich empfand Mitleid, sprach für ihn mit dem Vorsitzenden dieses Unternehmens, entwickelte aber von mir aus keinen Antrieb, ihn häufiger zu sehen. Zuletzt, vor Jahren, erzählte er enthusiastisch von seinem Hausbau in Billstedt auf der Goldkoppel. Letzte Woche ist er nach 1½ Jahren Krankheit, von der ich nichts wußte, an Magenkrebs gestorben. Er soll morgen, d. h. am 3. Juni, beerdigt werden.

Die Trauerfeier war merkwürdig genug. In einer Halle in Ohlsdorf hatten sich etwa 250 Personen eingefunden, viele darunter waren mir natürlich nicht bekannt. Ich traf aber auch auf eine Reihe alter, langbekannter Sozialdemokraten, die ihm die letzte Ehre geben wollten. Es gab keinerlei christliches Weihwerk, ein Redner sprach und erwähnte gegen Abschluß, daß man überlegt habe, eine symbolische Beerdigung durchzuführen. Diese Idee sei aber verworfen worden. Dieter habe seinen Körper wissenschaftlichen Zwecken vermacht. Es war nicht schwer zu kombinieren, daß der Tote nicht in dem Sarg lag, sondern in irgendeiner Lösung, an irgendeinem Institut des Krankenhauses Eppendorf verwahrt wurde. Eine makabre und schwer zu ertragende Vorstellung.

7.5. Einsatz für die Partei und öffentliche Angelegenheiten: ja, aber nicht zu früh

Mit 30½ Jahren in die SPD einzutreten, war nicht gerade früh. Ich hatte dem SDS 6 Jahre angehört und dies als guten Ersatz für eine Parteimitgliedschaft angesehen. Meine Erwartungen waren unbestimmt. Ich hatte nur den Ehrgeiz mitzumachen. Frühe politische Bindungen, die mich von meinen Studienzielen abgelenkt hätten, hatte ich wie die Pest gescheut. Ich sah an einigen Beispielen, daß mit dem Hineinwachsen in die Partei und der Nutzung von ihr gegebener beruflicher Chancen Möglichkeiten schnellen Aufstiegs geboten wurden, aber auch unerträgliche, für mich gänzlich unerträgliche und nicht annehmbare Abhängigkeiten verknüpft waren. Ich habe es ganz leicht gehabt, eventuellen Versuchungen zu widerstehen (habe sie ganz sicher auch nicht gesucht) und eine Reihe von SDS-Freunden nicht verstehen können. Mein Credo leitete mich ganz bewußt: erst Abschluß der Ausbildung und auf der Basis einer so gewonnenen Unabhängigkeit aktive Parteimitgliedschaft, also um es noch einmal klar zu sagen: Einsatz für die Partei und öffentliche Angelegenheiten ja, aber nicht zu früh und nicht um den Preis der Aufgabe oder Verkümmerung realistischer Berufschancen außerhalb der Politik.

7.6. Funktionär in Eimsbüttel-Süd – das kleine Einmaleins der Parteiarbeit

Schon im Sommer 1964 wurde ich Kassierer im Bezirk 314 im Zentrum Eimsbüttels. Dieser Bezirk wies etwa 50, meist ältere Mitglieder auf. Ich versuchte, alle kennenzulernen. Die meisten zahlten kleinere Beiträge monatlich oder vierteljährlich. Es wurde damals noch sehr wenig abgebucht. Im Herbst übernahm ich auch den Vorsitz des kleinen Bezirks, weil Franz Listl, Vorsitzender der Bezirksfraktion, nicht mehr wollte.

Die verschiedenen Bezirke bildeten den Distrikt Eimsbüttel-Süd. Wer dort eine Funktion hatte, war »Funktionär« und nahm an den Sitzungen des Distriktvorstandes einmal im Monat teil. Regelmäßig und umständlich wurde dort über Kreisvorstandssitzungen berichtet. Diese Informationen mußten dann an die Bezirke weitergegeben werden. Hier entstand unsere gute Beziehung zu Charlotte Wischnewski und damit auch zu ihrem Sohn Erik.

Nun lernte ich von Grund auf das kleine Einmaleins der Parteiarbeit und -Organisation kennen wie: Mitgliederwerbung und Information sowie Betreuung, die meist in Kassierung, aber auch darin liegen konnten, Begründungen für Austritte herauszufinden, Öffentlichkeitsarbeit wie Stellschilderreparatur, Bekleben der Stellschilder, Aufstellen, Einsammeln, Verteilung von Informationsmaterial und Einladungen, interne politische Vorträge, Diskussionen, Anträge zu politischen und organisatorischen Fragen für die nächsthöhere Parteiinstanz und Wahlen, einmal für Parteifunktionen und zum anderen für politische Mandate.

7.7. Ich lernte noch gerade soeben die traditionelle SPD kennen

Die Basis oder den Sockel der Partei bildeten die erfahrenen, noch aus der Weimarer Zeit stammenden Genossinnen und Genossen, meistens Arbeiter, Facharbeiter, kleine Angestellte und Beamte, vor allem viele ältere verwitwete Genossinnen. Der öffentliche Dienst war noch nicht übermächtig vertreten. Lehrer waren selten. Es herrschte ein sehr hohes Maß an gegenseitiger Bekanntschaft und gegenseitigem Vertrauen, d.h. man kannte und vertraute sich. Neue Mitglieder stießen auf Wohlwollen und Neugierde und auch eine gewisse Reserve, weil man den Betreffenden natürlich erst einmal beschnuppern mußte. Jüngere Mitglieder waren eher die Ausnahme. Sie waren besonders willkommen, weil für all die vielen kleine Dinge der Organisation nie genug Hände zur Verfügung standen. Für gewisse arbeitsreiche Funktionen mußten oft Mitglieder überredet werden. Insgesamt erschien die Partei politisch nicht zerrissen, in Lager gespalten oder besonders profiliert. Den Funktionsträgern der höheren Ebenen wie Abgeordneten des Bundestages oder der Bürgerschaft und dem Landesvorstand wurden im allgemeinen Vertrauen, sicher auch Respekt und Anerkennung gewährt. Wer einmal gewählt war und keine größeren Fehler oder Dummheiten machte, konnte auf Wiedernominierung und Wiederwahl rechnen, wenn er es nur wollte.

In den Ortsausschüssen, Bezirksversammlungen und der Bürgerschaft hatte die SPD jeweils stabile Mehrheiten, die leitenden Beamten auf diesen Ebenen waren grundsolide, meistens auch politisch erfahrene SPD-Mitglieder (Eimsbüttel bildete eine Ausnahme, was die Parteimitgliedschaft des Bezirksamtsleiters anging, der zu der Zeit ernannt worden war, als der Senat unter CDU-Führung stand). Dementsprechend genossen die zahlreichen führenden Repräsentanten der Partei nicht selten hohes und höchstes Ansehen, nicht nur bei den sehr zahlreichen SPD-Wählern, sondern auch bei vielen politisch anders eingestellten Bürgern der Stadt. Die Wahlergebnisse zur Bürgerschaft zeigen diese Verankerung der SPD sehr deutlich. Der Abbruch kam erst im Frühjahr 1974, als Bundesereignisse und der Bürgermeisterwechsel in Hamburg in ihren negativen Folgen auf die Wählermeinung voll durchschlugen.

Mir scheint heute, als ob ich durch meinen Eintritt im Jahr 1964 gerade noch soeben die traditionelle Nachkriegs-SPD kennenlernte, wie sie sich auch in der Weimarer Zeit, auf jeden Fall aber in den ersten 20 Jahren nach dem Zweiten Weltkrieg menschlich und politisch darstellte. Anders als bei der Diskussion über die »Remilitarisierung« in den 50er Jahren haben dann die Diskussionen, ob die SPD sich an einer Großen Koalition beteiligen sollte (1966) und die langwierigen Auseinandersetzungen um die Verabschiedung der Notstandsgesetze ab Herbst 1967 zum Aufbau gegensätzlicher, die Partei häufig in große Spannung versetzenden Positionen und, oder gerade, in Eimsbüttel zu teilweise erbitterten innerparteilichen Kämpfen geführt. Diese sachlich-politischen Kontroversen gingen der Veränderung der Partei durch völlig neue und unerwartet große Mitgliederwellen ab 1969 voraus, welche das Bild der Partei und ihr Zusammengehörigkeitgefühl nochmals nachhaltig beeinflußten.

7.8. Erneute Spannungen durch Doppelbelastungen: ab 1. Januar 1964 »Vollassistent«

Die Tätigkeit in der Partei, die Wiederaufnahme der Lehrtätigkeit im Rauhen Haus (ich verdiente jetzt pro Stunde DM 9,50 statt vorher DM 8,–) und in der Volkshochschule beeinträchtigten meine Konzentration auf die Dissertation nicht wesentlich. Ich machte langsame, stetige Fortschritte. Anfang August 1964 hatte ich bereits 45 Seiten geschrieben und so ging es mit Verzögerungen, Enttäuschungen, Fortschritten und depressiven Anfällen (meiner »Arbeitsangst«) weiter voran.

Den ersten Entwurf bis zum Jahresende fertigzukriegen, erwies sich bald als Illusion. Dazu brauchte ich fast ein halbes Jahr länger. Ende August 1964 meldete sich Bruno Molitor, der mich betreuende Assistent meines Doktor-Vaters. Ich verbrachte einen Nachmittag mit ihm und akzeptierte sein Angebot, ab 1. Januar 1965 eine Vollassistentenstelle an der Akademie für brutto etwa DM 1.460,– zu übernehmen (ich ließ mir ausrechnen, daß ich in Vergütungsgruppe VI b DM 890,– und in V b DM 986,– verdienen würde, dabei davon ausgehend, daß ich es beim Verbleiben im öffentlichen Dienst inzwischen bis zu diesen Höhen gebracht haben würde. Fast 11 Jahre Ausbildung usw. hatten also einen Einkommensunterschied im öffentlichen Dienst von etwa DM 500,-- bewirkt). Wir vereinbarten, daß ich halbtags wie schon zweimal vorher bei Prof. Hummel zu arbeiten hätte; im übrigen sollte ich ihm, Molitor, zuarbeiten. Er wolle mich aber weitgehend freistellen, denn auch er sei daran interessiert, daß ich schnell fertig würde. Molitor redete mir sehr zu und ich merkte, daß seine eigenen Interessen und Personalplanungen auf dem Spiel standen. Da mein Stipendium auslaufen würde, unsere Ersparnisse stark abgenommen hatten, meine Dissertation unumstößlich im Werden war und ich im weiteren Verfahren sehr von Molitor abhängig sein würde, begab ich mich erneut in die Spannung einer Doppelbelastung, die meine Doktorarbeit tendenziell verzögern mußte.

7.9. Nur der Ehrgeiz und tiefverwurzelte Ziele treiben mich an – der Kauf des ersten deutschen Autos im Alter von 31 Jahren

Während des Herbstes hatte ich einen Artikel für den Wirtschaftsdienst geschrieben (wie heute am 02.06.87 wiederum). Dieser erschien in der Oktober-Ausgabe. Obwohl ich an sich viel arbeitete, meinte ich immer wieder, über meine »Faulheit« klagen zu müssen. Nur Ehrgeiz und tiefverwurzelte Ziele und Ideale trieben mich an, wie scharfe Sporen das unwillige Pferd. Für die Wissenschaft glaubte ich mich auf keinen Fall geboren, sah meine Zukunft gänzlich unspezifisch in einer anspruchsvollen praktischen Tätigkeit irgendwo, über die ich mir überhaupt keine Gedanken machte.

Ende Oktober 1964 kaufte ich zu Hause einen VW Käfer, Baujahr 1952, für rund DM 1.000,--. Auf einen Schlag gingen für Kauf, Überführung, Umschreibung und die halbe Jahresrate Steuern und Versicherungen (DM 250,–) annähernd DM 1.350,– drauf. Wir hatten über 5 Monate nach unserer Rückkehr nach Hamburg ohne Auto verbracht, unter der ungewohnten Unbeweglichkeit nicht wenig gelitten. Jetzt allerdings kostete der Unterhalt des alten Autos buchstäblich jeden freien Pfennig.

7.10. »Richtiges« Familienleben und bittere, unverschuldete Verzögerungen des Promotionsabschlusses

Zum 1. Juni 1965, nach knapp einem Jahr, hörte Maria mit ihrer Arbeit auf. Ihre Belastung war zu groß geworden. Da ich seit Januar ein volles Gehalt bezog und durch Vorträge etc. manchmal nicht unerhebliche Nebeneinnahmen hatte, entschieden wir uns für ein richtiges Familienleben und wollten ein Brüderchen für Kathy. Von Juni an lag eine erste Version der Dissertation bei M., der sich viel Zeit für eine kritische Durchsicht nahm. Monate später, im November, erklärte dieser edle Junggeselle, es sei mein persönliches Pech, daß er über keine Zeit verfüge, sie zu lesen. Weitere 10 (!) Monate vergingen, bis Mitte September 1966 schließlich ein Gutachten angefertigt wurde. In der Zwischenzeit lagen überarbeitete Versionen zwischen 3 und 5 Monaten herum und ich verging fast vor Ungeduld und Nervosität, aus denen sich schließlich eine lebenslange Abneigung entwickelte, gegenüber einem Menschen, dem ich so gnadenlos ausgeliefert war. Ich befand mich in seinem Würgegriff und verwünschte ihn von Herzen.

7.11. Nominierung für die Bezirksversammlung Eimsbüttel nach nur 1½ Jahren SPD-Mitgliedschaft – Karriere einer Weggefährtin von damals

Gegen Ende des Jahres 1965 gab es bei allem Ärger zukunftsbestimmende Entscheidungen: Am Samstag, dem 4. Dezember, wurde ich in der Kreisdelegiertenversammlung Eimsbüttel aufgrund entscheidender Vorarbeit von R. Hoffmann und P. Blachstein für die Bezirksversammlung Eimsbüttel nominiert. Ich kam in dem sogenannten »Kasten« unter (Plätze 10 – 12 der Liste), für den dem Kreisvorstand ein Vorschlagsrecht eingeräumt worden war.

Nach 1½ Jahren Mitgliedschaft kannte ich nur wenige der über 100 Delegierten. Ich saß in dem dunklen, rauchigen Saal in einer Ecke u.a. mit Elisabeth Kiausch, die befürchtete, durch meine Kandidatur vielleicht benachteiligt zu werden; sie war entsprechend unruhig. Auch sie wurde dann im März 1966 sicher gewählt. Wir saßen in der Bezirksversammlung einträchtig nebeneinander und arbeiteten viele Jahre politisch vertrauensvoll zusammen. Vier Jahre später kam sie nicht zuletzt mit meiner Unterstützung in die Bürgerschaft. Ich bin immer wieder über die Zufälle, auch terminlicher Art, überrascht. Elisabeth Kiausch wird heute, am 3. Juni 1987, zur Präsidentin der Bürgerschaft gewählt.

Inzwischen ist sie nach der Bürgerschaftswahl vom 17. Mai 1987 sogar ab September 1987 meine soundsovielte Nachfolgerin in der Finanzbehörde geworden. Meine Befürchtung, daß sie im Finanzressort nicht glücklich werden würde, war nicht unbegründet.

Der neue Bürgermeister H. Voscherau rief mich im Mai 1988 an und bat um Nennung eines Namens, mit Glanz und positiver Wirkung über Hamburg hinaus, ... für das Finanzressort!!! Ich schlug H.J. Krupp aus Berlin vor, der es auch wurde. Elisabeth hat danach als »Rathaus-Senatorin« eine besser auf sie zugeschnittene Funktion hervorragend ausgeübt; sie gehört seit langem zu den bekannten und respektierten SPD-Politikerinnen meiner Generation.

7.12. Unerwartete berufliche Perspektiven: Dozent an der Akademie oder Leiter der Sozialfachschule des Rauhen Hauses? Koinzidenz der Erinnerungen an eine IMF-Bewerbung und Befassung mit diesem Problem im Zentralbankrat im Juni 1987

Neben der politischen »Schiene« entwickelte sich meine berufliche Zukunft an der Akademie. Mir war bekannt, daß Hummel aus Altersgründen schon im September hätte ausscheiden müssen. Weil er immer klamm und kein Nachfolger in Sicht war, wurde sein Dienstvertrag um ein halbes Jahr verlängert. Am Tag nach Weihnachten 1965 kam Hummel abends zu mir in mein kleines Arbeitszimmer, wo ich mit der Regelmäßigkeit eines Uhrwerks bis spät in die Abendstunden arbeitete und druckste herum. Er wollte herausfinden, ob M. mir seine Nachfolge angetragen habe. Ich war sehr überrascht (er auch).

Also: Ich wußte nichts davon. Noch bevor es im neuen Jahr zu dem erwarteten Angebot kam, das ich mit Stolz und großer Freude annahm, wurde ich am letzten Tag des Jahres von Probst Wolfgang Prehn vom Rauhen Haus angerufen. Er bot mir den Posten des Leiters der Sozialfachschule, eine Oberratsstelle, an. Das wäre eine gute Alternative gewesen.

Wie wenig ich mit dem Verbleib an der Akademie gerechnet hatte, mag man daraus ersehen, daß ich mich im September 1965 um eine Stelle bei der Weltbank beworben hatte. Als Anfang Januar 1966 eine Absage kam, verbunden mit dem Angebot, mich für eine IWF-Position in Bonn vorzustellen, hatte ich jegliches Interesse verloren. Auf diese Angelegenheit stieß ich zufällig gestern, am 8. Juni, beim Durchstöbern alter Briefe. Ich hatte überhaupt keine Erinnerung mehr an diese Bewerbung und daß ich vielleicht eine Chance beim IWF gehabt haben könnte, über dessen problematische Rolle ich im ZBR am 5. Juni eine Diskussion auf der Tagung in Saarbrücken zustande gebracht hatte. Mein sehr ausführliches, sorgfältig erarbeitetes Papier spielte dann in der Diskussion nur eine grundsätzliche Rolle, ohne Wirkungen zu erzielen. Zu den vielen, genau überlegten Details äußerte sich niemand, weder schriftlich noch mündlich. Hätte ich es bloß veröffentlicht.

7.13. Der Tod des Vaters am 5. Dezember 1965

Nur wenige Stunden, nachdem die Weichen für meine politische Zukunft gestellt wurden, starb mein Vater im Alter von 66 Jahren. Sein Tod war für ihn und die ihn Pflegenden eine Erlösung. Im Laufe der Jahre wuchs zwar mein Verständnis für seine Lage und vielfältigen guten Absichten und das Gefühl der kindlichen Dankbarkeit werde ich nie verlieren. Andererseits wußte ich, daß mir immer eindringlich gegenwärtig bleiben würde, wie problematisch seine Rolle als Ehepartner und auch als Vater war (dies ist kein wirklicher Vorwurf) und daß ich um meines Ehepartners und meiner Kinder willen hoffte, nie auf eine solche Bahn zu geraten, die wesentlich durch die Umstände einer großen, armen Familie bedingt war. Sein Leben beinhaltet auch diese Lehre, womit jedenfalls für mich gesagt ist, daß eine problematische Kinderstube durchaus sehr positive Auswirkungen haben kann.

7.14. Philip wird geboren – am 5. März 1966 – ein Glücksgefühl ohnegleichen; drei Wochen später Wahl in die Bezirksversammlung Eimsbüttel

Am 5. März 1966, einem Samstagmorgen, um 5.00 Uhr wurde Philip geboren. Nach all den Anstrengungen, die auch ich erlitten hatte durch das lange Warten auf ihn, gönnte ich mir ein üppiges Steakessen an der Hoheluftchaussee. Einen gesunden Jungen zu haben, erzeugte ein Glücksgefühl ohnegleichen.

Philip (3½ Jahre) wird eingewiesen, um Vater zu vertreten, 1969

In diesen Wochen des März machte ich meinen zweiten Wahlkampf mit, an dessen Ergebnis ich persönlich interessiert war. Am 27. März 1966 baute die SPD auf der Bürgerschaftsebene ihren Vorsprung auf 59 % aus (von 57,4 % im Jahre 1962, das entsprach einem Mandatsgewinn von 72 auf 74) und für die Bezirksversammlung Eimsbüttel errangen wir 24 von 40 Mandaten (vorher 23!).

7.15. Der Übergang in eine selbständige Dozentenstellung am 1. April 1966: Wehmütige Erinnerungen an den Tag vor 9 Jahren (31. März 1957)

Und am 31. März dachte ich nicht ohne Rührung und Stolz an den gleichen Tag, genau vor 9 Jahren, als ich im Zimmer von Hummel an einem regnerischen, unfreundlichen, dunklen Tag mit meinem außerordentlich geschätzten Assistenten-Vorgänger, W. Peters, zusammen war, um auf meine Halb-Assistenten-Stelle eingestimmt zu werden. Peters verließ diese Stelle mitten in seiner Promotion und einer noch nicht gänzlich fertiggestellten Übersetzung. Enttäuscht und verärgert über Hummel, an dem er nur noch wenige gute Haare ließ. Ich nahm das damals nicht so ernst, zumal ich meinen Stolz kaum verbergen konnte. Jetzt, 9 Jahre später, sollte an diesem Tag mein Assistentenleben enden und der Übergang in eine selbständige Lehrtätigkeit auf hohem Niveau stattfinden.

7.16. Das mir so vertraute Zimmer wurde nicht frei – mein Schwur, niemals so schwach und unordentlich zu werden

Leider war das mir so vertraute Zimmer nicht frei. An einen Einzug war überhaupt nicht zu denken. Ungeordnet lagen viele Zentner Zeitungen, Zeitschriften, Broschüren und Bücher herum. Der Professor war verreist und völlig unfähig gewesen, rechtzeitig reinen Tisch zu machen. Seine Unschlüssigkeit und Unordnung waren bekannt, aber nun, wo es um meine Arbeitsmöglichkeiten ging, fühlte ich ihre Belastung doppelt. Ich schwor mir damals, mich auch als alten, verbrauchten Mann niemals so schwach und unordentlich zu zeigen.

Es wäre nicht in Ordnung, hätte ich mit diesen »nur« kritischen Worten abschließend auf Georg Hummel verwiesen. Schon mehrere Male habe ich ihn erwähnt. Seinen Geburtsort Donstetten auf der

Einziges Photo als Dozent auf dem Platz meines Vorgängers G. Hummel in der Mollerstr. 10, 1969

Schwäbischen Alb suchte ich Ende Oktober 1989 in Erinnerung an unsere Bekanntschaft auf und fand Leute, die ihn gekannt hatten bzw. sich an ihn erinnern konnten. Dazu gibt es Tagebuchaufzeichnungen.

Georg Hummel war ein stattlicher, nobler, freundlich-friedlicher, verklemmter, oft unsicher wirkender, jedenfalls kein mutiger Mann. Er war bäuerlicher Herkunft, hatte Schmied und Schlosser gelernt und war über eine Sonderprüfung Mitte der zwanziger Jahre zum Ökonomie- und Philosophiestudium in Heidelberg zugelassen worden, wo er schließlich mit Müh und Not bei Alfred Weber nach dessen Rausschmiß durch die Nazis, ich meine 1934, promovierte. Sowohl als Student als auch immer danach hat er nach meinem Eindruck nie systematisch und konzentriert arbeiten können/ müssen. Er konnte sich sein Geld nicht einteilen und hatte dementsprechend immer finanzielle Sorgen.

Hummels ökonomisch-historische Bildung, sein beachtliches Erinnerungsvermögen, eine glänzende Erzählgabe, sein menschliches Interesse vor allem an Studenten, seine Unbeholfenheit bzw. unpraktische, langsame Art machten ihn liebens- und schätzenswert, und die/wir Studenten spürten und achteten seine Besonderheiten, wozu auch seine Schwierigkeiten im schriftlichen Ausdrucksvermögen gehörten.

In Gesellschaft war Hummel sehr oft unterhaltsamer Mittelpunkt. Als ich vor wenigen Jahren bei O. Pfleiderer (Professor und Ex-LZB-Präsident in Stuttgart) in Tübingen privat zu Besuch war, sprach ich ihn auf Hummel an. Pfleiderer erinnerte sich sehr genau an den damaligen Mitstudenten und erwähnte so beiläufig, daß dieser auch dadurch aufgefallen sei, daß er nicht selten mit weißen Handschuhen herumspaziert sei.

Im Sommer 1980 bemühte ich mich sehr, seine ehemaligen Assistenten an seinen heraufziehenden achtzigsten Geburtstag im September zu erinnern und für einen gemeinsamen Besuch in Kronberg, wo ich ihn einmal besucht hatte, zu gewinnen. Bis auf Ludwig, der unauffindbar blieb, waren wir drei übrigen bereit; kurz vor dem Ereignis sagte Hummel ab; er wolle seinen Geburtstag lieber im Kreis der brüderlichen Familie verbringen.

Mich hat eine Zeitlang bekümmert, daß sein Interesse an meinem politisch-beruflichen Weg und an der Familie schon vor seinem Weggang aus Hamburg

Abschiedsbesuch von G. Hummel im Radenwisch, Herbst 1975

im Herbst 1975 immer geringer geworden war. Schließlich fand ich mich mit dem Auslaufen der Beziehung ab, weil mir dies vorgezeichnet und auf jeden Fall auch nicht änderbar schien.

7.17. Am 28. Februar 1966 stirbt der unersetzliche, ältere einzige Freund Karl Supprian; während ich mit der Überarbeitung fast fertig war, starb am 11. Mai 1991 Ibrahim Cutujian

In dieses 1. Quartal des Jahres 1966 fiel der Tod meines guten und hochgeschätzten Freundes Karl Supprian. Ich hatte ihn kennengelernt, als ich 1957/58 im Christophorus-Haus wohnte. Karl, damals ungefähr Mitte 50, hatte vor dem Krieg an der Coimbra Universität in Portugal studiert und gelehrt und während des Krieges das deutsche Kuiturinstitut in Bukarest geleitet. Dort hatten ihn die Russen gefangengenommen und 10 Jahre behalten, Er war im Zuge der auf Adenauers Besuche in Moskau im Jahre 1955 zurückgehenden Vereinbarung, die deutschen Gefangenen nach Hause zu lassen, schwer herzkrank wieder nach Flottbek zu seiner sehr betagten, über 80jährigen Mutter zurückgekehrt.

Wir trafen uns im Sommer 1957 auf einer SDS-Veranstaltung und fanden heraus, daß wir denselben Heimweg nach Flottbek hatten. Es war Verständigung und Freundschaft auf den ersten Blick. Er bemühte sich darum, seine Dissertation fertigzustellen; ich nahm an seinen Schwierigkeiten teil, die sehr persönlicher Natur waren. Vielleicht war ihm der Zweck des Ganzen mit der Zeit immer fragwürdiger geworden. Jedenfalls kam er nicht voran und mußte immer wieder Anträge auf Verlängerung des Forschungsstipendiums stellen und Professoren bitten, die Anträge zu befürworten. In der Mitte des schneekalten Februar 1966 hatte ich ihn besucht und zur Apotheke in die Waitzstraße gefahren, wo er Medizin usw. für seine Mutter holte. Karl wirkte nervös und zerfahren und sah so schlecht und zermürbt aus wie nie zuvor. Am 28. Februar starb er völlig überraschend an einem Herzinfarkt.

Er war ein Mann von seltener Noblesse und einem liebenswürdigen, offenen, höflichen Wesen. Wir hatten ein freundschaftliches, kameradschaftlich-vertrauliches Verhältnis. Ich habe seinen klugen Rat oft gesucht und sehr geschätzt. Karl besaß Herzensbildung und Takt und war an Menschen im allgemeinen, erst recht aber, wenn er mit ihnen reden konnte, im besonderen in echter Weise interessiert. Trotzdem hielt er eine gewisse Distanz, die man aber immer als angenehm empfand. Ich trauerte aufrichtig um ihn und spüre seinen Verlust unvermindert. Er ist unvergessen, weil er mir oft gefehlt hat und immer noch fehlt. Ich fand bei Montaigne eine Beschreibung der Empfindungen seiner Freundschaft zu einem älteren Freund, die ich so gut nachfühlen kann.

»In der Freundschaft ist es eine allgemeine und alles erfüllende Wärme, milde überdies und gleichmäßig; eine

Karl Supprian, 1965

beständige und ruhige ganz Innigkeit und Zartheit, die nichts Brennendes oder Durchbohrendes hat.

Im übrigen ist das, was wir gemeinhin Freunde und Freundschaften nennen, nichts weiter als Bekanntschaften und Vertraulichkeiten, die durch irgendwelche Anlässe und Bequemlichkeiten angeknüpft sind, mittels deren unsere Seelen sich miteinander unterhalten. In der Freundschaft, von der ich spreche, mischen und vereinigen sie sich beide in dermaßen völliger Verschmelzung, daß sie ineinander aufgehen und die Naht, die sie verbindet, nicht mehr finden. Wenn man in mich dringt zu sagen, warum ich ihn liebte, so fühle ich, daß sich dies nicht aussprechen läßt, ich antworte denn: Weil er er war; weil ich ich war.« (Montaigne)

Wie oft gehen freundschaftsähnliche Beziehungen zu Ende, in die Brüche, hören einfach auf. Ich habe mich dann manchmal gefragt: Sind »Runderneuerungen« von Freundschaften dieser Art möglich?

Mein Resümee: Ich glaube es nicht! Was abgefahren ist, war zu weich! Wiederanknüpfungen gleichen Exhumierungen.

Am 11. Mai 1991 starb Ibrahim Cutujian mit 62 Jahren auf der Straße vor seinem Hotel in New York an einem Herzinfarkt. Er war Armenier aus Aleppo; seit 1958 lebte er in Hamburg. Wir kannten uns aus meiner Zeit als Wirtschaftssenator. Erst Anfang der achtziger Jahre lebte unsere Bekanntschaft auf und entwickelte sich zu einer sehr intensiven, persönlich familiären, sehr freundschaftlichen und vertrauensvollen Beziehung.

Ibrahim Cutujian, 1991

Ibrahim war ein stattlicher, in der Welt weit herumgekommener, außerordentlich sprachbegabter, generöser, sehr hilfsbereiter Mensch und Kamerad, mit dem ich gerne und zunehmend häufiger zusammentraf.

Ich weiß nicht, wie lange ich ihn wirklich so stark entbehren werde, wie es jetzt der Fall ist, unmittelbar nach seinem Tode. Aber ich weiß, daß ich ihn immer dankbar erinnern und seiner Familie helfen werde, wann immer es angebracht ist und gewünscht wird.

7.18. Meine Sehnsucht nach vergleichbarer Freundschaft: »Oh, meine Freunde – es gibt keine Freunde« (Aristoteles)

Ich habe seitdem einen vergleichbar bedeutungsvollen Menschen gesucht. Hätte ich ihn gefunden, hätte ich mich bemüht, ihm ebenso unersetzlich zu sein, wie er es mir gewesen wäre. Vergeblich! Hat mir sein, nämlich Karls »Vorbild, den Geschmack an anderen benommen«? (Montaigne) Nicht ganz! Sind solche Freunde so selten, wie der Philosoph Menander meinte, der den glücklich pries, der nur den Schatten eines Freund gefunden hatte? Aristoteles scheint den allgemein gültigen Widerspruch entdeckt zu haben: »Oh meine Freunde, es gibt keine Freunde«!

7.19. Eines der bedeutendsten Beispiele: Karl Marx und Friedrich Engels – Marx und Wilhelm Wolff?

Warum K. Marx den ersten Band, »Das Kapital«, nicht seinem Freunde Engels widmete, sondern Wilhelm Wolff, weiß ich nicht. Das hat vielleicht seinen Grund im frühen Tod dieses anderen Marx-Freundes um die Zeit der Veröffentlichung. Die Widmungsworte sind ergreifend schön:

»Gewidmet meinem unvergeßlichen Freunde, dem kühnen, treuen, edlen Vorkämpfer des Proletariats Wilhelm Wolff. geboren zu Tarnau, 21. Juni 1809, gestorben im Exil, zu Manchester, 9. Mai 1864.«

Raddatz bemerkt hierzu, daß W. Wolff an Marx sogar 800 £ vererbte. Wichtiger ist aber, was R. über die Beziehung Marx-Engels schreibt:

»Diese zehn Tage im August (1844) waren der Beginn einer lebenslangen Freundschaft, einer Jahrzehnte umfassenden gemeinsamen Arbeit, wie sie wohl einmalig in der Geschichte ist... die Treue des zweieinhalb Jahre jüngeren Engels Marx, über das Grab, ja über den Tod hinaus, hat dem Begriff Freundschaft eine neue Würde verliehen.« (Fritz J. Raddatz, »Mohr an General«).

7.20. Gracians, Schopenhauers und meine Vorstellungen von Freundschaft – warum sollte es mit der Häufigkeit guter Freundschaften anders sein, als mit der Häufigkeit guter Ehen? (Kollektive und ihre Anreden: Kollege, Genosse, Bruder, Freund)

Gibt es einen besseren Prüfstein, als den Spruch B. Gracians: »Freunde sind die, welche Freundschaft erweisen«?

Ich habe über die vielen Jahre hinweg gerade diesen Spruch Gracians als sehr hilfreich empfunden. Freunde müssen sich gegenseitig brauchen, müssen aufeinander zugehen, müssen sich vermissen, müssen immer miteinander reden wollen und können; nur wo dies gegeben ist, wird man von Freundschaft sprechen können. Sehr schön fand ich auch die Ausführungen A. Schopenhauers zu diesem Problem:

»Wahre, echte Freundschaft setzt eine starke, rein objektive und völlig uninteressierte Teilnahme am Wohl und Wehe des anderen voraus und diese wieder ein wirkliches sich mit dem Freunde Identifizieren. Dem steht der Egoismus der menschlichen Natur so sehr entgegen, daß wahre Freundschaft zu den Dingen gehört, von denen man wie von den kolossalen Seeschlangen nicht weiß, ob sie fabelhaft sind oder irgendwo existieren.«

Mit dem Verlangen nach Freundschaft ist die Frage angesprochen, wie wir auf andere Menschen wirken und welche Menschen wir mögen und brauchen und anziehen.

Das erste sollten wir nicht zu steuern versuchen. Meist handelt es sich um sogenannte »nette« Menschen und das ist kein nettes Wort zur Kennzeichnung von Persönlichkeiten oder Charakteren.
Wer sein Verhalten darauf abstellt, wie er auf sein jeweiliges Gegenüber vermutlich wirkt, dürfte die Grundsubstanz des Opportunisten in sich tragen.

Welche Menschen ich auf der anderen Seite mag, habe ich im Laufe der Zeit herausgefunden. Was ich an erster Stelle schätze, ist »Ernsthaftigkeit«, die mit Verläßlichkeit und Bescheidenheit verbunden sein sollte. Sinn für Humor und Spontaneität müßten hinzu kommen. Geistige Interessen sollten klar erkennbar werden.

Im Grunde gefällt mir nur der nicht fertig erscheinende, unaufhörlich strebende und lernende Mensch. Davon gibt es sowieso nicht sehr viele von einem gewissen Alter ab, d. h. der biologische Alterungsprozeß scheint ihre Zahl noch erheblich zu verringern. Warum sollte es aber mit Freundschaften anders sein als mit guten Ehen? Sie sind beide eher die Ausnahme, unverdient (?), etwas gnadenhaft Seltenes. Man darf wohl den als glücklich bezeichnen, der beides erfahren hat.

Irgendwann fiel mir auf, daß ich im Laufe der Jahrzehnte mit »Kollektiven« in Berührung kam – geblieben bin – die, obschon auf sehr verschiedene Zwecke ausgerichtet, doch alle auf Solidarität, gegenseitige Rücksichtnahme und Dienst am/an anderen gegründet waren und an sich einen fruchtbaren Boden für »Freundschaft« hätten bilden können/müssen. Interessant sind vor allem die jeweils verschiedenen Anreden: Als Gewerkschaftsmitglied redet man sich mit »Kollege« an; als Mitglied der SPD mit »Genosse«; als Mitglied in verschiedenen Funktionen im Rauhen Haus mit »Bruder« und als Mitglied des Lions Clubs mit »Freund«.

Die eine oder andere »Freundschaft« im von mir skizzierten Sinne wurde in diesen sehr unterschiedlichen »Kollektiven« begründet, auch in der Nachbarschaft. Mit Eberhard Kanter, Helga u. Martin Kutz-Bauer, Horst Hansen, Jo. v. Eicken, Hermann Lübbing, Roland Tauber, Walter Stüven, Reimer und Lore Göttsch, Jens Wrage und Henning Voscherau.

Im Jahre 1986 gehörte ich zu den Gründungsmitgliedern des Lion-Clubs »Hahnheide«. Ich beendete die Mitgliedschaft im Sommer 2004, nachdem mein Vorschlag (ich war nicht anwesend!) für ein neues Mitglied so erbärmlich »unlionsmäßig« abgeschmettert worden war, daß ich meine Selbstachtung auf's Spiel gesetzt hätte, wäre ich geblieben.

VIII. Grundlagen-Erforschung oder »Erkenne Dich selbst« (Inschrift von Delphi)

1. Die Vielzahl der begünstigenden Faktoren

Mit meiner Anstellung als Hochschullehrer (Wissenschaftlicher Rat) an meiner Alma Mater, ursprünglich Akademie für Gemeinwirtschaft, ab 1. April 1966, hatte ich eine berufliche Position erreicht, die in eine befriedigende, ja glückliche, lebenslange Tätigkeit hätte einmünden können. Zwar war das Promotionsverfahren formell noch nicht abgeschlossen, aber die Leitungsgremien der Hochschule sahen darin kein Hindernis, mir die Aufgabe vorweg anzuvertrauen – worüber ich stolz war.

Schaut man von dieser Plattform aus rückwärts, so lassen sich die Grundlagen oder Voraussetzungen für diesen »Aufstieg« bis an diesen Punkt annäherungsweise ermitteln. So gut es geht, will ich eine Art Zusammenfassung versuchen.

An den Anfang gehört, daß eine Vielzahl von begünstigenden Faktoren am Werke war, die sich natürlich im einzelnen aufzählen lassen. Ich glaube allerdings, daß ich als »Persönlichkeit« weitgehend geprägt war, als ich mit 19½ Jahren das Elternhaus verließ.

2. Die eher objektiv-prägenden Einflüsse im einzelnen

Aus den objektiven Lebensumständen einer kleinbäuerlichen, ungewöhnlich kinderreichen Arbeiterfamilie, der damit einhergehenden Armut und sozialen Deklassierung scheinen sich Motivation und Antrieb zur Überwindung dieser klassengebundenen Lage durch Lernen fast zwangsläufig ergeben zu haben; d. h. ich reagierte mit meinen, von der Natur gegebenen Anlagen der Sensibilität, der praktischen Intelligenz und des Ehrgeizes anders auf diese einmaligen Ausgangsbedingungen als alle meine Geschwister! Ich verkörperte ein »Außenseitertum«, auf das ich mir nichts einbildete, fühlte mich jahrzehntelang nicht als etwas Besseres (war ja auch lange Zeit immer gefährdet, nicht am Ziel), war meistens unausgeglichen und doch zufrieden, ein bißchen stolz auf das Erreichte und deshalb glücklich.

Mein »Nachforschen« hat mir auch klarer gemacht, als ich es mir je vorgestellt hatte, daß Wollen und Können allein nicht unbedingt weiterführen. Sie mögen im Zusammenspiel vieler Faktoren die Grundlage, die unerläßliche, unverzichtbare Voraussetzung bilden, aber zusätzlich müssen zur richtigen Zeit die richtigen Ratgeber zur Stelle sein und vor allem und immer wieder das Erziehungssystem muß auf allen Stufen des Entwicklungsprozesses eines Menschen offenarmig für ihn sein. Im Zusammenwirken von subjektiven Anlagen, von Ratgebern und einem offenen Erziehungssystem komme ich aus meiner Sicht immer wieder auf die Schlüsselrolle des Erziehers, des Ratgebers zurück: ein fehlender oder ein falscher Rat kann Entwicklungschancen verzögern und verkleinern oder ganz vereiteln. Daß jemand ganz allein wächst, ist wohl sehr selten. Würde hier auf dem Hof ein junger Obstbaum, in gutem Boden gepflanzt, Wind und Wetter ausgesetzt, gerade wachsen, überhaupt wachsen ohne feste Stütze, ohne Schutz vor Verbiß?

Vor negativen Umweltbedingungen, die eine bestimmte Qualität erreichen, kann sich wahrscheinlich kaum jemand selbst schützen. »Den lass' nur so stehen, er ist kraus und stämmig, der braucht keinen Pfahl« (Fritz Reuter) dürfte im Leben der Menschen etwas eher Seltenes sein.

Und trotzdem ist richtig, was ein anonymes Gedicht ausdrückt, das J. Willard Mariott bei der Eröffnung seines Hotels in Los Angeles im Juni 1973 zitierte:

»The man who never had to fight
To win his share of sun and sky and air and light
Never became a manly man,
But lived and dies as he began.
Good timber does not grow in ease
The stronger the wind, the tougher the trees.«

Ich hatte das große Glück des richtigen Ratgebers in Gestalt des Berufsberaters B. Krüger. Dreimal, mit 14, 16 und 19 Jahren, wurden mir durch seine Hilfen Ausbildungs- und Entwicklungschancen gewiesen oder eröffnet, die ich dann nutzte. Was geworden wäre, wenn dieses Ineinandergreifen sich verzögert und eine ganz andere Konstellation des beruflichen Einstiegs sich ergeben hätte, ist zwar nicht mit Sicherheit zu sagen, aber nach meiner erklärenden »Theorie« tendenziell zu bestimmen: meine Entwicklung hätte anders, d.h. kümmerlicher verlaufen müssen. Auch und insbesondere deshalb, weil ich den Wert des zeitweisen Eingebundenseins in Institutionen des Erziehungswesens für die Entfaltung von Anlagen außerordentlich hoch einschätze und nicht sicher war oder sicher gewesen sein kann, daß auch andere Einstiege irgendwann in meine Schulen gemündet oder ihre prägende Rolle übernommen hätten.

Ich weiß nicht, ob ich erfolgreich hätte studieren können ohne finanzielle Unterstützung. Ich kann mir nicht vorstellen, daß die Hochschulreife zu erlangen gewesen wäre ohne Stipendien und Darlehen des Hamburger Senats.

Das Studium an der Universität Hamburg wäre ohne die Stiftung Mitbestimmung in einem vernünftigen Zeitrahmen von etwa drei Jahren wahrscheinlich nicht durchzuhalten gewesen.

Es braucht auch nicht betont zu werden, daß ein Studium an einer der besten Universitäten der USA – für mich später von entscheidender Bedeutung für Berufs- und Politikqualifikation – ohne großzügige Stipendien nicht vorstellbar war!

3. Die eher subjektiven Elemente oder das sich entwickelnde Wertesystem – mein »Naturell«

Rückblickend betrachtet, scheinen mir auch die in meinem Leben und Wesen wirkenden eher subjektiven Elemente bestimmt oder angelegt gewesen zu sein

a) Schätzung, Achtung und Bemühen um den Wert eines harmonischen Familienlebens.

b) Die Beziehung zur Natur, Freude an ihr, an Tieren, Pflanzen, einem schönen Himmel und Sonnenauf- und -untergängen sowie die Freude an schwerer, körperlicher Dauerarbeit.

c) Die Bereitschaft, auf ältere Menschen, vor allem auch ältere Frauen, zuzugehen, sie ernst zu nehmen, ihren Rat zu suchen und zu prüfen.

d) Achtung von und Beschäftigung mit religiösen Fragestellungen, Suchen nach Antworten und Lebenshilfen aus dieser Sphäre.

e) Sich nicht gerne was vormachen, eher etwas pessimistisch und zweifelnd sein und so gut wie nichts ohne eigenes Dazutun, eine eigene Anstrengung oder Leistung zu erwarten. Erst später entwickelte sich zusätzlich eine starke Neigung zum Fatalismus. Damit meine ich ein gewisses Gefühl für ein »Ausgeliefertsein« an eine schicksalhafte »Auserwähltheit« oder besser »Gnade«.

f) Sich nicht fertig fühlen. Den Wunsch des Dichters »So gib mir auch die Zeiten wieder, da ich noch selbst im Werden war« kann ich zwar verstehen; er gilt aber nicht für mich. Eher die im Faust vorangehende Zeile »Ein Werdender wird immer dankbar sein.« Keiner kann sich so über mich ärgern, wie ich mich nicht selten über mich selber ärgere, d.h. Selbstkritik bis zur Selbstpeinigung treibe.

g) Anerkennung zu brauchen und doch verlegen zu werden, wenn sie zuteil wird.

h) Ich fühle mich als ein konservativer Mensch in dem Sinne, daß ich überkommene Werte nicht ungeprüft aufgeben würde und immer versuche zu erhalten, zu pflegen, zu nutzen, zu sparen, wo Dinge, die unter Mühen entstanden und noch nützlich sind, drohen zu vergehen.

»Sparsam sein, um großzügig sein zu können«, wurde schließlich zur zweiten Natur.

i) Politisches Interesse und Einsatzbereitschaft für Belange der Allgemeinheit deuteten sich an. Ich war mit 17 Jahren Mitglied einer Gewerkschaft und politisch immer interessierter geworden (Auseinandersetzung mit Adenauer, Interesse an der GVP, Funktionen in der studentischen Selbstverwaltung).

j) Mein Interesse an Musik wurde geweckt. Als ich im letzten Lehrjahr, erst mit gut 18 Jahren, mein eigenes Zimmer bekam (1952/53 – unsere Korn- und Vorratskammer wurde für mich geräumt), erhielt ich von irgendwo her ein kleines Bakelit-Radio. Während ich abends nach Rückkehr aus Gummersbach ständig bis gegen 22 Uhr lernte, hörte ich Klassische Musik nebenbei. So blieb ich wach.

Nun will ich nur erwähnen, daß die Musik des »Vierer-Gestirns«, Mozart, Schubert, Beethoven und Bach (in dieser Reihenfolge) mich mein Leben lang erfreut, gestärkt und getröstet hat. Damit war eine gewisse Einseitigkeit verbunden, aber unvermeidbar, die nur etwas behoben wurde durch meine Neigung zu Brahms, Mahler und Tschaikowsky. Dieses Programm ist vielfältig und großartig genug. Für meine Erbauung durch Musik brauchte ich nicht viel mehr, denn es gehört zu meiner Fähigkeit, mich nicht zu verzetteln, wenn ich auf weitere Schwerpunkte (etwa Wagner oder »moderne Musik«) meistens verzichtete. Schon während ich dieses überlese, mache ich mir

Vorwürfe, daß ich Verdi nicht ausdrücklich als besondere Neigung erwähne.

Meine Liebe zur und Berührung mit der Natur will ich besonders hervorheben: Wir waren Teile des Waldes, der Felder und Wiesen, der Gärten; lebten, arbeiteten und spielten dort und mit Tieren, töteten sie, sahen zu, wie sie sich vermehrten, wie sie geschlachtet wurden, lebten also mit und von ihnen. Wir erlebten betont die Jahreszeiten, die sich klimatisch so bestimmt voneinander abhoben und für uns Kinder – dem Rhythmus des Landlebens entsprechend – immer wieder wechselnde Aufgaben im darauf angewiesenen Familienverbund brachten. Vor allem aber: wir kannten keine Umweltprobleme. Luft und Regen waren sauber (wie die allermeisten Bäche) und es gab im Verhältnis zu heute wenig/fast gar keinen Lärm. Blumen, Pflanzen, Vogel- und Tierwelt an irgendeiner Stelle als gefährdet anzusehen, wäre uns nie in den Sinn gekommen. Wir erfuhren eher den Belastungskampf des Menschen in der Natur und gegen sie, als daß wir gespürt hätten, sie schützen zu müssen, um sie zu erhalten.

Die Zeiten, in denen ich, so wie beschrieben, geprägt wurde, sind natürlich lange vorbei. Das war nicht nur unvermeidlich, sondern erscheint mir auch in Bezug auf die gesellschaftlichen Umstände oder Widerwärtigkeiten gut so. Das Leben unter den Nazis, den schlechten materiellen Kriegs- und Nachkriegsbedingungen eignet sich nicht zur Glorifizierung. Arbeit, Politik und Wohlstand haben die Welt verändert. Wie weit es trotzdem auch für den Erziehungsprozeß Grundkonstanten gibt, erscheint mir die eigentliche Frage und der Inhalt der erzieherischen Verantwortung, vor allem gegenüber jungen Menschen zu sein, die sich zwar unter veränderten Bedingungen, aber doch wohl auch in Zukunft immer wieder kämpferisch behaupten müssen und ein Gespür dafür bekommen sollten, wie sehr sie eine natürliche und unversehrte Umwelt brauchen und durch sie bereichert werden können.

Mir sagen und bedeuten in diesem Zusammenhang Nietzsches Worte, die ich erst vor ein paar Jahren entdeckt habe, als Hinweise zur Erklärung und zur Weitergabe dieser Aufgabenstellung außerordentlich viel.

»Der Mensch, welcher nicht zur Masse gehören will, braucht nur aufzuhören, gegen sich bequem zu sein« oder *»Das einzige, was heute beweisen kann, ob einer Wert hat oder nicht – daß er standhält.«*

Mit einem weiteren Satz Nietzsches sind m. E. einmalig schöne und wahre Aussagen ermöglicht worden, um zu einer Standortbestimmung zu gelangen:

»Vielleicht werden die Menschen und Zeiten durch nichts so sehr voneinander geschieden, als durch den verschiedenen Grad von Kenntnis der Not, den sie haben: Not der Seele wie des Leibes.«

4. Die Bedeutung der »Auswertung meiner Leseerfahrungen« und anderer Druckwerke

Ich kann kaum überbetonen, wie stark »Lesen« zu meiner Entwicklung beigetragen hat. Dies wird an vielen Stellen, über die ganze Biographie verstreut, deutlich.

Vor rund 20 Jahren gelang eine Zusammenfassung wesentlicher Lese-Inhalte. Ich gab dem »Privatdruck« den Titel »Hohe Leuchten«.

Aus der Struktur des Buches werden die Kriterien, d. h. Werturteile deutlich, die zur Auswahl führten.

Wer sich vertieft, wird spüren, daß das Buch die wichtigste Ergänzung zum »Ankerbuch« darstellt und gut erkennen läßt, auf welche geistigen Grundlagen ich mich ein Leben lang gestützt habe.

Am 30. Juli 2004 wurde Teil I durch Teil II ergänzt und erhielt mit »Hohe Leuchten – Auswertung meiner Lese-Erfahrungen« einen umfassenderen Titel. Dieses neue Werk wurde nun ein richtiges Buch mit Verlagsangabe (Ost-West-Beratungs-Agentur) und ISBN-Nr. (3-00-013623-1), an dessen Fertigstellung Erik Wischnewski großen Anteil hatte.

Als Nebenprodukt zum Kennenlernen sind die Bände mit meinen Reden im Deutschen Bundestag, im Deutschen Bundesrat und in der Hamburger Bürgerschaft entstanden.

Alle Druckwerke geben Aufschluß über mein öffentliches Wirken und sind als komplementäre Grundlagen zu »Wieviele Anker braucht der Mensch?« gedacht. Meine sämtlichen Veröffentlichungen von 1963 bis 2005 sowie eine Übersicht und Auswahl der Reden und Vorträge seit 1982 sind ebenfalls privat verfügbar.

5. Der unerklärbare »Rest«, oder warum ich auch aus Dankbarkeit an einen (meinen) Schöpfer glaube – »So segnet keine andere Hand«, (M. Claudius), mich, mit meiner »schlesischen Bergrose«

Was ich zu den »Grundlagen« meiner Entwicklung rechne, habe ich versucht aufzuzeigen.

An Erklärungen für das »Gelungene« mangelt es nicht. Sowohl für die Rückschau bis zum Verlassen des Elternhauses als auch zur Erreichung meines Berufszieles als auch für die noch darzustellenden rd. 40 Jahre danach lassen sich Faktoren benennen, die einzeln oder im Zusammenwirken und Deutlichwerden für meinen Lebens- und Berufserfolg ursächlich waren.

Auf mich mag zutreffen, daß ein normal ausgestatteter Mensch mit Fleiß und konkreten Zielsetzungen mehr zustande bringt, als ein geistiger Überflieger ohne dieselben.

Es bleibt nach meinem Dafürhalten aber ein unerklärbarer Rest für ein fast normales Leben, den man umschreiben, aber nur auflösen kann, wenn man an das Eingreifen oder den Schutz einer höheren Macht, der Macht des Schicksals, glaubt. Die besondere Ausprägung dieses Einwirkens auf mein Leben führt mich zwar zur Dankbarkeit meinem Schöpfer gegenüber, aber nicht zu irgend einer Art Hochmut oder Selbstüberhöhung; schon das Wort »Gnade« zu nennen, fällt mir nicht leicht, von Auserwähltheit gar nicht zu reden.

Ich werde am Schluß des Kapitels XX noch einmal auf diese Schwierigkeiten und deren Überwindung zu sprechen kommen.

Diesen Band I schließe ich ab, indem ich zunächst meinem Schöpfer für das größte Glück meines Lebens mit den Lobpreisungsworten von Matthias Claudius danke:

»Ich danke Dir mein Wohl, mein Glück in diesem Leben. Ich war wohl klug, daß ich Dich fand. Doch ich fand nicht. Gott hat Dich mir gegeben. So segnet keine andre Hand« (Matthias Claudius. »An Frau Rebecca: bey der silbernen Hochzeit, den 15. März 1797).«

Ich möchte gerne ähnliche Worte finden, solche, die in die Ewigkeit hallen, um Maria, der liebe- und verständnisvollsten, selbstlosesten Frau zu danken, der zäh-zarten Bergrose, vertrieben aus Schlesien, ohne deren Liebe, Kraft, Ermunterung und Verzichte sowie ihr unbedingtes »Ja« zur Familie, ich mein erwachsenes Leben so nicht hätte bestehen können!

Maria liest den Kindern vor, 1977

Anhang – Materialien

I. Was ich von Schriftstellern, vor allem aus Autobiographien lernte?

1. »Unter jedem Grabstein liegt eine Weltgeschichte« (Heinrich Heine)

Wenn man eine Anzahl Autobiographien gelesen hat, ist eines klar: Alle sind so grundverschieden, wie es die Menschen waren, die sich abbildeten. So wie »unter jedem Grabstein eine Weltgeschichte liegt« (Heinrich Heine), so ist es mit Biographien: Sie sind inhaltlich einmalig, unvergleichbar im Stilistischen, unterschiedlich informativ und lehrreich, vor allem sind sie sehr unterschiedlich ergiebig unter den mich besonders interessierenden Gesichtspunkten: Wie weit gibt der Autor sein Innerstes, Geheimstes preis, ist er ausreichend selbstkritisch, wie weit läßt er in seine Werkstatt schauen, d.h. auch seine Antriebe, Absichten, Techniken und die Schwierigkeiten des Gelingens erkennen?

2. Thomas Manns Mut zur Preisgabe innerster Regungen und seine Bereitschaft zu produktiven Ablenkungen

Egon Friedell hat eine der wenigen Rezensionen über die »Betrachtungen eines Unpolitischen« geschrieben, die Thomas Mann gefallen hat. Er bezeichnet das Werk u.a. als eine »Psychologische Selbstvivisektion« des Autors. Obwohl die »Betrachtungen« keine eigentliche Autobiographie sind (später zitiere ich Thomas Manns Bedenken gegen das Autobiographieren), geben sie doch einen Einblick in das Denken dieses Schriftstellers zu einer Zeit, als er sich in einer Krise befand. Die Offenbarungen über die persönlichsten Gedanken zu Fragen der Zeit und in bezug auf das Verhältnis zu seinem Bruder Heinrich sind von einer streckenweise quälenden oder besser selbstquälerischen, unerhörten, ungeschützten Wahrheitsliebe und Offenheit. Dieser Mut zur Preisgabe hat mich sehr beeindruckt.

An Thomas Mann hat mich natürlich viel mehr beeindruckt, weshalb er seit Jahrzehnten zu meinen wichtigsten Autorenfreunden zählt. Im hier bedeutsamen Zusammenhang will ich nur ergänzen, daß ich dann immer wieder an ihn erinnert wurde, wenn ich durch meine beruflichen Aufgaben gehindert wurde, an diesen Aufzeichnungen ständig zu schreiben. Th. M. scheinen die vielfältigsten Ablenkungen nicht gestört zu haben (vielleicht hat er sie gebraucht), um seine großen Werke zu vollenden!

3. Meine Liebe zu Benjamin Franklin beruht auf verschiedenen Grundgemeinsamkeiten

Was die eigentlichen Autobiographien angeht, die ich im Laufe der Zeit gelesen habe, so will ich eine kleine Auswahl bringen. Ich beginne mit der paradoxen Bemerkung, daß ich glaube, die Autobiographie von Benjamin Franklin sei für meine Entwicklung bedeutsam gewesen, aber nicht angeben kann, wann ich sie zum erstenmal gelesen habe.

Meine Suche nach historischen Anhaltspunkten dafür war quälerisch, aber zwecklos. Ich weiß allerdings, daß ich eine amerikanische PaperbackAusgabe im August 1963 in Berkeley für 45 cents kaufte und ziemlich zusammenhängend und mit vielen Unterstreichungen gelesen habe. Wahrscheinlich fällt eine erste Befassung mit diesem schönen Buch in die Zeit zwischen meinem 15. und 25. Lebensjahr (vielleicht auch wesentlich früher; es könnte sein, daß ich ein Exemplar aus der Bibliothek der Volksschule hatte). Jedenfalls als ich es zum erstenmal in Englisch las, erinnerte ich mich gut an die eine oder andere Begebenheit, die ich nur aus lange zurückliegender Lektüre kennengelernt haben konnte.

Auf welche Weise Benjamin Franklin auf mich einwirkte, ist schwer zu sagen. Wichtig bleibt meine offenkundige Sympathie für ihn und Seelenverwandtschaft mit ihm. Das hing schon mit der Größe seiner Familie zusammen. Franklins Vater war zweimal verheiratet. Aus der ersten Ehe entstammten sieben und aus der zweiten zehn Kinder, von denen er der jüngste Sohn und das drittjüngste Kind war. Benjamin Franklin erinnerte sich, daß zu einem bestimmten Zeitpunkt dreizehn dieser siebzehn Kinder an seines Vaters Tische saßen; bei uns waren es in der Zeit von 1947 bis 1952/53 zwölf.

Wie vertraut waren auch die beiden anderen Grundgemeinsamkeiten: »Having emerged from the poverty and obscurity in which I was born and bred...« und »... from a child I was fond of reading ...« Franklin verweist auf Plutarch, Sokrates und John Locke als wichtigster Lektüre während seiner Zeit als

Buchdruckerlehrling. Vor allem von Sokrates habe er gelernt, wie man diskutiert. Diese Problematik war mir besonders vertraut, denn ich ereiferte mich – meistens nur in Zweier-Gesprächen –, solange ich denken kann, in der Weise, daß ich nicht nur gerne allein redete, sondern auch immer und immer wieder Behauptungen aufstellte – und recht behalten wollte. Genau dieses Problem hatte auch Jung-Benjamin. Von Xenophons »Memorable Things of Sokrates« habe er die Methode gelernt, wie man es besser machen könne:

»I was charm'd with it, adopted it, dropt my abrupt contradiction and positive argumentation, and put on the humble inquirer and doubter.«

Ich habe die weiteren wichtigsten Sätze dieses Teiles der Autobiographie in mein »Hohe Leuchten« übernommen (siehe dort Seite 154/155. Siehe auch Seite 23/24, wo einige seiner Grundstäze aufgenommen wurden), nicht zuletzt deshalb, weil ich diese Methode, anders als es B.F. für sich sagt, zeitlebens nicht so recht meisterte. Immer wieder mal verfalle ich in die alte Untugend des Behauptens statt Fragens. Meistens merke ich es noch rechtzeitig. Nur zu fragen, nur gezügelt Interesse zu zeigen, nur den anderen reden und kommen zu lassen, ist mir zwar in den vielen konventionellen Gesprächen zur zweiten Natur geworden. Die allermeisten Menschen scheinen das zu mögen und deuten es zu Recht als Interesse an ihrer Person und ihrer Stellung in der Welt. Wendet jemand diese Methode gegen mich, werde ich schnell mißtrauisch und gestatte das nur bei sehr hochstehenden Menschen. Die einseitige Fragerei muß manchmal sein, damit es überhaupt zu einem Gespräch z.B. am Tisch kommt. Im übrigen geht es bei Gesprächen zwar auch um eine angenehme oder effiziente Technik, aber doch hauptsächlich um mehr, nämlich zu erreichen, was B.F. »the chief ends of conversation« nennt: »to inform or to be informed. to please or to persuade«. Beim letzten Hauptzweck habe ich immer mal wieder übertrieben.

Benjamin Franklin war schon früh, mit 40 Jahren, wohlhabend und unabhängig geworden. Im Jahre 1771, mit 65 Jahren, begann er mit »My Writing« in England. In den folgenden Jahren bis 1789/90, also annähernd 20 Jahre, unternahm er drei weitere Anläufe (auch durch Freunde ermuntert oder angetrieben), ohne jedoch auch nur annähernd vollen Bericht über sein reiches öffentliches, politisches Leben und seine größten Erfolge gegeben zu haben. Als er sich daran machte, »the circumstances of my life« zu schreiben, wußte er um seine Bedeutung für Amerika und die Welt.

4. Was war an Jack London nicht alles beeindruckend? – Sicher nicht nur die Schriftstellerei!

Während unseres Aufenthaltes in Berkeley im Oktober 1988 besuchten wir zum zweitenmal Glen Ellen und das Anwesen Jack Londons, das in einen State Park umgewandelt worden war. Wir konnten uns nicht erinnern, das im Jahre 1916 abgebrannte »Wolfhouse« Anfang der 60er Jahre so gesehen zu haben. Ganz merkwürdig! Im Hause seiner Frau bzw. seiner Witwe Charmian befindet sich eine Art Fernsehschirm, auf dem wir Jack London zum erstenmal für einige Sekunden »live« sehen konnten. Das hatte Maria herausgefunden und mich begeistert darauf aufmerksam gemacht.

Ich wußte aus der Biographie von Irving Stone »Zur See und im Sattel«, die schon 1938 in Englisch erschienen war, über ihn, daß er u.a. Schweine gezüchtet hatte und zu unserer großen Freude zeigten die Amateur-Aufnahmen, wie er seine schwarzen Schweine fütterte und lachend zwei kleine zappelnde Ferkel in den Armen hielt. Was war das für ein kräftiger, sympathischer, origineller Mann!

Ich habe einige seiner Bücher als Junge gelesen, u.a. »König Alkohol« (John Barleycorn), das ja eine Art Autobiographie ist. In diesem Buch beschreibt er auf eindringliche Weise, wie der kleine John seinem Vater einen Krug mit Bier auf das Feld bringt, wo dieser im warmen Frühlingswetter Durst bekommen haben mußte. Auf dem Wege, nach einer halben Meile, probiert John das Bier, das ihm natürlich überhaupt nicht schmeckt, macht aber trotzdem weiter, so daß er schließlich, nachdem er den Krug an den Vater abgeliefert hat, vor den Pflug taumelt und um ein Haar von diesem aufgeschlitzt worden wäre.

Ich greife weit voraus, wenn ich schon hier eine kleine Geschichte aus meiner Zeit als Gesundheitssenator einfüge: In einer Bürgerschaftsdebatte am 22. Oktober 1975 diskutierten wir Probleme des Jugendalkoholismus. Während ich auf der Senatsbank auf den Beginn der Debatte wartete, fiel mir die Geschichte von dem kleinen John und dem Krug mit dem Bier und all den erzieherischen Absichten Jack Londons ein und ich wollte möglichst originalgetreu zitieren. So hätte ich das Buch gern gehabt, beauftragte einen Saaldiener, eine Paperback-Ausgabe aus der nahegelegenen Bücherei zu holen und gab ihm 20,– Mark mit. Er kehrte zwar noch rechtzeitig vor Beginn der Debatte zurück, leider ohne das Buch! Das wäre als Paperback nicht verfügbar gewesen, so sagte er und die Leinen-Ausgabe hätte 26,– Mark gekostet!

Was war an Jack London nicht alles beeindrukkend: Seine ungeklärte Herkunft und sein proletarisches Zuhause, sein Mut, seine physische Stärke, sein Bildungshunger – also seine Lesewut –, seine Ausdauer am Arbeitsplatz in der Fabrik und eine Zeitlang in der Schule, seine frühen Erfahrungen mit Mädchen, seine Führungsstärke, seine ursprüngliche Nähe zur Natur und seine Liebe zu den Tieren. Das brachte ihn mir persönlich so nahe, wie es bei keinem anderen Schriftsteller je der Fall war. Als besonders eindrucks- und bedeutungsvoll erschienen mir zwei Züge seines Lebens: Einmal seine Interessen an den theoretischen Grundlagen des Marxismus oder Sozialismus. Dieser Mann studierte die Werke der schwierigen Theoretiker offensichtlich mit großem Verständnis und setzte sein Wissen und seine Erkenntnisse in die politische Diskussion in den USA um. Wie sympathisch, daß er ausführlich auf Briefe seiner Anhänger und/oder Bewunderer einging, in denen er um schriftstellerischen, theoretischen und politischen Rat gefragt wurde. Und zum anderen imponierte mir die »100-Zeilen pro Tag – Selbst- oder Arbeitsdisziplin.« Soweit ich erinnere, hat er die Kraft gehabt und die Einsicht, daß er verloren gewesen wäre, wenn er dieses Minimum an Arbeitsdisziplin nicht aufgebracht hätte.

5. Carl Schurz: Ein Deutscher gewinnt politischen Einfluß in Amerika, vor allem, weil er schreiben kann

Gerade weil ich so oft in den USA war und soviel von diesem Land gelernt habe, mag es hier im Anschluß an Jack London angebracht erscheinen, die bleibenden Eindrücke wiederzugeben, die ich aus Carl Schurz' Autobiographie behalten habe (ohne allzulange dabei zu verweilen). Seine Autobiographie heißt: »Lebenserinnerungen«. In der Ausgabe des Manesse-Verlages heißt es als Untertitel: »Der schicksalsreiche Aufstieg eines großen deutschen Freiheitskämpfers von 1848 zum amerikanischen Staatsmann.«

In dem Vorwort zur Biographie, die 1905 geschrieben wurde, sagt Carl Schurz: »Es war auf den dringenden Wunsch meiner Kinder, daß ich vor mehreren Jahren diese Erinnerungen niederzuschreiben begann.« Die Kinder hätten gewünscht, daß seine Erzählung als »bleibendes Familiengut aufbewahrt« werden könnte und er habe diesem Wunsch entsprochen, ohne an die Veröffentlichung des Geschriebenen zu denken.

Ich habe die Biographie Carl Schurz' in Köln gelesen und erinnere mich besonders an seine demokratischen Neigungen und seinen Mut im Zusammenhang mit der Revolution von 1848, die ihn nach den USA schleuderten. Dort gewann er politischen Einfluß, weil er schreiben konnte – Pamphlete, Broschüren, Artikel- und weil er reden konnte. Das erstere interessierte und faszinierte mich besonders: ein politischer Mensch gewinnt an Bedeutung und Ämtern, weil er schreiben kann, was mir, als ich so um die 20 Jahre alt war, als ein ziemlich schwer zu erreichendes Höchstmaß an menschlicher Leistungsfähigkeit erschien. Dieser Carl Schurz, ein eingewanderter Deutscher, wurde zudem schließlich Innenminister der Vereinigten Staaten. Während einer seiner Besuche in seiner deutschen Heimat trifft er mit O. v. Bismarck (!) zusammen.

Schurz berichtet über viele Seiten hinweg sehr anschaulich über den Besuch und wundert sich über die Offenheit Bismarcks und die vielen drolligen Anekdoten, die dieser zum besten gab. So sagt er hierzu: »Mein Erstaunen wuchs von Minute zu Minute über die anscheinend rücksichtslose Offenheit Bismarcks, einem ihm unbekannten Gegenüber. Ich hätte mich weniger gewundert, wenn mir, was ich später erfuhr, damals schon bekannt gewesen wäre, daß diese Art der Unterhaltung bei Bismarck gar nicht ungewöhnlich war,« Schurz staunte nicht schlecht, als er nur wenige Jahre vor dem Krieg mit Frankreich von Bismarck erfuhr, daß dieser Krieg kommen werde, kommen müsse, obwohl er ihn persönlich nicht wolle. Der Krieg werde kommen, weil er Preußen vom Kaiser der Franzosen aufgedrängt werde. Anerkennend schließt Schurz seinen Bericht über das Gespräch mit Bismarck ab: »Keine Prophezeiung ist je scharfsinniger gemacht und genauer und vollständiger erfüllt worden.«

6. Carl-Ludwig Schleich – Warum ich »Besonnte Vergangenheit« las und nicht wieder zu lesen brauche

Auf zwei weitere Autobiographien gehe ich vor allem deshalb ein, weil ich ausdrücklich auf sie hingewiesen wurde, aber längere Zeit brauchte, bis ich mir die Bücher beschaffte. »Besonnte Vergangenheit« von Carl-Ludwig Schleich und »So macht man Geschichte« von Julius Moritz Bonn.

Auf die erstgenannte Autobiographie wurde ich mit ungefähr 17 Jahren von meinem Berufsberater, Bertold Krüger, aufmerksam gemacht. Schleich sei der Erfinder der Lokalanästhesie, hatte Krüger erwähnt in der Absicht, meine Allgemeinbildung zu verbessern. Ich las das Buch im Sommer 1955 – gut 5 Jahre später – während eines Wochenendseminars in der Gewerkschaftsschule Lütjensee. Ich sonderte mich ab, man suchte mich, weil man mich zum Fußballspielen brauchte, und der Suchende machte ein Photo von mir: Ich habe das Photo noch, das mich zeigt, wie ich auf meinem Bett liegend, das Buch vor mich halte, wodurch Autor und Titel, und natürlich auch ich, auf dem Photo gut erkennbar wiedergegeben werden konnten.

Abgesehen von dem Eindruck eines insgesamt glücklichen und erfolgreichen, unproblematischen Lebens und beträchtlicher Sangeskunst in Studententagen, erinnere ich nichts und würde deshalb das Buch auch kaum noch einmal lesen.

7. Julius Moritz Bonn: »So macht man Geschichte« – Anstoß, Irreführung und allgemeiner, überdauernder Wert dieses Buches

Mit Bonns Buch ist es ein bißchen anders. Es wurde uns in einer Examensvorbereitungsklasse im Wintersemester 1957/58 von dem damaligen, schon etwas älteren Schiller-Assistenten und späteren Uni- und Bundeswehr-Hochschulprofessor Horst Sanmann sehr, sehr empfohlen. Sein Hinweis ging nie verloren, wenn ich auch nicht mehr genau weiß, wie ich es schließlich fertigbrachte, das Buch zu beschaffen und zu lesen (es muß etwa 10 Jahre später gewesen sein). Julius M. Bonns Buch erschien im Jahre 1953, trug auch noch einen Untertitel: »Bilanz eines Lebens.« In Erinnerung blieb seine lange, intensive und mühselige Habilitationsarbeit über die damaligen wirtschaftlichen Agrarprobleme Irlands, seine Heirat mit einer englischen Offizierstochter und seine Kinderlosigkeit, seine Dozentur/Professur an der Handelshochschule in Berlin bis etwa 1933, als er mit Nazistudenten zusammenstieß und schließlich aus rassistischen Gründen gehen mußte, seine jahrzehntelang wiederkehrenden Besuche oder Aufenthalte in einem herrlichen kleinen Agrarflecken in Österreich und – natürlich – der Anlaß für den Titel des Buches, J. M. Bonns Beteiligung an den Friedensverhandlungen 1919 als sachverständiges Mitglied der deutschen Delegation. Er beobachtete die Unzulänglichkeiten der Vorbereitungen und Verhandlungen, diente aber mehr oder weniger nur als Übermittler von Botschaften, wodurch allein er mit den Großen für kurze Zeit in unmittelbare Berührung geriet. Mein Eindruck war, daß der Titel viel zu anspruchsvoll gewählt war. Weder war Bonn ein einflußreicher Mann noch beschreibt er aus eigener Anschauung oder ihm zugänglichen Spezialinformationen in erhellender Weise das damalige Geschehen. Insofern war das Buch irreführend und enttäuschend, weshalb ich auch nicht verstand, warum Sanmann es so sehr empfohlen hatte. Sanmann hat, viele Jahre später darauf angesprochen, überhaupt nicht mehr gewußt, daß er uns das Buch genannt hatte.

Ich habe mir das Buch noch einmal angesehen, vor allem das große Inhaltsverzeichnis und darüber hinaus auch noch hier und da geblättert und dabei will ich gerne zugeben, daß meiner Erinnerung nachgeholfen wurde. Bonn schreibt einen vorzüglichen Stil. Er ist sehr abgewogen und kenntnisreich, ist Wirtschaftswissenschaftler mit politischen Interessen oder Urteilsmöglichkeiten, kann das Geschehen einordnen und gut darstellen. In seinen Ausführungen werden die wirtschaftlichen und politischen Probleme seiner Zeit eindrucksvoll beschrieben. Hier hat sich ein nobler Mann in einem nach wie vor sehr lesenswerten Werk dargestellt und verewigt und ich würde heute nicht zögern, das Buch, ob der Titel nun stimmt oder nicht, jungen Menschen, die Wirtschaftswissenschaften und Politik studieren wollen, zu empfehlen.

8. Die Überlebensqualitäten von Benjamin Disraeli – sein Besuch bei Gladstone

Meine Interessen als Heranwachsender an politischen Autobiographien war insgesamt außerordentlich stark. Ich erinnere mich daran, gerne eine Biographie über Benjamin Disraeli gelesen zu haben, habe aber den Titel vergessen und vermag ihn auch nicht mehr zu rekonstruieren. Großbritannien war in der zweiten Hälfte des 19. Jahrhunderts u.a. faszinierend, weil der Premierminister nicht nur mit der Königin Victoria zurechtkommen, sondern auch im Kampf mit dem anderen Wettbewerber, nämlich Gladstone, bestehen mußte. Disraelis Intelligenz, Erfahrung und politische Geschmeidigkeit – also wichtige Überlebensqualitäten – waren ohne Zweifel von beachtlichem Rang. Und dann war da seine so sehr viel ältere, zurückgezogen lebende Frau und das Rätselraten, was dieser Disraeli wirklich für ein Mensch war. Im Buch wurde – für mich unvergeßlich – beschrieben, daß Disraeli seinen Rivalen Gladstone einmal privat besuchte und ihn im Garten antraf, als dieser auch physisch mächtige Mann gerade dabei war, mit der Axt eine in meiner Erinnerung große Eiche zu fällen!

9. Heinrich Brüning: Memoiren 1918 – 1934 – Technik zum Behalten wichtiger Einzelheiten

Vor vielen Jahren empfahl mir ein Buchhändler die Memoiren von Heinrich Brüning, die ich mit großem Interesse und zusammenhängend gelesen habe. Sie sind erst 1955 erschienen, also gute 20 Jahre nach seinem Wirken als Reichskanzler. Ich empfand die Dokumentation der vielen entscheidenden politischen Gespräche mit seinen Mitarbeitern und vor allem den Vertretern der Parteien und der Wirtschaft, die wortwörtlich mit größter Präzision erfolgt sein mußte, als ungewöhnlich, beeindruckend, ja phänomenal und konnte mir keinen Reim darauf machen. Sollte er auch alles mitgeschrieben oder abends ins Tagebuch ganze Dialoge vermerkt haben?

Das Rätsel schien erst vor wenigen Wochen (August 1986) scheinbar gelöst worden zu sein, als ich erfuhr, daß Brüning überhaupt kein Gespräch ohne einen Stenographen geführt haben soll und diese Mitschriften von den Westalliierten erbeutet, erst Anfang der 50er Jahre für eine Auswertung durch Brüning freigegeben worden sein sollen. Angeregt durch diesen Hinweis habe ich mir das Buch noch einmal gegriffen und gerade auf diese Fragen geachtet.

Heinrich Brüning schreibt im Vorwort (worauf ich beim Lesen entweder nicht geachtet oder es gänzlich vergessen hatte), daß die mich so faszinierende Darstellung der deutschen Politik in den Jahren 1931 und 1932 größtenteils auf den sog. »Tageszetteln« beruht habe, auf denen der Staatssekretär Dr. Pünder »täglich alle Besuche, Verhandlungen und Vorgänge mit genauester Zeitangabe eintrug. Kurze stenographische Notizen meinerseits auf den Tageszetteln vervollständigten diese Aufzeichnungen.« Er habe – mit diesen Zetteln und den wichtigsten Aktenstücken versehen –, seine Erinnerungen in den Jahren 1934 und 1935 diktiert. Die besonders wichtigen Teile des Buches seien dann bei gelegentlichen Besuchen mit Dr. Pünder, sowie dem ehem. Vizekanzler Dietrich durchgesprochen worden, ebenso mit den Ministern Treviranus, Hilferding u.a. Er habe außerdem bestimmte Verhandlungen und Ereignisse mit Henry Stimson, dem früheren Botschafter Sir Horace Rumbold sowie anderen führenden Politikern dieser Länder erörtert. Soweit die Hinweise auf die Arbeitstechnik von Brüning. So kann die Sache mit dem Stenographen nicht richtig gewesen sein, obwohl sie als Erklärung viel glaubwürdiger war. Es verbleibt die Faszination der rekonstruierten Wirklichkeit, sowie der schonungslosen Offenheit.

Sich erinnern können, ist so wichtig wie vergessen können. Irgendwer hat sogar gesagt, Glück bestehe im Vergessenkönnen, Wie auch immer: Wer beruflich – im weitesten Sinne – erfolgreich sein will, muß Wissen, muß Erfahrungen, muß Meinungen parat haben. Wie er dies erreicht, mit welcher natürlichen Grundausstattung und wie er diese durch selbstgebaute Krücken verbessert, ist verschieden und auch nicht so wichtig. Meine Schlußfolgerung ist, möglichst früh im Leben viel mit- und aufzuschreiben. Wo die damit verbundene Arbeit, z.B. wegen Bedeutungslosigkeit des Aufschreibenden, in keinem Verhältnis zum Ertrag steht, wird dies irgendwann deutlich werden und das mühselige Schreiben wird sicherlich unterbleiben.

Unabhängig vom beruflichen Wert von für wichtig gehaltenen Aufzeichnungen habe ich für mich privat schon seit langem eine Technik entwickelt, die mich sehr bereichert hat. Ausgangspunkt war meine Erfahrung, daß Lesen, z.B. von Büchern, eine Sache ist; das Behalten wichtiger Einzelheiten eine ganz andere. Ich machte beim Lesen wie beim Anhören von Vorträgen, auch bedeutender Menschen, die Erfahrung, daß ich – über längere Zeiträume betrachtet – inhaltlich so gut wie nichts behielt. Allenfalls blieb ein vager positiver oder negativer Eindruck.

»Wenn ich ein Buch in die Hand nehme, dann nie ohne einen Bleistift. Spricht mich das Buch an, dann unterstreiche ich. Je mehr Unterstreichungen, desto besser das Buch. So ›erarbeite‹ ich mir ein ›gutes‹ Buch. Seit langem kenne ich den Wert des Luther-Wortes: ›Viele Bücher machen nicht gelehrt, viel lesen auch nicht, sondern gut Ding oft lesen, wie wenig es sein mag, das macht gelehrt.‹ Wo ich nichts zum Unterstreichen finde, höre ich bald auf zu lesen. Mein Interesse vergeht. Ein Buch, das ich nicht ein zweites Mal lesen kann, lohnt sich überhaupt nicht zu lesen.

Wie schaffst Du es denn, ein ›gut Ding‹ oft lesen‹? Seit über 20 Jahren habe ich mir die Mühe gemacht, viele dieser ›Unterstreichungen‹ aufzuschreiben oder zu kopieren. Ich habe sie dann mit mir herumgetragen und immer wieder gelesen. So entstand eine mehr oder weniger ungeordnete Blätterwirtschaft. Schließlich habe ich, um die oft abgegriffenen ›Originale‹ zu ersetzen, die meisten meiner handschriftlichen Auszüge photokopiert. Mit der Zeit wurde meine Sammlung sowohl umfangreicher als auch unübersichtlicher. Ich meine nun, ich sollte Ordnung schaffen.« (aus: »Dialog zur Erklärung«, Hohe Leuchten, S. II.)

10. Das Beeindruckende an Rang und Tragik von Henrik de Man – »Gegen den Strom«

Als ich ab 1954 die Akademie für Gemeinwirtschaft in Hamburg besuchte, stieß ich auf den Namen des belgischen Sozialistenführers Henrik de Man. Ich glaube deshalb, weil die Akademie einen Artikel im Anschluß an seinen Vortrag im Vorjahr (1953) veröffentlichte und ich schließlich seine Erinnerungen »Gegen den Strom« in die Hände bekam. Das Buch war wohl fertig, als er im Jahre 1954 mit seiner Frau bei einem Autounfall getötet wurde.

In Kurzform gebracht, zeichnete diesen Mann aus, daß er ein Leben lang sozial und politisch engagiert war, souveränen, geistigen Zuschnitt aufwies, höchste Staatsämter in Belgien innehatte, engen geistigen und politischen Austausch mit Deutschland führte (lange Jahre lehrte er als Professor an der Akademie der Arbeit in Frankfurt) und schließlich durch seine mitmachende und ratgebende Funktion unter König Leopold, also durch Kollaboration mit der deutschen Besatzungsmacht, diskreditiert und politisch nach dem Kriege erledigt war.

Professor Georg Hummel von der Akademie, auf dessen Bedeutung ich hingewiesen habe, betreute ihn im Jahre 1953, als er den schon erwähnten Vortrag in Hamburg hielt, und erwähnte später, als ich von der Lektüre der Biographie sprach, wie sehr der Mann gefühlt habe, daß er kaum noch bekannt war und beachtet wurde. Mich bewegte besonders – neben der tragischen politischen Verstrickung und dem gewaltsamen Ende – seine resignative Feststellung, daß Teilnahme an der Politik zu dem Dualismus oder Bewertungskonflikt zwischen »Würde« und »Bürde« führt und die Würden schließlich die Bürden, d. h. Opfer und Entsagungen, nicht mehr auszugleichen vermögen.

11. Paul Nevermann: der Widerspruch zwischen politisch-menschlicher Bedeutung und seiner Schriftstellerkunst

Paul Nevermann, Hamburger Bürgermeister von 1961 bis 1965, den ich sehr gemocht, ja verehrt habe, nennt seine Erinnerungen: »Metaller, Bürgermeister, Mieterpräsident. Rosinen aus meinem Lebenskuchen«. Warum er sich zu seinem 75. Geburtstag im Jahr 1977 die Mühe machte, sagte er nicht ausdrücklich. Ich fand das Buch beim ersten Lesen im Jahre 1980 entsetzlich; auch jetzt (September 1986), nach erneutem Durchblättern, kann ich mir kein wesentlich anderes Urteil bilden.

P. N. sagt ganz wenig über sein Elternhaus, seine Kindheit, fast nichts über sein Studium, nichts über Nazizeit und Krieg. Statt dessen zitiert er Gedichte und Lieder, zum größten Teil aus der Arbeiterbewegung, recht häufig und, mit manchmal nur geringen Unterbrechungen, Ausschnitte aus seinen Reden und auch Artikel und Berichte über seine Arbeit und seine öffentlichen Auftritte. Dies alles geschieht ohne ordnende Kraft. Ich fragte mich, warum und für wen das Buch eigentlich geschrieben wurde. Wer würde schon die Geduld aufbringen, in dem Geschriebenen Beachtliches, Beherzigenswertes, politisch Bedeutsames usw. zu suchen. Das gibt es, ist aber in seinem »Kuchen« so versteckt, daß die Mühen zu groß werden, diese Rosinen zu finden und sich anzueignen. Schade! Seine Tochter Anke teilte meine Beurteilung und sagte, sie hätte in einem frühen Stadium versucht, ihm das Unternehmen auszureden, allerdings keinen Erfolg gehabt.

Unabhängig hiervon gehört Paul Nevermann zu den politischen Menschen, an die ich ausgesprochen gerne zurückdenke, weil er Rang und Format hatte. Als ich ihn zum erstenmal erlebte, referierte er als Führer der Opposition im Hamburger Rathaus vor Studenten des SDS im Bibliotheks-Arbeitszimmer der Akademie für Gemeinwirtschaft. Das war Mitte der 50er Jahre. Er wirkte souverän, sachkundig, humorvoll, ruhig, distanziert. Als Maria später – etwa 1958, wir waren noch nicht verheiratet – auf einem SDS-Fest mit alten Herren einmal mit ihm tanzte, war sie aufgeregt. Immerhin war er damals »Zweiter Bürgermeister«. Wir hatten noch großen Respekt vor politischer Prominenz, kamen aber vergleichsweise selten mit ihr zusammen. Viele Jahre später, im Jahre 1968, sprach ich mit ihm über meine Kandidatur zum Bundestag, die gegen Peter Blachstein gerichtet war. Ich habe ausführlich darüber geschrieben. Peter Blachstein war 1965 einer der Wortführer gewesen, die Nevermann wegen seiner Eheprobleme zum Rücktritt vom Bürgermeisteramt zwangen. Seitdem waren die beiden nach allgemeinem Eindruck nicht mehr gut aufeinander zu sprechen und das erklärt sicher teilweise, warum er mich in seiner Eigenschaft als Vorsitzender der SPD in Hamburg 1968/69 unterstützte.

Wenn ich ihn als Senator später hin und wieder, vor allem ab 1974, sah, pflegte er regelmäßig Worte des Bedauerns über unsere – im Gegensatz zu seiner Zeit – so sehr viel schwereren Aufgaben im Senat, mit der Partei und in der Öffentlichkeit zu finden.

12. Zur Abwechslung: »Das War's« von Heinz Rühmann

Der Abwechslung halber und weil ich einen Satz in einer Rezension über das Buch interessant fand, nahm ich Heinz Rühmanns »Das War's« in die Hände. Der Rezensent hatte geschrieben, daß Heinz Rühmann überrascht gewesen sei, wieviel man beim Memoirenschreiben alles aus dem Gedächtnis hervorkramen könne. Seine Erinnerungen beinhalten im Eingangstitel den Untertitel »Über die Schwierigkeit, Memoiren zu schreiben«. Ich fand es verblüffend, daß er mit keiner Andeutung auf diesen Punkt ausdrücklich eingeht. Man erfährt nur, daß er im Oktober 1981 mit seiner Frau in der Algarve ein Häuschen mietet und mit dem Schreiben beginnt. Er gibt irgendwelche Werkstattgeheimnisse und/oder Schwierigkeiten nicht preis und man fragt sich, warum nicht? Wer hat geholfen etc.? Ich glaube, man muß schon ein sehr großer Anhänger Rühmanns sein, um dieses Buch überhaupt besitzen zu wollen.

13. Wie man in sehr hohem Alter eine Biographie spricht: Ida Ehre

Aus meiner zeitweisen Nähe zu Ida Ehre erfuhr ich, wie ihr Werk »Der liebe Gott hat einen größeren Kopf als Du, mein Kind« entstand (es wurde im Spätherbst 1985 veröffentlicht).

Was ihr zum Thema ihres Lebens einfiel, soll sie nach vorbereitenden, planerischen Gesprächen auf Kassette gesprochen und zur Auswertung einer intelligenten und auch dafür angestellten Verehrerin überlassen haben. Eines Abends sprach ich mit dieser Dame, die etwas verzweifelt schien, über ihr methodisches Vorgehen und entwickelte – natürlich ungefragt – meine Vorstellungen in Form von Fragen. Mir ging es darum zu erfahren, ob sie das Leben dieser großen Frau und Schauspielerin in den Zusammenhang der Umwelt, also der gesellschaftlichen Entwicklung, stelle und insofern viel Hintergrund auszumalen suche, um ein dauerhafteres Interesse zu wekken. Dies verneinte sie u.a. mit der Begründung, daß dies überhaupt nicht beabsichtigt sei, aber auch, weil keine Zeit bliebe. Das Buch müsse raus, also schnell fertig werden. Später erfuhr ich von ihr, daß Frau Ehre ihre »Auswertung« wohl kaum noch intensiv gelesen, ihr also ziemlich freie Hand gelassen habe. So läßt sich vielleicht erklären, daß sich im Buch kein Hinweis, geschweige denn eine Dankesbezeichnung für die Auswerterin findet? Allerlei weitere Enttäuschungen führten dazu, daß sich die Wege dieser so unterschiedlichen Damen bald wieder trennten.

In dieser Zeit beobachtete ich verwundert ein gar nicht seltenes Verhalten, insbesondere bei älteren Menschen, nämlich das intensive Verlangen – Gier wäre wahrscheinlich doch das bessere Wort – auch den letzten Schluck aus dem Lebensbecher zu trinken. Dazu gehört in diesem Fall die mit der Biographie verbundene Publizität, sehr viel gesellschaftliches, umtriebiges Dabeisein und die Freude an Aufmerksamkeiten und – viel zu späten – höchsten Ehrungen. (Ich werde an späterer Stelle, in Kap. XVIII, S. 929 ff. auf die schönen und unvergeßlichen persönlichen Erfahrungen mit Ida Ehre noch gesondert eingehen!)

14. Arthur Koestler und die »Fallen der Autobiographie«

Im Kurzurlaub auf Neuwerk las ich im Sommer 1986 A. Koestlers »Als Zeuge der Zeit«, in dem er leider nur bis 1941 über sein Leben berichtet (was ich bei der Bestellung nicht wußte). Immerhin lebte K. dann noch bis 1983! In der Einleitung beschreibt er die »Fallen der Autobiographie«. Er kennt deren zwei: Die »sentimentale Falle« (das »knospende Ich ist für den Leser keineswegs so faszinierend wie für ihn selbst«) und die der »falschen Bescheidenheit« (»der Memoirenschreiber darf sich weder schonen noch sein Licht unter den Scheffel stellen«). Ich habe das Buch »verschlungen«, wie manches Buch in meiner Jugend; kennzeichnend ist in einem solchen Falle, daß ich fast gar nicht mehr auf die zurückgelegten Seiten achte. Mir fiel auf, daß K. unausgesprochen von einer dritten Falle spricht, dort, wo er die Frage beantwortet, für wen er schreibe. »Der Chronist hat immer den noch ungeborenen, zukünftigen Leser im Auge.« Ich schrieb an den Rand: Das ist die »Denkmalsfalle«.

15. Wie der Versuch fehlschlug, sich auch literarisch ein bedeutendes Denkmal zu setzen; Alex Möllers »Genosse Generaldirektor«

Aus Respekt und Verehrung zu einem weiteren Sozialdemokraten, nämlich Alex Möller, Bundesfinanzminister für nicht einmal zwei Jahre, nämlich vom Oktober 1969 bis Mai 1971, meiner Anfangszeit im Bundestag in Bonn, will ich abschließend ein paar Zeilen über seine Lebenserinnerungen »Genosse Generaldirektor« anfügen. Das Buch ist im Jahre 1978 erschienen und in ganz großer Auflage unters Volk gebracht worden. Alex Möller war ein sehr bekannter Mann in der Nachkriegszeit und viele versprachen sich von dem Titel vielerlei Enthüllungen und lesenswerte Aussagen. Das dicke, fast 600 Seiten umfassende Buch wurde am Schluß eines langen, arbeitsamen, beruflich und politisch gleichermaßen erfolgreichen Lebens geschrieben. Es dokumentiert die politische Zeit und Alex Möllers Wirken in ihr, offenbart aber wiederum, wie bei Paul Nevermann, nichts, fast buchstäblich nichts über die privat-persönliche Sphäre und vor allem die Entwicklung des Autors von Kindesbeinen an. Die Historiker werden entscheiden, welche Qualität die penible Dokumentation vieler größerer und kleinerer Einzelheiten hat, womit ich sagen will, daß das Buch auch für den normalen Menschen mit politischem Hintergrund und Interesse deshalb kaum interessant ist, weil es nicht ansprechend genug geschrieben worden ist. So fängt der »Genosse Generaldirektor« mit folgendem Satz an: »Die Frage nach den tieferen Ursachen der Katastrophe, die mit Hitler über Deutschland, über Europa und über die Welt hereinbrach, wird noch kommende Jahrzehnte beschäftigen.« Zur späteren Beurteilung sei die Generation auf authentisches Quellenmaterial, objektive Erfahrungsberichte angewiesen. Ganz offensichtlich will Alex Möller die Aufgabe erfüllen, Quellenmaterial und objektive Erfahrungsberichte zu geben. Ich bringe einen Satz, der vielleicht andeutet, warum Alex Möller als Mensch nicht durchscheint:

»In einem Leben, für das Politik keine Randzone bedeutet, muß man das Schwerste mit sich selbst abmachen. Das Joch der inneren Einsamkeit muntert nicht auf, erleichtert keine Entscheidung.«

Oder eine weitere Kostprobe:

»Reden ist Silber, Schweigen ist Gold. Ich zahlte nur mit einer Kupfermünze. Ich sagte, was ich dachte. Das ist oft Leichtsinn, manchmal gefährlich. Denken ist im politischen Leben nun einmal Glücksache. Es geht oft daneben, was man meint und wünscht. Aber der politische Mensch muß eines können: Bekennen!«

Irgend etwas stimmt an den Bildern nicht, irgend etwas Unechtes, Gekünsteltes schleicht sich ein, vom Verfasser formuliert, um die Übergänge zwischen den trockenen Darstellungen zu erleichtern oder überhaupt erst solche Übergänge zu schaffen. Ich gebe eine weitere Kostprobe:

»Manchmal hat man das unheilvolle Gefühl, es komme etwas Belastendes auf einen zu, dem man nicht entrinnen kann. Da sticht es plötzlich unerträglich im Kopf, alles kribbelt und doch ist man noch immer der Meinung, es komme von dem und jenem, fühlt sich wie

sonst auch, jedoch etwas stärker – bei mäßigem Verstand, also alles in Ordnung. Aber was ist wirklich los?

Die Kribbelfigur hat zwei Seiten. Die zweite Seite befindet sich ebenfalls in voller Mobilmachung. Es scheint eine dämonische Umkreisung zu werden. Fangarme bewegen sich bösartig, mehr geschieht: Es entwickeln sich heftiges, aggressives Sträuben, kompakte Angriffe, rasante Wut des Aufbäumens, die jedoch nachläßt, je mehr man sich kämpfend aufeinander abstimmt. Was geschieht in dem Menschen? Hat er um ein Stück seines Schicksals ringen müssen, um Gutes oder Böses? Es ist sicher niemand von uns so töricht anzunehmen, daß sich nicht jeder an seinen verschiedenen Schicksalsabschnitten selbst entscheiden muß – manchmal mit Folgewirkungen.«

Was aber, wenn ich nun so töricht wäre, dies in Zweifel zu ziehen?

Es tut mir fast leid, mich hier etwas ausführlicher in Form von Zitaten mit Alex Möller auseinanderzusetzen, aber ich habe es nun einmal angefangen und werde um des dokumentarischen Zweckes willen auch den Schluß des Buches wiedergeben.

»Das deutsche Volk hat Tradition. Sie wird nicht von Militärmärschen und Kriegswirren geprägt. Nicht das Vergängliche, sondern das Bleibende hat Vorrang. Unsere Denker, Dichter und großen Künstler haben Weltgeltung. Sie machen unser Namensschild lesbar. Ihre Werke waren, sind und bleiben unsere Tradition. Die Welt ist voller Kümmernisse mit vielen Paukenschlägen. Das Hilfswerk der kleinen Inseln des guten Willens reicht nicht aus. Das Hilfswerk der Anstrengungen um die Schaffung von Territorien des Friedens, der Freiheit und der sozialen Neugestaltung muß mit aller Kraft fortgesetzt werden.«

Zu den Überraschungen meiner »Schreiberfahrungen« gehört, daß ich nicht mehr wußte, wie intensiv ich das Buch gelesen hatte, und es deshalb in die Hand nahm und daraus zitierte und dann nur einen Tag später beim Durchblättern der Pressedokumentation des Jahres 1978 auf den Mitschnitt eines etwa halbstündigen Interviews mit Dr. W. Rieger vom NDR stieß. Ich hatte »total« vergessen, daß ich mich damals sehr intensiv mit der Biographie befaßt hatte.

Alex Möller war kein Mann der leichten Konversation oder des eleganten Lebens oder Schreibestils. Er war tüchtig, umsichtig, arbeitsam, geradlinig und darum bemüht, jüngere politische Menschen an sich zu ziehen und in seine Nachfolge, also die eines so aufrechten wie tüchtigen Sozialdemokraten, zu ziehen. Aber er war auch entrückt, unzugänglich, persönlich verschlossen, ein starker Sachmensch. Die Alters- und Erfahrungsunterschiede trennten bei allem guten Willen. Er starb am 2. Oktober 1985. Im Sommer hatte er uns auf »Hohe Leuchte« besucht, was wir als ehrenvoll empfanden. Ich ging dann mit Schiller zu seiner Beerdigung, der größten und eindrucksvollsten, an der ich je teilgenommen habe.

Im Rahmen einer Veranstaltung, der von ihm gegründeten Veranstaltungsreihe der Friedrich-Ebert-Stiftung in Bonn, sprach ich am 27. November 1985 als »Moderator des letzten Gesprächs« in Erinnerung an ihn: »Autorität, allseitiger Respekt, Sachverstand, eine bewundernswerte, erfolgreiche und geradlinige Lebensleistung haben ihn ausgezeichnet.«

16. Wann – wenn überhaupt – sollte man seinen »Lebenslauf« beschreiben?

Vielleicht könnte ich mit weiteren Erfahrungen aus Autobiographien und Erkenntnissen daraus aufwarten. Meine Auswahl ist weniger willkürlich als man meinen könnte. Zudem haben die bisherigen Aufzählungen aus meiner Sicht den Hauptzweck dieses Kapitels erfüllt, nämlich darzulegen, von woher ich wesentliche Anstöße für meine Orientierung und Entwicklung erhielt und worauf ich beim Lesen von Autobiographien besonders geachtet habe. August Bebels Erinnerungen »Aus meinem Leben«, dreibändig zwar, aber bei weitem nicht zum Abschluß gebracht, sollen noch erwähnt werden, u.a. um das Bedauern auszudrücken, daß es ihm nicht vergönnt war, fertig zu werden. Wieweit Willy Brandt seine sehr lesenswerte und gut dokumentierte Biographie »Links und frei« fortzusetzen in der Lage war, werden wir sehen. Beide Bücher haben für meine Entwicklung und die Ausrichtung meines Schreibens allerdings kaum Bedeutung gehabt. Wenn man schon glaubt, seinen »Lebenslauf« beschreiben zu müssen, sollte man es tun, wenn auch das »Leben noch läuft«. Also nicht erst im Alter, wenn es mehr oder weniger stillsteht und der Wettlauf mit der »Restlebenszeit« leicht zu Ungunsten des »Eigendenkmals« ausgehen kann (ausgegangen ist). Ich habe dargetan, wie schwer mir der Anfang wurde und welch' glücklichen Umständen ich den Abschluß verdanke. Nun kann ich es mir leichtmachen und lapidar feststellen: Es ist geschehen! Also war es möglich!

II. Der lange Anlauf – oder wie die Entwicklung verlief, das Aufschreiben zu wagen (1980 – 1986)

1. Die Neugierde auf uns selbst und die Kraft zur Antwort zeigen, wie viel an »göttlichem Funken« da war

Daß wir neugierig auf uns selbst sein können, also uns beobachten oder analysieren und versuchen können, uns in einem Zwiegespräch mit uns selbst zu antworten, erscheint mir als das eigentliche Kennzeichen des Menschseins oder besser der Existenz des Göttlichen in uns. Je kräftiger beides entwickelt ist, desto mehr Menschsein, desto mehr göttlicher Funke und umgekehrt.

Ich habe diesen Gedanken meiner Erinnerung nach nirgendwo so gelesen, sondern bin an diesem herrlichen Sonntagmorgen, dem 30. Oktober 1988, in Berkeley darauf gekommen, als ich versuchte, den Anfang für dieses Kapitel zu finden. Mir scheint, daß die in uns arbeitenden Kräfte der Neugier auf uns selbst auch Antworten von uns selbst erfordern und die Gesundheit und Stärke eines Menschen darin bestehen, sowohl die Neugier zu erzeugen als auch Antworten ohne fremde Hilfe geben zu können. Das ist ein Ausgangspunkt und deshalb so absolut formuliert.

Natürlich weiß ich, daß alle Arten von Religionen und vor allem die Psychologie auf der Annahme aufbauen, der Mensch könne viele Antworten nicht selbst geben, sondern brauche die Hilfe des anderen und die Erfahrungen von Jahrtausenden menschlicher Entwicklung. Ich bin zu ungeschult, um hier weiter vordringen zu können, und will deshalb lieber konkret werden und zeigen, wie der Prozeß verlief, an dessen Ende der Entschluß stand, mein Leben zu beschreiben:

2. Der Weg ist so wichtig wie das Ziel – für das Ziel

Dieser Prozeß setzte relativ früh ein, jedenfalls weit vor meinem 50. Lebensjahr und dauerte mindestens 6½ Jahre, wahrscheinlich nicht unerheblich länger. Der Gedanke war auf einmal da, verschwand dann wieder. Das wiederholte sich, bis ich irgendwann meinte, ich sollte aufschreiben, was mich beschäftigte. Koestlers Hinweis, daß das »knospende Ich« für den Leser, d.h. für den anderen keineswegs so faszinierend ist, wie für ihn selbst, ist hier besonders angebracht. Aber ich finde die Dokumentation von wichtigen, zunächst offenen Prozeßverläufen, ziemlich unabhängig vom Ausgang, reizvoll, sogar schön: Entstehung – Verlauf – Ergebnis (positiv oder negativ nach dem etwas verkürzten Shakespeare-Motto: All's well that ends!).

Auf jeden Fall ist es möglich und erscheint reizvoll, später Anspruch und Wirklichkeit zu vergleichen, d.h. würde ich im Werk leisten können (geleistet haben), was ich vorweg für wichtig hielt und an einer Vielzahl von Kriterien entwickelt hatte?

3. Der Sommer 1984 wurde zum »Wendepunkt« – wiederentdeckte Tagebuch-Aufzeichnungen und deren Fortsetzungen

Rückblickend sehe ich, daß der Sommer 1984 zum »Wendepunkt« wurde. Wir planten nach 4 Jahren Sommerurlaub auf dem Hof den ersten Urlaub im Ausland, und zwar in Norwegen. Eigentlich hatten wir schon 1980 nach Norwegen reisen wollen, aber der Kauf von »Hohe Leuchte« Ende 1979 warf alle diesbezüglichen Planungen über den Haufen. Im August 1984, bevor wir mit Philip und Anna losfuhren, hatte mich der Gedanke an meine Lebensbeschreibungen – Aufzeichnungen, wie ich sie immer wieder nenne –, so gepackt, daß ich herauszufinden suchte, ob ich schon mal was dazu aufgeschrieben hatte.

Zu meiner Überraschung fand ich eine längere Eintragung vom 16. Januar 1980:

»Im Januar 1980 war ich zur Kur in Braunlage. Während einer Wanderung – ganz zu Anfang mit Maria – (am kalten, sonnigen Sonntag) habe ich über mein Verlangen, meinen Wunsch gesprochen, ein besonderes Buch zu schreiben.«

»Seitdem, in letzter Zeit immer stärker werdend, beschäftigt mich das Projekt mehr und mehr. Dieser Drang steht in keinem rechten Verhältnis zum Vorhandensein eines Konzepts oder etwa einer Vision.«

Ich hatte also vergessen, daß ich schon damals, 1980, mit Maria sehr intensiv über diesen Wunsch gesprochen und sogar einiges dazu aufgeschrieben hatte.

4. Unter dem Eindruck von Alighièri Dante und Stefan Heym spreche ich zum erstenmal mit Maria anläßlich der Wurmberg-Wanderung in Braunlage im Januar 1980 über meinen Wunsch, ein ganz besonderes Stück Memoirenliteratur zu schreiben.

16. Januar 1980, Braunlage: *»Wenn ich aufwache, lese ich meistens in Dante. Habe mir auch Collin von Stefan Heym mitgenommen. Sowohl in der Göttlichen Komödie als auch im Collin ist die Rede vom Memoirenschreiben und den damit verbundenen Schwierigkeiten. Zum ersten Mal habe ich am Sonntag, während der Wurmberg-Wanderung, zu Maria von meinem Wunsch, ein ganz besonderes Stück Memoirenliteratur zu schreiben, gesprochen. Worum es gehen könnte, beschreibt Heym ziemlich allgemeingültig. Meine Version: Ein solches Buch müßte lesbar, interessant, witzig, gut geschrieben sein. Das eigene Leben sollte nur durchschimmern, wo es zur Ableitung, zur allgemein interessierenden Erklärung von Nutzen sein könnte. Im übrigen Auseinandersetzungen mit Problemen der Epochen, zukunftsweisend. Entweder es würde ein Stück Literatur – über Personen und Erscheinungsjahr hinweg von Wert – oder es würde weder zu Ende geschrieben noch veröffentlicht werden können. Soviel Exemplarisches, dauerhaft Interesse Weckendes kann ja auch aus meinen bisherigen Leistungen nicht abgeleitet werden. Unerreichbares Ideal: Machiavelli – natürlich ist das Biographische zu kurz und undeutlich bei ihm. Für eine solche Produktion würde ich viele Jahre Arbeit einsetzen; dazu müßte ich die Zeit, ein Konzept haben, das eine ›Botschaft‹ zu enthalten hätte, weil nur ein solcher Inhalt, eine solche Zielsetzung genug Motivation und Antrieb bedeuten würden. Vielleicht könnte ein solches Werk nicht aus Rastlosigkeit, sondern nur aus existentiell abgesicherter Langeweile entstehen. Mehr sollte ich dazu nicht schreiben.«*

Soweit mein Rückgriff auf lang zurückliegende, vergessene Aufzeichnungen, die mich stark anregten, weiter über das »Wie« nachzudenken. Das Ergebnis in Form von Tagebuchaufzeichnungen vom August 1984 sah wie folgt aus:

5. Anregungen durch Michele de Montaigne, Miguel de Cervantes, Don Quichotte, Guiseppe Verdi und Thomas Mann

»Ich fühle mich mit Montaigne verwandt: Viel in sich schauen und zitieren; also aus sich herausholen und den riesigen Zitatenschatz einbringen. Schon die vielen Überlegungen, Zweifel, Unklarheiten, das jahrelange Tasten, das Nichtweiterkommen. die ehrgeizige Spannung, die Beunruhigung erscheinen von Bedeutung in einem Prozeß, der völlig offen ist; ich habe keine Erfahrung, vor allem kein Vertrauen in meine Phantasiekraft; Vertrauen in meine Hartnäckigkeit schon eher. Wieder werde ich an die schöne Stelle im Don Quichotte erinnert, wo von einem Maler die Rede ist, der auf die Frage, was er malen wollte, zur Antwort gab: ›Was daraus wird.‹

Es gibt Vorbilder. Ich habe immer sehr gerne Autobiographien von bedeutenden Menschen gelesen. Lebenslauf und bisheriges Wirken zu schildern, wird nicht ausreichen. Eine ›Erhöhung‹ müßte gelingen. Die ›Wirklichkeit erfinden‹ sei besser, als sie zu beschreiben (Verdi). Eigentlich müßte eine gute Kombination interessant sein, aber ohne Inspiration, ohne den Götterfunken wird es nichts.

Montaigne beantwortet meine Frage ›für wen‹? (eine Biographie geschrieben werden sollte) ›Für sich selbst – für Verwandte und enge Freunde.‹ Ich glaube nicht so sehr an die Ehrlichkeit solcher ›Bescheidenheit‹. Einzigartig passende Formulierungen von Thomas Mann gefunden: ›Liebe zu sich selbst... ist auch der Anfang aller Autobiographien ... die Lust aus geheimster Erfahrung zu bekunden, wie ... Glück und Verdienst nach irgendwelchem Gnadenschlusse sich unauflöslich verketten.‹ (Was Goethe zu Eckermann sagte, – das Extrem zu Montaigne – ist genausowenig glaubwürdig oder praktisch: ›Wer aber nicht eine Million Leser erwartet, sollte keine Zeile schreiben.‹)

Obwohl ich seit dem 31. Dezember 1950 Aufzeichnungen führe und viele hundert Seiten vorliegen, ist die Auswertung nur selten ergiebig, wenn ich auch den Stützwert nicht gering einschätze. Lange Zeiten, vor allem wenn es mir gut ging und ich emotionell ausgeglichener oder nicht sehr beansprucht war, habe ich überhaupt nichts geschrieben. Im nachhinein fällt es schwer zu verstehen, warum für mich sehr wichtige Ereignisse (etwa mein Wechsel vom Wirtschafts- ins Finanzressort im Jahre 1978) nur so kurz erwähnt wurden.«

6. Soll ich eine Figur erfinden?

»Einiges klärt sich. Ich glaube, daß das Aufschreiben des Lebenslaufes, sehr chronologisch und schon problemorientiert, der erste Schritt zu einem ersten Entwurf sein muß. Schritt für Schritt müßten Aufgaben für Recherchen herausfallen. Vielleicht wird die Strategie auch hier erst nach

dem Kriege sichtbar, jedenfalls kann sie noch nicht ausgearbeitet sein. Soll ich eine Figur erfinden? Es heißt doch manchmal, daß ein Roman autobiographische Züge enthält. Von nichts kommt nichts. Nur wenn mit viel Mühen ein leicht und gut lesbares, unterhaltendes und nachdenkliches Werk entsteht, besteht Aussicht auf …??? Warum will ich überhaupt etwas ›bekunden‹; wieso bin ich exemplarisch in irgendeiner Weise? Es gibt niemanden, der von mir etwas größeres Schriftliches außerhalb des eng Fachlichen erwartet. Worin soll das besondere Aufzubereitende, Aufzubewahrende liegen? Ich will es mir klarmachen und später dann entscheiden, was es wert ist.«

7. Genügt die »Liebe zum Schreiben«? (Umberto Eco) – Die Ableitung von »Erfahrungen«

»Schreiben zu dürfen aus reiner ›Liebe zum Schreiben‹ oder nur ›aus Engagement für die Gegenwart und im Bestreben die Welt zu verändern?‹ Die ›Liebe zum Schreiben‹ (U. Eco) ist, nachdem ich nun zum dritten Mal am Schreibtisch sitze, erwacht und ganz stark (14.08.1984). Es macht einfach Spaß, weißes, leeres Papier schnell Seite um Seite vollzuschreiben, es wieder und wieder zu lesen, zu ergänzen, zu verbessern. Was Prof. Rolf Stödter sagte, ist richtig: es gibt eine Erotik des Schreibens. Warum sollten dabei Engagement und Veränderungswillen zu kurz kommen? Nicht zuletzt hoffe ich, klar, schnörkellos, lebendig, interessant, aufmunternd, stilistisch sogar anspruchsvoll zu schreiben. Können aus Lebensumständen und dem Nachdenken darüber Erfahrungen für menschliche, berufliche, politische Entscheidungssituationen gewonnen werden? Das Denken über Konzeptionen geht aber weiter. Mir kam der Gedanke, Lehrsätze, Erkenntnisse, Regeln, Einsichten, die in die Hunderte gehen könnten, abzuleiten und aufzuschreiben. So beispielsweise ›meine 379 gesammelten Erfahrungen‹ oder so ähnlich. So würde von vornherein Neugjerde geweckt, und ich müßte immer zweckgerichtet nach rückwärts schauen.«

8. Fortschritte in der »Bar Le Candelilla«?

»Ich habe nun schon so viel über Antriebsmotive, Absichten meiner neuen Beschäftigung geschrieben, auch über die Methode, daß ich vielleicht damit jetzt Schluß machen sollte. Ich suchte mehr oder weniger zum Abschluß dieses Aspekts eben in meinen Aufzeichnungen nach diesbezüglichen weiteren Konkretisierungen und fand sie doch schneller als ich glaubte, als Einzelblatt eingefügt in meinem Tagebuch. Am 14.01.84 auf Gran Canaria in der Bar Le Candelilla brachte ich folgendes mit Tinte zu Papier: Sitze jetzt allein an einem, wieder wie gestern, herrlichen, aber gänzlich anderen Plätzchen. Wie gestern gebeten, das Radio abzustellen. Nun höre ich das Gesumme in dem neben mir blühenden Mandelbaum bei Sonne und Ruhe ohnegleichen auch bei Rotwein und Serranoschinken. Für mein ›Buch‹ überlege ich seit längerem einen ungewöhnlichen ›Approach‹: Unter Hunderten von Stichworten alles Sagenswerte zu subsumieren. Man könnte kurzweilig alles Zusammentragenswerte notieren und nach Belieben und Fundus ausweiten und ausmalen. Keine Seite, keine Zeile, ich wiederhole es, dürfte langweilig, d.h. uninteressant sein. Unter dem Sachgesichtspunkt ließen sich Raum, Zeit, Individuelles und Allgemeines aufbereiten, mischen und darstellen.«

9. Vieles wird nicht standhalten!

»Auf erträgliche Art von sich selbst und seinem Schicksal, von seinem Erfolg und dessen Gründen zu sprechen, ist eine Aufgabe, der kalten Blutes schwerlich jemand gewachsen ist‹ (Thomas Mann). Also muß es anders ›erträglich‹ gemacht werden, kann es dann so wichtig werden, daß es ›zum Lebenszweck‹ wird? (S.788) Schon mal überlegt, ob es dann mit 60 fertig sein sollte, ich hätte schließlich, es treibt mich niemand, 10 Jahre Zeit. Dann ›wird alles Erleben, wenigstens versuchsweise, in Beziehung dazu gesetzt‹ und rückwärtsschauend wieder heraufgeholt, reflektiert und ausgewertet, d.h. auch das frühere und einverleibte.

Zwangsläufig plagt mich der Gedanke, daß vieles nicht standhalten wird, zu persönlich und langweilig ist, doppelt und dreifach auftaucht und gestrichen werden müßte (was gestrichen ist, kann nicht durchfallen, Tucholsky). Das stelle ich mir jetzt so schwierig vor, daß es mir fast unmöglich erscheint. Natürlich steckt im Hinterkopf der Zweck und die Maxime des Ökonomen, buchstäblich nichts umsonst zu tun. Wenn ich allerdings ernsthaft an die Liebe zum Schreiben denke, an den Spaß für mich, an das irgendwie Schöpferische als Selbstzweck, dann muß ich den Ökonomen in mir unterdrücken.«

10. Also was soll's, warum, für wen? (Motiv oder Leitseil und die Problematik der Alternativkosten)

Obwohl ich im August/September 1984 mit einigen Skizzen begann, war ich wankelmütig und kam weitere zwei Jahre lang nicht weiter. Ich wiederholte in

Tagebuchaufzeichnungen die mich bewegenden, ungelösten Fragen und war unruhig und unzufrieden mit mir.

16.09.1984: *»Es geht mir immer wieder im Kopf herum, ob und wann ich schreiben soll, was möglicherweise so merkwürdig, bewahrenswert an meinem Leben bisher war. Sich nur zu erinnern, dürfte zu fade werden. Deshalb die Notwendigkeit der rückwärts gerichteten Recherchen und vor allem, vor allem anderen die Notwendigkeit eines Mottos, eines Leitmotivs, also der ideelle, gedankliche Leitfaden oder besser das Leitseil wird benötigt, also was soll's, warum, für wen? Das Risiko besteht in den Alternativkosten, also, was, wenn es nichts Vorzeigbares, Vernünftiges wird und somit umsonst war? Andererseits entsteht nichts ohne Arbeit und nichts ohne Risiko, erst recht nichts mehr oder weniger Dauerndes. Je mehr ich mich beobachte, desto stärker wird allerdings der Drang, nun endlich anzufangen. Ohne Überhöhung, ohne Studium, ohne zartgliedrigste Analyse, ohne Phantasie kein Erfolg, keine Befriedigung, kein Fortschritt. Grundlagenarbeit nötig wie bei Fontane. Man, oder besser ich, muß ›ehrsüchtig fleißig‹ sein (Thomas Mann), so wie Machiavelli und Montaigne, Gracian und Lichtenberg es gewesen sind.«*

11. 24. September 1984: Feierlicher Schwur: »Ich wag's!«

Nach unserem Urlaub in Norwegen bezog ich im freigewordenen Appartement am Ende des Stallgebäudes mein neues Studierzimmer. Dort hatte ich Schreibtisch und Schrank – unsere eheliche Erstausstattung von 1958 – aufgestellt und mit Mühe eine ganze Wand mit Bücherborden bedeckt und vollgepackt, auch den aus Norwegen zwischen vorderer und hinterer Sitzbank des BMW transportierten »Norweger-Ofen« aufgestellt. Die einmalige Ruhe und Abgeschiedenheit dieses Raumes sollten helfen, meine Absichten ernst zu nehmen. Der entscheidende Tag kam dann am 24. September 1984. Ich schien so weit zu sein. Mir wurde ganz feierlich zumute und ich schrieb hin:

»Den Dienstag, vielleicht auch den Freitag, will ich von nun an hier abgeschieden mit Studieren und Schreiben beginnen. Ich wag's. Ich muß und will jetzt Ordnung im Sinne Thomas Manns haben. Keine Störung, keinen Alkohol während des Tages. Für ›mein Buch‹ veranschlage ich fünf Jahre. Ich werde für mich schreiben, rückwärtsgerichtet forschen und jeden Tag die Augen offenhalten, um einzuarbeiten.«

12. Es wurde trotzdem erstmal nichts! Beklemmung durch Ordnung der »Tagebuchblätter-Wirtschaft« – Zentralthema taucht eine Zeitlang wieder unter – Wunschvorstellungen klären sich

Das mag alles lächerlich und überzogen klingen, aber ich wußte genau, daß dieses »Wagen« eine Verpflichtung, wenn auch eine freiwillige bedeutete, die mich sehr stark und sehr lange binden, absorbieren und von anderen, vielleicht viel wichtigeren Aufgaben ablenken würde. Deshalb wurde es auch erstmal nichts!

29.10.1984: *»Heute ist mir eine ganz wesentliche, lange versäumte Aufgabe gelungen, nämlich die Ordnung meiner Tagebuch-Blätterwirtschaft. Dutzende von Blättern, grün, blau, rot, schwarz, beschriebene, unterschiedlichen Formats, und erst die Veränderungen der Schrift! Zunächst einmal habe ich sie in zeitliche Reihenfolge geordnet, gelocht und zum erstenmal in einem Ringordner untergebracht. Ab 1976 laufen die Eintragungen im Tagebuch nebenher. Die Fülle der Eintragungen, jetzt wo ich alles beieinander habe, ist ein bißchen beklemmend; manches habe ich seit der Niederschrift zum erstenmal wiedergelesen (z.B. die Notizen über den Rücktritt von Willy Brandt). Viele total vergessene Einzelheiten tauchen wieder auf, große seelische Notlagen vor allem, die ich natürlich nie vergessen werde. Von vorne bis hinten kann ich die Blätter sowieso nicht zusammenhängend lesen; zu quälerisch, manchmal auch zu belanglos sind Aufzeichnungen dieser Art, auch finden sich viele schwache Momente festgehalten. Ich vermisse auch die Analyse oder wenigstens Impressionen wichtiger Ereignisse. Trotzdem bin ich froh, daß ich, wenn auch so einseitig und lückenhaft, Tagebuch geführt habe. Ich bleibe auch dabei. Dabei lebe ich offensichtlich bewußter. Ob sich schließlich zuletzt vieles bündeln oder besser einordnen und verwerten läßt, also irgendwelchen Nutzen abwirft, ist schwer schon jetzt zu bestimmen. Der Steinbruch ist da und wird, indem ich ihn nutze, auch weiter wachsen.«*

Viel normale Arbeit, Ablenkung durch schriftstellerische Arbeiten u.a. am Aufsatz für die Festschrift für Karl Schiller und ein gewisses Untertauchen meines Zentralthemas waren gemeinsam verantwortlich dafür, daß es überhaupt nichts wurde mit dem »wagenden Anfang«. Die weiteren Eintragungen aus meinem Tagebuch lasse ich am besten ohne Kommentar wirken:

18.12.1984: Aus »Grundlagen und Technik der Schreibkunst«: *»Ich hatte dieses Buch vor vielen Monaten in einer Zeitung angezeigt gesehen, dann aber die Spur verloren, es schließlich aber wieder entdeckt und bestellt. Vieles von der Einführung heute gelesen: Dort heißt es ›ständig schreiben‹, ›täglich arbeiten, hart arbeiten‹, ›je größer die Begabung, desto härter werden Sie arbeiten müssen‹. ›Schreiben heißt arbeiten‹, das ist richtig, und die Übereinstimmung mit diesen Aussagen macht mich stärker, obwohl ich bisher gar nicht danach gelebt habe.«*

03.04.1985: *»Es klären sich aber auch Wunschvorstellungen, sie sind irgendwie disparat. Nämlich wie ein wirklich wichtiges Buch, ein überdauerndes Buch zu schreiben sei; ich empfinde immer mehr, daß es das einzige Denkmal eines Menschen ist, wenn es überhaupt gut ist.«*

13. Hilfen durch Thomas Mann, Arthur Schopenhauer, Johann Wolfgang von Goethe und Friedrich Wilhelm Nietzsche (September 1985 – Mai 1987)

03.09.1985: *»Im Urlaub Schopenhauer mit größtem Gewinn zu Ende gelesen. Immer etwas lernen ist sein wichtiger Ratschlag. Warum weiß ich beispielsweise so wenig über Wein, Schwalben, Ameisen oder Mäuse? Ich meine das gar nicht lustig oder ironisch, zumal ich mich ja auch mit höherwertigen Dingen wie Philosophie und A.P. Weber beschäftige. So kleine Inseln voll durchwandern und entdecken, im Sinne des immer wieder ›Dazulernens‹, will ich mir vornehmen. Will endgültig weg vom Zeittotschlagen, weg von langweiligen Partys und Menschen und vom Zuviel an Essen und Trinken!! Carpe Diem ist wichtiger denn je!«*

08.10.1985: *»Las im Prospekt zur Thomas Mann-Ausstellung 1975 in Lübeck (die ich später in Hamburg gesehen hatte) als Zitat Thomas Manns an Erika Mann: ›Von einer eigentlichen Konzeption kann gar nicht die Rede sein, ich studiere manches, weiß aber nur undeutlich, was ich will, und denke manchmal, ich habe überhaupt vergessen, wie man etwas angreift.‹*

Ja, vor gut einem Jahr spürte ich stärkstens den Drang, was über mich zu schreiben, seit langem aber schon nicht mehr. Denke nur hin und wieder, gerade heute, nachdem ich ›Wie ich meinen Vater sehe‹ nochmals gelesen hatte. (Diese Aufzeichnungen waren das Produkt des Norwegen-Urlaubs.)

Im Thomas Mann-Prospekt wird etwas zu seiner Arbeitstechnik gesagt: Er habe beispielsweise rd. 500 Bilder aus Illustrierten und Zeitungen gesammelt und als Vorlagen gebraucht. Zusätzlich natürlich die grundlinienartigen, ganz großen Motive: Bürgertum, Vergänglichkeit, Faust, vor allem Ödjpus, Krull als Glückskind aus dem Märchen. Es geht immer um Ziele und Hilfsmittel (Bluff), um Zweck-Mittel-Beziehungen. Aber wie kann ich Wege auswählen, wenn ich nicht weiß, wohin ich will? Montaigne: ›Dem dient kein Schiff, der keinen Hafen hat, wohin er segelt.‹ Meine Unentschlossenheit ist ja nicht nur auf Konzeptionslosigkeit gegründet, sondern auch auf Faulheit. Kommt mir irgendwann die Erhellung?«

12.11.1985: *»Immer wieder suche ich eine mich ganz fordernde, aufgabenorientierte Herausforderung. Bin nicht zufrieden, aber keineswegs unglücklich. Ich fragte heute erneut, was ist meine Aufgabe? Wie Goethe es formuliert hat: Die Pflicht des Tages: Also, gut auf Familie und Gesundheit achten, die Bank im Auge und im Griff behalten, Mitarbeiter ordentlich behandeln, im ZBR unermüdlich, wachsam und sachkundig mitarbeiten, sachlich und verantwortungsbewußt nach außen wirken (durch Vorträge, Artikel, Gespräche), Freundschaften pflegen und neue entwickeln. Schließlich: Abwarten, Langeweile etwas Positives abgewinnen, ruhig werden, lernen, lernen, lernen. Darauf hoffen, daß – sollte ich ganz neu gefordert und gebraucht werden – ich dies erkenne und nicht falsch darauf reagiere.«*

Ich fand einen schönen Spruch bei Nietzsche über die Bedeutung von Langeweile und fügte ihn am 05.05.1987 hinzu:

»Für alle empfindsamen Geister ist Langeweile jene unangenehme ›Windstille‹ der Seele, welche der glücklichen Fahrt und den lustigen Winden vorangeht; er muß sie ertragen, muß ihre Wirkung bei sich abwarten.«

»Ich finde diese (obige) Aufzählung gar nicht schlecht, auch ziemlich vollständig. Im übrigen: Was kann bei meiner nicht gerade genialen Ausstattung als Lebenswerk überhaupt – objektiv gesehen – übrigbleiben? Nur ein herausragendes Buch! Mir geht es wahrscheinlich zu gut und ich bin schon zu weise, um mir zuzutrauen oder zu erwarten, ich könnte so etwas leisten.«

14. Projektion auf 1998 und Gefahr der Versäumnisse – der unstrukturierte Berg ...

»Nach einer Pause kam die Idee auf, mir einmal vorzustellen, was ich denn mit 65 Jahren bei Fortdauer der gegenwärtigen Berufslinie rückwirkend möglicherweise als schwerwiegendes Versäumnis bezeichnen könnte. Ich finde allerdings, daß ich keinen Unterschied zwischen ex-ante-Formulierungen (s.o.) und hypothetischen ex-post-Überlegungen entdecken kann, daß also dieser methodische Ansatz wahrscheinlich doch nicht weiterhelfen wird.«

24.11.1985: *Zum Geburtstag war auch Karin Struck eingeladen. Sie schenkte zwei ihrer Bücher, eins meiner Frau und mir ihr letztes. Ich würde in ihrem Fall von ›gefühlvoller Pornographie‹ sprechen. Es werden ein paar Gedanken und Erfahrungen im immer selben Zusammenhang literarisch verwertet, aneinandergereiht und schon ist ein Buch fertig. Thomas Mann sagt, er habe immer bei einem kleinen Ausschnitt oder Gegenstand angefangen, der sich dann gewaltig ausgeweitet habe. Tschechow (dessen Buch ›Die Insel Sachalin‹ ich gerade lese), habe sich immer auf weniger große Ziele gerichtet und die Kleinform beherrscht, was viel schwieriger sei. Jedenfalls sind ihm die Gegenstände vom Umfang her nicht unter der Hand gewachsen oder geschwollen, wie das bei Thomas Mann so oft der Fall gewesen ist.*

Ich stehe nun vor einem großen, unstrukturierten Berg von Erfahrungen, Erlebnissen und Gedanken, dumpfem Wollen, zeitweisem Antrieb, was daraus zu machen. Ich finde weder das Loch noch den Schlüssel. Die Methode von Montaigne, die Einfälle, die sich einfinden, so aufzustapeln, wie sie auftreten, ist für ihn richtig gewesen. Ich weiß noch nicht, ob ich mit dieser Methode ebenfalls zurechtkommen kann.

Könnte ich die Aufzeichnungen nicht schlicht ›Ziele‹ nennen. Als Brennglas des Lebens verstanden. Ich brauche Rat und warte darauf, daß er mir gegeben wird.«

15. Wünsche für 1986

31.12.1985: *»Für das neue Jahr bleibt der Wunsch nach Fortsetzung unseres schönen Familienlebens, nach Gesundheit und gegenseitiger Hilfe obenan.*

Nachdem ich die Komposition meines Buches (Hohe Leuchten) fertig habe, denke ich hin und wieder, ob sich nicht ein Bogen schlagen ließe, zwischen meinen Lebenserfahrungen und den Glanzpunkten dieses meinen literarischen Haushaltes. ›Wer's nicht anpackt, kann's nicht fortschieben‹, sagt Thomas Mann. Ich bin noch in einer Warteschleife; es herrscht Windstille mit ein bißchen, sicher entschuldbarer Langeweile.«

16. Verfügbarkeit der Morgenstunden und routinierte Arbeitsdisziplin

27.06.1986: *»Was meine Perspektiven ansonsten angeht, so dachte ich heute im modern-anheimelnden Bau der Friedrich-Ebert-Stiftung in Bonn ziemlich genau an die Leitung dieser Institution als mögliche Option für die Zukunft. Wann? Im fortgeschrittenen Alter oder als eine interessante Alternative, schon in der absehbaren Zukunft?*

Komische Gedanken sind dies, die ich aber leichtnehme. Ich überlege zum wiederholten Male, mir streng – wie das morgendliche Wiegen – eine Zeit (vielleicht 1½ Stunden) für kreatives Schreiben abzuzwingen. Seit Philip mit der Schule fertig ist, brauche ich ja morgens nicht mehr unbedingt aus dem Haus und könnte den Versuch wagen, meine Gedanken schreibend zu ordnen und zu entwikkeln. Nach einer vernünftig bemessenen Zeit müßte sich bei meinem Sinn für Sich-Nichts Vormachen herausstellen, ob das Schreiben sinnvoll ist. Wenn nicht, wäre ich um die Erfahrung des Verlustes einer Illusion reicher, vielleicht auch freier und könnte die Zeit sonstwie zu meiner Verbesserung gut nutzen.«

Daß ich schließlich ziemlich genau zwei Jahre nach der Entscheidung, das Unternehmen zu wagen, auch begann, beruht auf zwei auslösenden miteinander verbundenen Faktoren: Der Freiheit, über die frühen Morgenstunden verfügen zu können, und der Einsicht in die Notwendigkeit, mich in eine strenge Arbeitsdisziplin zu nehmen und diese unbedingt zur Routine werden zu lassen.

Eine so langwierige Aufgabe ist nur zu bewältigen, wenn der eigenständige Faktor »Produktivität der Routine« mobilisiert werden kann.

17. Wie schwer ist es doch, den »Anfang des Garnknäuels« zu finden – Schreiben für die noch nicht geborenen Enkel?

Ich brauchte aber noch rund sieben Wochen, von Ende Juni bis zum 18. August, bis ich endgültig gefangen war. Bis dahin überlegte ich weiter, um den »Anfang des Garnknäuels« zu finden.

18.07.1986: *»Im August (Ende) und im Oktober (Anfang) stehen die einzigen beiden Auslandsreisen an. Vorträge in Ungarn und Großbritannien, je etwa für eine*

Woche. Ansonsten will ich mich bescheiden, begrenzen und den Anfang für ›mein Buch‹ finden, indem ich konsequent jeden Morgen die ersten 1½ Stunden dem Nachdenken über dieses Vorhaben widme. ›Von nichts kommt nichts‹, schreibe ich erneut. ›Wer's nicht anpackt, kann's nicht wegschieben‹. Anna wird dann morgens mit dem Bus fahren und in der Bank kann ich dann noch kurz vor 10.00 Uhr sein. Ich möchte die ›produktive Inspiration‹ am Schreibtisch erzwingen. Ich weiß aus sehr langer Erfahrung, wie schwierig es war, mich dorthin zu quälen, sobald ich aber den Platz erreicht hatte, fühlte ich mich leicht und frei, d.h. arbeitsbereit. Diese neue Ordnung will ich auf längere Zeit anlegen, ich riskiere nur die Erkenntnis, mein dumpfes Ziel nicht bestimmen und nicht erreichen zu können.

24.07.1986: *»Angeregt durch die Antwort von Koestler, den noch ungeborenen zukünftigen Leser im Auge zu haben, geht mir Unruhigem durch den Kopf, daß ich immer noch danach suche, den Anfang des Garnknäuels zu finden und ihn finden könnte, indem ich für meine noch nicht geborenen Enkel schreibe. Ich habe schon oft bedauert, fast nichts über die Lebensbedingungen der Eltern, aber auch nichts Authentisches über die weiter zurückliegenden Vorfahren zu wissen. Niemand hat ja Aufzeichnungen gemacht, was vor allem auf das sehr niedrige Bildungsniveau zurückzuführen sein dürfte. Wie schön und reizvoll müßte es allein sein, die altertümlichen Handschriften zu sehen und z.B. zu wissen, wie die Soldatenzeit des Großvaters war oder seine Berufsausbildung oder die Zeit der Arbeitslosigkeit des Vaters oder die täglichen Sorgen der Eltern um Geld, Heuernte, Kuhkalben, Schweineschlachten, Brotbacken, Kinderkriegen im Hause, Wohnen mit den Schwiegereltern usw. Meine Mutter hat im Gegensatz zum Vater viel von Zuhause erzählt. Jahre vor ihrem Tode bat ich sie einmal, ihr wichtig Erscheinendes aufzuschreiben. Sie war nicht imstande dazu.*

Das Ziel, an das möglicherweise einmal vorhandene Informationsbedürfnis noch nicht geborener Enkel zu denken, hat sehr viele Vorzüge. Zum ersten bleibt das Unternehmen privat. Informationsgehalt, Reflexion, Erfahrungsableitungen des Lebens eines Vorfahren bleiben sozusagen in der Familie. Zweitens zwingt das Vorgehen zu einer bestimmten Auslese: Was wird sie interessieren und was mit Bestimmtheit nicht. Das eine oder andere möglicherweise überflüssige Detail schadet dann aber auch nicht. Der harte Zensor einer kritischen Öffentlichkeit fehlt bei diesem Vorgehen; ihn müßte ich wohl selbst darstellen. Drittens, da die Enkel jetzt noch nicht leben, vielleicht auch nie welche geboren werden (was ich nicht hoffe), bleibt viel, viel Zeit. Mir läuft fast nichts weg. Wobei jedoch die Falle des Vergessens zu beachten bleibt.«

18. Die Neugierde auf das Ergebnis – das knallig Subjektive ist nicht zu vermeiden

»Das Schreiben wie das Lesen meiner Aufzeichnungen sollte einer Anforderung vor allem genügen: Es muß Spaß machen. Da ich den Drang zu schreiben nicht losgeworden bin, will ich es wagen, niederzuschreiben, was ich an meinem Leben für bemerkenswert, interessant und deshalb erzählenswert halte. Es könnte stören, daß ich kein großes Risiko eingehen will bzw. eingehen kann, ich will aber so gut schreiben, wie es mir möglich ist, und mir dabei Zeit lassen. So kann ich nicht anders, als es mir gleichzeitig leicht und schwer zu machen: die Einordnung meiner Lebensumstände, die Beurteilung meiner Entwicklung, die mir bis zum heutigen Tage ununterbrochen rätselhaft erscheint, die Verknüpfung von individuellen Erfahrungen, Anschauungen, Beobachtungen mit der Welt, in der ich wirkte und wirke, alles das soll so präzise, klar, faszinierend und mit vielfältigen Nutzanwendungen zu Papier gebracht werden, wie es mir möglich ist. Niemand kann neugieriger sein als ich selbst auf das ›Gesamte‹ bzw. darauf, ob ich überhaupt durchzuhalten vermag.

Nach wie vor stört mich auch bei diesem Ansatz das knallig Subjektive. Wenn eine Transformation möglich wäre, weg von mir, hin zu einer neben mir stehenden Figur, ich würde mit großer Freude ein anderes besseres Arbeitsprinzip wählen. Nur ich glaube, daß ich eine Entsubjektivierung nicht bringe, für eine Verschlüsselung keine Kraft und keine Phantasie habe und deshalb darauf angewiesen bin, in mich hineinzuschauen. Jedoch allein auf die Qualität des Schriftstellerischen zu setzen, erscheint mir unrealistisch und unbescheiden. Ich weiß auch, daß erst die Verbindung von Lebenswerk und Position mit dem literarischen Substrat eine über das Private hinausgehende Aufmerksamkeit bekommen könnte. Also mit anderen Worten: Die vielen Trivialitäten in Wilhelm Meister und Benjamin Franklins Werk würden ohne das Wissen um die Gesamtbedeutung dieser Männer heute bestimmt noch weniger Leser finden als ohnehin.«

19. Die Person muß zu Ende beschrieben und es muß ein Resümee gezogen werden können

24.7.1986: »Im übrigen haben diese – wie auch Koestler – nicht durchgehalten. Die Berichte gehen zu lange in die ›sentimentale‹ Richtung. Die Person wird nicht zu Ende beschrieben, es wird kein Resümee gezogen. Es fehlen Reflexion und Distanz, letzte Einordnungen und Nutzanwendungen aus ihren hervorragenden Erfahrungen.

Für mein nun beginnendes »Wagnis« brauche ich eine ordnende Gewohnheit, wie sie meine morgendliche Laufgymnastik oder der Spaziergang durch den Park ›Planten un Blomen‹ darstellen. Ich will diese Gewohnheit in der privaten Schreibestunde von etwa 07.00 bis 08.30 Uhr an meinem Schreibtisch zu entwickeln versuchen.«

20. Der »erste« Tag und seine Ablenkungen: Thomas Chatterton in Knaurs Literaturgeschichte und Erinnerungen an eine mißglückte Freundschaft – Jakob Böhme und meine Nennung für die Mannschaft von Johannes Rau

18.08.1986: *»Dies ist mein erster Tag mit der neuen Arbeitseinteilung. Bin etwas später als ich mir vorgenommen habe. Sitze am Schreibtisch und warte auf aufschreibbare Gedanken. Will ausprobieren, wann mir was zum Thema einfällt. Wie lange kann ich ruhig sitzen ohne zu schreiben? In letzter Zeit besonders fallen mir öfter originelle oder witzige Wörterkombinationen ein, die ich dann aber wieder vergesse. Irgendwelche Anstöße haben dies bewirkt, ich war aber nicht in der Lage, sie zu notieren. Im Grunde will ich prüfen, ob ein schöpferischer Prozeß einsetzt, wenn ich mich dafür bereithalte. Schon gibt es Ablenkungen: Eine Tasse Tee muß geholt werden, die Enten müssen raus und die Glucke mit ihren 16 Hühnchen unterschiedlichen Alters. Ich habe ihnen dann Futter gestreut, Frau Greuel über die einzumachenden Bohnen informiert und außerdem sollen heute die Stangenbohnen als Schnibbelbohnen in ein Tonfäßchen.*

In dem ›Lesebuch‹ von Hubert Fichte kann man einen Bericht von Hans Henny Jahnn über Thomas Chatterton finden. Kannte diesen Schriftsteller nicht. Von den Rowley Papers hatte ich nie etwas gehört. Ich brauche eine gute Literaturgeschichte. Nun erinnerte ich mich, daß ich mal eine verschenken wollte, und zwar 1953 die bei Knaur erschienene von Erwin Laaths. Das Buch steht schon viele Jahre bei Philip. Ich ging hinüber und las die wenigen Zeilen über Chatterton. Sie sind nicht erhellend. Ich werde mich um den Autor selbst bemühen. Bei ihm scheint sich zu zeigen, was ein Genie in kürzester Zeit leisten kann und ihn damit unsterblich machte (nach knapp 18 Jahren).«

Mit dem nicht gegebenen Geschenk verhielt es sich so: In Gummersbach lernte ich im letzten Jahr der Berufsschule H. G. kennen. Ein oder zwei Jahre älter als ich, wurde er bei der Stadtverwaltung Gummersbach ausgebildet. Kennzeichen: blaß, schmächtig, spitze Nase, Brille, introvertiert. Wir freundeten uns etwas an. Ich wurde in die Mansardenwohnung eingeladen, wo die sehr alte Großmutter, mit der verwitweten Mutter und seiner etwas jüngeren, schwarzhaarigen, wie eine Knubberkirsche appetitlichen Schwester wohnten. Sie waren aus Stettin vertrieben, der Vater war vor den Augen der Mutter von den Russen erschlagen worden. Im Sommer 1953 besuchte H. mich an einem Sonntag in Köln. Um ihm ein – für meine Verhältnisse viel zu teures – Geburtstagsgeschenk zu machen (wenn man am wenigsten hat, macht man die teuersten Geschenke), hatte ich Laaths gekauft und eine Widmung reingeschrieben. Ich schleppte das Buch in einer Tasche mit. Der Besuch im Zoo, lange Spaziergänge, ich mußte dann auch beide Mittagessen bezahlen, verliefen so enttäuschend, daß ich ihm das Buch nicht aushändigte und später »Zum Geburtstag« ausradierte. Jetzt bzw. seit damals steht dort nur noch: »18. Juni 1953. Von Deinem Freund Willi.«

Meine Tagebuch-Aufzeichnungen bestätigen, daß der Besuch enttäuschend verlief, denn ich glaubte, »daß sich zwischen uns nie ein herzliches Verhältnis anbahnen (!) wird«. (Ich kannte ihn damals schon mindestens zwei Jahre.) Ich fand ihn auch »mimosenhaft empfindlich!« Während wir zusammen lernten, war H. bei uns »auf dem Schloß« zu Gast gewesen. Mutter hatte sich viel Mühe mit Kaffee und Kuchen gegeben. Vor dem Haus trafen wir Frau Allefeld. Ich sagte, nachdem ich sie begrüßt hatte: »Darf ich Ihnen meinen Freund vorstellen, H.G.?« »Ist dies wirklich Dein Freund?« Ich empfand es als peinlich, dies in dem prüfend scharfen Blick der alten Dame (sie schaut jetzt als bildhübsche junge Frau auf meinen Rücken) bejahen zu müssen, auch zu sollen. »Ja, denn dann ist er auch mein Freund«, und sie sprach den bekannten Satz auf französisch aus. Dieser »Freund« verabschiedete sich nicht und bedankte sich nicht bei meiner Mutter. Im Frühjahr 1955 sah ich ihn zuletzt: ich pflanzte mit meinem Bruder Jürgen Kiefern und Sträucher am Aufgang zum Schloß; er spazierte vorbei, ohne mich sehen oder beachten zu wollen. In meiner dreckigen Kleidung wollte ich mich aber auch nicht melden, vielleicht, um ihn vor seinem Begleiter nicht zu blamieren. Danach habe ich von meinem sog. Freund nie wieder etwas gesehen oder gehört. Er soll die Berufslaufbahn gewechselt haben und Pastor geworden sein.

19.08.1986: *»Schwenke nun auf die Arbeitsordnung ein, die meine Produktivität steigern soll: Der Dienstag gehört der ungestörten Arbeit hier am Schreibtisch.«*

Wie groß meine Startschwierigkeiten trotz langwierigster gedanklicher Vorbereitungen, eines ernstzunehmenden Entschlusses und des Vorliegens aller objektiven Voraussetzungen waren, geht aus den Ablenkungen des Tages hervor, die ich aufschrieb, statt mich dem eigentlichen Vorhaben zu widmen. Ich zitiere noch mehr davon in aller Kürze, weil sie Einblick in die Zeit geben.

»Ich überlege in diesen Tagen, ob ich das Gesamtwerk (weit über 5.000 Seiten!) von Jakob Böhme als Reprint der Ausgabe von 1730 kaufen soll. Sie ist sehr teuer; eine Studienausgabe, kommentiert und erschwinglicher, ist leider vergriffen. Gestern vor dem Einschlafen etwas in den »Sendbriefen« gelesen, dabei aber wenig aufgenommen. Die Einführung von Wehr in der Reihe Fermenta Cognitionis hat ebenfalls nichts gebracht, jedenfalls habe ich noch nicht verstanden, worin das Besondere dieses »Theosophen« gelegen hat, d.h. sich abgesetzt hat gegen die damals herrschende Sicht des Christentums. Solche Literatur muß ich auf jeden Fall öfters lesen. Ich denke jetzt daran, sein erstes Buch »Aurora« oder »Morgenröte im Aufgang« einzeln als Reprint zu kaufen. Das will ich mir vornehmen und dabei feststellen, wie oft ich es lesen muß, um ihn, Jakob Böhme, mit Gewinn zu verstehen.

Die Monatszeitschrift »Capital« hat im August 1986 über – des SPD-Kanzler-Kandidaten –, Johannes Raus Berater-Mannschaft in Wirtschafts- und Finanzfragen geschrieben und sachlich spekuliert. Ich bin, sehr sorgenvoll in eine Kamera blickend, dabei und »komme gut weg«, d.h. werde als erfahren, fähig und solide vorgestellt. Ich käme sowohl für Wirtschaft als auch Finanzen in Frage, J.R. könnte aber auch interessiert sein, mich im Zentralbankrat zu belassen, denn der sei konservativ beherrscht und dort könne ich ihm und der SPD vielleicht mehr nützen.

Als ich diese Ausführungen im »Capital« las, wurde ich sehr unruhig und überlegte, meine Teilnahme am Parteitag in Nürnberg zurückzunehmen. Ich wollte nicht in Gefahr geraten, mich dort äußern zu müssen. Das hat sich allerdings gegeben. Obwohl der Artikel gute drei Wochen auf dem Markt ist, hat mich bisher nur Claus Köhler angesprochen. Ich glaube jetzt auch, daß ich auf dem Parteitag um Klippen herumkomme; jedenfalls will ich auf der Politik nicht auflaufen und damit meine mühsam und mit einem Chimborasso an Glück errungene Position verlieren. Nun sind der Hoffnung auf eine sozialdemokratische Regierungsbeteiligung in Bonn aus heutiger Sicht sowieso unübersteigbare Barrieren gesetzt. Da ich nun mal »Berater« bin, werde ich mich einer gewissen Verwertung im Wahlkampf nicht widersetzen können, sollte es die Solidarität mit J. R. gebieten.«

21. Erkenntnis meiner »Restbestimmung«: Ich will noch weiterwirken ...

»Meine Restbestimmung in den noch vor mir liegenden Jahren sehe ich nicht in der Tagespolitik. Ich will nicht auf einen Ministersessel in Bonn. Montaigne hat beschrieben, wozu er noch bereit war, nachdem er lange Jahre Bürgermeister von Bordeaux gewesen war. ›Wer sich nach meiner Eignung meiner bedienen will, der gebe mir Geschäfte, zu denen freier Geist und frisches Zugreifen gehören, die geradeaus und kurz und auch verwegen geführt werden müssen: Da werde ich etwas zustande bringen. Erfordern sie langwierige, spitzfindige, mühselige, künstliche und ränkische Führung, so tut er besser daran, sich an einen anderen zu wenden‹.«

Mein Vorsatz ist es, im Gegensatz zu Montaigne, nicht »den Rest meines Lebens gemächlich und ohne Mühsale zu verbringen«. Ich will noch weiterwirken, Einfluß ausüben und ausschöpfen, mein Geld wirklich verdienen und mich eben noch lange nicht aufs Faulbett legen. Dieses mein »Schreiben«, also Reflektieren, Überdenken, Auswerten muß neben meiner Arbeit für unser Gemeinwesen eine Randaufgabe bleiben. Ob ich jemals wieder in die »Tagespolitik« zurückkehren werde, läßt sich nicht vorhersagen. Ich weiß aber, daß die »Zurückgewünschten« selten sind.

22. Mir gelingt die anspruchvollste Erklärung meiner Schreibe-Absichten und -Ziele: Wirken als Lehrer oder Erzieher und mein Verständnis davon – Theorie der Anstoßwirkung

Nach vielfältiger, gedanklicher Plagerei und einigen schreiberischen Vorarbeiten führte die Verarbeitung von klar erkannten Anstößen zu der sowohl einfachsten als auch anspruchvollsten Erklärung meiner Schreibe-Absichten und -Ziele: Der Erzieher, der Lehrer will aus mir raus, will anderen und mir helfen, das Leben zu bestehen, seinen Sinn zu erkennen, Irrtümer zu vermeiden, und dazu beitragen, daß wieder andere ein Lehrer für andere sein können.

Also geht es ums Erziehen und die Fragen »wozu« und »wodurch« müssen beantwortet werden. Wir sind gewohnt, eine einfach klingende Antwort zu geben: »Erziehung zur Humanität«.

Ich verstehe darunter jetzt einmal, den Stolz und die Würde jedes einzelnen zu wecken, sie zu stärken, um den Menschen in die Lage zu versetzen, mit sich selbst besser fertig zu werden; andererseits die Erziehung zur Selbstlosigkeit und Barmherzigkeit anzustreben, wodurch der Mensch mit anderen besser fertig werden kann. Letztes Ziel aller Erziehung müßte sein: Weisheit, Güte, Heiterkeit. Wer sich selbst kennt, weiß, daß jeder Mensch alles sein kann, gleichzeitig oder nacheinander: Gut und böse, halb gut und halb böse, schwach und stark, faul und fleißig, mäßig und unmäßig und asketisch, freundlich und mürrisch, großzügig und sehr geizig.

Erziehung kann aus meiner jetzigen Sicht nur heißen, immer wieder Anstöße zu geben und darauf zu vertrauen, daß sie wirken, oder, wenn sie nicht wirken, darin die negative Antwort der so unterschiedlich ausgestatteten Menschen auf Entwicklungsimpulse zu sehen. So kann der Erzieher, der bewußt oder unbewußt Anstöße gibt, nie sicher sein, ob und wann sie wirken und vor allem, wie viele nötig sind. Insofern kann es kein Ende der Aufgabe geben, weder auf ein bestimmtes Individuum bezogen noch auf anonyme Gruppenmitglieder, beispielsweise im Sinne einer Studienklasse.

Ich bin mir im Laufe der Zeit, durch eigene Erfahrungen bestärkt, immer sicherer geworden, daß jeder Mensch Entwicklungsimpulse als Signale von seiner Umgebung erhält. Was daraus wird, d.h. was er daraus macht oder was er daraus machen bzw. daraus nicht machen kann, zeigt, was die Natur oder Gott mit ihm vorhat.

Beim Überlesen aller meiner starken oder großen Worte, niedergeschrieben in den letzten Wochen, erschrecke ich vor meinen Ansprüchen und damit auch vor der Größe der sich stellenden Aufgabe. Ich frage mich, auf welches Zeit beanspruchende, mühselige, unsichere Unternehmen, also ein Abenteuer, ich mich einlassen will. Bin ich dafür gerüstet oder, richtig gefragt, kann ich vertrauen, mit der Aufgabe zu wachsen? Die Antwort ist kompliziert: Ich weiß es nicht!

Überraschend kam mir der Gedanke, meine »Theorie« der Anstoßwirkung durch erzieherische Signale zu verifizieren. Um welche Anstöße handelte es sich?

a) Vor etwa fünf Jahren erklärte der Senats-Kollege H. J. Sinn in einem Gespräch zur Lage der Hochschulen, daß die Professoren die Rolle des Erziehers generell ablehnten. Ich war wütend über diese Beschreibung des Aufgaben-Verständnisses moderner Hochschulprofessoren. Ich konnte und kann nicht verstehen, daß Lehrende irgendeiner Fachdisziplin sich nur auf diesen Kern ihres Berufes verstehen können;

b) Seit diesem Sommer lese ich viel in den von Gerhard Wehr herausgegebenen Bändchen der Reihe fermenta cognitionis. Er versteht darunter Antriebskräfte für den individuellen Erkenntnisprozeß. In einem dieser Büchlein fand ich den Hinweis auf Daniel 12. Vers 3. mehr nicht.

Ich schlug aus Neugier das Buch Daniel auf und las folgendes:

»Die Lehrer aber werden leuchten wie des Himmels Glanz, und die, so viele zur Gerechtigkeit weisen, wie die Sterne immer und ewiglich.«

Ich fand und finde diese jahrtausendalten Worte vorbildhaft und zu Herzen gehend;

c) Im September begann ich mit dem Lesen von J. Rousseaus Bekenntnissen. Ich habe zwar sein Buch Emile noch nicht gelesen, bin aber über die Absichten des Autors, ein Erziehungsprogramm zu formulieren, informiert. Diese Absicht wird in den Bekenntnissen deutlich, aber auch und vor allem in der Einführung.

23. Das Gleichnis vom Säemann als hilfreiche Erinnerung – Erstaunen und Fassungslosigkeit als Voraussetzung für das Verständnis des entstehenden Buches

Während ich glücklich bin über diese Erkenntnis, warum ich schreiben will bzw. muß, besinne ich mich auf das Gleichnis vom Säemann, von dem ich sicher aus meinen ersten Religionsstunden in der Volksschule Kenntnis gehabt habe, und das ist ungefähr 40 Jahre her. Daß das Gleichnis vom Säemann genau das trifft, was ich meine, wird aus den Versen 5 bis 8 und 15 des Lukas-Evangeliums Kap. 8 deutlich.

»5. Es ging ein Säemann aus, zu säen seinen Samen. Und indem er säte, fiel etliches an den Weg und ward zertreten, und die Vögel unter dem Himmel fraßen's auf.

6. Und etliches fiel auf den Fels; und da es aufging, verdorrte es, darum, daß es nicht Saft hatte.

7. Und etliches fiel mitten unter die Dornen; und die Dornen gingen mit auf und erstickten's.

8. Und etliches fiel auf ein gutes Land; und es ging auf und trug hundertfältige Frucht. Da er das sagte, rief er: Wer Ohren hat zu hören, der höre!

15. ... die das Wort hören und behalten in einem feinen, guten Herzen und bringen Frucht in Geduld.«

Ich verstehe jetzt aber besser, daß mein Buch für junge und alle anderen nicht fertigen Menschen gedacht sein müßte, die noch erstaunen können über unbegreifliche Leistungen anderer Menschen und über die Wunder und Offenbarungen in der Natur. Erstaunen ist vielleicht nicht immer genug, eine Steigerung bis hin zur Fassungslosigkeit wäre noch besser.«

24. »Ein jegliches hat seine Zeit, und alles Vornehmen unter dem Himmel hat seine Stunde – alles liegt an Zeit und Glück« (Der Prediger Salomo)

Soweit die Dokumentation über den Prozeß, der dazu führte, daß ich in gut drei Jahren mit den nachfolgenden »Aufzeichnungen« zum erstenmal fertig wurde, d.h. zeitgleich im Herbst 1989 und dann wieder bis zum Frühjahr 1991.

Wenn ich sagen sollte, was geschah, bis ich mit dem Schreiben beginnen konnte, würde ich es so formulieren: Ich fand die notwendige Geduld und behandelte meinen Wunsch zu schreiben pfleglich, d.h. konnte warten bis sich zeigte, wie stark der Impuls war. Ich hörte viel in mich hinein und glaube heute, daß allerlei in Sprüche gekleidete Weisheiten mir halfen zu klären und zu finden. Es wäre nicht nur schwer möglich, sondern unsinnig gewesen, mit dem Schreiben viel früher, als es dann tatsächlich geschah, anzufangen, als ich die Bedingungen erkannte und zu realisieren vermochte, die mir das Einschwenken in eine »produktive Routine« ermöglichten.

Erinnerung an Jahrtausende alte Weisheiten: Der Prediger Salomo, 3 / 1 – 11; 13 – 15

»1. Ein jegliches hat seine Zeit, und alles Vornehmen unter dem Himmel hat seine Stunde.

2. Geboren werden und sterben, pflanzen und ausrotten, was gepflanzt ist,

3. würgen und heilen, brechen und bauen,

4. weinen und lachen, klagen und tanzen,

5. Steine zerstreuen und Steine sammeln, herzen und ferne sein von Herzen,

6. suchen und verlieren, behalten und wegwerfen,

7. zerreißen und zunähen, schweigen und reden,

8. lieben und hassen, Streit und Friede hat seine Zeit.

9. Man arbeite, wie man will, so hat man keinen Gewinn davon.

10. Ich sah die Mühe, die Gott den Menschen gegeben hat, daß sie darin geplagt werden.

11. Er aber tut alles fein zu seiner Zeit, und läßt ihr Herz sich ängsten, wie es gehen solle in der Welt; denn der Mensch kann doch nicht treffen das Werk, das Gott tut, weder Anfang noch Ende.

13. Denn ein jeglicher Mensch, der da ißt und trinkt, und hat guten Mut in aller seiner Arbeit, das ist eine Gabe Gottes.

14. Ich merkte, daß alles, was Gott tut, das besteht immer: man kann nichts dazutun noch abtun; und solches tut Gott, daß man sich vor ihm fürchten soll.

15. Was geschieht, das ist zuvor geschehen, und was geschehen wird, ist auch zuvor geschehen; und Gott sucht wieder auf, was vergangen ist.«

Der Prediger Salomo, 9/11:

»Ich wandte mich und sah, wie es unter der Sonne zugeht, daß zum Laufen nicht hilft schnell sein, zum Streit hilft nicht stark sein, zur Nahrung hilft nicht geschickt sein, zum Reichtum hilft nicht klug sein; daß einer angenehm sei, dazu hilft nicht, daß er ein Ding wohl kann; sondern alles liegt an Zeit und Glück.«

III. Diktiertes und handgeschriebenes Lehrmaterial aus der Handelsschule

Die Reichsbank

Die Reichsbank begann ihre Tätigkeit am 1.1.1876.

An ihrer Spitze stand der „Reichsbankpräsident" u. das sog. Reichsbankdirektorium. In der Generalversammlung der R.-B. hatten Sitz u. Stimme die sog. Anteilseigner. Sie hatte ihren Sitz in Berlin u. unterhielt im Reichsgebiet mehr als 450 Zweigstellen, die ihrem Rang nach bezeichnet wurden als Reichsbankhauptstellen, Reichsbankstellen und Reichsbanknebenstellen.

Die Reichsbank war keine Staatsbank. Sie war eine privilegierte Bank, die das Privileg vor den anderen Banken hatte, Noten herauszugeben.

./.

Die Reichsbank hatte 3 Aufgaben, nämlich:

1.) Die Regelung des Geldumlaufs durch die Herausgabe von Noten u. Prägen von Münzen.

2.) Die Erleichterung des Zahlungsausgleichs durch den ausgedehnten Reichsbankgiroverkehr

3.) Die Nutzbarmachung verfügbaren Kapitals durch Diskontieren von Wechseln u. durch Lombardieren von Waren u. Wertpapieren

Nach der Kapitulation 1945 wurde die Reichsbank lt. Anordnung der Militärregierungen zerschlagen. An ihre Stelle traten die „Bank Deutscher Länder" u. die „Landeszentralbanken". Während früher das Zentralbanksystem in Deutschland in Gestalt der Reichsbank „zentral" u. einstufig war, ist heute das Banksystem „föderativ" u. zweistufig.

Die Bank Deutscher Länder.

Grundkapital 100.000.000 Mark, das von den Landeszentralbanken gezeichnet wurde. Zu ihren Aufgaben gehören das alleinige Recht der Notenausgabe, die Devisenbewirtschaftung, der Auslandszahlungsverkehr, der bargeldlose Zahlungsausgleich zwischen den Ländern usw. Die Politik der Bank Deutscher Länder wird bestimmt von dem Zentralbankrat, an dessen Spitze der Präsident der Bank Deutscher Länder steht u. dem weiter die Präsidenten der 11 Landeszentralbanken angehören

Die Landeszentralbank

Jedes der 11 Länder der Westzonen besitzt eine eigene L.Z.B. u. zwar:

Britische Zone:

Nordrhein-Westfalen, Niedersachsen, Schleswig-Holstein, Hamburg.

U.S. u. Französische Zone:

Bayern, Württemberg-Baden, Bremen, Hessen / Rheinland-Pfalz, Baden, Württemberg-Hohenzollern.

Diskontieren bei der Reichsbank

Seite 58

Aufgabe 15:

	Tage	Dis-Z.	
Wechsel fg. 7. Mai	5	325	DM 6.495,-
" " 10. "	10	147	" 1.465,-
" " 15. "	12	60	" 730,-
" " 31. "	27	625	" 2.315,90
" " 6. Juni	33	1148	" 2.437,45
" " 10. "	37	323	" 873,60
		2628	DM 14.746,95
	% Diskont zu 3%		21,90
	Wert am 3.5.		DM 14.725,05

21 Die Wechselklage

a) Gegen wen wird im Wechselprozess geklagt?

b) Wodurch unterscheidet sich das Verfahren beim Wechselprozess von den sonst üblichen Verfahren?

1. Durch seine Schnelligkeit
2. Durch die Beschränkung d. Einreden
3. Durch die Vornahme sofort. Zwangsvollstreckung

2. Wo wird der Zahlungsbefehl beantragt?

a) mündlich beim Amtsgericht

b) durch einen Brief an das Amtsgericht m. d. erforderlichen Angaben.

c) durch Ausfüllung eines Formblattes (Antrag auf Erlaß eines Zahlungsbefehles.)

Wird der Zahlungsbefehl in 3facher Ausfertigung eingereicht (Urschrift für das Gericht und je eine Ausfertigung für Schuldner u. Gläubiger) so wird die Zustellung beschleunigt. Der zuständige Gerichtsbeamte braucht in diesem Falle nur noch seinen Namen mit Dienststempel darunter zu setzen. Wird der Antrag nicht beim Amtsgericht abgegeben, sondern in einem Brief dorthin versandt, so müssen für die Gebühren die entsprechenden Kostenmarken (nicht Briefmarken) beigelegt werden. Kostenmarken sind bei jedem Gericht erhältlich.

3. Was muß der Zahlungsbefehl enthalten?

Bezeichnung der beiden Parteien, genau nach Namen, Stand oder Gewerbe, Wohnort, Wohnung.“

Ferner genaue Angaben des Betrages und fälligen Anspruchs.

(„für am.... gelieferte Waren“)

Der Gesamtbetrag im Zahlungsbefehl kann sich zusammensetzen aus:

a) Schuldsumme

b) bisher entstandenen privaten Mahnkosten

c) den gerichtlichen Mahnkosten

d) Verzugszinsen

e) Betrag für Schadenersatz

Buchführung

Willi Nolling

3. Die Deutsche Buchhaltung:

Sie schiebt zwischen Grundbuch u. Hauptbuch ein Sammelbuch (Sammeljournal) ein, Um die Zahl der Posten im Hauptbuch zu verringern. Entweder werden zwei Grundbücher nämlich Kassabuch und Memorial oder vier Grundbücher nämlich Kassabuch, Einkaufsbuch, Verkaufsbuch und Memorial geführt. Im Hauptbuch gibt es keine Personenkonten mehr wie bei der italienischen Buchführung, sondern nur die Sammelkonten, Forderungen u. Verbindlichkeiten. Die einzelnen Personenkonten werden in einem Hilfsbuch, dem sog. Kontokorrentbuch geführt; falls man nicht vorzieht, für jeden Kunden u. Lieferanten eine besondere Kartikarte einzurichten.

Die deutsche Buchhaltung erreicht durch Führung eines Sammeljournals eine Verdichtung des Buchungsstoffes, die sich zum Ziel setzt, die Summen auf jedem Hauptbuchkonto monatlich in nur einer Zahl in Erscheinung treten zu lassen, wodurch die Übersichtlichkeit des Hauptbuches gewahrt wird. Die Verdichtung des Buchungsstoffes im Sammeljournal wird dadurch erreicht, daß aus allen Grundbüchern alle gleichartigen Buchungssätze gesammelt werden. Diese Arbeit ist sehr, sehr zeitraubend, und die Anwendung der deutschen Buchführung ist deshalb selten.)

3. Die Französische Buchhaltung:

Bei ihr finden wir eine noch größere Gliederung der Grundbücher. Neben den vier Grundbüchern der deutschen Buchhaltung werden noch besondere Grundbücher geführt: für Wechseleingänge, Wechselausgänge, Tratteneingänge und ausgänge, Effekteneingänge und ausgänge, Deviseneingänge und ausgänge. Die französische Buchhaltung eignet sich besonders für Bankgeschäfte. Sie ermöglicht eine große Arbeitsteilung u. die Anstellung vieler Kräfte. Die Führung des Sammeljournals ist jedoch noch zeitraubender und mühevoller als bei der deutschen Buchführung, da ja bei der französischen Buchhaltung nicht aus zwei bzw. 4 Grundbüchern, sondern aus mehr Grundbüchern die gleichartigen Buchungsposten gesammelt werden.

4. Die Amerikanische Buchhaltung 22.VI.59

4) Die Amerikanische Buchhaltung 21/6.55

4. Die Amerikanische Buchhaltung:

Bei der einfachen amerikanischen Buchführung haben wir als einziges Grundbuch das sog. Journal. Es ist Grund- und Hauptbuch zugleich. Im Journal sind die Konten tabellenförmig nebeneinander gesetzt.

Nachteil der einfachen amerikanischen Buchführung:

Bei Geschäften, die mehr Konten erfordern wird das Journal zu unhandlich.

Auch nicht in den vielen Betrieben die Arbeitskraft eines Buchhalters zur

Polen

Polen wird begrenzt v. d. ehemaligen Litauen,
Rußland m. d. Ukraine, Rumänien, Tschechoslo-
wakei, Deutschland

Landschaftlicher Aufbau:

im Süden die Karpathen; sonst Tiefland im
Anschluß an die Norddeutsche Tiefebene.

Flüsse:

die Weichsel mit Bug u. San u. heute die Oder.

Städte:

Hauptstadt Warschau, Lublin, Lemberg, Lodz,
Posen, Bromberg, Gdingen

Wirtschaft:

Bodenschätze:

im Südwesten anschließend an Oberschlesien
Steinkohlen, Zink, Blei, Kali- u. Steinsalz-
vorkommen

Bodenbenutzung:

Hauptanbaugebiet für Roggen u. Zuckerrüben,
im Korridor Tabak u. Weizenanbau, neben-
bei auch Hopfen und Flachs; im übrigen liegt
viel Land brach. Polen hatte fast ausschließ-
lich Großgrundbesitz. Es gibt sehr viel Wald
u. große Sumpfgebiete

Textil u a. Industrien:

Baumwoll- u. Leinenindustrie

Städte u. ihre Industrien

Posen: Wollindustrie, chem. Industrie, Tabak-
fabrikation

Warschau:
Seiden- Woll- u. Juteindustrie, Edelmetall-
waren, Maschinen- u. chem. Industrie.

Lodz: Woll- u. Baumwollindustrie, Eisenindustr.
Maschinenbau

IV. Aufzeichnungen meiner »Ungleichgewichte« und »Findungsversuche«

Motto: »Wes das Herz voll ist, des geht der Mund über.«, Matthäus 12/34: (Eine Auswahl vom 13. Dezember 1955 – 14. Mai 1957)

Für die vielen Seiten Aufzeichnungen meiner »Ungleichgewichte« und »Findungsversuche« mag Matthäus 12/34 als Motto dienen: »Wes das Herz voll ist, des geht der Mund über«. Ich habe eine »Auswahl« vorgesehen und will sie chronologisch wiedergeben:

15.11.54: *»Ich kann mir nicht mehr vorstellen,daß ich je wieder Dienste in einem Büro tun werde.«*

10.12.54: *»Es ist gar nicht so wichtig, was man tut, sondern, daß man etwas tut, etwas unter Einsatz der ganzen Persönlichkeit eines Menschen tut. So wie sich alles um uns herum fast täglich ändert, so können sich auch Meinungen, Vorsätze, Urteile, verwandeln und vielleicht ins Gegenteil umschlagen. Das hat mit Charakterlosigkeit oder Opportunismus nicht immer was zu tun. Nichts ist beständiger als der ewige Wechsel aller Dinge und niemand weiß, ob er nicht schon in der nächsten Minute, durch einen kleinen Umstand angeregt, zu einer veränderten Auffassung kommen kann. Nichts, gar nichts, ist wirklichem Leben ferner als Eingleisigkeit und stures Festhalten an einmal gewonnenen Urteilen.«*

13.12.55: *»Bevor man etwas tut und anfaßt, sollte man sich zuerst fragen: Ist es gut?, dann, wem nützt es? und drittens: Wo habe ich Freunde, deren gleiche Interessenlage sich zu einer Hilfe bei der Verwirklichung anbietet.«*

19.12.55: *»Es darf einem nicht zu gutgehen, man muß immer etwas getreten werden, damit man unruhig bleibt. Heute habe ich DM 40,– Weihnachtsgeld von der Sozialbehörde erhalten.«*

23.01.56: *»Die Hoffnungs- und Aussichtslosigkeit auf Jahre hinaus, meine Mia heiraten zu können, wäre zu ertragen, wenn ich nicht befürchten müßte, daß ich das auf die Dauer nicht ertragen kann.«*

29.01.56: *»Es ist erstaunlich, von wie vielfältigen und widersprechenden Gefühlen man an so einem ganzen langen Tag heimgesucht werden kann. Morgens, als ich aufstand, hatte ich nicht eigentlich schlechte Laune, aber ich war unausgeglichen, voller Spannungen. Gegen Mittag und gegen Abend wandelte sich meine Stimmung immer wieder. Ich führe das darauf zurück, daß ich begann, intensiver zu arbeiten. In Stunden ohne geregelte Arbeitszeit gerate ich allzusehr ins Grübeln und Nachdenken. Davon bekomme ich wirkliche Minderwertigkeitskomplexe.« »Arbeit ist bestimmt kein schlechter Zeitvertreib.«*

06.02.56: Hier folgt ein Zitat aus Bruno Bürgel »Die kleinen Freuden«: *»Aber ich möchte auf Dich zueilen, Deine Hand ergreifen und Dich beschwören, nicht irre zu werden an dem kleinen stillen Glück, das Dein ist, ganz Dein und viel, viel größer ist, als es Dir in solchen Augenblicken des Unmutes scheinen mag. Bleibe rein und stark und Dir selbst getreu, das Glück liegt ja nicht in all dem blinkenden Kram. Ein Kornfeld in der Sonne ist schön, auch wenn keine Lerche darüber schwebt und kein roter Mohn es säumt. Es ist ja nicht wahr, Menschlein, daß das Glück in den Dingen liegt. Es ist etwas rein Geistiges, das man im Herzen haben muß und haben kann, ohne all das andere, das man mit viel Geld erwirbt.«*

08.0256: *»Zu Hause ist es mir, was speziell das Essen angeht, eigentlich ganz gutgegangen. In Köln war es häufig kärglich, vielleicht manchmal zu kärglich. Hier in Hamburg ist es durchweg bei Frau Hansen zu gut, zu reichlich, vielleicht sogar manchmal üppig. Wenn ich mich demnächst selbst verpflege, will ich versuchen, aus meinen Erfahrungen gewisse Lehren zu ziehen. Es ist schöner, im allgemeinen sehr sparsam und bescheiden zu essen und sich zu gewissen Zeiten auf wirkliche Leckerbissen zu freuen. Das ewige Gleichmaß guter Verpflegung stumpft ab.«*

25.03.56: *»Der wahre Grund ist aber, daß ich zu unausgeglichen bin. Ich kann mich auch nicht verstellen, so daß sich in meinen Gesichtszügen ablesen läßt, was in meinem Inneren vor sich geht. Ich sehe kein Vorwärtskommen im Hinblick auf meine menschliche, sittliche Vervollkommnung. Mißerfolge, auch eingebildete, beeindrucken mich viel zu sehr. Vielleicht bin ich noch zu jung, um abgeklärter zu sein und Erfahrungen muß ich ja sammeln. Es sind die eigentlichen Ideale, die mir fehlen. Mit verschwommenen Vorstellungen von Güte und Milde und von Aufrichtigkeit und Reinheit der Gedanken usw. ist es nicht getan. Das Leben ist konkret und verlangt auch konkrete Stellungnahmen, die einmal gefaßt und für richtig befunden, nicht wieder umgestoßen werden dürfen.«*

25.04.56: *»Die wichtigste Eigenschaft oder Tugend muß Geduld, Geduld und nochmals Geduld sein, verbunden mit allergrößtem Fleiß.«*

03.06.56: *»Meine Haltung ist so widerspruchsvoll, wie sie nur sein kann. Einesteils möchte ich sofort heiraten, um dem jetzigen Zustand ein Ende zu bereiten. Dem steht meine andere Meinung gegenüber, allein zu sein und mich noch nicht zu binden. Beide Ungeheuer in meiner Brust sind ungefähr gleich stark. Sie kämpfen dauernd miteinander und reiben mich auf.« »Es gibt Gedanken in meinem Kopf, die ich noch nicht mal niederschreiben, geschweige denn aussprechen könnte.«*

05.06.56: *»Ich habe mir heute eine Bibel gekauft.« »Es läßt sich sagen, daß man nur soviel Liebe erwarten kann, wie man selbst zu geben bereit ist.«*

21.06.56: Zitat von Ferdinand Lassalle: *»Alle Kunst praktischer Erfolge besteht darin, alle Kraft zu jeder Zeit auf einen Punkt – auf den wichtigsten Punkt – zu konzentrieren und nicht nach rechts und links zu sehen.«*

25.06.56: *»Seit ungefähr vier Tagen bin ich gerade noch im Besitz von DM -,05. Tatsächlich besitze ich nicht mehr. So bin ich gezwungen, überhaupt nichts mehr auszugeben.«*

31.07.56: *»Heute geriet ich ganz kurz in einen Gewissenskonflikt. Dr. von Oppen könnte mir zum Herbst eine ausgezeichnete Stelle besorgen (Teilhaber einer Papier-Groß hand lungs-Agentur). Ich habe abgelehnt.«*

01.08.56: *»Mit meiner 6-Wochen-Arbeit sieht es bis jetzt trübe aus. Ich könnte verzagen und sehe im Geiste schon die Prüfung danebengehen. In einer Woche werde ich wohl weitersehen.«*

08.08.56: *»Ich schaue tatsächlich ein ganz klein wenig hoffnungsvoller in die Zukunft.«*

29.08.56: *»Am Montag (27.08.) war ich in großen Zügen mit der Examensarbeit fertig. Was diese Arbeit für Mühen, Sorgen und Not gebracht hat, ist kaum zu sagen. Ich bin jetzt, wo ich mit der Reinschrift beginnen will, nervlich und körperlich so erschöpft, wie noch nie in meinem Leben.*

Dann drängt sich die Frage auf, ob ein Weiterstudium die totale Zerrüttung der Gesundheit wert ist. Mit welchen Hoffnungen auf eine gründliche Vermittlung von Wissen und Kenntnissen bin ich nach Hamburg gekommen? Mit dem Erfolg, daß ich jetzt 4 Wochen vor der schriftlichen Prüfung fast nichts mehr weiß und in 14 Tagen alles bisher Gehabte wiederholen muß.«

11.09.56: *»Ich glaube, daß ich mich in einer ganz großen innerlichen Krise befinde. Mir ist so vieles so furchtbar fragwürdig geworden. Wenn ich an die 6-Wochen-Arbeit zurückdenke, möchte ich den Glauben an mich selbst und den Glauben an den Sinn eines Weiterstudiums verlieren.«*

11.09.56: *»Es ist nicht gut, sich allzusehr auf andere Menschen zu verlassen und deren Wohltaten allzulange unentgeltlich in Anspruch zu nehmen. Ich habe das bei dem Gespräch gestern sehr stark empfunden. Lieber etwas weniger, vielleicht sogar auf Wesentliches verzichten, aber nicht auf andere angewiesen sein.«*

22.09.56: *»So bin ich gezwungen, fast nur an meine Klausurvorbereitungen zu denken. Etwas habe ich schon noch tun können, wenn ich bewußt va banque spiele und es darauf ankommen lasse, d.h. ich habe mich einseitig vorbereitet und auf mögliche Themen spekuliert. Ich schätze meine Chancen dann gut ein, wenn drankommt, worauf ich mich vorbereitet habe, sonst sieht es nicht sehr gut aus.«*

28.09.56: *»Die Klausuren sind vorüber und die mündliche Prüfung steht vor der Tür. Wenn ich nur etwas besser aufgepaßt, vielleicht auch etwas mehr Glück gehabt hätte, wäre vielleicht eine ›Eins‹ zu erreichen gewesen.«*

17.11.56: *»Am Freitag, dem 9. November habe ich mich in der Universität einschreiben lassen. In dieser Woche habe ich nun die ersten Vorlesungen gehört. Ich hoffe, jetzt endlich meinem Ideal, richtig und gründlich zu studieren, etwas näherzukommen. Das Stipendium aus dem Fonds Mitbestimmung ist gesichert.«*

22.11.56: *»Ich bin mir durchaus klar darüber, daß noch viele Schwierigkeiten auftauchen können. Es ist ja immer so, beim Plänemachen geht man von den jeweiligen Umständen aus. Diese können sich durchaus ändern.«*

26.11.56: *»Zur Zeit habe ich nicht mehr als zwei oder drei Pfennige in meinem Besitz.«*

20.12.56: *»Alle meine Aufstellungen (Finanzpläne) sind, was ihre Durchführung angeht, eigentlich vollkommen wertlos. Ich halte mich doch nicht daran. Im Geldausgeben bin ich meistens schrecklich undiszipliniert.«*

31.12.56: *»Erst heute habe ich für ein bestimmtes Gefühl in meiner Brust einen bildhaften Ausdruck gefunden: ich meine die Uhr in mir, die in wichtigen und manchmal auch nicht so wichtigen Entscheidungen immer sagt, ob ich richtig handle. Wenn das so ist, geht die Uhr richtig und ich bin zufrieden und ausgeglichen.«*

»Ich sollte nicht vergessen, meine Verlobung mit Mia am 7. Oktober bei Frau Hansen anzuführen. Es war ein wunderschöner Tag. Herrliches Wetter wurde uns geschenkt. Es war sehr schön und ich will nicht mehr dar-

über schreiben, weil ich es noch so gut in ›guter Erinnerung‹ habe. Immer mehr bin ich der Meinung und der Überzeugung, daß in diesem Punkt meine Uhr genau »richtig« geht.«

14.05.57: *»Ich habe im letzten Jahr viele Fehler gemacht. Wenn ich nur daran denke, daß ich im ganzen Winter gearbeitet und nicht studiert habe, daß ich den Vorsitz übernahm, um dann wieder zurückzutreten, und die Assistentenstelle, um sie jetzt wieder aufzugeben. Ich würde es jetzt aber als einen noch größeren Fehler betrachten, dabeizubleiben.«*

V. Die größte Reise unseres Lebens – Berkeley – Mexico City – Banff (Kanada) – Berkeley (Mai – Juli 1962)

1. Die wichtigste Voraussetzung: wir kaufen im November 1961 unser erstes Auto, einen kleinen Simca

Am 15. November 1961, also kurz vor meinem Geburtstag, hatten wir uns entschlossen, einen Wagen zu kaufen. Orr Kelly riet uns sehr, keinen amerikanischen zu nehmen, sondern einen kleinen europäischen, der billiger zu haben und zu unterhalten sei. Wir schauten uns um und fanden an der Solano Avenue einen Simca, Baujahr 1958, den wir bei fast 41.000 Meilen (lt. Tacho) erwarben und für den wir $ 626 bezahlten. Es war ein süßes, glänzendes, kleines rotbraunes Auto, an dem wir nur so lange Spaß hatten, bis nach ungefähr drei Wochen die Kupplung repariert werden mußte und etwas später auch das Getriebe, so daß wir annähernd $ 85 zusätzlich für diese Reparaturen zu bezahlen hatten. Immerhin, wir besaßen ein Auto und mit diesem wollten wir die große Reise, die uns bis nach Mexico-City und an die kanadische Grenze führen sollte, unternehmen.

2. Start in den Süden bei herrlichstem Frühlingswetter

Wir starteten die Reise bei herrlichstem Frühlingswetter am 7. Mai, Unsere Wohnung hatten wir aufgelöst und die uns gehörenden paar Sachen schon in der neuen unterstellen können. Der Abschied von den Kellys war uns schwerer gefallen, als wir geglaubt hatten. Mit meinen Dissertationsvorbereitungen und Grundlegungen war ich fertig geworden, d. h. ich hatte eine umfängliche Gliederung nach Hamburg geschickt. Zufrieden war ich nicht, und rechtes Zutrauen in meine Fähigkeit, die Arbeit zu Ende zu bringen, hatte ich auch nicht. Aber dies war alles vergessen, nachdem wir umfangreiche Vorbereitungen für die Reise getroffen hatten, Zeltausrüstung, Kochgeschirr und alles Mögliche im Wagen verstaut hatten und uns auf die Reise begaben, die bis Ende Juni dauern sollte.

3. Nach 166 Meilen zeigt der Tacho kurz vor Madera Anzeichen von Überhitzung des Motors – das Dauerproblem der defekten »Dichtungen« kostet viele Dollars

Als wir so frei und unbeschwert unserem Urlaubsziel des ersten Tages, dem Kings-Canyon in der Sierra, entgegenfuhren, konnte man sich kaum glücklichere Menschen vorstellen. Wir hatten uns auf diese Reise sehr gefreut und ließen alle Sorgen, allen Ballast zurück. Um etwas schneller voranzukommen, fuhr ich den Wagen eine Zeitlang aus und dachte, daß wir deshalb nicht viel mehr an Ausgaben für Benzin haben würden, weil das Auto wirklich wenig verbrauchte.

Nach genau 166 Meilen, kurz vor dem Ort Madera, zeigte der Tachometer Hinweise auf Überhitzung; der Wagen dampfte, so daß wir an die Seite fuhren und die Haube hochhoben: Ein Dampfschwall quoll uns entgegen. Nach einiger Zeit wurden wir abgeschleppt, verbrachten insgesamt fünf Stunden in der Werkstatt, bezahlten $ 18 für Reparaturen und fuhren weiter nach Fresno. Auch dort mußten wir wieder in die Werkstatt, was uns rund $ 20 kostete. Wiederum mußten die Dichtungen repariert werden. Wir blieben im Motel und zahlten dafür $ 5.

Zwangsläufig änderte sich unsere Stimmung sehr; ich war so sauer wie selten zuvor. Nach dem glänzenden Start schien nun das Auto nicht mitzumachen, und davon hing schließlich ab, wie weit wir kommen würden und wieviel Geld uns die Reise kosten würde. Als die zweite Reparatur in Fresno beendet war, begaben wir uns auf die Bergfahrt in den Kings-Canyon. Auf dem schlechten Straßenbelag hörte ich ein ganz verdächtiges Geräusch, das sich wiederholte, und ich fürchtete, etwas sei mit der Transmission nicht in Ordnung. Um das Auto nicht weiter zu strapazieren und herauszufinden, was los war, blieben wir stehen, besorgten uns umständlich einen Abschleppwagen, der uns für rund $ 23 nach Fresno zurückbrachte. Dort übernachteten wir im Hotel Fresno und zahlten $ 6. Als wir am nächsten Tag wieder in der Werkstatt auftauchten, in der wir schon mal Stunden verbracht hatten, meinte der Mechaniker: Eine Reparatur des Wagens würde etwa $ 300 kosten, das sei sehr viel Geld und dauere auch etwas länger.

4. Guter Rat, nicht schneller als 40 Meilen zu fahren

Er riet uns, die Reparatur nicht ausführen zu lassen, sondern bei maximal 40 Meilen die Stunde weiterzufahren. Als wir ihm von unseren Plänen, das Auto nach Mexiko mit reinzunehmen, erzählten, meinte er, das sollten wir besser nicht tun. Er würde das Auto irgendwo stehen lassen und mit dem Bus nach Mexico-City fahren, wenn wir denn nun schon dahin müßten.

Von nun an fuhren wir die empfohlenen, unsäglich langsamen 40 Meilen und hatten (sicher nur deshalb) auf der ganzen Strecke von Fresno über Los Angeles nach Tucson in Arizona bis weit im Norden nach Banff in Kanada und zurück nach San Francisco, Berkeley, nur noch eine einzige, nicht sehr bedeutsame Panne. Wie empfohlen, ließen wir den Wagen in Tucson stehen und nahmen den Bus nach Mexiko.

5. Wir übernachten zum ersten Mal im Zelt – kalte Nudeln und steinig-kaltes Nachtlager

Von Fresno aus ging's zunächst denselben Weg zurück, also das zweite Mal in den Kings-Canyon. Wir fuhren an den Hume-Lake und sahen den General Grant Tree im Sequoia-Park. »The largest thing on earth« ragte immerhin 90 Meter hoch, unglaublich beeindruckend. Woran wir wegen der Reparaturen zweimal gehindert waren, konnten wir jetzt ausprobieren, nämlich im Freien zu übernachten. Ich baute das Zelt auf, pumpte die Luftmatratzen prall. Maria übte sich derweil im Kochen: Es gab Nudeln, die mehrfach im Gebirgsbach gereinigt werden mußten, weil sie beim »Abschütten« auf den Waldboden gerutscht waren. Darüber gibt es ein Photodokument, auf dem man gut sehen kann, wie klamm die Hände der Köchin gewesen sein müssen.

Es war in unserer ersten Nacht hoch in den Bergen noch sehr kalt, die Luftmatratzen waren – verdammt noch mal – undicht, und so lagen wir schon bald unbequem und frierend auf dem recht steinigen Waldboden. Am nächsten Tag fuhren wir sehr gerne weiter und steuerten das wärmere Los Angeles an. Für die Strecke von etwa 230 Meilen brauchten wir gute sieben Stunden. Vor BakersHeld staunten wir nicht schlecht über die riesigen Zitronen-, Apfelsinen- und Olivenplantagen, die ersichtlich nur durch künstliche Bewässerungssysteme möglich sind.

6. Die unglaubliche Vielfalt an Erlebnissen in Los Angeles (unsere Gastgeber Dr. Paul Reed, Hollywood Boulevard, Observatorium, Forest Lawn, Will Rodgers Ranchhouse, Sunset Boulevard, Beverly Hills, Marineland, Knottsberries Farm, Disneyland(!), Kirchgang und kirchliche Geselligkeiten, bewundernswerte, gemeinschaftsbildende Religiosität, Huntington Library und Park

In Los Angeles kamen wir bei einem Augenoperateur, Dr. Paul Reed, unter. Die Reeds wohnten sehr komfortabel und nahmen uns außerordentlich freundlich auf. Das Ehepaar war schon etwas älter und sehr religiös. Überall im Haus verstreut lagen religiöse Bücher, vor allem Bibeln, herum. So hatten wir die Möglichkeit, einige Tage kostengünstig in Los Angeles zu bleiben. Alles Sehenswerte wollten wir besichtigen. Am Hollywood Boulevard, wo die großen Stars im Chinese Theater ihre Handabdrücke hinterlassen hatten, fingen wir an. Abends fuhren wir mit den Reeds ins Observatorium, um den Mond genauer zu betrachten. Von diesem Platz aus hat man einen phantastischen Blick über das unglaublich weite und glitzernde Lichtermeer von Los Angeles.

Ein weiteres Ziel war Forest-Lawn, dem nach unserem Eindruck scheußlichsten Beerdigungsplatz der Welt. Für uns war völlig neu, daß man sich dort für viel Geld in einem Sarg oder in einer Urne in ein Fach, wie in eine Gepäckaufbewahrung, schieben, also übererdig bestatten lassen konnte. Uns wurde erklärt, daß es keine zeitliche Begrenzung für diese Lagerung über der Erde gäbe: Beim Beginn der Unterbringungen müsse allerdings der Gesamtbetrag in einer Summe gezahlt werden.

Im Raum hielt sich eine entsetzliche stickige und kaum atembare Luft. Wir sahen das damals größte Gemälde der Welt: Jan Stykas »Kreuzigung«. Es hat uns keineswegs erschlagen oder überwältigt, wir waren im Gegenteil irgendwie beeindruckt und glaubten, ein einmaliges und ergreifendes Kunstwerk gesehen zu haben. Da ich mich auch hier für Preise interessierte, erfuhren wir, daß der billigste Platz um das Mausoleum herum im grünen Rasen für $ 145 zu haben war. Wurde Marilyn Monroe dort begraben, nachdem sie im August 1962 Selbstmord begangen hatte? Vor allem Maria hat für diese Frau eine lang anhaltende Sympathie und eine große Wehmut entwickelt.

Von Forest-Lawn aus suchten wir uns den Weg zum Strand und wanderten etwas am Ozean entlang, um dann Will Rodgers Ranchhouse, den Sunset Boulevard und Beverly Hills zu besuchen. Wir sahen phantastische Häuser und Gärten.

In zahlloser Weise vereinzelt und in abwechslungsreicher Vielfalt stehen die Villen in der großartigen Pflanzen- und Blumenpracht der parkähnlichen Gärten Südkaliforniens. Unsere größten Ziele aber waren Marine- und Disneyland, wofür wir einen Tag veranschlagten. Nach Marineland waren es vom Reed'schen Wohnhaus immerhin 40 Meilen. Dort gefielen uns weniger die Vorführungen der Fische und Delphine als die riesige Anzahl der tropischen Fische in den großen Aquarien.

Als »zwischengeschobene« Attraktion kam Knottberries-Farm an die Reihe, ein richtiger amerikanischer Farm-Geschäftsbetrieb, in dem es von Touristen nur so wimmelte. Die eigentliche Attraktion dort war die »Ghost-Town«-Imitation. Sie wirkte etwas gestellt und nicht echt, aber wir waren trotzdem beeindruckt. Mehr als eine Stunde hatten wir für die Farm nicht übrig.

Viel zu spät ging's weiter nach Disneyland, wo wir unser Auto nachmittags gegen 15,30 Uhr parkten. Wir erfuhren, daß der Park nur bis ungefähr 19.00 Uhr geöffnet war und überlegten, ob wir die $ 3,75 pro Person an Eintritt bezahlen sollten für offensichtlich nur wenige Stunden. Schließlich entschieden wir uns, hineinzugehen, was sich als völlig richtig herausstellte.

Wir hatten eigentlich nicht recht gewußt, was uns in Disneyland erwartete, waren aber sofort begeistert. Im Gegensatz zur »Ghost-Town« schien »Mainstreet« wirkliche Westernatmosphäre auszustrahlen. In Frontiersland fuhren wir mit dem Steamboat »Mark Twain« lustig und luftig. Bald bekam Maria eine Indianerfeder, und wie alle Kopfbedeckungen, die ich je an ihr gesehen habe, stand ihr auch dieses Band mit der Indianerfeder ausgezeichnet. Andere Besucher haben sich viel nach ihr umgedreht. Das wird verständlich, wenn man ihr sehr schönes Photo von damals betrachtet.

Natürlich mußten wir auch mit dem bobsled um das Matterhorn herumfahren. Am interessantesten und auch ein bißchen »frightening« war die Fahrt mit dem Unterseeboot, die ungefähr zehn Minuten dauerte. Wir wunderten uns sehr, wie die Unterwasserwelt nachgebildet, wie es technisch möglich war, unter dem Nordpol durchzufahren. Ja, so mußte das versunkene Atlantis, das irgendwo auftauchte, ausgesehen haben.

Der Zeit weit voraus schien die simulierte Reise zum Mond zu sein. Mit Hilfe einer Rakete wurde dargestellt, wie im Jahre 1980 eine solche Reise für alle zahlungswilligen Menschen möglich sein würde. Es war so richtig was für Kinder und solche, die glaubten, es geblieben zu sein. Wir nutzten die Zeit in Disneyland bis zuletzt und hatten in den 3 ½ Stunden alle unsere Fahrkarten abgefahren und auch soviel erlebt, wie noch nie zuvor.

Den Sonntag verbrachten wir dann mit unseren Gastgebern, deren Kinder morgens ins Haus kamen, um die Eltern zum Kirchgang abzuholen. Wir gingen gemeinsam in die presbyterianische Kirche. Kirchgang und Geselligkeiten dauerten von 9.30 Uhr bis ungefähr 13.00 Uhr. Wir empfanden als unglaublich und staunten immer wieder darüber, was sich da alles an Aktivitäten entfaltete: Babys, high school boys, junge Ehepaare etc. waren in Gruppen organisiert, hatten im Gemeindeleben ihren Platz und betrieben ihre gemeinschaftsbezogenen Aktivitäten. Wir haben diese für uns völlig fremden sozialen Ereignisse in und um die Kirchen herum sowohl in Berkeley als auch auf unseren Reisen immer wieder bestaunt und auch bewundert. Hier beweisen sich Gemeinschaftsgeist und Zugehörigkeitsgefühle, die uns in dieser Ausprägung völlig fremd sind. Diese gemeinschaftsbildende Religiosität, die große Auswirkungen in die Familien und in das Schul- und gesellschaftliche Leben hat, war oder erschien uns in weiten Teilen des Landes intakt und funktionsfähig geblieben zu sein. Es gehört zum Besten, was Amerika uns voraus hat.

Wer immer Amerika kritisiert, sollte nicht vergessen, wie sehr sich tiefe Religiosität in großartige Hilfsbereitschaft, in Millionen von christlich motivierten Familien praktisch umsetzt. Wir hatten in unseren Begegnungen immer den Eindruck, daß unsere kirchlichen Gastgeber auch glaubten, was sie predigten und danach zu handeln versuchten. So erfuhren wir viel echte, mitmenschliche, vom Religiösen her bestimmte Zeichen guter amerikanischer Gastfreundschaft und können heute nur hoffen, daß es im wesentlichen so geblieben ist.

Zum Abschluß unseres Aufenthaltes in Los Angeles besuchten wir am Sonntagnachmittag die Huntington Library und den Park. In der Library hängt der »Blue Boy« von Turner, den wir gebührend lange anstarrten. Einen schöneren Park als den, der sich um die Huntington Library herumschmiegt, wird man schwerlich irgendwo finden. Es müßte reizvoll sein, diesen nachhaltigen Eindruck von damals zu erneuern.

7. Faszination der Wüste, insbesondere der blühenden Organ-Pipe-Kakteen

Am 15. Mai, also eine Woche nachdem wir Berkeley verlassen hatten, brachen wir in Los Angeles auf, um über San Diego schließlich nach Tucson in Arizona zu gelangen. Wir kamen im Massenverkehr dieser gewaltigen Flächenstadt wieder gut zurecht, waren aber froh, als wir schließlich, insbesondere auf dem Weg nach Yuma hin, wüstenartiges Gelände passierten. An die 300 Meilen fuhren wir gemächlich durch Wüstenei und über leere Straßen, eingerahmt von Bergen, die braun und verbrannt weit aus der Ferne herüberschauten. Es gab recht wenig Vegetation, aber was uns dann schließlich am meisten faszinierte und begeisterte, waren die Tausende von riesigen blühenden Organ-Pipe-Kakteen.

Unverändert stark und nachhaltig blieben unsere Erinnerungen an eine fremde, in Europa völlig unbekannte Welt, dürftig, warm, sonnig, menschenleer, etwas gefährlich wirkend. Oft haben wir uns nach diesem Besuch gefragt, was uns eigentlich hindert, einmal wieder im Mai nach Arizona zu fahren, um diese Erlebnisse zu wiederholen. Ist es nicht von einzigartigem Reiz, in der Wüste zu zelten? Wenn es ganz ruhig ist, nur hin und wieder ein Vogel schreit, die Sonne phantastische Lichteffekte zaubert, Steine, Erde, Luft, Berge, Sonne, fremdartige Vögel, Schlangen und andere Wüstentiere eine Atmosphäre hervorbringen, die geheimnisvoll, einsam, fast außerirdisch anmutet? Im Mai und Oktober 1998 waren wir dann gleich 2x wieder in Arizona.

8. In Tucson wurde ich von meiner »Halbtaubheit« befreit – Besuch der sehr schönen Universität

Wir erreichten Tucson und blieben dort bei einem Pfarrer, der uns auf gewohnte Weise sehr freundlich empfing. Ich hatte auf der Reise nach Tucson Ohrenschmerzen bekommen und ging zu einem Arzt, der mich für $ 5 bar auf die Hand von meinen Schmerzen befreite, aber auch von einer Art »Halbtaubheit«. Er reinigte mein rechtes Ohr, und wie durch ein Wunder konnte ich wieder erheblich besser hören, merkte aber auch, wie ausgeleiert unser Simca-Schlitten war. Ich hörte zum ersten Mal, wie schwer sich der Wagen tat.

Wie gut erinnern wir uns an den Besuch der Universität von Tucson. Es gab schon damals im Jahre 1962, an dieser weithin unbekannten Universität, erheblich mehr größere, schönere und modernere Gebäude, als an der ganzen Universität Hamburg zusammengenommen. An der Ausstattung dieser eher ländlichen Universität zeigte sich wiederum, welche gewaltigen Ressourcen in die höhere Schule und Universitätsausbildung gesteckt wurden. Wir waren begeistert von der Schönheit und Großzügigkeit der Campus-Anlage, auf denen es von Tausenden von Studenten wimmelte; wir erlebten zufällig eine ausgelassene Abschlußfeier: Etwa in der Mitte des Universitätsgeländes wurden die gerade Graduierten unter großem Jubel reihenweise in den riesigen Brunnen getaucht. Dieses Spektakel in der warmen Nachmittagssonne, das bunte Leben, die ausgelassene Freude überall erschienen uns unnachahmlich, d.h. für deutsche Verhältnisse unvorstellbar.

9. Mit dem Greyhound nach Mexiko (in Culiacan besuchen wir die Eltern von Alfonso Palagio), überall gibt es die ungeheuer viele Eselchen, der eindrucksvolle Mercador Libertato in Guadelajara, immer wieder diese Versuche, bei Käufen oder beim Geldwechseln zu betrügen, Besuch des Zocalo und des Präsidentenpalais, wo wir Präsident Matheos sehen, leider wurde an der Universität gestreikt, Besuch der Pyramiden der Sonne und des Mondes, wo wir eine mexikanische Familie treffen, der unglaublich beeindruckende Ausblick vom Latin American Tower, Busfahrt nach Taxco, Ärger über die Boote in Xochimilco, malerisches Mittagessen bei der mexikanischen Familie Alvares, Reflexionen über Mexiko damals und heute

Wir waren nun ganz gespannt auf die Reise nach Mexiko. Den Wagen ließen wir im Schatten eines Baumes neben dem Pfarrhaus stehen und brachen am 18. Mai morgens um 5.00 Uhr mit dem Greyhound Bus auf, um an die Grenze nach Nogales zu gelangen. Es war gar nicht so einfach, dort Karten für den Bus nach Mexico-City zu erhalten; dies gelang uns jedoch nach einigem Hin und Her. Wir waren nicht vertraut mit den Usancen. Um ein Haar hätte mich der Verkäufer um immerhin $2, das waren damals 25 Pesos, »betuppt«.

Unsere erste Station war Culiacan. Dort suchten wir die Eltern von Alfonso Palagio auf, den ich in einer der volkswirtschaftlichen Übungen kennengelernt hatte. Ich mochte ihn sehr, habe leider schon lange keinen Kontakt mehr zu ihm. Der Vater besaß eine Coca-Cola-Fabrik und zwei Warenhäuser. Er beschäftigte immerhin 170 Leute und gehörte offensichtlich zu den ganz Wohlhabenden in dieser nicht sehr großen Stadt. Nachmittags fuhr uns Mrs. Palagio ein bißchen herum. Wir erlebten diese unvorstellbaren und nicht vermittelbaren gegensätzlichen Wohnverhältnisse: Schöne, ruhige, elegante Viertel, und, meistens außerhalb der Stadt, wo sie uns allerdings eher vorbei- als hinführte, diese vielen, kleinen, erbärmlichen Hütten.

Nach nur einer Übernachtung fuhren wir am anderen Tag in Richtung Guadelajara weiter. Die Gegend erwies sich zunächst als recht eintönig. Wir schauten und nahmen in uns auf, was nur möglich war, waren beeindruckt von den wie tot aussehenden Wäldern, in denen immer wieder Kakteen wuchsen, kaum daß wir etwas Grün zu sehen bekamen. Schließlich ging es nach Mazatlán allmählich in die Berge; wir erlebten zum ersten Male eine etwas mehr tropische Landschaft und sahen Bananen-Felder. Je höher wir kamen, desto eindrucksvoller wurden die Ausblicke, oft weit in das gebirgige Land hinein. Wir haben noch nie so viele Eselchen gesehen, wie auf dieser Strecke unserer Tausende von Kilometern langen Reise nach Mexico-City.

In Guadelajara trafen wir abends um 20.30 Uhr ein. Das Hotel war sehr mittelmäßig, wir bezahlten 30 Pesos, also etwa $2?. Unglaublich laut dröhnte der Lärm von der Straße her in unser Zimmer. Wir machten erst einmal Jagd auf Kakerlaken, um uns eine ruhige Nacht zu sichern und wanderten dann einige Stunden durch die angrenzenden Wohnviertel. Viele Familien schienen ihre Küche und ihr Eßzimmer auf der Straße zu haben. Überrascht waren wir auch von der großen Zahl von Fernsehantennen; immer wieder fiel uns die starke Motorisierung auf.

Vor unserer Weiterfahrt besuchten wir den außerordentlich eindrucksvollen, architektonisch kühnen Mercado Libertato. Wir wanderten darin herum und waren ganz begeistert von der Art und Weise, wie dort landwirtschaftliche Produkte und handwerkliche Erzeugnisse ausgestellt worden waren. Wir kauften für $ 32 zwei Teppiche, von denen wir einen an den Schwager Franz schicken wollten, was uns der Verkäufer versprach zu tun. Der Teppich ist auch angekommen. Außerdem kauften wir das Gürteltier, also den Amadijo, den wir immer noch bei uns haben, wenn er auch über Jahre hinweg eher ein verstecktes Dasein in irgendeinem Schrank geführt hat.

Wir hatten unser Gepäck aufgegeben, um noch herumbummeln zu können, und erfuhren großen Ärger bei der Wiederabholung. Dies führte dazu, daß mein geliebtes Weib einem dieser obstinatschen Leute eine knallte, weil der sich weigerte, ein Gepäckstück wieder herauszugeben. Dabei war er recht unangenehm geworden. Die beleidigende Ohrfeige machte ihn sprachlos und herausgabewillig zugleich.

Wir mußten wieder eine Fahrkarte lösen und merkten erneut, daß der Verkäufer uns betrügen wollte. Statt 55 Pesos für eine Person verlangte er von uns 60 Pesos. Aber ich paßte auf und machte mir von nun an geradezu einen Sport daraus. So erfuhren wir immer wieder, daß die Mexikaner darauf aus waren, kleinere Betrügereien zu begehen. Einmal gab uns der Busfahrer 4 Pesos nicht zurück, abends sollte ich an anderer Stelle für eine Flasche Bier und eine Orange 3,30 Pesos statt der ausgedruckten 1,45 Pesos bezahlen.

Ein anderes Mal beim Geldwechseln im Hotel in Mexiko hielt der Angestellte die eine Hand unterm Tresen versteckt und gab mir mit der anderen das Geld heraus, wartete lauernd, bis ich nachgezählt hatte, abwartend, ob ich etwas zu reklamieren hätte. Als ich dies tat, gab er ziemlich ärgerlich den unter der Theke zurückgehaltenen Differenzbetrag heraus. Dies war ungewohnt für uns und beeinträchtigte den Wert des Aufenthaltes ein bißchen. Andererseits war es eine Erfahrung, die wir benutzten, um immer aufmerksamer zu werden.

Am 22. Mai kamen wir morgens, nach 12stündiger Busfahrt von Guadelajara aus im zentralen Busbahnhof von Mexico-City an. Wo findet man, müde, durstig, hungrig, schmutzig wie wir waren, ein preiswertes zentrales Hotel? Zufällig trafen wir in der Post einen Deutschen, der uns das Hotel Calvin empfahl, das ziemlich zentral lag und für das wir 40 Pesos pro Nacht insgesamt bezahlen mußten. Wir waren mit dem Hotel und den Räumen und dem Frühstück sehr zufrieden.

Vom Hotel aus hatten wir es nicht weit zum Zocalo-Platz der Konstitution. Vor allem wollten wir die riesige Kathedrale sehen. Sie erschien uns zu überladen. Schräg links gegenüber befindet sich am Zocalo das Präsidentenpalais. Wir standen am Haupteingang herum, als ausländische Botschafter mit ihren bunten Standern einbogen. Als wir danach zum Aufgang des Innenhofes, wo sich die Mural Rivera Wand befindet, in das Gebäude hinein wollten, sprach uns ein Fahrer an.

Er versprach, uns zum Empfang zu führen, d. h. zur Übergabe der Beglaubigungsschreiben der vier Botschafter Kubas, Frankreichs, der Dominikanischen Republik und Tunesiens. Wir waren neugierig genug und gelangten mit dem Guide unkontrolliert in den Empfangsraum des Präsidenten Matheos, der gegen 12.00 Uhr, von seinem Außenminister begleitet, hereinkam. Zunächst empfing er den Kubaner, mit dem er sich sehr lange und freundschaftlich unterhielt. Der Franzose führte sich mit einer kleinen Ansprache in französisch ein. Sein Gespräch mit dem Präsidenten mußte übersetzt werden, ebenso erging es dem Tunesier.

Uns erschien der Präsident sehr würdevoll, gepflegt, überlegen und konzentriert. Er konnte offensichtlich gut zuhören. Wir haben aus der Nähe einige sehr schöne Bilder gemacht. Leider mußte ich dem Guide 20 Pesos geben. Im nachhinein waren wir aber beide der Meinung, daß dieses Erlebnis den hohen Preis wert gewesen war.

Vor unserer Abreise hatten wir uns vor allem vorgenommen, die Universität zu besuchen, die als ein großes, mehr oder weniger zusammenhängendes, weithin bekanntes Kunstwerk galt. Zu unserer Überraschung war das gesamte Gelände, das früher ein riesiges Lavafeld gewesen war, menschenleer. Uns wurde erklärt, daß die Studenten streikten, weil sie ihren Rektor nicht mochten. Wir sahen ein phantastisch dekoriertes Schwimmbad und bewunderten die insgesamt sehr großzügige und moderne Universitätsanlage. Leider konnten wir in keines der Gebäude hineingehen, nicht einmal hineinblicken.

Am zweiten Tag in Mexico-City zog es uns zu den Pyramiden, zu denen der Sonne und des Mondes. Der Tag begann sehr heiß. Wir hatten im Hotel kein Frühstück erhalten, weil wir sonst den frühen Bus nicht erreicht hätten. In Tehutuhiacan hätte das Frühstück in einem Restaurant zur Grotte nicht großzügiger sein können. Wir hatten trotz der Hitze einen schrecklichen Hunger.

Der Aufstieg zu den Pyramiden war anstrengend. Eine wies immerhin 245 recht steile Stufen auf. Auf dem Gelände am Fuße der Pyramiden trafen wir gegen Mittag eine mexikanische Großfamilie, die uns für den nächsten Tag zum Essen nach Hause einlud. Ich spielte eine Zeitlang mit einigen Männern und Kindern der Familie Fußball. Wir verständigten uns ganz knapp mit etwas Englisch.

Hier draußen auf dem Lande bei den Pyramiden bedauerten wir ganz besonders, unser Auto nicht mitzuhaben, denn die Fahrten mit den Bussen machten es so gut wie unmöglich, zu photographieren. Uns fielen immer wieder die vielen Eselchen, Schweinchen und Hühner auf, die verfallenen Kirchen, Frauen, die in den schmutzigen Bächen ihre Wäsche säuberten. Wir wanderten nach der Rückkehr von den

Pyramiden einige Zeit durch die alten Straßen Mexikos. Es war sehr schwierig, ein Taxi zu bekommen.

Wir wunderten uns, was man in diesen Vierteln nicht alles zu sehen bekam, vor allem diese kleinen, auf die Straßen hinausragenden Küchen und Brutzelplätze. Wer mochte da schon essen oder Früchte kaufen, die in der Regel auf einem undefinierbaren, also unsauberen Tuch auf der Straße ausgebreitet wurden. Alles sah sehr malerisch, romantisch und ärmlich aus. Die Straßen sind so eng und so dicht bebaut, daß man sich in der Stadt kaum orientieren kann. Auf jeden Fall wollten wir zum Latin American Tower, von dem wir einen unglaublichen Ausblick auf die illuminierte Stadt hatten. Wir glaubten damals, daß selbst Los Angeles dahinter zurückstehen müsse.

Am nächsten Tag bemühten wir uns zum Bahnhof, um nach Taxco zu fahren. Der Weg dorthin ist stellenweise sehr eindrucksvoll. Eine Zeitlang fährt man ziemlich tief hinunter, und man kann das riesige Tal dann gut überblicken. Leider war es etwas dunstig. Im Tal angekommen, fuhren wir viele Kilometer an Reisfeldern vorbei, bis es wieder in die Berge ging. Es ist schade, wir bedauerten es sehr, daß das Land so verbrannt und ausgetrocknet wirkte. Wieder fielen uns wunderbare Ansichten, besonders der Ortschaften und der Hütten auf, die wir leider nicht photographieren konnten, weil der Bus zu schnell und unruhig fuhr.

Taxco liegt sehr eng an einen Berg geschmiegt, ist idyllisch, alt, schmutzig, winkelig und steil. Es war wieder außerordentlich warm. Wir haben lange in den Geschäften herumgestöbert, dann etwas gegessen und den kleinen Miguel, der uns wie ein treuer Hund verfolgte und begleitete, zum Essen eingeladen. Auf dem Rückweg sahen wir Bauern, die eine mindestens zwei Meter lange und außerordentlich dicke Schlange gefangen und an einen Baum gehängt hatten. Es gab ein wildes Gewitter mit großartig hellerleuchteten Szenen. Nach dem interessanten, abwechslungsreichen und sehr anstrengenden Tag wollten wir uns vom Bus aus ein Taxi nehmen und gerieten wieder an einen dieser verfluchten Halsabschneider, dem wir schließlich 10 Pesos für die Taxifahrt zahlen mußten, obwohl der tatsächliche Preis nur 2,50 Pesos war.

Ein »Muß« unserer Fahrt nach Mexico-City sollte der Besuch von Xochimilco sein. Wir fuhren mit dem Bus über eine Stunde. Natürlich fanden wir die Anlegeplätze für die Boote und versuchten, herauszufinden, zu welchen Bedingungen die Bootsfahrer uns mitnehmen wollten. Ob wir sehr nervös waren oder in besonderer Weise vorsichtig, ist vielleicht nicht so schlimm wie die Tatsache, daß wir uns über die Methoden und die Preise der Bootsfahrer so ärgerten, daß wir in die bereitgehaltenen Boote erst gar nicht einstiegen.

Da wir etwas Zeit hatten, strolchten wir durch die Xochimilco angrenzenden Gärten. Der Schmutz und die Verkommenheit der Hütten, Straßen und Menschen waren beängstigend. Nachmittags besuchten wir die Familie, die wir einige Tage zuvor bei den Pyramiden getroffen hatten. Rund acht Mitglieder lebten mit dem kleinen Andres in zwei Räumen, die sehr sauber und recht einfach waren. Radio und ein Fernsehgerät fehlten nicht. Wir waren beeindruckt von einem außerordentlich großen Kühlschrank.

Die Familie lebte in einem ziemlich ärmlichen Hinterhof, wo einige Frauen unter freiem Himmel ihre Wäsche wuschen. Das Essen war ausschließlich für uns zwei zubereitet. Es bestand aus einer Hühnersuppe, Spaghetti, Huhn und allerlei grünem Gemüse. Anschließend gab es eine dicke Melone mit Eiscreme und sehr starken Kaffee. Es war alles sehr schön. Maria hatte es den Leuten so sehr angetan, daß ich befürchten mußte, sie wollten sie dabehalten.

Wir haben in den Jahren danach Briefkontakt mit dieser Familie behalten, und die Adresse gibt es immer noch. Als der kleine Andres 10 Jahre alt wurde, glaubten wir, ihm eine besondere Freude dadurch zu machen, daß wir ihm eine Lederhose schickten. Wir hofften, daß sie ihm lange Jahre gute Dienst tun würde.

Seit unserem Besuch in Mexico-City sind nun fast genau auf den Tag 25 Jahre vergangen. Wir schreiben heute, während ich diese Zeilen diktiere, den 19. Mai 1987. Am 25. Mai 1962 verließen wir Mexico-City mit dem Bus über Durango, um dann in El Paso wieder in die Vereinigten Staaten zurückzukehren. Seitdem bin ich nicht wieder in Mexico-City gewesen, lese oder höre viel über die gewaltige Ausdehnung der Stadt und in welchem Maße sich Bevölkerung und Elend vergrößert haben. Damals war zwar alles ärmlich und schmutzig, und wir waren von dem starken Verkehr und den vielen Menschen ängstlich beeindruckt.

Alle diese Probleme scheinen sich multipliziert zu haben, so daß es heute wohl nicht mehr so reizvoll ist, Zeit in Mexico-City und der Umgebung zu verbringen. Aber es würde reizvoll sein, die Erfahrungen von damals zu wiederholen und neue hinzuzugewinnen. Sicher ist die damals schon bemerkenswerte Technisierung und Motorisierung weitergegangen. Die Frage, wie die Situation der wirklich armen Mehrheit des Volkes nachdrücklich verbessert werden könnte, ist noch besonders aktuell und ungelöst, nicht zuletzt, weil ihre Zahl so gewaltig zugenommen hat. Wir wußten nicht, ob es besonderen Umständen zu verdanken war oder mehr oder weniger selbstverständlich, daß im Lande kein Hunger zu herrschen schien.

Trotz vieler großartiger Erlebnisse und Eindrücke wirkte das Land schließlich doch deprimierend auf uns, was auch an der Jahreszeit gelegen haben mag, denn nach der Regenzeit im Herbst ist dort sicher alles viel schöner, grüner und frischer.

10. Aufenthalt in Phoenix und Flug nach Tucson – »Are you honey-mooning?«

Zurück in den USA fuhren wir mit dem Bus von El Paso bis Phoenix und blieben dort bei verschiedenen Familien, u.a. bei einem Rechtsanwalt, der fünf Kinder hatte und ein tiefreligiöser Baptist war. Wir erhielten erneut Einblick in die Kirchenaktivitäten am Sonntagvormittag und in der Kirche Lunch. Auch nachmittags ab 17.30 Uhr ging es wieder in die Kirche zum Gottesdienst und Beten, was alles zusammen mehr als zwei Stunden dauerte.

Um noch etwas länger in Phoenix bleiben zu können, entschlossen wir uns, nicht mit dem Bus, sondern mit dem Flugzeug nach Tucson zurückzufliegen. Der Flug mit einer DC 7 dauerte etwas länger als eine Stunde. Es war ein großartiges Erlebnis, nicht sehr hoch über die weite Wüste zu fliegen. Wir zeigten uns so ausgelassen glücklich, daß uns die Stewardeß fragte: »Are you honey-mooning?« Der Flugpreis für uns beide kostete $ 40, wozu einer unserer Gastgeber einen Zuschuß von $ 7 bezahlte. Es war unmöglich, sich gegen diese Geste der Gastfreundschaft und Hilfsbereitschaft zu wehren.

11. Wir steuern den 400 Meilen entfernten Grand Canyon an, für den es keine adäquate Beschreibung gibt

In Tucson fanden wir unseren leicht verstaubten Simca wieder. Unsere Gasteltern, ein Lehrerehepaar, unterrichteten in einer außerordentlich modernen Volksschule und nahmen uns für eine Stunde mit. Auf viele interessante Fragen der Kinder habe ich ungefähr eine Stunde lang geantwortet.

Am 30. Mai verließen wir Tucson, um den Grand-Canyon anzusteuern, der annähernd 400 Meilen entfernt ist. Die Fahrt dorthin war landschaftlich eine der reizvollsten unserer ganzen Fahrt. Wir sind endlich 'mal wieder durch grüne Wälder gefahren, hinter Flagstaff erstreckten sich wundervoll grüne Birkenwälder. Nachmittags, schon gegen 17.00 Uhr erreichten wir den Canyon, Wir waren bewegt, wie kaum je zuvor, als wir auf einmal seinen weiten Rand sahen und dann die unermeßliche Tiefe und Ausdehnung dieses einzigartigen Naturdenkmals. Keine Karte, kein Bild, keine Beschreibung kann diese Eindrücke auch nur andeutungsweise wiedergeben. Man muß dort gestanden haben, bei mildem Frühlingswetter, im warmen goldenen Licht der Abendsonne, um zu begreifen, was der Grand-Canyon bedeuten kann.

Die Zeltplätze waren vorzüglich gepflegt und eingerichtet. Wir fanden alles vor, was wir brauchten: Tisch, Feuerstelle, Brennholz, Toiletten, Duschen und einen Laundromaten.

Für den nächsten Tag nahmen wir uns nichts weiter vor. Wir brauchten nach der anstrengenden Reise, die nun fast drei Wochen gedauert hatte, einen Ruhetag, auch um Gedanken zu ordnen und nach Hause zu schreiben.

12. Abstieg zum Colorado River und zurück – unsere einmalige Kletter- und Wanderleistung am 1. Juni 1962

Den 1. Juni werden wir nie vergessen, nicht nur, weil genau auf den Tag ein Jahr später unsere Kathy in Berkeley geboren wurde, sondern in erster Linie, weil Maria und ich an diesem Tage eine sicherlich seltene Leistung erbrachten. Schon gegen 6.00 Uhr begannen wir mit dem Abstieg zum Tal des Colorado Rivers, und zwar vom Bright Angel Point. Die Sonne war schon aufgegangen, aber es war noch nicht so warm. Wir waren so unendlich glücklich und befanden uns in bester Stimmung.

Aber schon nach einigen hundert Metern des Abstiegs hatte ich mir die Zehen meines rechten Fußes so wundgelaufen, daß ich schnell hätte aufgeben müssen, wäre nicht die ehefrauliche Fürsorge gewesen, die auch darin bestanden hatte, einen Pakken Heftpflaster mitzunehmen. So wurden die wunden Stellen schnell überklebt, und die Füße jedenfalls machten dann keine Schwierigkeiten mehr.

Wir brauchten 2½ Stunden, bis wir das Plateau des Indian-Gardens erreichten. Der Weg ist unvergleichlich romantisch und schön, er führt rund 6½ Kilometer dauernd am steilen Berg im Zickzack hinunter, woraus sich oft weite Umwege am Berg entlang ergeben. Wir rasteten am Garden etwas und marschierten dann weiter bis zum Flußbett. Der Weg dahin führte zunächst durch einen sehr engen Canyon, wo Hunderte von kleinen und großen Eidechsen ruhten oder hin und her huschten. Dann ging es unter einer glühenden, austrocknend starken Sonne wieder eine ganze Zeitlang im Zickzack hinunter bis ins Tal und dann noch eine weitere Meile bis zum Fluß. Insgesamt sind das von Indian-Garden 3,2 Meilen.

Am schmutzigen und schnell dahinströmenden Colorado-Fluß sind wir nicht ganz eine Stunde geblieben. Wir legten uns auf das Sandbett und ruhten uns an einem der ruhigsten Plätze aus, die man auf dieser Erde erleben kann. Gegen 11.00 Uhr machten wir uns auf den Rückweg. Die ersten zwei Stunden – völlig ungeschützt in der hellsten Sonne – waren mit geradezu entsetzlichen Anstrengungen verbunden. Wir haben häufig rasten müssen, um das schnell und schmerzhaft klopfende Herz zu beruhigen.

Gegen 13.00 Uhr waren wir wieder beim Indian-Garden angelangt, und uns verblieben etwa drei Stunden, um uns auf den langwierigen Restaufstieg etwas vorzubereiten. Maria war unglaublich ausdauernd. Wir wanderten die sieben Meilen zurück, eine Zeitlang mit einem Franzosen, den wir schließlich verließen, weil uns Gespräche nur ablenkten und schwächten. Die vielen Windungen den Berg hinauf erschienen uns unvorstellbar lang. Zum Glück war schließlich die Sonne nicht mehr da. Ich fürchtete, wir hätten den Rückweg an diesem einen Tag sonst nicht geschafft.

Wem immer wir in Zukunft von dieser eintägigen Tour in den Canyon und zurück erzählten, konnten wir tief beeindrucken, vor allem diejenigen, die sich auskannten. Denn diese Tour ist körperlich so beanspruchend, so anstrengend, daß nur sehr geübte, willensstarke und körperlich kräftige Menschen sie durchstehen. Meistens geht man 'runter bis zum Indian-Garden und zurück, das ist schon anstrengend genug, oder wenn man zum Tal des Canyons hinunter will, bleibt man dort über Nacht, um für den Rückweg einen ganzen Tag zur Verfügung zu haben.

13. Weiterfahrt zu den Hopi-Indianera und zum Jacob Lake

Auf unserer Weiterfahrt vom Grand-Canyon weg bewegten wir uns in Richtung Cameron und dann zu den Hopi-Indianern, die ihr Reservat hinter Tuba City haben. Von hier ab beginnt die sogenannte Painted Desert. Es gibt einzigartige, wundervolle, nie gesehene Farbkontraste in den lehmigen, bergigen Gegenden rechts und links von der Straße. Wir waren nun in der Wüste allein, zelteten häufig und versuchten, soviel von der Einsamkeit und Fremdartigkeit dieses Indianerlandes zu erleben wie möglich. Das Auto mußte erneut repariert werden: Die Dichtungen waren wieder durch, was alles zusammen etwa $ 20 kostete, also keine schlimme Angelegenheit.

In Tuba City bekam Maria etwas Schmuck, und sie war anschließend wie verwandelt. Das Land ist ungeheuer schön und abwechslungsreich, weit, und es erschien uns unentdeckt. Wir fuhren einmal in einem Stück 110 Meilen und sahen viele Meilen weit nur die roten Arizonafelsen zur rechten Seite und hin und wieder kümmerliche Indianerhütten zur Linken.

Es konnte geschehen, daß sich plötzlich vor uns ein riesiges Tal öffnete, umrandet von wundervollen Bergen und burgartigen Gesteinsformen. Der Wind schob uns kräftig voran. Gegen Ende dieses Tales wand sich die Straße nach links hinüber, überquerte auf der Navajobridge den Colorado und führte uns an der anderen Seite des Tales, dem Marble-Canyon, den ganzen Weg zurück.

Unser Ziel an diesem Tag war der Jacob Lake, bei dem ein Nationalforest mit sehr schönen Wäldern beginnt und wo wir zelteten. Wir verbrachten einen Vormittag damit, vom Jacob Lake zur Northrim zu fahren auf einer herrlichen, von dichtem Wald umsäumten Straße. Auf uns wirkten vor allem die vielen lichtgrünen Birken so erfrischend und anmutig zugleich. Herrliche Sonne, manchmal sogar noch ein bißchen Schnee verschönerten den Vormittag. Am Canyon, an der Northrim war noch alles ziemlich menschenleer und unberührt. Wir freuten uns an der milden, frühlingshaften Luft. Allerdings ist von hier der Ausblick in den Canyon nicht so gewaltig und erhebend, wie vom Bright Angel Point.

14. Wir kaufen zwei sehr schöne Indianer-Wandteppiche und fahren 7 Stunden, um zum Zion Park zu gelangen; der Unterschied zum Bryce Canyon

Bevor wir vom Jacob Lake aufbrachen, kauften wir zwei sehr schöne Indianer-Teppiche; einen wollten wir verschenken und den anderen, den schöneren, behielten wir für uns. Er kostete $ 37 und hat seitdem unsere verschiedenen Wohnungen verziert.

Unsere Fahrt vom Jacob Lake zum Zion Park dauerte ganze sieben Stunden. Wir erreichten den Park gegen 4.00 Uhr nachmittags und hatten Zeit genug, unseren Zeltplatz einzurichten. Der Park erschien uns sofort wie eine phantastische Wolkenkratzersteinwüste in Farbe. Unglaublich fremdartige und kühne Formationen zeigten sich um jede Straßeneck herum, wohin man auch blickte. Unser Zeltplatz lag direkt unter einer dieser Bergketten.

Vom Zion Park aus sind es 150 Meilen bis zum Bryce Canyon, dessen Sandsteinformationen hochinteressant und einmalig sind, wenn sie auch nicht so gewaltig wirken, wie all das, was wir im Zion Park sahen. Sie erscheinen eher zierlich, filigranartig und tauchen recht regelmäßig auf. Wir hatten sehr schöne Wolken und Sonnenstrahlen, die das Bild dieses braun-gelb-roten Naturwunders faszinierend einkleideten.

Hier gab es einige köstliche Aussprüche meiner sich nun langsam richtig erholenden und wohlfühlenden Reisebegleiterin. Ich merkte mir einige davon, über die ich mich wunderbar amüsierte und auf die ich gelegentlich zurückkam: »Das Zelt hat mich gestoßen heute Nacht«; »Ich dachte, ich hatte sie schon« (es handelte sich um eine grüne Indianerbrosche, in die sie verliebt war, und die sie wohl gerne gehabt hätte, die ich aber wegen des hohen Preises und einiger anderer schon gekaufter Geschenke glaubte, nicht bezahlen zu können); »Darf ich mal überlegen?«; oder »Jürgen ist zur ›Baumschule‹ gegangen«.

So hatten wir viel Freude aneinander, wenn es auch hin und wieder zu Spannungen kam, weil die vielen neuen, ungewohnten, manchmal auch strapaziösen Eindrücke nicht immer spurlos an uns vorübergehen konnten. Vor allem empfand ich das Autofahren bei langsamem Tempo letztlich eher als Beanspruchung, denn als Erleichterung.

15. In der Mormonenstadt Salt Lake City wohnen wir bei einem Buchhändler und nebenamtlichen Baptistenpfarrer – Besuch der Anaconda Mine und des Salzsees

Unsere Reise führte uns dann ohne Zwischenfälle durch ein zum Teil sehr abwechslungsreiches Gebiet, durch Utah bis zur Mormonenstadt Salt Lake City. Wir blieben dort zwei Tage bei einer Familie Konstanz, die vier Kinder hatte und deren Vater, Besitzer einer christlichen Buchhandlung, selbst Pastor einer kleinen Gemeinde war. Recht schlau bin ich aus ihm und seinen Verhältnissen nicht geworden, aber es handelte sich wiederum um außerordentliche, freundliche, liebenswerte, hilfsbereite Menschen, von denen wir immer nur mit Bedauern und besten Erinnerungen Abschied nahmen.

In Salt Lake City besuchten wir die Anaconda Copper Mine und fuhren anschließend zum Salt Lake, um dort das obligatorische Bad in der Salzlauge zu haben. Schwimmen ist gar nicht so einfach, Untergehen ganz ausgeschlossen. Wir besuchten an einem Sonntag den Mormonenhaupttempel, in dem Tausende von Menschen sich ein etwa halbbstündiges Orgelkonzert anhörten. Abends hatte unser Gastgeber bei der Heilsarmee zu predigen. Ich ging mit. Es war in höchstem Maße interessant. Über die Art, wie diese Baptisten Gottesdienst halten, hätte ich mich fast ein wenig amüsiert. Es wird so unglaublich viel gesungen, viel mehr noch als bei uns. Mindestens acht Mitglieder der Gemeinde standen auf und bezeugten öffentlich ihr Gottverständnis und ihre religiöse Ergebenheit.

16. Der unbeschreiblich reizvolle Granny Lake im Teton Park – ein weiterer Höhepunkt: der Yellowstone Park

Unsere Reise führte dann weiter zum Idaho Bear

Lake bis hin zum Teton Park und zum Granny Lake, wo wir zelteten. Dieser See ist wirklich unbeschreiblich und einmalig schön. Sicher wäre es gut gewesen, etwas länger in dem Teton-Parkgelände zu verbleiben, aber wir wollten nun mal zu einem der Höhepunkte unserer Reise, nämlich zum Yellowstone Park. Wir sahen auf dem Weg dorthin herrliche Landschaften, besonders den Blick auf Jackson Hole.

Im Yellowstone Park begann es schon bald nach unserer Ankunft zu regnen. Wir sahen die ersten Bären, und Maria war ganz begeistert, als ein kleiner schwarzer sogar noch wie zur Vorführung vor uns auf einen Baum kletterte. Wir fuhren zum Lownstar Geiser, wobei uns die Straße so recht in die Wildnis zu führen schien. Diese vielen naturbelassenen Bäche und Wälder sind einfach einmalig und von zauberhafter Unberührtheit. Der Geiser war noch ziemlich aktiv. In der Nähe des Old Faithfull verblieben wir längere Zeit bei dem riesigen Geiserfeld.

Uns begeisterten vor allem die blubbernden, stinkenden, sehr buntfarbig schillernden Mudvolcanos, von denen wir nicht genug sehen konnten – neben den Bären und Elchen.

Insgesamt hat uns der Park großartig gefallen. Auch als wir ihn verließen, stand auf der Straße ein großer, dicker, brauner Bär aufrecht an unserem Auto und erwartete, gefüttert zu werden, wobei Maria ein Ei für ihn reserviert hatte, das sie ihm zeigte und auf das er nun in besonderer Weise gespannt war. Alle diese Bären sahen so aus, als ob sie sicher gerissen genug wären, sich nur vom Tourismus zu ernähren.

17. Nach dem Besuch des Glacier Parks verwechseln wir zum ersten Mal die Wochentage (am Lake Louise)

Unsere Fahrt ging dann weiter gen Norden zum Glacier Park. Wir blieben 1½ Tage in Great Falls in Montana und waren dort zu Gast bei einem Luftwaffen-Pastor, der vier Kinder zwischen neun und drei Jahren in seinem Haus hatte. Der Pastor sammelte Flinten, Munition, Bücher und Münzen und verschiedenes andere, und die Wohnung war ausstaffiert damit.

Ich erinnere mich, daß wir zum Logan Paß fuhren und dort noch sehr viel Schnee antrafen. In der Gegend dort oben gibt es den herrlichen Sankt Maries Lake, der einfach zauberhaft viele Meilen sich am Straßenrand erstreckt, immer von herrlichen Bäumen umsäumt. Wir freuten uns über die Frühlingssonne, die herrlichen Wolken, den blauen Himmel und das wunderbar unberührte, natürliche, reizvolle Land. Als wir an einem Aussichtspunkt parkten, um einen Blick auf die einzigartig schöne Landschaft zu tun, entdeckten wir eine schwarze Damenhandtasche, in der noch fast $ 300 in bar waren. Wir gaben sie mit unserer Adresse am nächsten Polizeiposten ab und erfuhren einige Wochen später zu unserer Freude von der Dankbarkeit des Besitzers, der die Tasche schon völlig verloren glaubte.

Wir überquerten die Grenze Kanadas und erreichten an einem Nachmittag Calgary, eine Stadt, die uns als ziemlich groß und betriebsam vorkam. Was uns überraschte, war, daß wir so viele Brautpaare sahen, die an diesem Nachmittag an den verschiedenen Orten in der Stadt getraut wurden. Unsere Fahrt auf dem Weg zum Lake Louise führte uns zunächst nach Banff. Dieses Städtchen liegt inmitten der schneebedeckten Berge, macht einen sehr sauberen und nicht so leichten und oberflächlich reißerischen Eindruck, wie so manche der Städte in den Vereinigten Staaten, die wir inzwischen kennengelernt hatten.

Das Wasser des Lake Louise ist unwahrscheinlich grün und klar. Vielleicht hatten wir nicht mehr die richtigen Maßstäbe, aber mir jedenfalls erschien der See mit den dahinter aufragenden Bergen nicht so einmalig bewundernswert schön, was er aber zweifellos doch ist. Nachdem wir fast fünf Wochen unterwegs waren, passierte es in Kanada am Lake Louise, daß wir zum ersten Mal die Wochentage verwechselten. Wir glaubten, es wäre Samstag, dabei hatten wir schon Sonntag erreicht.

Besonders erinnerungswert war unsere Fahrt zum Lake Morain. Wir brauchten eine gute Stunde auf der acht Meilen langen, sehr rauhen Straße. Dieser See ist von Bergen eingefaßt wie ein kostbarer Edelstein. Es war ein einzigartiger Ausflug. Wir haben auf dem Weg dorthin Elche photographiert, aber keine Bären gesehen und machten die Erfahrung, daß wir nach solchen Ausflügen doch recht müde wurden.

18. Die größte Reise unseres Lebens dauert zu lange – wir spüren die Überanstrengungen

Allmählich kam der Gedanke auf, daß ein Urlaub nicht unbedingt so lange zu dauern brauchte, wie unserer schon im Gange war. Wir merkten, daß die ungeheuer vielen, die tausendfältigen Eindrücke nicht mehr zu verarbeiten waren und fühlten uns schließlich übersättigt, überfordert, überanstrengt. Es wäre sicher viel besser gewesen, wenn wir uns mehr Rast und Ruhe gegönnt hätten.

19. Weitere Höhepunkte: Grand Coulee Damm, Rainier Nationalpark, Olympic Park

Anstatt weiter in Richtung Vancouver zu fahren, kehrten wir dann vernünftigerweise um und entschieden uns, den Grand Coulee Damm zu besichtigen, der einer der ersten Arbeitsbeschaffungsprojekte der Roosevelt-Ära ab 1933 war. Weitere Höhepunkte der Reise waren unser Besuch des Rainier Nationalparks und des Olympic Parks gegenüber auf der Halbinsel von Seattle. Wir zelteten auch dort im Abendsonnenschein, und sahen zum erstenmal, wie einige hundert Meter entfernt stundenlang ein Wal immer wieder kleine Wasserfontänen ausstieß.

Vor allem um den Mount Rainier herum beeindruckten uns riesige, unbeschreiblich schöne Wälder, die der Beschreibung von Urwäldern so nahe kamen, wie man sich das nur vorstellen kann. Grüne, sonnige, weite Gebiete mit herrlichen Seen dazwischen, grandiose Ausblicke auf den Mount Rainier, alles war sonnendurchflutet, unermeßlich schön.

20. Die Weltausstellung in Seattle – ich vergesse meine Brieftasche mit $ 240

Am 23. Juni erreichten wir Seattle, das wir u. a. sehen wollten, weil dort die Weltausstellung stattfand. Das Wetter war an diesem Sonntagmorgen etwas dunstig, nicht mehr sonnig, was weniger Anstrengungen versprach. Wir zahlten insgesamt $ 4 Eintritt und $ 2 Eintritt extra für die weltberühmte Spaceneedle. Um in der Spaceneedle nach oben fahren zu können, mußten wir volle ¾ Stunden (!) in einer langen Schlange von Menschen warten.

Leider war der Blick über Seattle durch das diesige Wetter doch sehr beeinträchtigt, jedoch in der Weite hinüber zum Meer und zu den Seen sehr imponierend und eindrucksvoll. Wir wohnten bei einer Familie Flinn, deren Mann schwere Arthritis hatte und deren 17jähriger Sohn Bob unter einem leichten Gehirnschaden litt. Sie war eine sehr patente, aufrichtige, tapfere und fleißige Frau. Nachdem wir ihr gastfreundliches Haus verlassen hatten (etwa eine Stunde), merkte ich, daß ich meine Brieftasche vergessen hatte, in der sich u.a. unsere restliche Barschaft von etwa $ 240 befand. Wir mußten zurück, was mich nervös machte, zumal ich schon während unseres Besuchs auf dem Weltausstellungsgelände – eine Zeitlang jedenfalls – ziemlich unausstehlich war, worauf wir beide uns eigentlich zum ersten Mal während unserer Reise für einige Zeit aus dem Weg gingen.

21. Man sollte auf jeden Fall den Crater Lake besuchen – die kurvenreichste Fahrt unserer Reise von Redding nach Weaverville

Auf dem Weg zurück nach Kalifornien besuchten wir noch den Crater Lake Nationalpark in Oregon. Wir stellten einen Rekord auf, indem wir an einem Tag fast 340 Meilen fuhren und hatten beim Zelten, eigentlich zum ersten Mal während der ganzen Reise, Angst, daß wir auf dem Zeltplatz überfallen werden könnten. Zu diesem Zweck, d.h. um sich verteidigen zu können, legte sich Maria eine Taschenlampe und einen Hammer zurecht. Wie das wohl ausgegangen wäre im Ernstfall?

Was immer man sich in diesem Nord-West-Teil der Vereinigten Staaten anschauen will: Wenn man die Wahl hat, sollte man auf jeden Fall den Crater Lake besuchen. Er ist so einzigartig, er hat so wunderschönes blaues Wasser, und in der Mitte des riesigen Kraters, der 34 Meilen Umfang hat, gibt es noch einen kleineren Vulkanberg, der an Schönheit, Wildheit, Einmaligkeit alles übersteigt, was wir bis dahin glaubten gesehen zu haben.

Ich sollte noch erwähnen, daß wir schließlich in Redding landeten, nachdem wir am Mount Shasta vorbeigefahren waren und versucht hatten, in Montagne bei einer Gastfamilie »Guten Tag« zu sagen, die wir im Laufe des Winters einmal besucht hatten. Wir fuhren dann von Redding nach Weaverville und lernten Whiskeytown kennen, wo an einem riesigen Reservoir gearbeitet wurde.

Ich erwähne den letzten Abschnitt unserer Reise deshalb, weil ich auf den ganzen 7.000 Meilen unserer Fahrt nie so viele Kurven zu fahren hatte, wie an einem dieser Nachmittage. Zunächst war die Straße noch recht breit und gut ausgebaut, und dann ging es 'rauf in unendlichen Windungen und auf der anderen Seite in ebenso unendlichen Windungen wieder hinunter. Zum Glück war alles sehr abwechslungsreich, weil auch dieses Gebiet Nord-Kaliforniens noch so unberührt ist, als wäre es aus den Schöpfungstagen überliefert. Es gibt dort zierliche, enge und unglaublich kurvige Straßen, so daß oft zwei Wagen kaum aneinander vorbeikommen.

22. Rückkehr nach Berkeley am 29. Juni 1962 – Kurzbilanz dieser unglaublichen Reiseerfahrung

Wir sind dann durch die Red Woods nach Berkeley zurückgefahren. Die Kühle, Ruhe und Erhabenheit dieser Bäume und Baumgruppen beeindruckte uns erneut auf das höchste. Schon bald trafen wir wieder auf die sehr typischen kalifornischen Landschaften und waren glücklich und froh, wohlbehalten nach sieben Wochen am 29. Juni wieder in Berkeley zu sein.

Die Hills hüllten sich etwas in Regenwolken und schienen uns insofern einen nicht ganz so freundlichen Empfang bereiten zu wollen. Aber wir waren glücklich über all die vielen, großartigen Erlebnisse, die gesunde Rückkehr und daß wir in der neuen hübschen Wohnung mit dem wunderbaren bayview wohnen konnten. Alles versprach einen erfolgreichen neuen Anfang.

Mußte ich nicht besonders dankbar und auch deshalb in höchstem Maße motiviert sein? Sollte und konnte ich versuchen, ein Resümee dieser unglaublichen Reise zu ziehen, die man sicher nur einmal im Leben machen kann?

Rund 7.200 Meilen waren wir allein mit unserem Auto gefahren, hatten uns in den unterschiedlichsten Klimazonen aufgehalten und unterschiedlichste Eindrücke gewinnen können. In den Vereinigten Staaten, im ganzen Westen war die Reise außerordentlich abwechslungs- und erlebnisreich gewesen. Land und Leute erschienen uns gleichermaßen einmalig und großartig. Unser Zusammensein mit vielen amerikanischen Familien betrachteten wir mit als das Wertvollste an zu gewinnenden Reiseerfahrungen überhaupt. Wir waren noch nie mit so vielen freundlichen, hilfsbereiten und selbstlosen Menschen zusammengewesen. Auch noch nie mit so viel christlichen, meistens sehr gläubigen Menschen, die dies auch zeigten.

Die Naturschönheiten des Landes sind vor allem in den Parks enthalten, die bestens zugängig und organisiert sind. Jeder Park ist auf seine Art einzigartig, lohnenswert und erlebnisreich. Wir hatten nur immer zu wenig Zeit. Eine sieben Wochen und drei Tage dauernde Reise ist im Grunde zu lang. Ich behauptete zwar nach der Rückkehr, recht gut erholt zu sein, war mir aber nicht sicher, ob dies wirklich stimmte.

23. Bereitschaft (und Verpflichtung), mit aller Kraft in den noch verbleibenden 5 Monaten in den USA an der Dissertation zu arbeiten – unsere gute Kassenlage

Nach dem Auspacken fühlte ich mich bereit, mit ganzer Energie in den noch verbleibenden fünf Monaten an der Dissertation zu arbeiten. Ich spürte nach so vielen glückhaften, einzigartigen Erlebnissen die Verpflichtung besonders stark, nun viel zu arbeiten, um so für unsere Privilegien zu bezahlen.

Nachdem wir insgesamt fast genau $900 für die Reise ausgegeben hatten, was immer noch einem Gegenwert von DM 3.600,-- entsprach, zog ich am 30.6. auch finanzielle Bilanz. Wir hatten auf der Sparkasse in Berkeley ein Guthaben von $ 1.400. In Hamburg hatte sich inzwischen durch Mietzahlungen ein Kontostand von DM 2.800,-- ergeben. Für die noch verbleibende Zeit glaubten wir, so weit vorgesorgt zu haben, daß wir bei unserer Rückkehr in Hamburg, etwa für den Januar 1963 geplant, noch DM 5.000,- verfügbar haben würden. Dies gab uns Sicherheit und zeigt auch, wie sehr wir durch kluges Wirtschaften, durch die Bereitschaft, uns einzusetzen und jede Arbeit anzunehmen, recht sicher und unabhängig dastanden. Nun würde es darauf ankommen, die Dissertation auszuformulieren und ein Fertigprodukt mit nach Hause zu bringen. Ich hatte keinerlei Entschuldigung, vielleicht mit der Ausnahme, daß eine Antwort auf meine ausführliche Gliederung aus Hamburg noch nicht eingetroffen war. Jedenfalls war ich fest entschlossen, nun ganz intensiv an den eigentlichen Zweck meiner Reise, nämlich die Dissertation, heranzugehen.

Wie es dann weiterging, kann im Hauptteil ab Seite 182 ff. gelesen werden.

VI. Alle meine Zeugnisse 1948 bis 1966

ENTLASSUNGSZEUGNIS

Willi Nölling

GEBOREN AM 17. 11. 1933 IN Wemlighausen

SOHN DES Karl Nölling IN Schloß Homburg

HAT SEINE VOLKSSCHULPFLICHT ERFÜLLT.

ER HAT IM LETZTEN JAHR AM UNTERRICHT DES 8. JAHRGANGS TEILGENOMMEN UND WIRD MIT NACHSTEHENDEM ZEUGNIS AUS DER VOLKSSCHULE ENTLASSEN:

I. FÜHRUNG:

sehr gut

II. LEISTUNGEN:

RELIGION
gut

RECHNEN UND RAUMLEHRE
gut

DEUTSCH: a) MÜNDLICH
gut

MUSIK
gut

b) SCHRIFTLICH
gut

ZEICHNEN UND WERKEN
gut

GESCHICHTE
sehr gut

LEIBESÜBUNGEN
gut

ERDKUNDE
sehr gut

SCHRIFT
gut

NATURKUNDE: a) LEBENSKUNDE
gut

b) NATURLEHRE
gut

III. BEMERKUNGEN:

SCHULE Evangelische Volksschule

ORT Nümbrecht

Schule Nümbrecht

Sturm
SCHULLEITER

DEN 24. März 1948

KLASSENLEHRER

(3) Vordruckverlag W. Reckinger KG., Siegburg Bestell-Nr. 5227

AAJ/18 11/46 8000 KLA

Zweijährige Handelsschule
des Oberbergischen Kreises
in Gummersbach

Zeugnis

für Willi Nölling

Klasse: Unterstufe/
Waldbröl

Schuljahr 1948/49

Wilhelm Lauer, Gummersbach AAB/14 1201 500 7 48

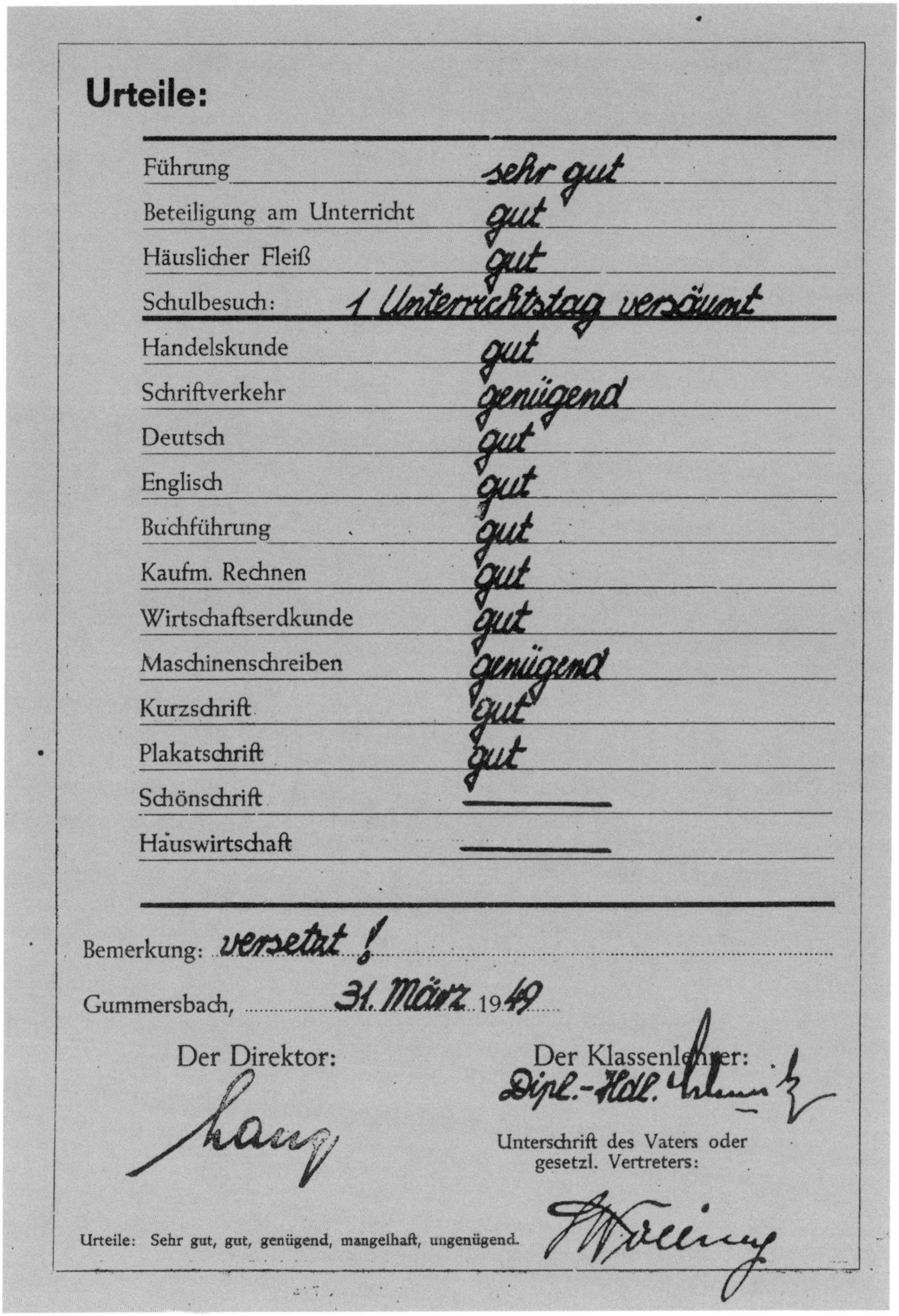

Urteile:

Führung	sehr gut
Beteiligung am Unterricht	gut
Häuslicher Fleiß	gut
Schulbesuch:	1 Unterrichtstag versäumt
Handelskunde	gut
Schriftverkehr	genügend
Deutsch	gut
Englisch	gut
Buchführung	gut
Kaufm. Rechnen	gut
Wirtschaftserdkunde	gut
Maschinenschreiben	genügend
Kurzschrift	gut
Plakatschrift	gut
Schönschrift	——
Hauswirtschaft	——

Bemerkung: versetzt!

Gummersbach, 31. März 1949

Der Direktor:

Der Klassenlehrer: Dipl.-Hdl.

Unterschrift des Vaters oder gesetzl. Vertreters:

Urteile: Sehr gut, gut, genügend, mangelhaft, ungenügend.

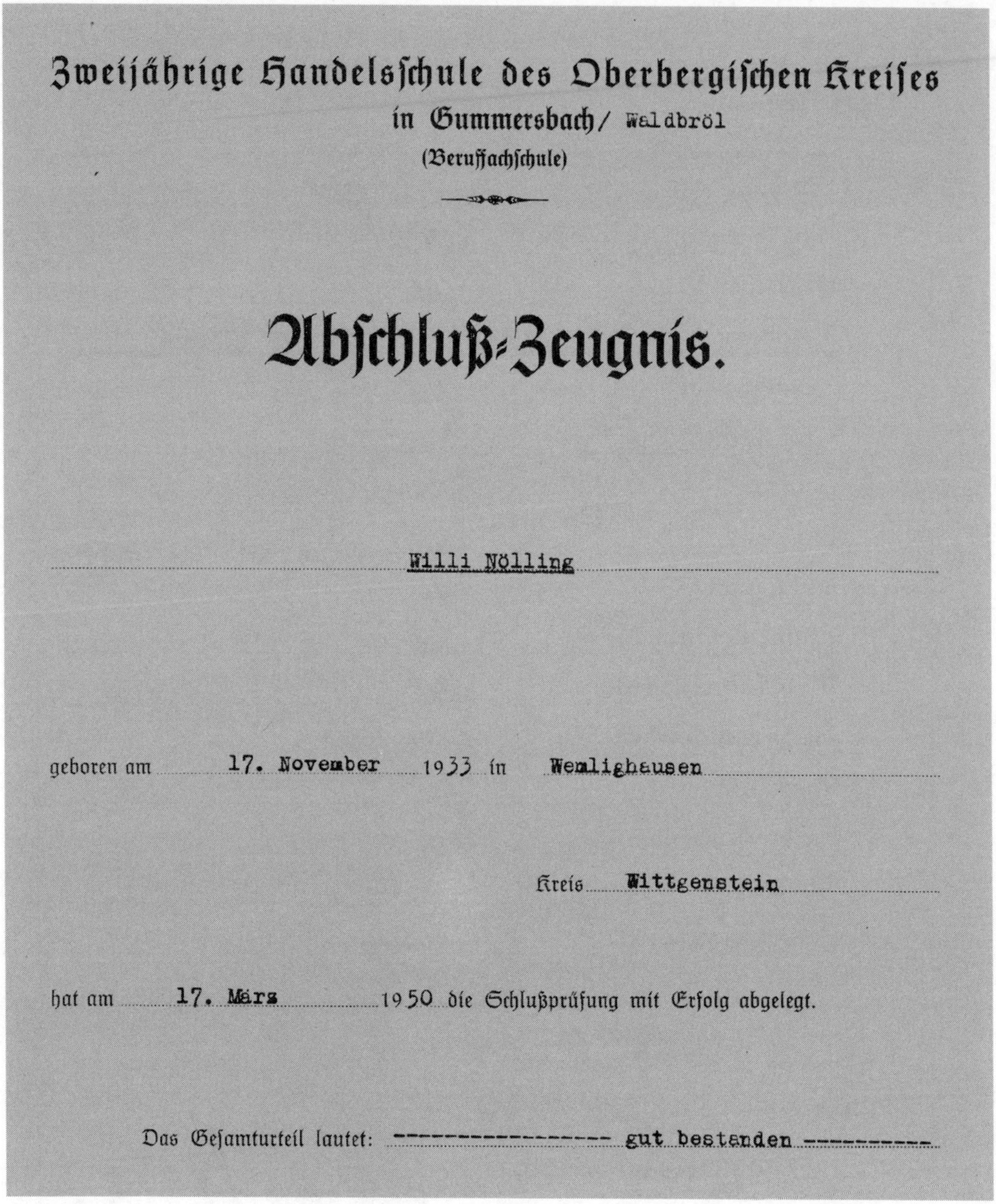
Zweijährige Handelsschule des Oberbergischen Kreises
in Gummersbach/ Waldbröl
(Berufsfachschule)

Abschluß-Zeugnis.

Willi Nölling

geboren am 17. November 1933 in Wenlighausen

Kreis Wittgenstein

hat am 17. März 1950 die Schlußprüfung mit Erfolg abgelegt.

Das Gesamturteil lautet: ---------------- gut bestanden ----------

Einzel-Urteile.

Betragen: -------------- sehr gut

Beteiligung am Unterricht:-- gut

~~Fleiß und Aufmerksamkeit~~:

Häuslicher Fleiß:--------- gut

Schulbesuch: regelmäßig

Leistungen:

Handelskunde: ---------- gut

Schriftverkehr: ---------- gut

Buchführung: ---------- sehr gut

Kaufmännisches Rechnen: -- gut

Englisch: -------------- gut

Deutsch: -------------- gut

Wirtschaftserdkunde: ------ gut

Bürgerkunde: ----------- ---

~~Reichskunde~~:

Kurzschrift: ------------ sehr gut / 120 Silben

Plakatschrift:------------ ----

Maschinenschreiben: ------- ausreichend

Leibesübungen: --------- ----

Hauswirtschaft: --------- ----

------------------- ----

Urteile: Sehr gut, gut, ~~befriedigend, ausreichend~~, mangelhaft, ungenügend.
befriedigend, ausreichend

Waldbröl ~~Gummersbach~~, den 17. März 1950

Der Prüfungs-Ausschuß:

Kaufm. Berufs- u. Handelsschule · Oberbergischer Kreis ·

Der Prüfungsleiter:
(Vertreter der Regierung)

Lang

Der Landrat:

[illegible]

Der Vertreter der Industrie- und Handelskammer:

Habermas

Der Direktor:

Lang

Der Lehrkörper:

Dipl.-Hdl. W. [illegible]

Dipl.-Hdl. Zellingrode

Dipl.-Hdl. Kirschbaum

Zensuren:

1 = sehr gut
2 = gut
3 = genügend
4 = mangelhaft
5 = ungenügend

Zensuren ab 10.3.50

1=sehr gut 2=gut
3=befriedigend 4=ausreichend
5=mangelhaft 6=ungenügend

Diese Zeugniskarte ist am 1. Schultag nach den Ferien bei dem Klassenlehrer wieder abzugeben.

Zeugniskarte

für

Nölling Willi

geboren 17.11.1933

besucht die Berufsschule seit 1.4.1950

Kaufmännische Berufsschule
des Oberbergischen Kreises

Schulort: Gummersbach

Wilhelm Lauer, Gummersbach AAB/14 2512 1000 1 49

		Unterstufe 1950/51	Mittelstufe 1951/52	19	Zeugnis für Meldung zur kaufm. Lehrabschlußprüfung
Schulbesuch	Gesamtzahl der Klassenstunden	198	205		
	Davon versäumt: 1. wegen Krankheit	—	5		
	2. aus anderen Gründen	—	10		
Führung		1	1		
Beteiligung am Unterricht		2	2		
Häuslicher Fleiß		2	2		
Betriebswirtschaftskunde		–	—		
Schriftverkehr		–	—		
Verw.- ~~Buch~~führung		3	~~3~~ 2		
Verw. ~~Kaufm.~~ Rechnen		2	2		
Wirtschaftserdkunde		–	—		
Kurzschrift		2	—		
Deutsch		–	—		
Hauswirtschaft		–	—		
Verwaltungskunde		2	2		
Bemerkungen					
Datum		28. 2. 51	31.3.52		
Unterschrift	des Lehrers	[illegible]	[illegible]		
	des Arbeitgebers	[illegible]	[illegible]		
	des gesetzl. Vertreters	[illegible]	[illegible]		

BWK DEUTSCHE ANGESTELLTEN-GEWERKSCHAFT

4. BERUFSWETTKAMPF DER ANGESTELLTEN-JUGEND

1 9 5 2

URKUNDE

Willi Nölling

HAT AM 4. BERUFSWETTKAMPF DER ANGESTELLTEN-JUGEND TEILGENOMMEN UND ERHIELT IN DER LEISTUNGSKLASSE III BERUFSGRUPPE 8, Öffentl. Dienst

DEN 1. PREIS

Dieringhausen, DEN 29. NOVEMBER 1952

WETTKAMPFLEITER

PRÜFUNGSMITGLIED

PRÜFUNGSMITGLIED

DAG

DEUTSCHE ANGESTELLTEN-GEWERKSCHAFT

VERWALTUNGS- U. WIRTSCHAFTS-AKADEMIE KÖLN

Belegheft

für den ordentlichen Hörer

Herrn Willi Nölling
~~Fr.~~ (Vorname, Zuname)
~~Frl.~~

Beruf Angestellter
~~Dienststellung~~

Wohnung: Köln-Nippes, Altleiningenweg Nr. 36

BACHEMDRUCK KÖLN

Stempel der Geschäftsstelle betreffend		Sommer ~~Winter~~ -Semester 1953
Anmeldung	Abmeldung	(Nichtzutreffendes durchstreichen)
Zur Anmeldung zugelassen	Zur Abmeldung zugelassen.	1. Studiensemester

Nr. des Verz.	Belegte Veranstaltungen	Anzahl der Stunden	Bescheinigung d. Dozenten über Anmeldung	Abmeldung
7	Dozent: Prof. Roehrbein Thema: Familienrecht	6 × 2 Std. = 12 Einzelstd.		
9	Dozent: Prof. Lehmann Thema: Handelsrecht	7 × 2 Std. = 14 Einzelstd.		
11	Dozent: Prof. Bohne Thema: Zivilprozess- und Konkursrecht	6 × 2 Std. = 12 Einzelstd.		
18	Dozent: Prof. Kirsten Thema: Kommunale Finanzen	6 × 2 Std. = 12 Einzelstd.		
22	Dozent: Prof. Wessels Thema: Allg. Volkswirtschaftslehre	6 × 2 Std. = 12 Einzelstd.		
24	Dozent: Prof. Weisser Thema: Die öff. Unternehmen und ihr Dienst in ihnen	1 × 2 Std. = 2 Einzelstd.		
25	Dozent: Prof. Beutin Thema: Wirtschaftsgeschichte zwischen den Weltkriegen	5 × 2 Std. = 10 Einzelstd.		
26	Dozent: Dir. Dr. Fischer Thema: Statistische Methoden für jedermann.	5 × 2 Std. = 10 Einzelstd.	F	

Testate werden von den Dozenten erst nach Einholung des An- bzw. Abmeldestempels erteilt!

Stempel der Geschäftsstelle betreffend		Sommer ~~Winter~~ -Semester 19 53
Anmeldung	Abmeldung	(Nichtzutreffendes durchstreichen)
Zur Anmeldung zugelassen	Zur Abmeldung zugelassen	1. Studiensemester

Nr. des Verz.	Belegte Veranstaltungen	Anzahl der Stunden	Bescheinigung d. Dozenten über Anmeldung	Abmeldung
27	Dozent: Prof. v. Wiese Thema: Einführung in die Soziologie	5 × 2 Std. = 10 Einzelstd.		
28	Dozent: Prof. Wessels Thema: Volkswirtschaftliche Übungen	3 × 2 Std. = 6 Einzelstd.		
23	Dozent: Prof. Heyde Thema: Sozialpolitik, II Teil	2 × 6 Std. = 12 Einzelstd.		
10	Dozent: Prof. Bulla Thema: Arbeitsrecht II. Teil	6 × 2 Std. = 12 Einzelstd.		
16	Dozent: Prof. Bulla Thema: Übungen im Arbeitsrecht	3 × 2 Std. = 6 Einzelstd.		
	Dozent: Thema:	× Std. = Einzelstd.		
	Dozent: Thema:	× Std. = Einzelstd.		
	Dozent: Thema:	× Std. = Einzelstd.		

Testate werden von den Dozenten erst nach Einholung des An- bzw. Abmeldestempels erteilt!

KAUFMÄNNISCHE BERUFSSCHULE

DES OBERBERGISCHEN KREISES

ABGANGS-ZEUGNIS

Willi Nölling

aus Schloß Homburg,

Kreis Oberberg. Kreis, geboren am 17. 11. 1933

zu Wemlighausen, Kreis Wittgenstein,

hat die Verwaltungsklasse der Kaufmännischen Berufsschule

hierselbst von 1. 4. 1950 bis 31. 3. 1953 besucht

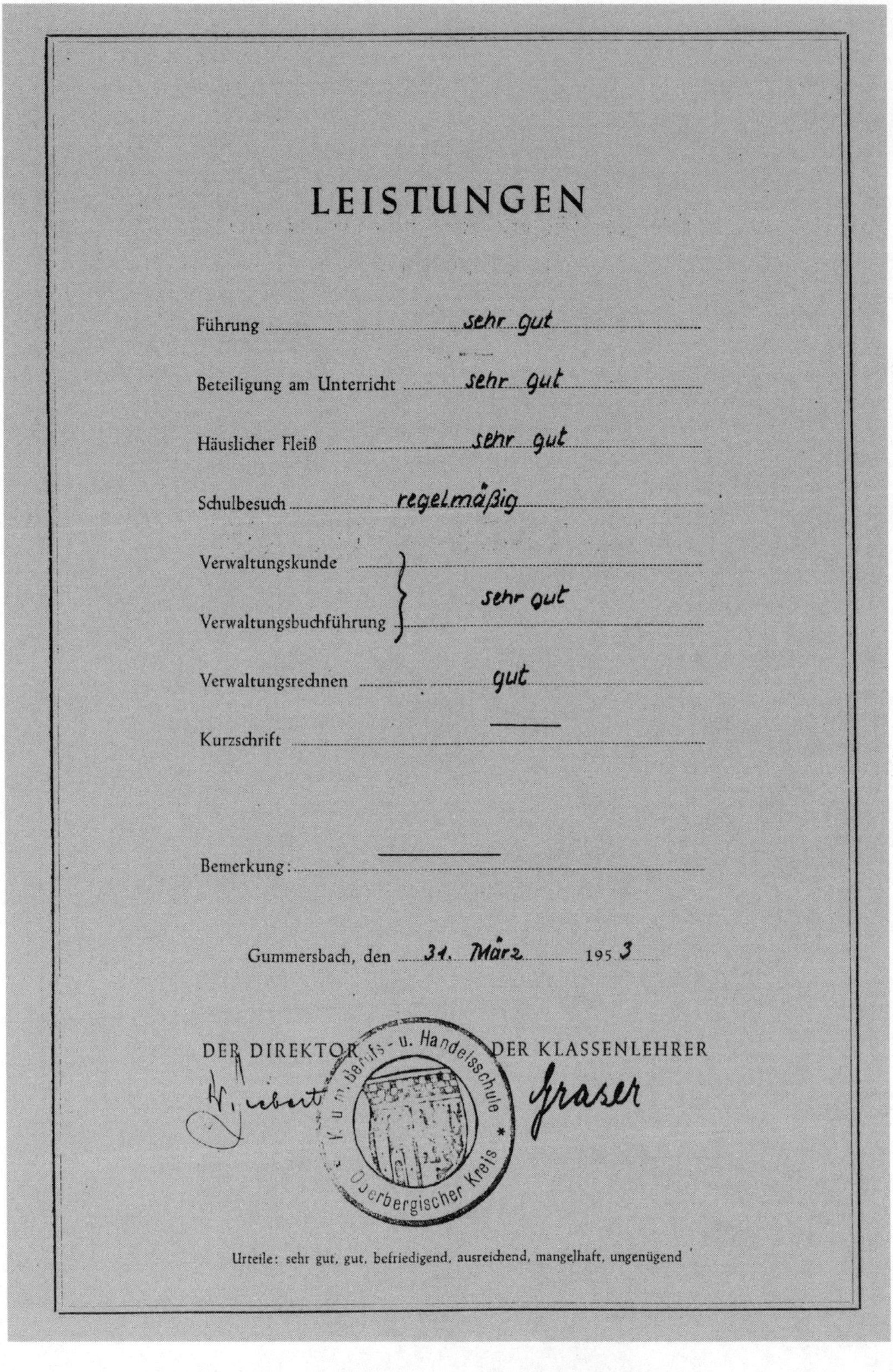

LEISTUNGEN

Führung .... sehr gut

Beteiligung am Unterricht .... sehr gut

Häuslicher Fleiß .... sehr gut

Schulbesuch .... regelmäßig

Verwaltungskunde .... } sehr gut
Verwaltungsbuchführung .... }

Verwaltungsrechnen .... gut

Kurzschrift .... ———

Bemerkung: .... ———

Gummersbach, den 31. März 1953

DER DIREKTOR — DER KLASSENLEHRER

Fraser

Kum. Berufs- u. Handelsschule * Oberbergischer Kreis

Urteile: sehr gut, gut, befriedigend, ausreichend, mangelhaft, ungenügend

Der Direktor
des
Arbeitsamtes Gummersbach

Gesch.-Z. Ia – 2071

(Bitte geben Sie dieses Geschäftszeichen und den Gegenstand bei der Antwort an.)

Gummersbach, den 5. Mai 1953
Talstraße 1
Fernruf 2835/2836

L e h r z e u g n i s

Herr Willi N ö l l i n g, geb. 17. November 1933, wohnhaft in Schloß - Homburg, war vom 1. April 1950 bis 31. März 1953 als Lehrling beim Arbeitsamt Gummersbach tätig.

Die Ausbildung diente dem Zweck, den Lehrling mit allen Arbeiten vertraut zu machen, die er später als Angestellter in der Arbeitsverwaltung zu verrichten hat.

Seine Ausbildung erstreckte sich auf folgende Gebiete:

Allgemeine Verwaltung
Arbeitsvermittlung und Berufsberatung
Arbeitslosenhilfe
Statistik
Kassen-, Rechnungs- und Prüfwesen.

Während seiner Ausbildung hat Herr Nölling sich im Schreiben mit der Schreibmaschine sowie in der Deutschen Kurzschrift, welche er bereits während seines Besuches der Handelsschule erlernt hatte, weiter ausgebildet.

Die ihm übertragenen Arbeiten hat er stets zu meiner vollsten Zufriedenheit erledigt. Er ist äusserst fleissig, strebsam und willig. An den Unterrichtsveranstaltungen hat er stets mit regem Interesse teilgenommen. Das dienstliche wie ausserdienstliche Verhalten war jederzeit einwandfrei.

Herr Nölling hat am 27. März 1953 die Lehrlingsabschlussprüfung mit " Gut " bestanden.

(Hercher)

~~Rechtswissenschaftliche Fakultät der Universität Köln~~ ~~Übung im Sinne des § 3 der JAO~~

ZEUGNIS

Herr/~~Fräulein stud. jur.~~ Willi Nölling, Köln-Nippes

hat an den von mir im Sommer- Semester 1953 abgehaltenen

Übungen im Arbeitsrecht,

in denen eine Aufgaben für schriftliche Arbeiten gestellt wurden mit Fleiß und Erfolg teilgenommen.

Er / ~~Sie~~ hat eine Bearbeitungen vorgelegt, die den Anforderungen genügten. Sie erhielten folgende Noten:

	Häusliche Arbeiten:	Klausurarbeiten:
ausgezeichnet		
gut		
voll befriedigend		eine
befriedigend		
ausreichend		
noch ausreichend		

Köln, den 20. 7. 1953

Prof. Dr. Bulla

1. 52. 1000. Zi.

GEMEINDEVERWALTUNGS- UND SPARKASSENSCHULE
IM REGIERUNGSBEZIRK KÖLN

Schulvorsteher: Oberkreisdirektor Dr. Genrich, Köln
Studienleiter: Verwaltungsschuldirektor Enzensperger, Gummersbach, Emilienstraße 4 · Fernruf: 3029
Geschäftsstelle: Köln, St. Apernstraße 21 (Kreishaus) · Fernruf: 70771 · Girokonto 7379 bei der Kreissparkasse in Köln

KÖLN, den 21. Juli 1953

B e s c h e i n i g u n g .

Herr Willi N ö l l i n g , geboren am 17.11.1933 in Wemlichhausen, hat sich einer Lehrabschlußprüfung für Verwaltungslehrlinge bei der Schulabteilung Gummersbach der Gemeindeverwaltungs- und Sparkassenschule im Regierungsbezirk Köln am 21. März 1953 unterzogen und sie mit sehr gutem Erfolg bestanden.

Gemeindeverwaltungs- u. Sparkassenschule im Rg. Bz. Köln

Der Studienleiter:
Enzensperger
(Verwaltungsschuldirektor)

Der Direktor
des
Arbeitsamtes Köln

Gesch.-Z. IIIa1- 2006-

(Bitte geben Sie dieses Geschäftszeichen und den Gegenstand bei der Antwort an.)

Köln, den 8. Oktober 1954
Haselbergstraße 20
Fernruf: Sammel-Nr. 58131

Nebenanschluß ....

Z e u g n i s

Herr Wilhelm N ö l l i n g , geb. 17.11.1933, wurde am 1.4.1953 beim Arbeitsamt Köln eingestellt und in der Abteilung Arbeitslosenversicherung beschäftigt. In der ersten Zeit war Herr Nölling als Aktenwalter, Zahlbogenausrechner und Antragsannehmer, zuletzt als Hilfskraft in der Sachbearbeitung tätig. In den Monaten Juli, August und Oktober 1953 wurden ihm vertretungsweise die Aufgaben eines Sachbearbeiters übertragen.

Bei Herrn Nölling handelt es sich um eine begabte, strebsame Kraft mit guten Kenntnissen im Arbeitslosenversicherungsrecht. Den an ihn gestellten Anforderungen wurde er voll gerecht. Hervorzuheben ist sein Fleiß und seine Zielstrebigkeit.
Er war sehr bemüht, sein Wissen zu erweitern. Sein dienstliches Verhalten war einwandfrei, außerdienstlich sind keine Klagen bekannt geworden.

Herr Nölling war ab 1.5.1954 zur weiteren Fortbildung für 5 Monate beurlaubt. Er ist am 30.9.1954 auf eigenen Wunsch ausgeschieden.

(Aengenvoort)

Landeszentralbankgirokonto Köln Nr. 3/152 · Postscheckkonto Köln Nr. 51526

Freie und Hansestadt Hamburg

AKADEMIE FÜR GEMEINWIRTSCHAFT

Anstalt des öffentlichen Rechts

PRÜFUNGSZEUGNIS

Herr Wilhelm Nölling

geb. am 17. 11. 1933 in Wemlighausen Krs. Wittgenstein

hat nach Beendigung eines viersemestrigen Hochschulstudiums an der Akademie für Gemeinwirtschaft

die

Staatliche Abschlußprüfung

in den Pflichtfächern **Volkswirtschaftslehre, Betriebswirtschaftslehre, Rechtswissenschaft** und **Soziologie**

mit dem Gesamtprädikat

gut

bestanden.

Im einzelnen sind die nachstehenden Prädikate zuerkannt worden:

1. Volkswirtschaftslehre (erhöhte Anforderungen)	gut
2. Betriebswirtschaftslehre (erhöhte Anforderungen)	gut
3. Rechtswissenschaft mit besonderer Berücksichtigung des Arbeits- und Sozialversicherungsrechts	sehr gut
4. Soziologie	gut
--	
--	

Hamburg, den 13. Oktober 1956

Der Vorsitzende des Prüfungsausschusses

Die Mitglieder des Prüfungsausschusses

Freie und Hansestadt Hamburg

AKADEMIE FÜR GEMEINWIRTSCHAFT

Anstalt des öffentlichen Rechts

URKUNDE

Herr Wilhelm Nölling

geb. am 17. 11. 1933 in Wemlighausen, Krs. Wittgenstein

hat nach Beendigung eines viersemestrigen Hochschulstudiums an der Akademie für Gemeinwirtschaft

die

Staatliche Abschlußprüfung

in den Fächern **Volkswirtschaftslehre, Betriebswirtschaftslehre, Rechtswissenschaft** und **Soziologie**

mit dem Gesamtprädikat

gut

bestanden.

Hamburg, den 13. Oktober 1956

Der Vorsitzende des Prüfungsausschusses

v. [illegible]

Freie und Hansestadt Hamburg

AKADEMIE FÜR GEMEINWIRTSCHAFT

Anstalt des öffentlichen Rechts

Herr Wilhelm Nölling

geb. am 17. 11. 1933 in Wemlighausen, Krs. Wittgenstein

hat nach einem viersemestrigen Hochschulstudium die staatliche Abschlußprüfung an der Akademie für Gemeinwirtschaft mit gut bestanden. Gemäß § 13 des Gesetzes über die Errichtung der Akademie für Gemeinwirtschaft vom 12. 7. 1948 und § 12 der Prüfungsordnung ist die Berechtigung zum Universitätsstudium in der Rechts- bzw. Wirtschafts- und Sozialwissenschaftlichen Fakultät zuerkannt worden. Es wird empfohlen, 3 Studiensemester der Akademie auf das Studium der Wirtschafts- u. Sozialwissenschaften anzurechnen.

Hamburg, den 13. Oktober 1956

Vorsitzender des Prüfungsausschusses

Sozialökonomisches Seminar
der Universität Hamburg

HAMBURG 13, den 27. Febr. 1957
Edmund Siemers-Allee 1

ÜBUNGSSCHEIN

Herr – ~~Frau – Fräulein~~ Wilhelm Nölling

hat im ~~S.-S.~~ – W.-S. 1956/57 an meiner ~~Anfängerübung~~ – Übung für mittlere Semester – regelmäßig teilgenommen.

Bescheinigung der Leistungen:

1 Hausarbeit (Die Mindestreservenpolitik)

Die Gesamtleistungen in den Übungen waren als

sehr gut (1)

zu bewerten.

Tuchtfeldt.
(Privatdozent Dr. Tuchtfeldt

Sozialökonomisches Seminar
der Universität Hamburg

HAMBURG 13, den 28.2.58
Edmund Siemers-Allee 1

Seminarschein

Herr – ~~Frau – Fräulein~~ Wilhelm Nölling

hat im ~~S.-S.~~ – W.-S. 1957/58 an meinem Seminar für Fortgeschrittene regelmäßig teilgenommen.

Bescheinigung der Leistungen:

Referat: Ökonomisches Handeln und Verhalten – J.M. Keynes
"sehr gut bis gut" (1-2)
Klausur: nicht teilgenommen

Die Gesamtleistungen im Seminar waren als

"gut" (2)

zu bewerten.

Schiller
Prof.Dr.Schiller

UNIVERSITÄT HAMBURG

Prüfungszeugnis

Wilhelm N Ö L L I N G

geboren am 17. November 1933 in Wemlighausen Krs. Wittgenstein

hat sich der Diplomprüfung für Volkswirte unterzogen und folgende Ergebnisse erzielt:

1. Theoretische Volkswirtschaftslehre	befriedigend
2. Volkswirtschaftspolitik	gut
3. Finanzwissenschaft	gut
4. Allgemeine Betriebswirtschaftslehre	gut
5. Recht	gut
6. Arbeitsrecht	gut

Thema der wissenschaftlichen Arbeit:

" Die Wirtschaftsexpansion Englands seit dem Ende des zweiten Weltkrieges "

Die Arbeit wurde mit der Note " gut " beurteilt.

Hamburg, den 2. November 1959

Die Mitglieder des Prüfungsausschusses

Universität Hamburg

DIPLOM

Herr - ~~Fräulein~~ Wilhelm NÖLLING

geboren am 17. November 1933 in Wemlighausen Krs. Wittgenstein

hat am 2. November 1959 die Diplomprüfung für Volkswirte gemäß

Prüfungsordnung mit dem Gesamturteil

" gut "

bestanden.

Auf Grund dieser Prüfung wird ihm - ~~ihr~~ der akademische Grad

Diplom-Volkswirt

verliehen.

HAMBURG, den 2. November 1959

Der Vorsitzende des Prüfungsamtes
für Diplom-Volkswirte

THE REGENTS OF THE UNIVERSITY OF CALIFORNIA

ON THE NOMINATION OF THE
GRADUATE COUNCIL OF THE BERKELEY DIVISION
HAVE CONFERRED UPON

WILHELM NÖLLING

THE DEGREE OF MASTER OF ARTS
IN ECONOMICS
WITH ALL THE RIGHTS AND PRIVILEGES THERETO PERTAINING

GIVEN AT BERKELEY THIS TWENTY-NINTH DAY OF JANUARY
IN THE YEAR NINETEEN HUNDRED AND SIXTY-FOUR

Edmund G. Brown
GOVERNOR OF CALIFORNIA AND
PRESIDENT OF THE REGENTS

E. W. Strong
CHANCELLOR AT BERKELEY

Clark Kerr
PRESIDENT OF THE UNIVERSITY

Sanford S. Elberg
DEAN OF THE GRADUATE DIVISION
AT BERKELEY

Unter dem Rektorat des ordentlichen Professors für Volkswirtschaftslehre Dr. rer. pol. Werner Ehrlicher und unter dem Dekanat des ordentlichen Professors für Volkswirtschaftslehre und Statistik Dr. sc. pol. Heinz Gollnick verleiht die Wirtschafts- und Sozialwissenschaftliche Fakultät der Universität Hamburg

HERRN

WILHELM NÖLLING

geboren am 17. November 1933 in Wemlighausen

auf Grund einer Abhandlung »Arbeitslosigkeit und Berufsnot der Jugend in den USA« und der »gut« bestandenen wissenschaftlichen Gesamtprüfung

TITEL UND WÜRDE EINES

DOKTORS DER WIRTSCHAFTS- UND SOZIALWISSENSCHAFTEN

- Dr. rer. pol. -

Zum Zeugnis dessen wird diese mit dem Siegel der Fakultät versehene und vom Dekan unterzeichnete Urkunde ausgestellt.

Hamburg, den 22. Mai 1968

gez. Gollnick

Dekan